卓越工程师教育——焊接工程师系列教程

焊接自动化技术及其应用

胡绳荪　申俊琦　编

机械工业出版社

本书是根据现代焊接制造业对"焊接技术与工程"专业、"材料成型及控制工程"专业毕业生的知识与能力要求,帮助学生掌握焊接自动化的基础知识、基本技能,能够从事现代焊接制造领域的焊接自动化方案设计,根据特定需求进行焊接自动化系统、单元设计而编写的教材。

本书系统介绍了焊接自动化、焊接自动化系统的基本概念,焊接自动化中常用的传感技术、电动机控制技术、PLC控制技术及机器人焊接技术等知识,并结合工程实际介绍了焊接自动化技术工程应用的案例。

本书可以作为大学本科、高职院校"焊接技术与工程""材料成型及控制工程"等专业的授课教材,也可作为研究生"材料加工工程"专业相关课程的参考教材及焊接工程师的培训教材,还可以供焊接及相关学科教师及工程技术人员从事教学、科研与技术开发工作时参考。

图书在版编目(CIP)数据

焊接自动化技术及其应用 / 胡绳荪, 申俊琦编.
北京:机械工业出版社, 2025.8. -- (卓越工程师教育). -- ISBN 978-7-111-78959-8

Ⅰ. TG409

中国国家版本馆 CIP 数据核字第 2025TF7970 号

机械工业出版社(北京市百万庄大街22号　邮政编码100037)
策划编辑:贺　怡　　　　　　责任编辑:贺　怡
责任校对:张　薇　王　延　　封面设计:马精明
责任印制:任维东
北京华宇信诺印刷有限公司印刷
2025年9月第1版第1次印刷
169mm×239mm・21.5印张・418千字
标准书号:ISBN 978-7-111-78959-8
定价:65.00元

电话服务　　　　　　　　　　网络服务
客服电话:010-88361066　　　机　工　官　网:www.cmpbook.com
　　　　　010-88379833　　　机　工　官　博:weibo.com/cmp1952
　　　　　010-68326294　　　金　书　网:www.golden-book.com
封底无防伪标均为盗版　　　　机工教育服务网:www.cmpedu.com

前言

《焊接自动化技术及其应用》第1版、第2版分别于2007年、2015年出版，自出版以来受到国内众多高校的欢迎和使用。近年来，随着自动控制技术、伺服电动机技术、机器人焊接技术的快速发展，焊接自动化技术也在不断更新和发展。为了更好地适应科技发展以及人才培养的教学需求，我们对第2版进行了修订。

本次修订在保持第2版基本内容框架结构不变的基础上，对内容进行了适当的删减，并对一些内容和工程应用案例进行了补充与更新。

1. 修订的指导思想

1) 能够满足焊接技术与工程、材料成型及控制工程等相关专业开设"焊接自动化"课程的要求，培养学生焊接自动化系统方案设计的能力。

2) 本书内容既要反映科技新发展，又要与工程实际相结合，培养学生应用知识解决工程实际问题的能力。

3) 本书既可以作为高校的专业课程教材，又可作为工程技术人员培训和继续教育的教材，还可以作为工程技术人员从事焊接自动化工作的参考书。

2. 主要删减、修订和新增的内容

1) 在焊接自动化基础中，新增了数字PID控制内容。

2) 在电动机控制技术中，删减了"继电接触器控制系统"内容；将恒速控制技术中的晶闸管式直流电动机调速系统修改为功率晶体管直流电动机调速系统，将晶闸管移相控制技术修改为晶体管脉宽控制技术；新增了伺服电动机控制技术内容。

3) 在焊接自动化PLC控制技术中，新增了触摸屏内容；更新了2个工程应用的案例。

4) 在机器人焊接技术中，新增了离线编程的内容和案例，新增了机器人寻位传感技术的内容；删除了专用焊接机器人的应用；更新了10余个机器人焊接工程应用案例。

本书由天津大学胡绳荪教授、申俊琦教授负责修订。在本书修订过程中，上海汇众汽车制造有限公司的马立高级工程师、山东奥太电气有限公司的李志勇高级工程师、海克力斯（上海）自动化设备有限公司的曾招琪副总经理和郑伟贤工程师、海洋石油工程股份有限公司的李维锋高级工程师和鲁欣豫高级工程师、上海航天设备制造总厂有限公司的尹玉环研究员、河北创力机电科技有限公司的

焊接自动化技术及其应用

李硕鹏工程师等提供了机器人焊接的工程应用案例;天津大学研究生隋缘验证了PLC应用案例程序;焊接学会副理事长李宪政教授提供了有关机器人焊接应用的情况。编者在此一并表示深深的感谢。

由于编者的水平有限,本书难免有不当之处,敬请读者批评指正。

编　者

目 录

前言
第1章 绪论 …………………… 1
1.1 焊接自动化的概念 ………… 1
1.2 焊接自动化系统 …………… 2
1.3 焊接自动化的关键技术 …… 5
1.4 焊接自动化的发展趋势 …… 8
1.5 学习本课程的目的和要求 …… 11
复习思考题 ………………… 11

第2章 焊接自动化控制基础 …… 12
2.1 焊接自动控制的概念 ……… 12
  2.1.1 基本概念 ……………… 12
  2.1.2 反馈控制原理 ………… 17
  2.1.3 焊接自动控制系统的分类 …… 18
  2.1.4 自动控制系统的基本特性 …… 19
2.2 开环控制与闭环控制 ……… 20
  2.2.1 开环控制与开环控制系统 …… 20
  2.2.2 闭环控制与闭环控制系统 …… 22
  2.2.3 开环控制系统与闭环控制系统的比较 …… 23
2.3 焊接自动化中常用的控制技术 …… 24
  2.3.1 控制方式 ……………… 24
  2.3.2 PID 控制 ……………… 24
  2.3.3 智能控制 ……………… 31
复习思考题 ………………… 32

第3章 焊接自动化中的传感技术 …… 33
3.1 传感器 …………………… 33
  3.1.1 传感器的基本概念 …… 33
  3.1.2 传感器的特性 ………… 34
  3.1.3 常用检测电路 ………… 35
3.2 位置检测 ………………… 43
  3.2.1 接触式位置传感器 …… 44
  3.2.2 接近式位置传感器 …… 44
  3.2.3 接近式位置传感器的选型 …… 53
  3.2.4 接近式位置传感器在焊接自动化中的应用 …… 55
3.3 位移与速度检测 ………… 58
  3.3.1 光栅尺 ………………… 58
  3.3.2 编码器 ………………… 59
  3.3.3 测速发电机 …………… 63
  3.3.4 传感器在焊接自动化中的应用 …… 66
复习思考题 ………………… 69

第4章 焊接自动化中的电动机控制技术 …… 71
4.1 概述 ……………………… 71
4.2 直流电动机控制原理 ……… 72
  4.2.1 直流电动机及其静态特性 …… 72
  4.2.2 直流电动机的技术指标 …… 74
  4.2.3 直流电动机速度调节原理 …… 75
4.3 直流电动机脉宽调速系统 …… 78
  4.3.1 直流电动机 PWM 调速系统的工作原理 …… 79
  4.3.2 PWM 直流调速系统控制

电路 …………………… 80
4.3.3 直流电动机的恒速
控制 …………………… 85
4.3.4 PWM 直流调速系统应用
电路 …………………… 94
4.4 交流电动机变频调速原理 …… 98
4.4.1 三相交流异步电动机
的基本特性 …………… 99
4.4.2 交流电动机的调速 …… 100
4.4.3 变频器的工作原理 …… 103
4.4.4 变频器的应用 ………… 108
4.4.5 变频器的选择与使用 … 118
4.5 伺服电动机控制技术 ………… 120
4.5.1 伺服电动机 …………… 121
4.5.2 伺服电动机控制原理 … 124
4.5.3 伺服电动机控制模式 … 127
4.5.4 伺服驱动器 …………… 128
4.5.5 伺服电动机的应用 …… 132
4.6 步进电动机及其控制原理 …… 135
4.6.1 步进电动机的结构与
工作原理 ……………… 135
4.6.2 步进电动机的驱动
方法 …………………… 140
4.6.3 步进电动机的环形
分配器 ………………… 143
4.6.4 步进电动机的传动与
控制 …………………… 145
4.6.5 步进电动机在焊接中
的应用 ………………… 147
复习思考题 ………………………… 148

**第5章 焊接自动化中的 PLC
控制技术** ……………… 149
5.1 可编程序控制器 ……………… 149
5.1.1 概述 …………………… 149
5.1.2 可编程序控制器的硬件
构成 …………………… 152
5.1.3 可编程序控制器的输入/

输出模块 ……………… 154
5.1.4 可编程序控制器的编程
语言 …………………… 155
5.1.5 可编程序控制器的工作
过程 …………………… 158
5.2 日本三菱 FX_{0N} 系列可编程序
控制器 ………………………… 160
5.2.1 型号说明 ……………… 161
5.2.2 系统配置 ……………… 161
5.2.3 FX_{0N} 系列 PLC 内软继电器
的功能及编号 ………… 162
5.2.4 PLC 的外部接线 ……… 165
5.3 可编程序控制器的指令及其
应用 …………………………… 167
5.3.1 基本指令 ……………… 167
5.3.2 定时器及计数器的
应用 …………………… 177
5.3.3 功能指令 ……………… 179
5.4 梯形图的编程方法与规则 …… 181
5.4.1 梯形图编程的规则 …… 181
5.4.2 常用基本电路的编程 … 182
5.5 触摸屏技术及其应用 ………… 186
5.5.1 概述 …………………… 186
5.5.2 触摸屏类型 …………… 188
5.5.3 三菱触摸屏 …………… 193
5.5.4 触摸屏在焊接自动化中的
应用 …………………… 195
5.6 可编程序控制器控制系统
设计 …………………………… 199
5.6.1 PLC 控制系统设计的基本
原则 …………………… 199
5.6.2 电弧焊的程序自动
控制 …………………… 201
5.6.3 设计实例 ……………… 204
5.7 可编程序控制器在焊接自动化
中的应用 ……………………… 214
5.7.1 PLC 在不锈钢浮球焊接

自动化中的应用 …………… 214
　　5.7.2　PLC在热水器水箱管路
　　　　　焊接自动化中的应用 … 221
　复习思考题 ……………………… 231

第6章　机器人焊接技术 ………… 232
　6.1　工业机器人概论 ……………… 232
　　6.1.1　工业机器人的定义 …… 232
　　6.1.2　工业机器人的构成与
　　　　　分类 ………………… 234
　　6.1.3　机器人的相关技术研究
　　　　　与发展趋势 …………… 239
　6.2　焊接机器人基础 …………… 240
　　6.2.1　机器人焊接的特点 …… 240
　　6.2.2　焊接工艺对机器人的
　　　　　要求 ………………… 241
　　6.2.3　焊接机器人的分类及
　　　　　特点 ………………… 242
　　6.2.4　机器人焊接系统 …… 244
　　6.2.5　焊接机器人控制的基本
　　　　　原理 ………………… 244
　6.3　焊接机器人运动控制 ………… 245
　　6.3.1　焊接机器人运动控制
　　　　　系统 ………………… 245
　　6.3.2　焊接机器人运动控制
　　　　　系统软件 ……………… 248
　6.4　弧焊机器人离线编程技术 … 250
　　6.4.1　弧焊机器人离线编程
　　　　　系统的意义及定义 …… 250
　　6.4.2　离线编程的优点 ……… 251
　　6.4.3　弧焊机器人的特点 …… 252
　　6.4.4　弧焊机器人离线编程系统

的组成 ………………… 252
　　6.4.5　典型工业机器人离线编程
　　　　　系统 ………………… 256
　6.5　焊接机器人传感技术 ………… 266
　　6.5.1　概述 ………………… 266
　　6.5.2　焊缝跟踪视觉传感
　　　　　技术 ………………… 267
　　6.5.3　焊缝跟踪电弧传感
　　　　　技术 ………………… 277
　　6.5.4　焊缝寻位传感技术 …… 280
　　6.5.5　机器人焊接过程多传感
　　　　　信息融合技术 ………… 287
　6.6　焊接机器人的应用 …………… 288
　　6.6.1　汽车制造中焊接机器人的
　　　　　应用 ………………… 288
　　6.6.2　工程机械制造中焊接
　　　　　机器人的应用 ………… 297
　　6.6.3　盾构机零部件制造中
　　　　　焊接机器人的应用 …… 307
　　6.6.4　海洋工程钢结构制造中
　　　　　焊接机器人的应用 …… 312
　　6.6.5　桥梁钢结构制造中焊接
　　　　　机器人的应用 ………… 316
　　6.6.6　机器人焊接在航天领域
　　　　　的应用 ………………… 321
　　6.6.7　机器人焊接生产线的
　　　　　应用 ………………… 324
　　6.6.8　其他制造领域中焊接
　　　　　机器人的应用 ………… 329
　复习思考题 ……………………… 334

参考文献 …………………………… 335

第1章 绪论

焊接是制造业中传统的重要的加工工艺方法之一，广泛地应用于机械制造、航空航天、能源交通、石油化工、工程机械、船舶制造、高层建筑以及电子等行业。

随着国民经济的发展，对产品焊接质量、焊接效率的要求越来越高，普通的焊条电弧焊已经很难满足现代焊接制造的要求，特别是随着激光焊、激光电弧复合焊、搅拌摩擦焊、多丝电弧焊、窄间隙气体保护焊、窄间隙埋弧焊等新的、高效焊接工艺方法在工程实际中的普遍应用，焊接自动化已经成为现代焊接制造的关键技术之一。

随着现代控制技术、电子技术、计算机技术以及机器人技术的发展，焊接自动化向数字化、智能化、柔性化以及信息化方向发展，已成为现代焊接制造技术发展的趋势。

本章将重点介绍焊接自动化的基本概念。

1.1 焊接自动化的概念

焊接自动化就是采用具有自动控制，能自动调节、检测的焊接与机械装置，按规定的程序或指令自动进行焊接制造，其目的在于提高焊接效率，保证焊接质量，降低焊接成本和劳动强度，改善焊接环境，保障焊接生产安全。

焊接自动化有两方面的含义：一是焊接工序的自动化，二是焊接生产的自动化。焊接工序的自动化是指产品制造过程中，对于某部位或某道焊缝的焊接实现自动化；焊接生产的自动化是指焊接产品的生产过程，包括由备料、切割、装配、焊接、检验等工序组成的焊接生产全过程的自动化。焊接工序的自动化是焊接生产自动化的基础，而只有实现了焊接生产全过程的自动化，才能得到稳定的焊接质量和均衡的焊接生产节奏，以及较高的焊接生产率。

对于焊接工序的自动化来说，主要是焊接过程及焊接装备的自动控制问题。关于焊接过程和焊接装备的自动控制又包含许多内容，如焊接程序的自动控制、焊接参数的自动控制、焊接胎夹具的自动控制、自动上下料等。然而，焊接工序自动化的最基本问题是应用自动焊机和焊接机械装备构成焊接自动化系统，通过焊接程序的自动控制，完成自动焊接。

现代焊接自动化技术是将高性能焊接电源与机械装置相结合，依靠计算机控制技术实现焊接工序与焊接生产的自动化。在焊接自动化设备中，不仅需要高性能、焊接参数可控的焊接电源，如数字化焊接电源、智能焊机等，而且需要有根据焊件与焊缝结构特点设计与制造的焊接自动化装备，如焊接机床、焊接变位机等。焊接自动化中，控制系统的作用不仅是控制焊接参数，而且必须能够自动协调成套焊接设备各组成部分的动作，使其成为一个整体，实现焊接的自动化。

1.2 焊接自动化系统

从某种意义上来讲，焊接自动化就是采用焊接机械装置来代替人进行焊接。图1-1所示为一个机器人电弧焊接系统，它是一个典型的焊接自动化系统。该系统主要由机器人、变位机、各种传感器、控制器、自动焊机（包括弧焊电源、焊枪、送丝机等）等构成。

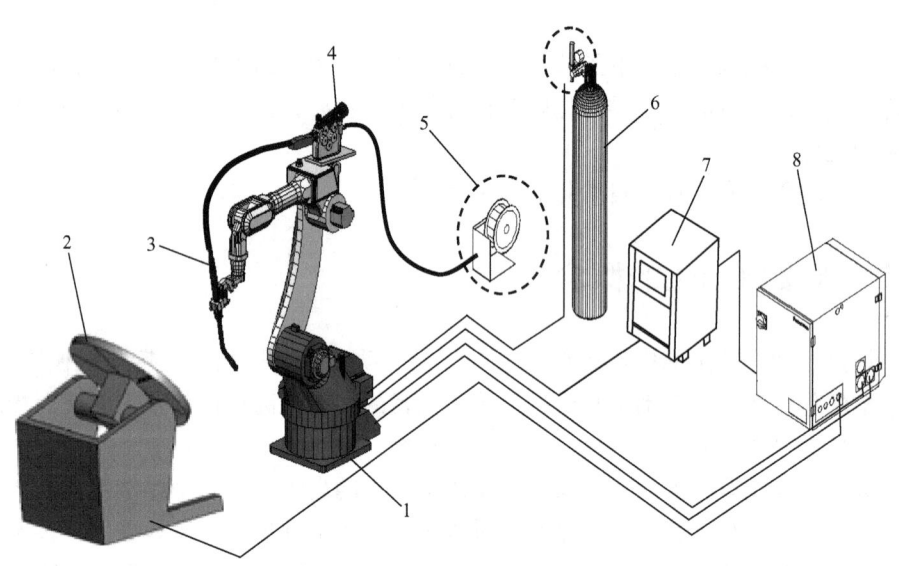

图1-1 机器人电弧焊接系统
1—机器人 2—焊接双轴变位机 3—焊枪 4—送丝机 5—焊丝盘架
6—气瓶 7—弧焊电源 8—机器人控制器

图1-2所示为一个筒形结构件自动焊接系统。该系统主要由悬臂式焊接操作机、自调式滚轮架、自动弧焊机（包括弧焊电源、焊枪、送丝机等）等组成。

由此可见，无论是复杂的机器人还是简单的焊接专机，都可以构成焊接自动化系统，实现自动焊接。焊接自动化系统的基本单元（模块）包括机械装置、

第1章 绪 论

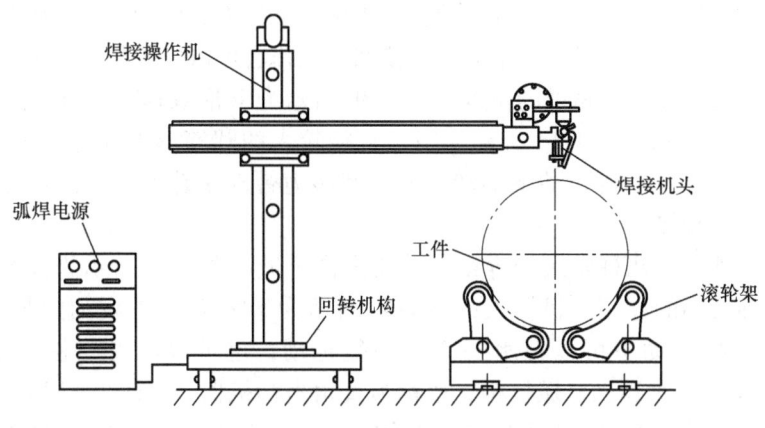

图 1-2 筒形结构件自动焊接系统

执行装置、能源、传感器、控制器和自动焊机。以弧焊自动化系统为例，各个单元简介如下。

1. 机械装置

能够实现某种运动的机构，配合自动焊机进行焊接，如机器人、变位机、十字架式焊接操作机等。图 1-3 所示为几种常用的焊接变位机和滚轮架。图 1-3a 所示为双轴变位机，其回转工作台面上可以安装焊接工装，用于装夹焊件，回转工

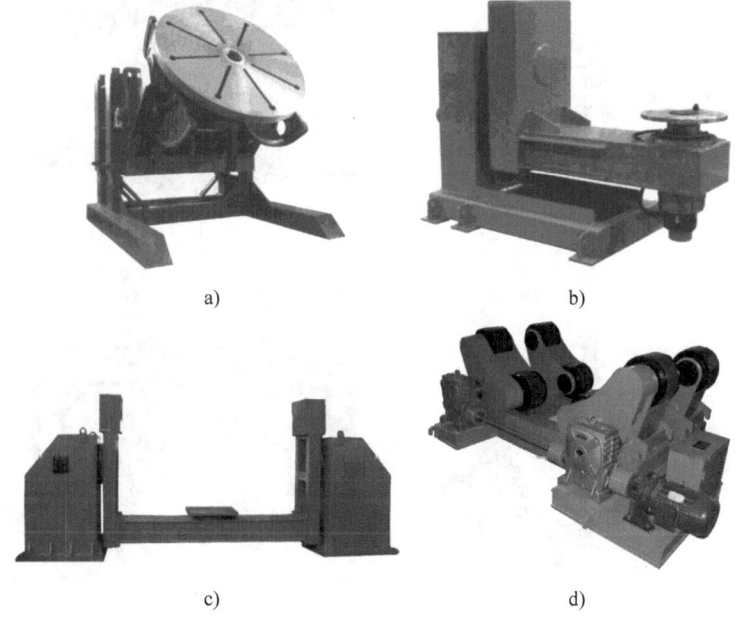

图 1-3 常用焊接变位机和滚轮架
a) 双轴变位机 b) L形双轴变位机 c) 双柱式变位机 d) 焊接滚轮架

作台围绕中心轴旋转；为了使焊件焊缝处于更容易施焊的位置，如平焊位置，回转工作台还可以围绕着另一个轴旋转，使回转工作台可以位于与水平面平行到与水平面垂直的任意一个角度的位置。图 1-3b 所示为 L 形双轴变位机；图 1-3c 所示为双柱式变位机。图 1-3d 所示为用于直径较大的圆筒形工件焊接的滚轮架，滚轮架的滚轮在电动机带动下旋转，依靠摩擦力带动滚轮架上的圆筒形工件旋转，实现环缝焊接。

图 1-4 所示为几种常用的焊接自动化操作机械。图 1-4a 所示为关节型机器人，是目前常用的通用型机器人；图 1-4b 所示为十字架式焊接操作机，十字架横梁在电动机带动下可以在水平方向往复运动，也可以沿着立柱上下运动；图 1-4c 所示为三维运动机械机构，也称为直角坐标机器人；图 1-4d 所示为龙门式焊接操作机，其龙门架上可以安装 1 台或多台焊接机头实施焊接，焊接机头可以沿着龙门架做水平方向的移动，也有的龙门架下有轨道，可以沿着轨道做整体移动。

除图 1-3、图 1-4 所示的机械装置之外，还有多种形式的焊接自动化机械装置。

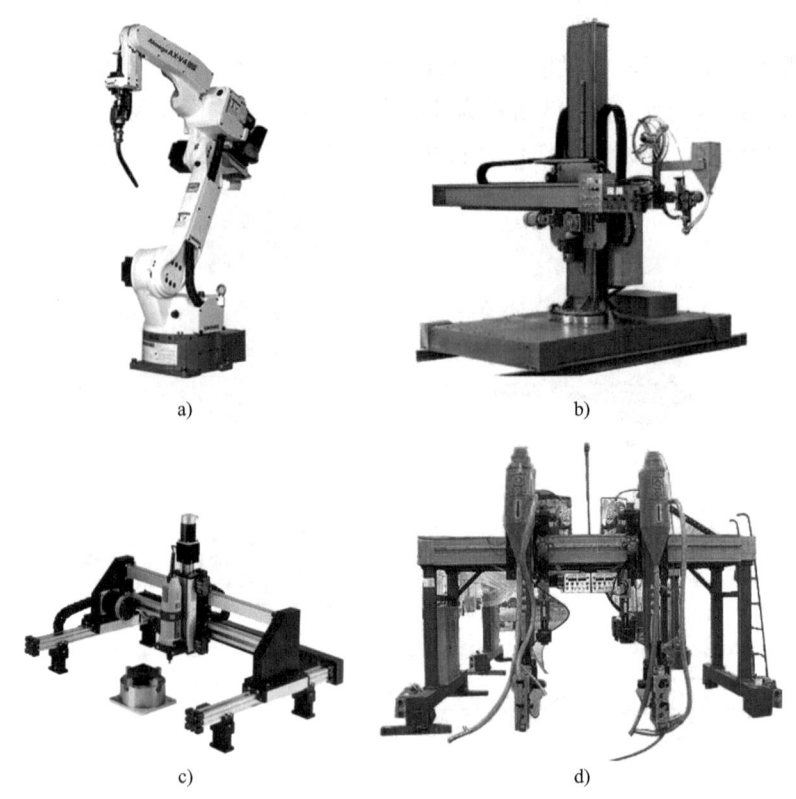

图 1-4 常用焊接自动化操作机械
a) 关节型机器人 b) 十字架式焊接操作机 c) 直角坐标机器人 d) 龙门式焊接操作机

2. 执行装置

包括驱动机械装置运动的电动机或液压、气动装置等。目前用于自动化焊接的变位机与操作机等基本采用电动机驱动，而焊接工装夹具大多采用气动或液压装置。

3. 能源

主要指驱动电动机的电源等。

4. 传感器

检测机械运动、焊接参数、焊接质量的传感器，这里主要是指检测机械运动的传感器。

5. 控制器

主要是用于机械运动控制的电子控制电路系统、计算机、可编程序控制器（PLC）等，它们同时也具有与自动焊机协同控制功能，可保证不同条件下焊接参数的输出与调节。

6. 自动焊机

包括弧焊电源、送丝机、焊枪等，它是一个独立的自动控制系统。

1.3 焊接自动化的关键技术

焊接自动化系统中的机械装置、执行装置、能源和传感器是用来取代人的操作，完成没有人直接参与的自动焊接过程的关键，它们与人体之间的关系如图1-5所示。

焊接自动化技术是将电子技术、计算机技术、传感技术、现代控制技术引入焊接机械运动控制中的自动化技术，其实现流程是利用传感器检测焊接机械的运动，将检测信息输入控制器，通过信号处理，得到能够实现预期运动的控制信号，由此来控制执行装置，实现焊接自动化。

焊接自动化的关键技术主要包括机械技术、传感技术、伺服传动技术、自动控制技术和系统技术等。

1. 机械技术

机械技术就是关于焊接机械的机构以及利用这些机构传递运动的技术。在焊接自动化中，焊接机械装置主要有焊

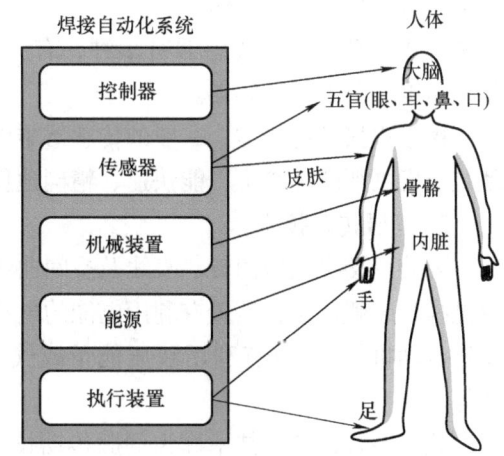

图1-5 焊接自动化系统与人体之间的关系

接工装、焊接变位机、焊接操作机、焊件输送装置及焊接机器人等。这些装置是配合焊机进行自动焊接的，它具有以下作用。

1）使焊件装夹快速、定位准确。

2）能够控制或消除焊件的焊接变形。

3）使焊件尽量处于最有利的施焊位置，如水平及船形位置焊接等。

4）可以完成组合焊缝的焊接，减少焊接工位。

5）使焊枪运动，或者焊件运动，或者焊枪与工件同时协调运动，完成不同焊接位置、不同形状焊缝的自动焊接。

机械技术就是根据焊件结构特点、焊接工艺过程的要求，应用经典的机械理论与工艺，借助计算机辅助技术，设计并制造出先进、合理的焊接机械装置，实现自动焊接过程中机构运动的一门技术。

同时，焊接机械装置在结构、质量大小、体积、刚度与耐用性方面对焊接自动化都有重要的影响。机械技术中还应考虑如何与焊接自动化相适应，应用相关的新技术来更新观念，实现焊接机械结构、材料、性能以及功能上的变化，减小质量、缩小体积、提高精度和刚度、改善性能、增加功能，从而满足现代焊接自动化的要求。

2. 传感技术

传感器是焊接自动化系统的感受器官。传感与检测是实现闭环自动控制、自动调节的关键环节。传感器的功能越强，系统的自动化程度就越高。

焊接自动化中的传感技术就是应用传感器及信号检测与分析技术，快速、精确地反映焊接过程特征信息。

焊接自动化中的传感器有多种，有关机械运动量的传感器主要有位置、位移、速度、角度等传感器。

由于焊接环境恶劣，一般的传感器难以直接应用。焊接自动化中的传感技术就是要发展严酷环境下，能快速、精确地反映焊接过程特征信息的传感器。

3. 伺服传动技术

要使焊接机械做回转、直线及空间曲线的运动，必须有动力源。这种动力源就是执行装置。执行装置有利用电能的电动机（包括直流电动机、交流电动机和步进电动机等），也有利用液压能量或气压能量的液压执行装置或气动执行装置等。

执行装置的控制技术称为伺服传动技术。伺服传动技术对系统的动态性能、控制质量和功能具有决定性的影响。

随着电力电子技术的发展，驱动电动机的电力控制系统的体积越来越小，控制也越来越方便；随着交流变频技术的发展，交流电动机在焊接自动化系统中的应用越来越普遍。目前，直流电动机和交流电动机都能够实现高精度的控制。可实现高速度、高精度控制是电动机作为焊接自动化系统中执行装置的一个重要特点。

气动执行装置往往要利用工厂内的气源，是一种结构简单、使用方便的执行装置。但是，用气动执行装置实现高精度的控制比较困难，在焊接自动化系统中，主要应用于焊件的工装夹具。

液压执行装置在焊件的工装夹具中的应用越来越普遍，在机器人的手臂驱动装置中也经常被采用。虽然需要液压站系统，但可以由简单的结构实现大功率驱动。

4. 自动控制技术

在焊接自动化系统中，控制器是系统的核心。控制器的作用主要是负责焊接自动化中的信息处理与控制，包括信息的交换、存取、运算、判断和决策，最终给出控制信号，通过执行装置使焊接机械装置按照一定的规则运动，实现自动焊接。目前，工控机、PLC等构成的控制器越来越普遍，从而为先进的控制技术在焊接自动化中的应用创造了条件。

焊接自动化中，机械装置运动的控制可以分为以下两大类。

1）顺序控制。通过开关或继电器触点的接通和断开来控制执行装置的起动或停止，从而对系统依次进行控制的方式。

2）反馈控制。被控制量为位移、速度等连续变化的物理量，在控制过程中不断调整被控制量使之达到设定值的控制方式。

自动控制技术包括硬件控制技术和软件控制技术。利用适当的硬件与软件结合进行控制，可以实现各种复杂的平面、空间曲线焊缝的焊接。这里所说的软件控制技术不仅是软件语言及其管理方面的技术，而且是包括了考虑如何根据传感器检测信号使执行装置和机械装置按照焊接工艺过程的要求很好地运动，并编制出能够实现这种目标的软件程序的技术。

5. 系统技术

系统技术就是以整体的概念组织应用各种相关技术。从系统的目标出发，将整个焊接自动化系统分解成若干个相互关联的功能单元。以功能单元为子系统进一步分解，生成功能更为单一的子功能单元。逐层分解，直到最基本的功能单元。以基本功能单元为基础，实现系统需要的各个功能的设计。

接口技术是系统技术中的一个重要方面。它是实现系统各部分有机连接的保证。接口包括电气接口、机械接口、人-机接口。电气接口实现系统各个功能单元间电信号连接；机械接口实现不同机械装置之间的连接以及机械与电气装置之间的连接；人-机接口提供了人与系统之间交互作用的界面。

1.4 焊接自动化的发展趋势

焊接自动化摆脱了手工焊接操作的束缚,凭借其高效、高质的显著优势,在焊接生产率和焊接质量上均实现了大幅提升,且具备较强的可重复性,是大规模现代化焊接生产的理想选择。

焊接自动化技术作为现代制造领域的关键技术,其核心在于利用自动检测、调节、控制等多种技术,实现焊接过程的自动化操作与控制。随着控制技术、数字技术、计算机技术、互联网、大数据以及人工智能等的快速发展和广泛应用,正在彻底改变传统手工焊接的面貌,焊接制造自动化已成为现代焊接技术的重要基础内容。焊接自动化不仅可以提高焊接生产率、保证焊接质量,而且还可以大大地改善焊接生产环境,降低焊工的劳动强度,减少对焊工健康的危害。在现代工程中,焊接自动化技术呈现出多样化的形态,自动化焊接专机、机器人焊接工作站、自动焊接生产线和柔性焊接系统在不同焊接产品制造领域发挥着重要作用,满足不同的焊接制造需求。

近年来,随着机器人技术的发展,机器人焊接以其高效、高精度、高可重复性的特点,在自动化焊接中展现出强大的生命力,特别是在柔性焊接制造中,机器人焊接能够适应产品多样化、焊接生产柔性化的需求,持续稳定地执行不同的焊接任务,保证各种产品的焊接质量,提升产品焊接的一致性,提高焊接生产率。尽管机器人焊接设备成本一次性投入较高,但可以大大降低焊接制造中的人工成本,并有利于采用高效焊接技术来提高焊接生产率、降低焊接制造成本。因此,机器人焊接逐渐成为焊接自动化领域的主流趋势。

除了机器人焊接以外,在相对固定产品的焊接制造领域,各种焊接自动化专机的应用使焊接自动化技术应用更加普遍。由于在大型工程结构中,大多数焊缝是具有一定规则的对接焊缝和角焊缝,其中直线形焊缝占70%、环形焊缝占17.5%左右,而复杂的空间曲线焊缝相对比较少。因此,可以采用价格较低、结构较简单而又有一定控制水平的机械装备实现焊接自动化。例如,采用十字架操作机与焊接滚轮架、焊接变位机等机械装备相配合,在一定范围内可实现低成本焊接自动化。还有一些直缝焊接或环缝焊接的专用焊接机床,采用电动机驱动的机械装置带动焊炬或工件运动,实现直缝或环缝的自动焊接。

随着我国经济的发展,焊接结构制造业正朝着多参数、高精度、重型化和大型化发展,如我国1000MW以上火力、水力和核能发电设备,年产60万t以上化工炼油设备,30万t以上远洋货轮,大跨度桥梁,跨国输油输气管线,海洋采油平台,大型建筑结构等。因此,各种高性能、高精度、高度自动化的焊接机械装备得到了迅速发展。目前,重型焊接滚轮架最大的承载能力可以达到1600 t,

自动防窜滚轮架的承载能力可达 800 t，采用 PLC 和高精度位移传感器控制，防止工件轴向窜动的精度为±0.5mm。大型变位机的承载能力可以达到 400 t，转矩可达 450000N·m。框架式焊接翻转机和头尾座翻转机的承载能力可以达到 160 t。焊接回转工作台的承载能力可以达到 500 t。立柱横梁操作机和门架式操作机的行程可达 12m 以上。龙门架操作机的规格可以达到 8m×8m 以上。

进入 21 世纪以来，电子技术、计算机技术、伺服技术和传感技术等新技术的迅猛发展，带动了焊接自动化技术前所未有的发展，目前大多数焊接装备采用了先进的自动控制系统、智能化控制系统和网络控制系统等。交流电动机变频调速技术、计算机控制技术、PLC 控制技术、伺服驱动以及数控系统在焊接机械装置中的应用越来越普遍，自动化焊接装备的设备精度和制造质量已接近现代金属切削机床，大大提高了焊接自动化水平与应用范围。

在焊接自动化基础上，焊接数字化、信息化和智能化发展为焊接制造业带来了更多的可能性。通过引入物联网、大数据、云计算、数字孪生、人工智能等现代科学技术，焊接自动化可以实现更加精准的控制和更加高效、高质的生产，同时也为企业提供了更加便捷的监测和维护手段，有助于焊接自动化设备的稳定运行和延长使用寿命。

纵观当今国内外焊接自动化技术的现状，可以看到其发展的趋势。

（1）高精度、高速度、高质量、高可靠性　由于焊接制造越来越向着"精细化"方向发展，因此焊接自动化系统也向着高精度、高速度、高质量、高可靠性方向发展。这就要求系统的控制器（例如计算机）以及软件有很高的信息处理速度，而且要求系统各运动部件和驱动控制具有高速响应特性。同时，要求其电气机械装置具有很好的控制精度。例如，与焊接机器人配套的焊接变位机，最高的重复定位精度为±0.05mm，机器人和焊接操作机行走机构的定位精度为±0.1mm，移动速度的控制精度为±0.1%。

（2）模块化、集成化　焊接自动化系统需要各种技术的集成，包括机械结构、电气系统、计算机系统等硬件的集成，也包括功能集成和控制技术的集成。

现代焊接自动化系统的结构都采用模块化设计，根据不同用户对系统功能的要求，进行模块的组合，而且其控制功能也采用模块化设计，根据用户需要，可以提供不同的控制软件模块，提供不同的控制功能。

模块化、集成化使系统功能的扩充、更新和升级变得极为方便。

（3）数字化、信息化、网络化　焊接自动化技术正迈向更深层次的数字化、信息化与网络技术融合。

高精度传感器与智能控制系统的运用，使得焊接过程得以实现数字化监测与控制，从而显著提升焊接质量和效率。应用网络信息技术，可以进行多台自动焊机的集中控制，包括焊接参数的修改、备份，焊接过程、焊接设备的实时监测与调节，以及故障诊断等。借助大数据和云计算技术，焊接数据得以实时采集、高效分析和精准处理。这些数据的积累和分析，不仅为焊接过程的优化提供了有力支撑，也为企业提供了基于数据制订焊接工艺和参数的科学依据，从而可以更加精准地控制焊接过程，实现焊接质量的持续提升和成本的有效控制。

（4）智能化　将先进的传感技术、信息技术、网络技术、计算机技术和智能技术应用于焊接自动化系统中，使其能够适应各种复杂环境、变化的焊接工况，实现高质量、高效率的自动焊接。

智能化的焊接自动化系统，不仅可以根据指令完成自动焊接过程，而且可以根据焊接的实际情况，自动优化焊接工艺、调节焊接参数。例如，在焊接厚大工件时，可以根据连续实测的焊接工件坡口宽度，确定每层焊缝的焊道数、每道焊缝的熔敷量及相应的焊接参数、盖面层位置等，而且从坡口底部到盖面层的所有焊道均由焊机自动提升、变道，完成焊接。

智能化的焊接装备应用正逐渐成为焊接自动化系统的主流趋势。具备自适应、自学习、自决策等功能的焊接机器人，能够针对复杂多变的焊接任务进行精准操作。这些机器人通过先进的算法和传感器技术，能够实时感知焊接环境，自动调整焊接参数，保证焊接质量和稳定性。智能化焊接装备的应用，不仅提高了焊接效率，还降低了人为因素导致的焊接缺陷，进一步提升了产品的品质。

目前，大多数的焊接自动化系统都已经具有人机交互功能，触摸屏、数字显示技术在人机交互、焊接参数实时监控中得到了普遍的应用。未来，焊接自动化技术将更加注重人机协同操作。通过智能算法和人机交互技术的深度融合，人与机器之间的配合将更加默契。自动化操作机或机器人能够承担更多重复、繁重的焊接任务，而人类则能够专注于更高级别的决策和监控工作。这种人机协同的操作模式，不仅提升了整体焊接效率，还确保了焊接过程的安全和可靠性。

（5）柔性化　随着现代工业技术的快速发展，市场需求的多样化和个性化趋势日益显著，这对焊接自动化技术提出了更高的要求。在此背景下，柔性化成了焊接自动化领域的重要发展方向。通过模块化设计和可重构技术的运用，焊接自动化生产线能够快速响应市场变化，实现生产资源的优化配置和高效利用。这种柔性化生产线不仅提升了生产率，更降低了生产成本，增强了企业的市场竞争力。

在焊接自动化生产线柔性化方面，广泛采用焊接机器人作为基本操作单元，组成焊接中心、焊接生产线、柔性制造系统和集成制造系统。采用柔性化夹具，适用不同类型产品的焊接。另外，焊接自动化系统的模块化、集成化也促进了系统的柔性化。

（6）标准化、通用化　焊接自动化系统结构、硬件电路芯片、接口的标准化、通用化不仅有利于系统的扩展、外设（如焊机）的兼容，而且有利于系统的维修。

1.5 学习本课程的目的和要求

焊接自动化技术是一门技术科学，也是一门交叉科学。它涉及材料、机械、电子、信息、控制等多学科交叉领域，包含了自动控制基本理论、传感器技术、电动机及其控制技术、数字控制技术、PLC 控制技术等。

焊接自动化技术是焊接专业（专业方向）的一门新的专业课程。通过本课程的学习，可以使学生掌握焊接自动化技术的基本内容，并与所学习的基础课、学科基础课以及专业课程的相关内容建立有机的联系，掌握系统分析问题的方法，提高多学科融合、积极创新的思维能力，尽快成为国家经济建设所需要的复合型高层次人才。

本课程的先修课程是电工电子学、弧焊电源及其控制、焊接工艺方法及设备等。

通过本课程的学习，学生应该掌握焊接自动控制的基本原理；熟悉一般焊接自动化系统的控制要求；了解焊接自动化中经常使用的位置、位移、速度传感器的工作原理，并可以结合工程实际选用各种类型的传感器；掌握电动机速度调节原理及在焊接自动化方面的应用；对可编程序控制器应具有初步的运用能力，可以将其应用于焊接自动化的控制中。知晓机器人焊接技术，能够将机器人焊接应用于工程焊接自动化系统方案设计中。

综上所述，通过本课程的学习，学生应该掌握焊接自动化关键技术的基本内容，具有焊接自动化系统分析、设计、调试和应用的初步能力。

复习思考题

1. 什么是焊接自动化？什么是焊接自动化系统？
2. 焊接自动化系统的基本构成包括哪几个部分？
3. 常用的焊接自动化机械装置有哪些？结合机械运动分析，说明它们都适合哪种焊件结构及焊缝的焊接自动化。
4. 焊接自动化中的关键技术有哪些？
5. 什么是焊接的信息化、柔性化？
6. 焊接自动化技术的发展趋势是什么？

第 2 章 焊接自动化控制基础

焊接自动化技术是运用控制理论、传感技术、电子和计算机技术，对焊接制造过程实现检测、控制，达到增加焊接效率、提高焊接质量、降低消耗、确保安全等目的的一门综合性技术，控制理论是焊接自动化的基础。本章将重点介绍焊接自动化中有关控制理论的基本概念和原理。

2.1 焊接自动控制的概念

2.1.1 基本概念

1. 控制与控制系统

在现代焊接制造中，控制无处不在。图 2-1 所示为焊接回转工作台转速控制示意图，表示了一台直流电动机及减速机构带动焊接回转工作台旋转的情况。焊接回转工作台旋转的速度取决于直流电动机的转速。如果回转工作台上的负载发生较大变化，则电动机转速也会发生变化。负载增大，电动机转速降低；负载减小，电动机转速升高。要使焊接回转工作台的转速保持为某一恒定值，则需要根据电动机实际转速与所需要转速的偏差来调节调压器输出电压的高低，从而使电动机的转速，即焊接回转工作台的转速能够维持在所需要的转速附近，这就是控制。

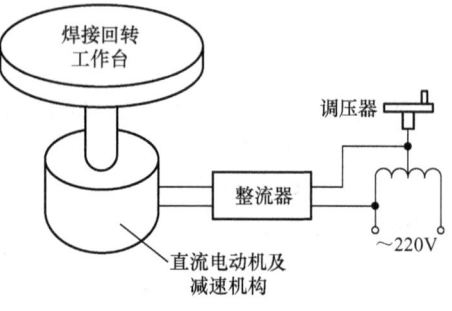

图 2-1 焊接回转工作台转速控制示意图

从广义上讲，控制就是为了达到某种目的，对事物进行主动的干预、管理或操纵。

在工程领域，控制是指利用控制装置（机械装置、电气装置或计算机系统等），使生产过程或被控对象（机器或电气设备等）的某些物理量（温度、压力、速度、位移等）按照特定的规律运行。

为了实现某种控制要求，将相互关联的部分按一定的结构形式构成的系统称为控制系统。该系统能够提供预期的系统响应，以满足特定的运动规律要求。

第 2 章 焊接自动化控制基础

2. 自动控制与自动控制系统

控制可以分为人工控制和自动控制。以图 2-1 所示的焊接回转工作台为例，其转速控制既可以采用人工控制，也可以采用自动控制。

图 2-1 所示的焊接回转工作台转速控制采用的是人工控制。人工控制焊接回转工作台转速的过程：操作者通过测速计［一般用于机器设备回转体的转速或线速度的测试，其速度值可以采用数字 LED（发光二极管）显示］获得焊接回转工作台的转速，与所要求的转速（给定值）进行比较，获得二者之间的差值，又称为偏差值；根据偏差值的大小与方向，旋转调压器的手轮，调节其输出电压，进行转速控制，以保证焊接回转工作台焊接过程中的转速恒定。如果焊接回转工作台转速低于所要求的转速值，则可增加调压器的输出电压，增大电动机的转速，使焊接回转工作台转速增加；反之，若焊接回转工作台的转速高于所要求的转速值，则可降低调压器的输出电压，减小电动机的转速，使焊接回转工作台的转速下降。

图 2-2 所示为焊接回转工作台转速自动控制系统示意图。在该系统中，转速的测量是通过转速传感器进行的；转速调节时，采用了电气电路装置。

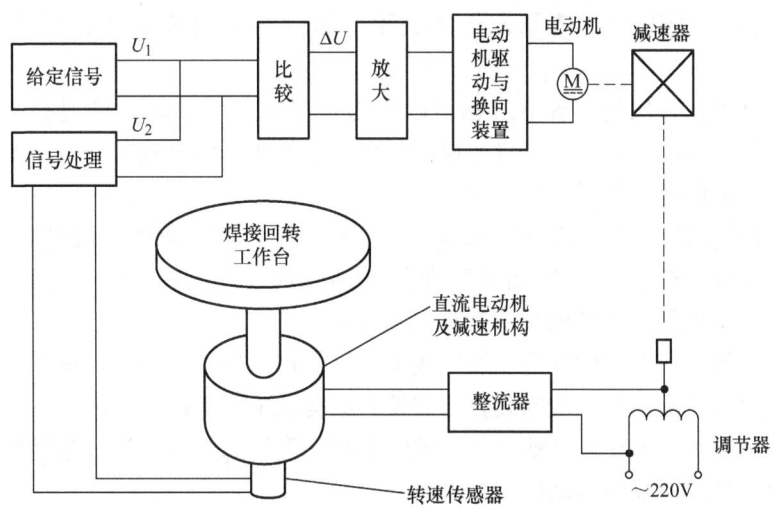

图 2-2 焊接回转工作台转速自动控制系统示意图

在转速自动控制系统中，采用转速传感器进行实际转速的检测，并通过信号处理电路将转速信号转换为电压信号。该电压信号与焊接回转工作台转速成一定的比例关系。

当实际转速与给定转速不同时，转速传感器的输出信号，经过信号处理，得到反映实际转速的电压信号 U_2。将 U_2 与转速控制给定信号 U_1 进行比较，得到偏差信号 $\Delta U = U_1 - U_2$。ΔU 经电压及功率放大后，送入电动机的驱动与换向装置，控制调压器调节电动机的转速及旋转方向。通过电动机-减速器机构，调节调压器的输出电压，使整流器输出电压增大或减小，相应的焊接回转工作台电动机转速也相应地增大或减小。当焊接回转工作台转速达到给定值时，偏差信号 $\Delta U \approx 0$，调压器调节电动机停止转动，调压器输出电压稳定，此时转速恒定。

可见，转速自动控制的过程为：由测量元件（转速传感器）检测出焊接回转工作台的转速，其转速值是以电压值形式表示，与所要求转速（给定值）的对应电压值进行比较，求出偏差，通过电压及功率放大，控制电动机-机械机构自动调节调压器的输出电压，进行恒转速控制。

综上所述，人工控制与自动控制的控制过程是相同的，均由测量、比较、调整三个环节组成。测量就是检测输出（被控）量；比较就是根据给定值和实际输出值求出偏差；调整就是执行控制或纠正偏差。

将人工控制与自动控制对比，可以看出以下区别：

1）测量。人工控制依靠操作者的眼睛，而自动控制依靠传感器进行检测。

2）比较。人工控制依靠操作者的头脑，而自动控制依靠自动控制器（比较电路）。

3）调整。人工控制依靠操作者的手，而自动控制依靠电动机-机械调节机构。

由此可见，其控制与调节过程可以认为是"求偏与纠偏"的过程。人工控制过程中需要人的直接参与；自动控制过程中不需要人的直接参与，控制过程的每一个环节都由控制装置自动完成。

自动控制是指在没有人直接参与的情况下，利用控制装置，使被控对象（如机器、设备或生产过程）的某些物理量（如电压、电流、速度、位置、温度、流量等）自动地按照预定的规律运行（或变化）。

要求实现自动控制的机器、设备或生产过程称为被控对象；对被控对象起作用的装置称为控制装置；控制装置与被控对象构成了自动控制系统。

常用的焊接自动化装备就是自动控制系统，常用的控制是焊接速度的等速控制以及焊接过程的程序自动控制。

图 2-3 所示为全自动钨极氩弧焊直缝自动焊系统，主要由特殊设计的机械部分和自动钨极氩弧焊机组成。机械部分包括平板式或琴键式焊件压紧机构和焊枪行走机构，焊枪行走采用直流电动机驱动。系统采用 PLC 控制，可以实现工件平焊位置直缝的自动焊接，其焊接速度采用等速控制。

图 2-4 所示为卧式环缝自动焊接系统，主要由环缝机械装置和所需要的自动弧焊机组成。机械装置采用头尾座方式，机头上装有焊接工装用来装夹工件；尾座上的圆盘工装在气缸带动下前后运动，用来夹紧、松开工件；工件回转运动采用的交流变频电动机、减速机构安装在机头中。焊枪夹持机构在气缸带动下上下

运动，保证焊枪运动到工作位置。系统采用 PLC 控制，可以实现圆筒形工件对接环缝的自动焊接，其焊接速度采用等速控制。

图 2-3　全自动钨极氩弧焊直缝自动焊系统

图 2-4　卧式环缝自动焊系统

图 2-5 所示为立式环缝自动焊接系统，主要由机械装置和所需要的熔化极气体保护焊自动焊机组成。夹持焊件的机械装置分为上下两部分，机械装置下部分为焊件回转机构，焊件安装在回转机构的自定心卡盘上；机械装置的上部分为夹紧机构，通过气缸带动工装上下运动用来夹紧、松开焊件。焊件回转运动采用的直流电动机、减速机构安装在系统下部的箱体中。焊枪夹持机构位于夹持工件机械装置的侧面，可以进行焊枪上下位置及角度的调节。该系统可用于焊件端接环缝自动 TIG、MIG、MAG 焊接，其焊接速度采用等速控制。

图 2-6 所示为二维激光自动焊接系统，主要由激光器和二维精密自动工作台组成。二维精密自动工作台采用交流伺服电动机驱动，工作台表面可安装焊接工装用来装夹焊件。系统采用工控机控制，可以进行二维轨迹的自动激光焊接。

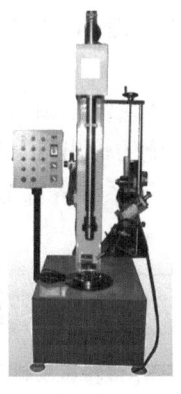
图 2-5　立式环缝自动焊接系统

图 2-6　二维激光自动焊接系统

图 2-7 所示为小筒径自动焊接系统，主要用于直径较小的圆筒内纵缝、内环缝的自动焊接。该系统主要由熔化极气体保护自动焊机、十字架型焊接操作机、

可调行走滚轮架等构成。该系统实际上是两个机械装置及自动电弧焊机的集成。

图 2-8 所示为机器人焊接系统，该系统由机器人、控制柜、焊接变位机、自动弧焊电源、送丝机等构成。

图 2-7 小筒径自动焊接系统

图 2-8 机器人焊接系统

3. 系统的框图

为了分析自动化系统中的控制作用，往往采用系统框图的形式来表示系统的控制信号与系统输出的关系，图 2-9 所示为系统框图的基本形式。

由图 2-9 可见，系统框图由方框和箭头等组成。方框可以表示整个系统，也可以表示系统的一个环节。在系统内部，根据功能将系统分成若干个部分，每个部分称为系统的环节。系统由若干个环节组成，系统框图也是由若干个方框组成。各个方框由带有箭头的信号线相连接，信号线箭头方向表示信号的传输方向，进入方框的箭头表示系统或环节的输入量，离开方框的箭头表示其输出量。具体的信号（如电流、电压、速度等）可标志在信号线上。一般地，整个系统的输入量（控制信号）置于系统框图的最左边；最终的输出量置于系统框图的最右边。

如果将图 2-1 所示的焊接回转工作台看作一个控制系统，调压器输出的交流电压作为系统的输入量，焊接回转工作台转速作为系统的输出量，则系统的框图如图 2-10 所示。该框图既表示了系统的组成，又表示了系统各部分之间的关系，所以系统的框图又称为系统的结构图。

图 2-9 系统框图的基本形式　　图 2-10 焊接回转工作台转速控制系统框图

系统框图是自动控制领域经常使用的图形，它是自动控制领域的工程语言。

如图 2-11 所示，系统框图中还有求和点（A 点）和分支点（B 点）。求和点（又称相加点或比较点）表示信号在该点进行加减或比较运算；分支点（又称分路点）表示信号由该点引出。应该指出的是，引出点只表示信号的引出，而不改变信号的大小。

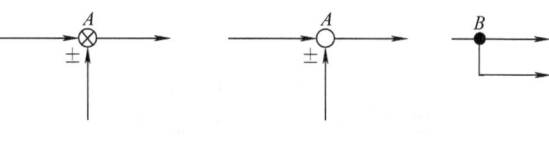

图 2-11　框图的求和点与分支点

焊接回转工作台转速自动控制系统的框图如图 2-12 所示。图 2-12 中的方框表示了系统的各个组成部分；比较点⊗代表比较电路环节。

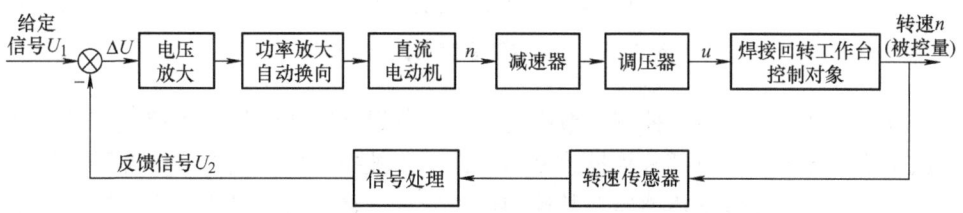

图 2-12　焊接回转工作台转速自动控制系统的框图

从图 2-12 中可以清楚地看到，系统的输入量是给定的电压信号 U_1；系统的输出量（即被控量）是焊接回转工作台的转速 n。控制系统是按给定信号 U_1 与反馈信号 U_2 之间的偏差 ΔU 的大小与方向进行控制的，从而保证输出量焊接回转工作台转速 n 按照预定的规律变化。

2.1.2　反馈控制原理

由焊接回转工作台转速控制可以看出，不论是人工控制还是自动控制，它们有两个共同点：一是要检测偏差，二是要用检测到的偏差去纠正偏差，没有偏差就没有调节过程。

在自动控制系统中，偏差通常是通过反馈建立的。给定量称为控制系统的输入量，被控制量称为系统的输出量。反馈是指输出量通过适当的测量装置将信号的全部或一部分返回到输入端，使之与输入量进行比较，比较的结果称为偏差。控制系统根据偏差量大小进行控制，其目的是减小或消除偏差。这种基于反馈的"检测偏差用以纠正偏差"的控制原理称为反馈控制原理，该原理是自动控制中普遍应用的控制理论之一。

反馈控制原理有两个主要的特点：一是反馈存在；二是根据偏差进行控制。

应用反馈控制原理构建的系统称为反馈控制系统。典型的反馈控制系统由给定环节、比较环节、控制环节、反馈环节和被控对象组成。反馈控制系统的标准化框图如图 2-13 所示。

控制环节包括调节部分和执行部分。目标值通过给定环节作为比较环节的输入信号，该信号称为基准输入信号、给定输入信号或参考输入信号。它与反馈量

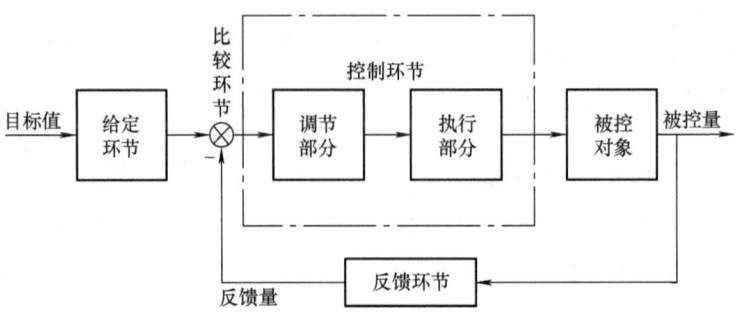

图 2-13　反馈控制系统的标准化框图

相比较，得到偏差信号。控制环节中的调节部分根据偏差信号产生控制信号，并传送至执行部分。执行部分根据控制信号作用于被控对象，使被控量得到调节。

反馈环节主要包括传感器及其检测信号处理电路。它不仅要完成被控量的检测，而且要对检测信号进行处理，并反馈到比较环节与给定量进行比较。当反馈信号与基准输入信号符号相反时，称为负反馈，否则称为正反馈。在自动控制系统中，为了保证系统的稳定，其主反馈（系统最终输出到系统输入的反馈）一定是负反馈。

反馈环节的核心是传感器；控制器的核心是控制方法和控制规律；自动控制系统的执行部分常常采用电动机-机械、液压、气动等装置。

控制系统中常将给定环节、比较环节和控制环节中的调节部分合称为控制器。目前，越来越多的焊接自动化系统采用工控机、PLC 作为控制器的核心。

2.1.3　焊接自动控制系统的分类

焊接自动控制系统的分类方法很多，常见的分类方法有以下几种。

1. 按给定量的变化规律分类

（1）恒值控制系统　系统的输入（给定）量为恒定值，对应的输出量也保持恒定，该系统为恒值控制系统。

恒温箱控制系统、焊接中的等速送丝控制系统、焊接小车行走等速控制系统等都是恒值控制系统。它们的特点是给定量是一个恒定值，被控量也保持为对应的恒定值。输入量的恒定值随控制的要求可以进行调整。输入量调整后变成一个新的恒定值输入量，于是能得到一个新的并与之对应的恒定输出量。

（2）程序控制系统　输入量和输出量按预定程序变化的系统。程序控制系统的输入量往往是预先已知并随时间变化的给定量。

数控焊接、切割机中，焊接或切割机机头与工作台的移动控制一般采用程序控制系统。数控机床、机械手运动控制系统等一般也采用程序控制系统。

程序控制系统可以是开环的，也可以是闭环的。

（3）随动系统　输出量能够迅速而准确地跟随变化着的输入量的系统。随动系统的输入量是预先未知的并随时间变化的给定量。

国防工业的火炮跟踪系统、雷达导引系统、天文望远镜的跟踪系统等都属于随动系统。在导弹发射和制导系统中，给定信号是目标机的方位和速度，这些信号是随时间变化的预先未知的信号。焊接中的焊缝自动跟踪系统也是随动系统。

2. 按组成系统的环节特性分类

（1）线性系统　构成系统的所有环节都具有线性特性的系统。线性系统的动态性能可以用线性微分方程描述，可以应用线性叠加原理。

（2）非线性系统　构成系统的所有环节中含有非线性环节的系统。非线性系统的动态性能只能用非线性微分方程描述。

由于实际系统中总会含有一定数量的非线性环节，因此理想的线性系统是不存在的。但是，如果系统非线性特性在一定条件下，或在一定范围内呈现线性特性，则可以将它们看成线性系统，用线性系统的控制理论对其进行分析或控制。

3. 按系统中信号特征分类

（1）连续系统　系统内各处的信号都以连续的模拟量传递的系统称为连续系统，其运动方程可以用微分方程来描述。

（2）离散系统　系统内某处或数处信号是以脉冲序列或数码形式传递的系统称为离散系统，其运动方程只能用差分方程来描述。

脉冲序列可以由脉冲发生器产生，也可以用采样开关将连续信号变成脉冲序列，相应的系统又称为脉冲控制系统或采样控制系统。而用计算机或数字控制电路控制的系统又称为计算机控制系统或数字控制系统。

在焊接自动化程序控制系统中大多采用的是离散控制系统。

2.1.4　自动控制系统的基本特性

因为不同的控制系统具有不同的控制特性，不同的被控对象、不同的控制要求需要的控制系统特性也各不相同，所以评价或设计一个系统的控制性能首先需要考虑系统的基本特性。

（1）稳定性　稳定性是指系统处于平衡状态下，受到扰动作用后，系统恢复原有平衡状态的能力。

稳定是系统正常工作的前提。为了使系统在环境或参数变化时还能保持稳定，在设计时应该留有一定的稳定裕量。

（2）稳态精度　稳定的系统在调节过程（暂态）结束后所处的状态称为稳态。稳态精度常以稳态误差来衡量。稳态误差是指稳态时系统期望输出量和实际输出量之差。

在一般情况下，希望系统的稳态误差越小越好，如在熔化极气体保护焊的等速送丝控制系统中,希望因各种扰动引起的送丝速度的变化要尽量小;在焊缝跟踪控制系统中,希望焊枪与焊缝之间的位置在焊接过程中尽量保持一致等。

(3) 动态品质　系统的动态品质直接反映了系统控制性能的优劣。

控制系统的动态品质通常用动态响应指标来衡量,如调节时间、超调量、振荡次数等。系统的调节时间即系统动态响应时间,也就是系统受到干扰时对偏差进行控制调节的时间;超调量即系统动态响应最大值超出稳态值的部分相对于稳态值的百分数;振荡次数即系统动态调节过程中系统响应曲线波动的次数。调节时间反映系统动态过程的快速性,超调量和振荡次数反映系统动态调节过程的平稳性。

2.2　开环控制与闭环控制

开环控制与闭环控制是自动控制中的基本形式,也是焊接自动化系统中常用的控制形式。

2.2.1　开环控制与开环控制系统

控制系统的输出端与输入端之间无反馈通道,即系统的输出量不影响系统的控制作用,该控制称为开环控制,相应的系统称为开环控制系统。

图 2-14 所示的直流电动机速度调节开环控制系统是开环控制的一个实例,该系统采用了直流斩波技术。系统原理图如图 2-14a 所示,供电网络的交流电经过整流电路整流得到直流电,供给直流电动机电能使其旋转。供给直流电动机上的电压 U_m 越高,电动机转速 n 越快。直流电动机上的电压 U_m 高低是由系统中功率半导体开关器件 VT 导通时间长短所决定的,VT 导通时间越长、关断时间越短,则提供给直流电动机的电压 U_m 越高。而 VT 导通时间长短是由给定信号装置提供的给定电压 U_g 所决定的,U_g 越高,脉宽控制器输出的脉冲宽度越大,功率开关器件 VT 导通时间越长,直流电动机上的电压 U_m 越高,电动机转速 n 越快。图 2-14b 所示为该控制系统框图,表示了系统的开环控制原理。如图 2-14b 所示,电动机转速 n 是系统的控制对象,也就是系统的输出量,而系统的输入量是给定电压 U_g。基于系统控制电路可知,决定电动机转速 n 快慢的直流电压 U_m 仅由给定电压输入信号 U_g 所决定,而不受电动机实际转速 n 的影响,因此系统输入量 U_g 决定了输出量 n,只要有一个输入量 U_g,就会有一个输出量 n 与之对应。当系统未受到干扰时,系统输出量 n 可以达到其期望值;当系统受到干扰信号的影响,如供电网络电压的波动,使电动机转速偏离了设定的转速 n 时,该系统不具有使转速恢复到设定转速 n 的能力。

第 2 章 焊接自动化控制基础

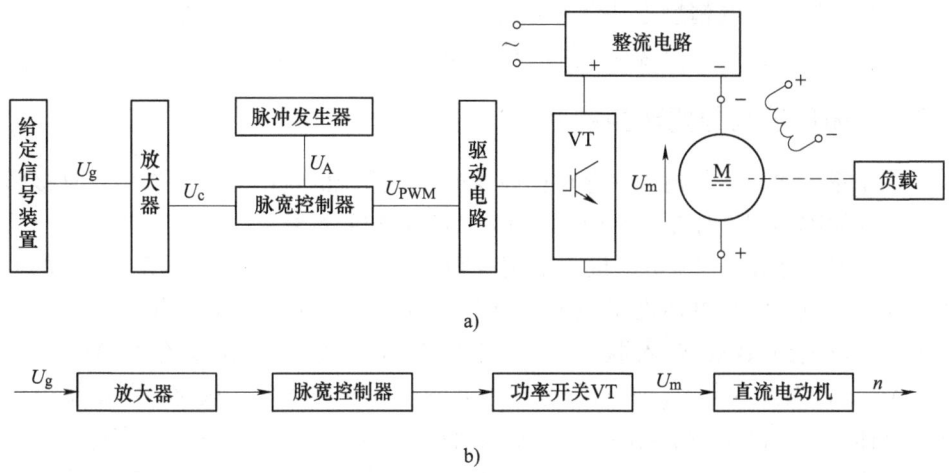

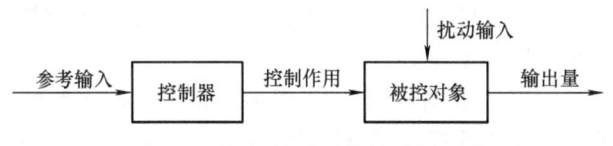

图 2-14 直流电动机速度调节开环控制系统
a）系统原理图 b）系统框图

典型的开环控制系统框图如图 2-15 所示。在开环控制系统中，只有从输入端到输出端的信号作用路径，而没有信号的反馈路径。

图 2-15 典型的开环控制系统框图

开环控制在工程实际中用得非常普遍，如弧焊变压器就是开环控制系统。采用弧焊变压器进行焊条电弧焊接时，由于手工操作引起焊接电弧的弧长发生变化，于是焊接电流、电压随之发生变化。但是，这种变化不会使弧焊变压器的给定值发生变化，也不会使弧焊变压器的外特性发生变化，也就不可能对弧焊变压器的输出参数进行恒值控制。

某些数控焊接或切割设备的进给系统也是开环控制系统。在事先编制的软件程序所确定的指令下，由进给系统带动行走机构及焊枪或割炬进行焊接或切割。由于某种干扰使行走轨迹发生偏差，其偏差值不能反馈到输入端，改变行走的程序指令，因此不会对焊枪或割炬的行走轨迹产生影响。

开环控制系统的特点是控制系统结构简单、调整方便、系统稳定性好、成本低，但是当控制过程受到扰动作用，使系统输出量受到影响时，系统不能自动进行调节。在输出量和输入量之间的关系固定，且内部参数或外部负载等扰动因素影响不大，或这些扰动因素产生的影响可以预计并能进行补偿时，应尽量采用开环控制系统。

21

开环控制系统的精度取决于系统校准的精度和系统中元器件特性的稳定程度。高精度开环控制系统必须采用高精度和高稳定性的元器件。

2.2.2 闭环控制与闭环控制系统

控制系统的输出与输入间存在反馈通道,即系统的输出对控制作用有直接影响,该控制称为闭环控制,相应的系统称为闭环控制系统。

图2-16a所示为直流电动机速度调节闭环控制系统的结构。图2-16a中的G为测速发电机,它将电动机M的转速n变换成与其成正比的反馈电压U_f,通过反馈电路反馈到系统的输入端,与给定电压U_g相比较,得到偏差信号$\Delta U = U_g - U_f$。ΔU经过误差放大器,控制脉宽控制器输出的脉冲宽度,从而控制系统中功率半导体开关器件VT的导通时间,使施加在电动机上的电压U_m发生变化。由此可见,施加在电动机上的电压U_m不仅与给定电压U_g有关,还与反馈电压U_f有关,U_m取决于偏差信号ΔU的大小。运行时,如果因负载增加使电动机转速n下降,测速发电机G输出的电压降低,通过并联在测速发电机G两端的电位器RP分压,得到的反馈电压U_f随之降低。在给定电压U_g不变的情况下,由于反馈电压U_f降低,故偏差ΔU将增大。脉宽控制器输出的脉冲宽度增大,VT的导通时间增加,施加到电动机上的电压U_m增大,使电动机转速n恢复或接近扰动作用前的数值。该系统的框图如图2-16b所示。

典型的闭环控制系统框图如图2-17所示。在闭环控制系统中,不仅有从输入端到输出端的信号作用途径,还有输出信号的反馈途径。系统输出量不仅与给定输入信号有关,还与反馈信号有关,反馈信号作为系统控制信号的一部分实现系统的闭环控制。闭环控制在工程实际中的应用更加普遍。例如,晶闸管整流弧焊电源系统就是闭环控制系统。在电弧焊接时,焊接电弧的弧长发生变化,致使电弧电流发生变化,电流的变化通过电流反馈环节反馈到系统的输入端,使焊接电流的控制信号发生变化,导致弧焊电源整流器中的晶闸管的导通角发生变化,从而调节了电源的输出电流值,使焊接电流保证恒定不变。

闭环系统的主要特点是存在反馈。若有干扰使输出的实际值偏离给定值时,由于反馈控制作用将减少这一偏差,因而闭环系统控制精度较高。其缺点是一般的闭环控制系统总存在惯性元件,当系统内部元件特性参数匹配不当时,将引起系统振荡,不能稳定工作。由此可见,引入反馈会使系统的不稳定性增大;由于闭环控制有检测、反馈比较、调节器等部件,因而使系统复杂,成本升高。另外,引入反馈会使系统的增益有所降低,但损失一定的开环增益换取对系统响应的控制能力也是值得的。

闭环控制系统的精度不仅取决于系统校准的精度和系统中元器件特性的稳定程度,更取决于系统的反馈控制精度和系统内部参数的匹配。实践表明,由一般精度的元器件组成的闭环控制系统可以具有高精度的控制特性。

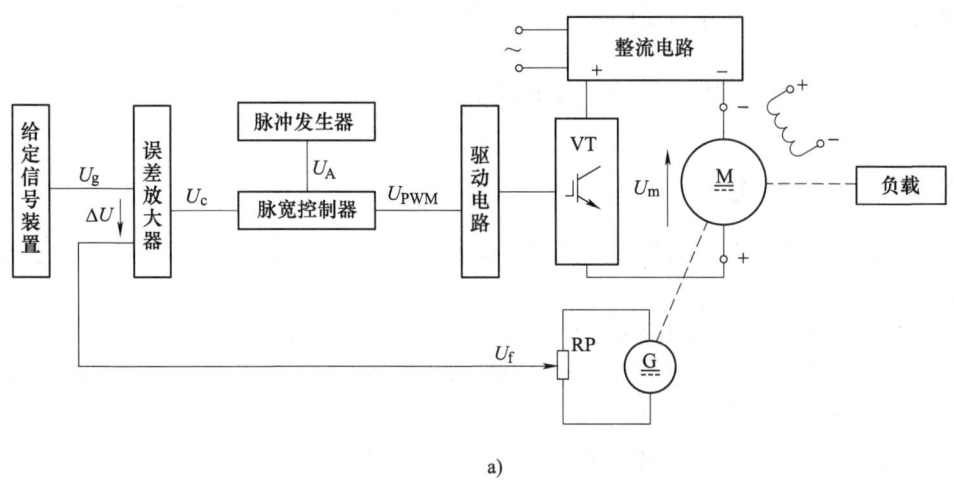

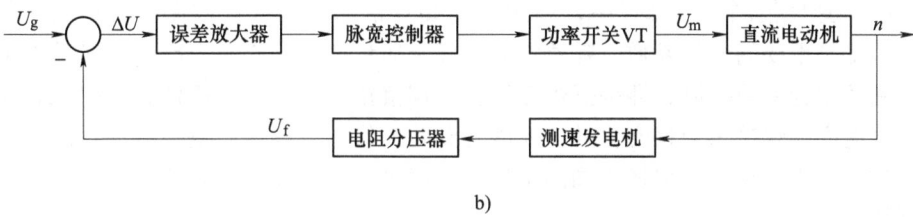

图 2-16 直流电动机速度调节闭环控制系统
a）系统结构 b）系统框图

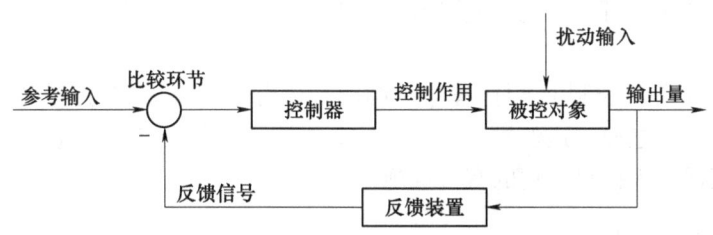

图 2-17 典型的闭环控制系统框图

2.2.3 开环控制系统与闭环控制系统的比较

闭环控制系统抗干扰能力强，对外扰动（如负载变化）和内扰动（系统内元器件性能的变动）引起被控量（输出）的偏差能够自动纠正，而开环控制系统则无此纠偏能力。由于开环控制系统没有反馈通道，因而结构较简单，当干扰引起的偏差不影响其工程应用时，应优先选用开环控制。因为闭环控制系统在设计时必须考虑稳定性问题，这给系统的设计与调试带来许多困难，所以闭环控制系统主要用于干扰对系统影响较大，而系统输出特性要求较高的场合。

2.3 焊接自动化中常用的控制技术

2.3.1 控制方式

焊接自动化中常用的控制方式包括位置控制、位移控制、速度控制、轨迹控制以及焊接程序控制等。

（1）位置控制　属于点位控制方式，一般用于点到点的控制，如自动焊接系统中的焊枪定位、多工位自动焊接中的工位转换、焊接定位焊、焊接起始点或终点控制等。

（2）位移控制　属于连续轨迹控制方式，一般用于连续焊缝焊接的自动控制，如直线焊缝焊接位移控制、环形焊缝焊接位移控制等。

（3）速度控制　自动焊中，利用机械装置带动焊枪或焊件做各种运动，其运动速度是重要的焊接参数。随着焊缝精度和质量要求的提高，已经从简单的恒速控制发展为变速控制，即根据焊接结构、焊接接头形式、焊接位置的变化，要求焊接速度等焊接参数是变化的，才能得到几何尺寸、焊接质量一致的焊缝。目前，在自动焊过程中，根据不同的结构，一般采用变速控制与等速控制相结合的控制技术。

（4）轨迹控制　焊接轨迹控制主要用于对复杂空间曲线焊缝的运动轨迹进行控制，较多用于焊枪行走轨迹的控制，也有焊枪与焊件协同运动的轨迹控制。一般要求运动速度可控、轨迹光滑且运动平稳。轨迹控制中的重要指标是轨迹精度和平稳性。

（5）焊接程序控制　焊接程序控制就是以合理的次序和时间间隔使自动焊接系统中的弧焊电源、送丝机、操作机、变位机等各个被控对象进入特定的工作状态，从而保证焊接自动化的有效实施。

2.3.2 PID 控制

控制策略（控制算法）是焊接自动化系统中控制技术的核心问题之一。不同的控制策略具有不同的控制器结构（硬件结构或软件结构）。目前，焊接自动化中常用的控制策略是 PID 控制。

1. PID 控制原理

在焊接自动控制系统中最常用的控制策略是传统的 PID 控制策略，其原理如图 2-18 所示。

PID 控制是指比例（P）控制、积分（I）控制和微分（D）控制。其控制的

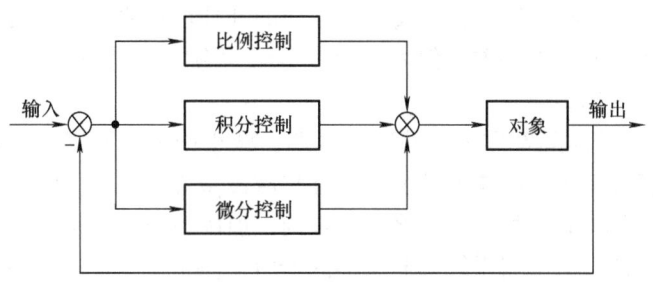

图 2-18 PID 控制框图

数学模型见式（2-1）。

$$u(t) = K_P \left[e(t) + \frac{1}{T_I} \int_0^t e(\tau) d\tau + T_D \frac{de(t)}{dt} \right] \tag{2-1}$$

式中 K_P——比例增益；
　　T_I——积分时间常数；
　　T_D——微分时间常数；
　　t——时间；
　　e——偏差。

式（2-1）表明，系统控制量 $u(t)$ 是偏差 $e(t)$ 的比例、积分、微分控制的组合。

PID 控制包含自动控制系统动态控制过程中过去、现在和将来的主要信息。其中，比例（P）控制代表当前的信息，起纠正偏差的作用，使过程的动态响应迅速，是对偏差 e 的即时反应；微分（D）控制是按偏差变化的趋势进行控制，有超前控制的作用，代表将来的信息，在动态调节过程开始时强迫系统进行动态调节，在动态调节过程结束时减小超调，克服振荡，提高系统的稳定性；积分（I）控制代表过去积累的信息，能消除系统的静态偏差，改善系统的静态特性。PID 三种作用配合得当，可以使系统的动态调节过程快速、准确、平稳。

PID 控制是传统的控制策略，无论在模拟控制或数字控制中都得到了广泛的应用，即模拟 PID 控制与数字 PID 控制。在焊接自动化系统中，要根据具体情况和要求来选用 PID 的控制策略，可以单独采用 P 控制、I 控制、D 控制，也可以采用 PI、PD 以及 PID 控制。

在 PID 控制中，K_P、T_I、T_D 等参数值直接影响着系统的动态性能。在确定 PID 参数时，可以采用理论方法，也可以采用试验方法。采用理论方法确定 PID 的参数往往需要有被控对象的精确数学模型。因为焊接过程的精确数学模型很难得到，所以在焊接过程中，PID 控制的参数常采用经验法或试凑法获得。在确定 PID 控制参数时，应注意以下几点：

1)增大比例增益 K_P,往往使整个系统的开环增益增大,有利于加快系统的响应,减小系统的稳态误差;但 K_P 过大,会使系统有较大的超调,并产生振荡,使系统稳定性变坏。

2)增大积分时间常数 T_I,将减小超调,减小振荡,系统动态过程的平稳性得到改善,但会使系统的快速性变差,并将减慢系统静态误差的消除。

3)增大微分时间常数 T_D,将减小超调,加快系统的动态响应,提高系统的快速性和稳定性,但减弱系统抑制扰动的能力,使系统的稳态误差增大。

在整定 PID 参数时,应参考上述参数的特点,先比例、后积分、再微分,其步骤如下:

1)首先加入比例部分,将 K_P 由小变大,并观察相应的系统响应,直至性能指标满足要求为止。

2)如果静态误差不能满足要求,则需要加入积分环节。首先取较大的 T_I 值,并略降低 K_P(如为原来值的0.8倍);然后逐步减小 T_I,反复调整 T_I 和 K_P,直至系统得到所需要的动态性能,且静态误差得到消除为止。

3)如果经反复调整,系统动态过程仍不满意,可加入微分环节。T_D 从零开始,随后逐步增大。同时反复改变 K_P 和 T_I,反复调整三个参数,最后得到一组合适的参数。

因为比例、积分、微分三个环节的控制作用,可以相互调节、相互补偿,不同的 PID 控制参数组合可以获得相同的动态响应特性,所以 PID 控制的参数并不是唯一的。

2. PID 控制器应用电路

(1)比例(P)控制器 比例控制器如图 2-19 所示。比例控制器的输出信号以一定比例复现输入信号。当输入信号 u_i 为阶跃函数时,输出信号 u_0(称为阶跃响应)也是阶跃函数,其幅值是 u_i 的 K_P 倍,即

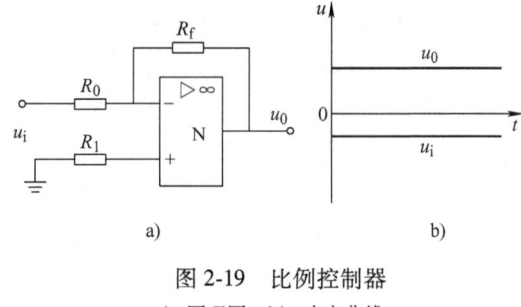

图 2-19 比例控制器
a)原理图 b)响应曲线

$$u_0 = K_P u_i \tag{2-2}$$

式中 K_P——比例系数,$K_P = -R_f/R_0$。

由式(2-2)可见,比例控制器的输出与输入成比例变化而与时间无关。显然,比例控制反应迅速,调节及时,它的输出完全由输入的当前值所决定。

无论是哪一种实际结构,也无论是操作功率是什么形式,比例控制器实质大都是具有可调增益的放大器。

(2)积分(I)控制器 图 2-20a 所示为积分控制器原理图,输出与输入的

关系为

$$u_0 = -\frac{1}{T_I}\int u_i \mathrm{d}t \quad (2\text{-}3)$$

式中　T_I——积分时间常数，$T_I = R_0 C_1$。

系统的阶跃响应为一条随时间线性增长的斜线，增长的速度与积分时间常数 T_I 成反比，与输入信号 u_i 的大小成正比，即 $u_0 = \dfrac{tu_i}{T_I}$。积分控制器的输出量不可能无限制地增长，它受到电源电压或输出限幅电路的限制，其阶跃响应曲线如图 2-20b 所示。

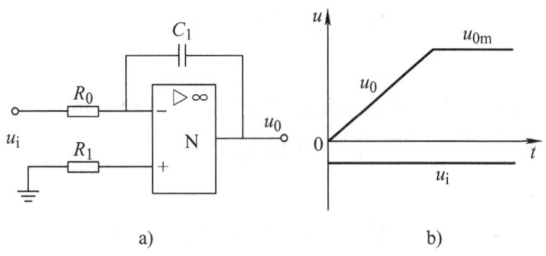

图 2-20　积分控制器
a）原理图　b）响应曲线

积分控制器的输出特性有以下三个特点：

1）只要 $u_i \neq 0$，u_0 总要逐渐增长（达到饱和时为止）。

2）只有 $u_i = 0$ 时，u_0 才不增长，并保持为某一固定值。

3）只要输出达到饱和值，则必须等输入信号 u_i 改变极性后输出 u_0 才能减小，控制器才能退出饱和状态。

综上所述，积分控制器具有延缓作用、积累作用和记忆作用，积分控制器的输出并不取决于输入量的现状，它取决于输入量的全部历史状态。

（3）比例积分（PI）控制器　比例积分控制器原理图如图 2-21a 所示。比例积分控制器输出与输入的关系为

$$u_0 = K_P u_i - \frac{1}{T_I}\int u_i \mathrm{d}t \quad (2\text{-}4)$$

式中　T_I——PI 控制器积分时间常数，$T_I = R_0 C_1$；

　　　K_P——PI 控制器比例系数，$K_P = -R_1/R_0$。

系统的阶跃响应曲线如图 2-21b 所示，即 $u_0 = (K_P - t/T_I)\,u_i$。比例积分控制器的输出由比例和积分两部分组成。当突然加入输入信号时，由于 C_1 两端电压不能突变，C_1 相当于短路，此时整个控制器相当于比例控制器，其输出 u_0 先跳变到 $K_P u_i$，实现快速控制。随着 C_1 被充电，控制器又相当于积分器，输出按积分作用随时间线性增长。同样，当控制器进入深度饱和后，必须等输入信号改变极性，才能使控制器退出饱和状态。

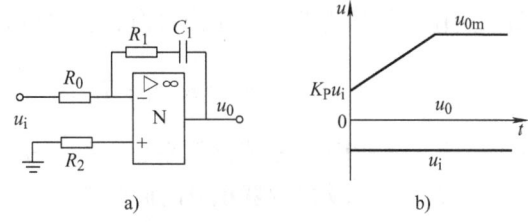

图 2-21　比例积分控制器
a）原理图　b）响应曲线

PI 控制器在频率较低时主要起积分器的作用,而在高频时主要起线性比例放大器的作用。

由于 PI 控制器综合了 P 控制器和 I 控制器的优点,比例部分能迅速响应控制作用,积分部分则可以最终消除稳态误差,因此在控制系统中得到广泛的应用。

(4) PD 控制器 图 2-22a 所示为 PD 控制器原理图。当输入信号为单位阶跃信号时,其系统响应为

$$u_0 = K_P u_i + K_P T_D \frac{du_i}{dt} \tag{2-5}$$

式中 K_P——PD 控制器比例系数,$K_P = -(R_1+R_2)/R_0$;

T_D——PD 控制器微分时间常数,$T_D = (R_1 R_2) C_1/(R_1+R_2)$。

在控制器的输入端突然加一个阶跃信号 u_i 的瞬间,反馈电压被 C_1 旁路,反馈到输入端的电压很小,故输出电压突然增至很大。随着 C_1 充电,输出电压逐渐降低,C_1 充电结束后,C_1 相当于开路,控制器相当于 P 控制器,输出电压与输入电压成比例变化。系统的阶跃响应曲线如图 2-22b 所示。

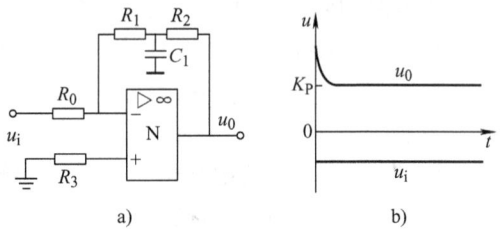

图 2-22 PD 控制器
a) 原理图 b) 响应曲线

由此可见,PD 控制器具有超前控制的作用,即当控制信号有变化趋势时,PD 控制器立即输出一个幅值很大的控制信号,用来加快响应过程或补偿系统的惯性。但是,微分控制作用也使噪声信号得到放大,有可能使系统的执行机构达到饱和状态,而且微分控制作用只能在瞬态过程中发挥作用,因此微分控制一般不单独应用。

(5) PID 控制器 图 2-23a 所示为单个运算放大器构成的 PID 控制器原理图。当输入信号为单位阶跃信号时,其单位阶跃响应为

$$u_0 = K_P u_i + K_P T_D \frac{du_i}{dt} + \frac{K_P}{T_I} \int_0^t u_i dt \tag{2-6}$$

式中 K_P——PID 控制器比例系数,$K_P = -R_1/R_0$;

T_I——PID 控制器积分时间常数,$T_I = R_1 C_1$;

T_D——PID 控制器微分时间常数,$T_D = R_2 C_2$。

$C_2 \gg C_1$,$R_1 \gg R_2$。

在控制器输入端突然加一个阶跃信号 u_i 的瞬间,反馈电压被 C_2 旁路,反馈到输入端的电压很小,接近于零,输出电压突然增至很大,起微分控制作用。随

着 C_2 充电，反馈到输入端的电压逐渐增大，控制器输出电压逐渐降低。C_2 充电结束时，输出下降到某一数值，该数值与输入成比例。由于 $T_D = R_2 C_2$ 比较小，故微分作用时间很短。随着 C_1 充电，反馈到输入端的电压又逐渐减小，输出逐渐增加，实现积分作用。系统的单位阶跃响应曲线如图 2-23b 所示。

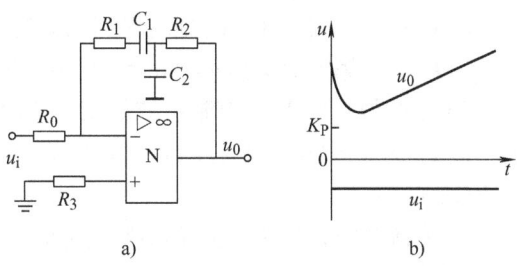

图 2-23　PID 控制器
a) 原理图　b) 响应曲线

由此可见，三种控制作用的组合作用具有三个独立控制作用各自的优点。

在焊接自动化系统中，有时还应用比例-微分-惯性（PDT）控制器等。

3. 数字 PID 控制

所谓数字 PID 控制就是将模拟 PID 控制算法进行适当变换，采用计算机或微控制器作为运算核心，利用软件程序实现 PID 控制和校正。采用数字 PID 控制，不仅可以用软件程序实现 PID 控制算法，而且可以利用计算机和微控制器的逻辑功能进行控制，因此其应用越来越普遍。

数字 PID 控制是一种采样控制，根据采样时刻的偏差值来计算控制量，因此需要对连续模拟 PID 控制算法进行数字离散化处理。对于实际控制系统而言，尽管被控对象的工作状态是连续的，但如果在离散的瞬间对其采样和控制，就能够将连续控制表示成离散控制模型；当采样与控制周期足够短时，离散控制可以认为是连续控制，而且能够达到与连续控制相同的控制效果。

数字 PID 控制算法在实际应用中有两种，即位置式 PID 控制和增量式 PID 控制。

（1）位置式 PID 控制　对连续变量 PID 控制数学模型公式（2-1）作离散化处理就可以得到位置式 PID 控制算法公式，即以一系列的采样时刻点 kT 代表连续时间变量 t，以矩形法数值积分近似代替积分，以用一阶后向差分近似代替微分，就可得到其 k 采样时刻的离散 PID 控制表达式。

$$u(k) = K_P \times \left\{ e(k) + \frac{T}{T_I} \sum_{j=0}^{k} e(j) + \frac{T_D [e(k) - e(k-1)]}{T} \right\}$$

$$= K_P \times e(k) + K_I T \sum_{j=0}^{k} e(j) + K_D \frac{e(k) - e(k-1)}{T} \tag{2-7}$$

式中　K_I——数字 PID 控制器的积分系数，$K_I = K_P / T_I$；

K_D——数字 PID 控制器的微分系数，$K_D = K_P T_D$；

T——采样周期；

k——采样序号，$k = 1, 2, \cdots$；

$e(k-1)$——第 $(k-1)$ 时刻所得到的系统偏差信号；

$e(k)$——第 k 时刻所得到的系统偏差信号。

典型的位置式 PID 控制系统如图 2-24 所示，其中 $x(k)$ 为 k 采样时刻的给定值；$u(k)$ 为 k 采样时刻的控制量输出；$y(k)$ 为 k 采样时刻的实际输出；偏差 $e = x(k) - y(k)$。

当系统执行机构的位置需要精确控制时，往往采用位置式 PID 控制算法。通过位置式 PID 控制算法得到的计算结果是输出的绝对数值，它的每次输出与系统的整个过去状态有关。由式（2-7）等号右侧可以看出，比例环节只与当前的偏差有关，而积分环节则是系统过去所有偏差的累计。位置式 PID 控制算法的计算量相对较大。

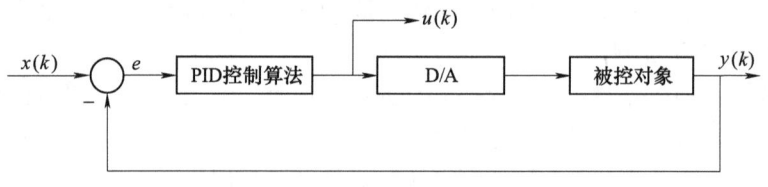

图 2-24　位置式 PID 控制系统

（2）增量式 PID 控制　该控制算法的控制器输出是控制量的增量 $\Delta u(k)$。当执行机构需要的是控制量的增量而不是位置量的绝对数值时，可以使用增量式 PID 控制算法进行控制。增量式 PID 算法计算时，与原始值无关，只需计算增量，计算误差或精度不足时对控制量的计算影响较小，易于实现手动到自动的无扰动切换。

对式（2-7）应用递推原理，可得到 $k-1$ 个采样时刻的输出值。

$$u(k-1) = K_P e(k-1) + K_I T \sum_{j=0}^{k-1} e(j) + K_D \frac{e(k-1) - e(k-2)}{T} \quad (2-8)$$

将式（2-7）与式（2-8）相减，整理后可以得到增量式 PID 控制算法公式。

$$\Delta u(k) = u(k) - u(k-1)$$

$$\Delta u(k) = K_P [e(k) - e(k-1)] + K_I T e(k) + \frac{K_D [e(k) - 2e(k-1) + e(k-2)]}{T}$$

$$(2-9)$$

增量式 PID 控制算法与位置式 PID 算法相比，只需要保持当前时刻以前三个时刻的偏差值即可，累计误差较小，计算量小得多，因此在实际中得到广泛的应用。

两种控制算法各有优缺点，增量式控制算法的控制增量 $\Delta u(k)$ 仅与最近的第 k 次的采样有关，因此误动作影响较小。但增量式控制算法的每次增量可能由于数字量化处理带来很大的截断误差，其误差的积累会使实际输出量与理论计算存在较大的偏差。

数字 PID 控制和模拟 PID 控制一样,需要通过参数整定才能正常运行。所不同的是,除了整定比例系数 K_P、积分时间常数 T_I、微分时间常数 T_D 和微分系数 K_D 外,还要确定系统的采样(控制)周期 T。

根据采样定理,采样周期 $T \leqslant \dfrac{\pi}{\omega_{max}}$,$\omega_{max}$ 是模拟信号的最高角频率。由于被控制对象的物理过程及参数的变化比较复杂,致使 ω_{max} 是很难确定的。采样定理仅从理论上给出了采样周期的上限,实际采样周期的选取要受到多方面因素的制约。

(1)控制系统抗干扰能力 采样周期应远小于对象的扰动信号周期,而且应比控制对象的时间常数小,否则采样信号无法反映瞬变过程。但是,从控制系统的计算工作量来考虑,则希望采样周期尽可能长一些,保证系统有足够的时间来完成必要的运算,实现系统的抗干扰。

(2)系统控制品质的要求 采样周期短可以实现系统的快速响应,但当执行机构的响应速度较慢时,如果采样周期过短,执行机构来不及响应,就达不到控制目的。

(3)控制系统的成本 从控制性能来考虑,希望采样周期短,但计算机运算速度以及 A-D 和 D-A 的转换速度要相应地提高,导致整个系统的成本增加。为了降低控制系统的成本,希望采样周期长些,这样计算机的运算速度和采集数据的速率也可降低,从而降低系统硬件的成本。

由此可见,采样周期受各种因素的影响,有些是相互矛盾的,必须根据具体情况和主要要求做出优化选择。随着计算机技术的进步及其成本的下降,可以选取较短的采样周期,使数字控制系统近似连续控制系统。

数字 PID 控制参数的整定随着计算机技术的发展,一般可以选择较短的采样(控制)周期 T,它相对于被控制对象时间常数 T_p 来说也就更短了。所以,数字 PID 控制参数的整定,首先可以按模拟 PID 控制参数整定的方法来选择,然后再适当调整,并考虑采样(控制)周期对整定参数的影响。

2.3.3 智能控制

由于焊接过程是一个复杂的过程,不确定因素较多,传统的 PID 控制在焊接过程控制中有一定的局限性,因此智能控制技术在焊接自动化中的应用越来越多。

所谓智能控制就是采用智能化理论和技术驱动智能装置进行操作和控制的过程。

智能控制的理论基础是人工智能、控制论、运筹学和信息论等学科的交叉。

目前在焊接自动控制中常用的智能控制技术有专家系统控制技术、模糊控制技术、神经网络控制技术等。

（1）专家系统控制技术　专家系统控制技术是以专家系统、工程控制论为基础的控制技术。专家控制系统一般由知识库、推理机、控制规则集合以及控制算法组成，可以根据工程实际问题进行逻辑推理和分析，得出控制指令。该控制技术对于焊接过程的不确定性是非常有效的。

（2）模糊控制技术　模糊控制技术是以模糊集合化、模糊语言变量及模糊逻辑推理为基础的控制技术，是一种非线性控制。模糊控制技术具有较好的鲁棒性，优于 PID 控制的动态性能，在焊接自动化中已经得到了应用。

（3）神经元网络控制技术　神经元网络控制技术是以人工神经元网络知识为基础的控制技术，具有并行处理能力、非线性处理能力，更主要的是通过训练获得学习能力和自适应能力等，适用于焊接复杂过程的控制。

（4）集成智能控制技术　将几种不同的智能控制技术和方法集成起来构成的控制，称为集成智能控制或复合智能控制。集成智能控制可以集成各种智能控制的优点，如模糊神经元网络控制、自学习模糊神经控制等都属于集成智能控制技术。

（5）组合智能控制技术　将智能控制与传统 PID 控制等组合起来的控制，称为组合智能控制，如 PID 模糊控制、神经自适应控制等。

复习思考题

1. 什么是控制？什么是自动控制？
2. 人工控制与自动控制的相同点与不同点是哪些？
3. 什么是系统的框图？系统框图的作用是什么？如何画系统的框图？
4. 什么是自动控制的系统？
5. 常用的控制系统分类有哪些？举例说明焊接自动控制系统有哪些类型？
6. 什么是开环控制、闭环控制？
7. 开环控制与闭环控制的特点和区别是什么？试述开环、闭环控制系统的基本组成及各个环节的功能。
8. 闭环控制的基本原理是什么？
9. 焊接自动控制的含义是什么？
10. 焊接自动控制中有哪些是开环控制？有哪些是闭环控制？并画出它们的框图，简述其控制原理。
11. 控制策略的作用是什么？常用的控制策略有哪些？
12. 什么是 PID 控制？PID 控制中比例、积分、微分控制的作用是什么？比例-积分调节器的阶跃响应有什么特点？
13. 什么是数字 PID 控制？位置式 PID 控制与增量式 PID 控制的区别是什么？各用于什么场景？

焊接自动化中的传感技术

传感技术是焊接自动化中的关键技术之一。传感技术的核心是传感器，没有传感器，就不可能实现自动检测和控制。在焊接自动化中，各种位置、位移以及速度传感器得到了广泛的应用。

本章重点介绍焊接自动化中常用的传感器及其应用技术。

3.1 传感器

3.1.1 传感器的基本概念

传感器是一种以一定的精确度将被测量转换为与之有确定对应关系的、易于精确处理和测量的某种物理量（通常为电量）的测量器件或仪器。

焊接自动化系统中有许多物理量需要进行检测和控制，如位移、速度（包括线速度和角速度）、位置等。目前的控制系统一般只能识别电量，因此只有通过传感器将各种非电量转换成电量才能进行控制。所以传感器又称为变换器、换能器、转换器、变送器或探测器等。

传感器一般由敏感元件、转换元件和基本转换电路三部分组成，如图 3-1 所示。

图 3-1 传感器的组成

敏感元件是能直接感受被测量，并以确定关系输出某一物理量的元件。如弹性敏感元件，它可将力转换为位移或应变输出。

转换元件可以将敏感元件输出的非电物理量（如位移等）转换成电路参数量（如电阻、电感、电容等）。

基本转换电路可以将转换元件输出的电信号转换为便于显示、记录、处理和控制的有用电信号，如电压、电流、频率、脉冲等。

实际的传感器有的很简单，有的较复杂。有些传感器（如热电偶）只有敏感元件，在测量时直接输出电压信号。有些传感器由敏感元件和转换元件组成，无需基本转换电路，如压电式加速度传感器。还有些传感器由敏感元件和基本转换电路组成，如电容式位移传感器。有些传感器，转换元件不止一个，要经过若干次转换才能输出电量。

传感器的种类很多，可以按不同的方式进行分类，如按被测物理量分类、按传感器工作原理分类、按传感器的转换原理分类、按传感器的用途分类、按传感器输出量形式（模拟信号或数字信号）分类等。

焊接自动化中常用的传感器有位置传感器、位移传感器、速度传感器等。

3.1.2 传感器的特性

传感器的特性是指传感器输出与输入的关系。当传感器检测静态信号时，即传感器的输入量为常量或随时间缓慢变化时，其输出与输入之间的关系为传感器的静态特性；传感器的输出量与相应随时间变化而变化的输入量之间的响应特性称为传感器的动态特性。

1. 传感器的静态特性指标

（1）量程　传感器的输入/输出保持线性关系的最大量程称为传感器的量程。一般用传感器允许测量的上下极限值之差来表示。如果超量程范围使用，则传感器的检测性能会变差。

（2）灵敏度　传感器输出量的变化量对输入量的变化量的比值称为灵敏度。它表示了传感器对测量参数变化的适应能力。

（3）线性度　通常希望传感器的输出与输入静态特性曲线是线性（比例特性）的，这有利于传感器的标定和数据处理。实际的传感器静态特性曲线往往是非线性的，与理论的线性特性直线有一定的偏差。其偏差越小，则其线性度越好。

传感器一般都有一定的线性范围。在线性范围内，传感器的静态特性曲线成线性或近似线性关系。传感器的线性区域越大越好。线性度一般以满量程的百分数表示。

（4）迟滞　传感器在输入量增加的过程（正行程）中和减少的过程（反行程）中，输出-输入关系曲线的不重合程度称为传感器的迟滞。

（5）重复性　传感器在同一条件下，被测输入量按同一方向作全量程连续多次重复测量时，所得输出-输入曲线不一致的程度。

（6）分辨力　传感器能检测到的最小输入增量称为分辨力。

（7）精确度　表示传感器的测量结果与被测"真值"的接近程度。二者之差称为绝对误差，绝对误差与被测量（约定）真值之比称为相对误差。精确度一般用极限误差来表示，或者利用极限误差与满量程之比的百分数给出，如

0.1、0.5、1.0 等级的传感器意味着它们的精确度分别是 0.1%、0.5% 和 1.0%。

（8）稳定性　表示传感器长期使用以后，其特性不发生变化的性能。影响传感器稳定性的因素包括时间和环境。

（9）零漂　传感器在零输入状态下，输出值的变化称为零漂。

2. 传感器的动态特性

传感器的动态特性取决于传感器本身的性能和输入信号的形式。在传感器的动态特性分析中，常采用正弦信号或阶跃信号的动态响应曲线，即输入信号为正弦变化的信号或阶跃变化的信号，其相应输出信号随时间的变化关系。

传感器的动态特性分析与控制系统的动态特性分析方法相同，可以通过时域、频域以及试验分析的方法确定。有关系统分析的性能指标都可以作为传感器的动态特性参数，如最大超调量、调节时间、稳态误差、频率响应范围、临界频率等。

动态特性好的传感器，其输出量随时间的变化规律将再现输入量随时间的变化规律，即它们具有同一个时间函数。实际传感器的输出信号与输入信号一般不会具有相同的时间函数，由此而引起动态误差。

3.1.3　常用检测电路

传感器输出的电信号形式是多种多样的，而且一般都比较微弱，就需要采用一些电子电路加以处理和放大，以满足检测显示和控制的需要。另外，传感器信号检测电路根据需要还要进行阻抗匹配、微积分运算、信号转换、线性化补偿等。一般地，不同的传感器根据自身的特点与检测和控制的目的，需要配备不同的信号检测和处理电路。本节重点介绍常用的传感器信号处理电路和信号转换电路。

1. 信号放大电路

传感器输出的信号通常是比较微弱的，于是就必须对这样的信号进行放大处理。通常采用运算放大器电路进行信号的放大。

（1）反相比例放大器　图 3-2 所示为反相比例放大器电路，其增益 K 为

$$K = \frac{U_0}{U_i} = -\frac{R_f}{R_1} \tag{3-1}$$

平衡电阻 $R_2 = R_f // R_1$。

反相比例放大器主要特点：集成运算放大器的反相输入端为虚地点，因为它的共模输入电压可视为零，所以对运放的共模抑制比要求低；电路的输出电阻小，带载能力强；电路输入电阻小，对输入电流有一定要求。

（2）同相比例放大器　图 3-3 所示为同相比例放大器电路，其增益 K 为

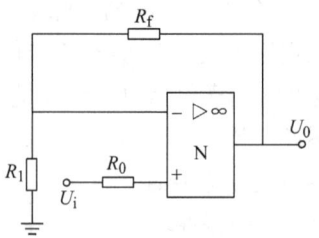

图 3-2 反相比例放大器电路　　　图 3-3 同相比例放大器电路

$$K = \frac{U_0}{U_i} = 1 + \frac{R_f}{R_1} \tag{3-2}$$

平衡电阻 $R_0 = R_f // R_1$。

同相比例放大器主要特点：由于串联负电压反馈的作用，输入电阻增大，可高达 1000MΩ；电路的输出电阻小，带载能力强；在同相比例放大电路中，集成运算放大器的共模输入电压等于输入电压，因此对运放的共模抑制比要求较高，这是它的缺点。

（3）电压跟随器　图 3-4 所示为电压跟随器电路，它是同相比例放大器的特殊情况，即 $R_f = 0$。其增益 K 为

$$K = \frac{U_0}{U_i} = 1 \tag{3-3}$$

电压跟随器的反馈系数等于 1，为深度负反馈。

（4）差动比例放大器　差动比例放大器又称减法器，其电路如图 3-5 所示。其输出电压 U_0 为

$$U_0 = \frac{R_f}{R_1}(U_2 - U_1) \tag{3-4}$$

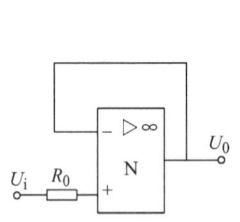 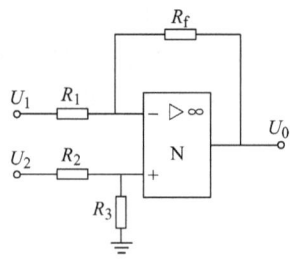

图 3-4 电压跟随器电路　　　图 3-5 差动比例放大器电路

其中　$R_f/R_1 = R_3/R_2$。

差动比例放大器的输入信号既含有差模成分，也含有共模成分，而且后者往

往大于前者。因此，差动比例放大器电路的共模抑制比必须足够大。在电路中必须保证 $R_f/R_1 = R_3/R_2$，否则差模放大器的共模抑制比会急剧下降。

2. 信号处理电路

传感器检测的信号往往包含一些噪声或者与被测量无关的信号，这就需要采用信号处理电路对传感器的原始信号进行处理。常用的信号处理电路包括滤波器电路、接地、隔离电路、屏蔽等。

（1）滤波器电路　滤波器电路的功能是让指定频段的信号能够比较顺利地通过，而对其他频段的信号起衰减作用。例如，低通滤波器使低频信号容易通过，而使高频信号受到抑制。使信号能够顺利通过的频带为滤波器的通带；使信号受到抑制而不能顺利通过的频带称为滤波器的阻带；通带与阻带之间的频带称为过渡带。在过渡带，信号得到不同程度的衰减。理想的滤波器电路没有过渡带，而实际应用的滤波器电路存在着过渡带，过渡带越窄说明滤波器电路性能越好。

图 3-6 所示为低通滤波器的频率特性。图中 K_p 是通带电压信号的放大倍数。当滤波器的信号放大倍数 K 下降到 K_p 的 70% 时，其对应的频率称为通带的截止频率，记为 f_c。

从图 3-6 可知，滤波器对不同频率的信号有以下三种不同的作用：在滤波器的通带内，信号受到很小的衰减而通过；在滤波器的阻带内，信号受到很大的衰减而被抑制；在滤波器过渡带内，信号得到不同程度的衰减。

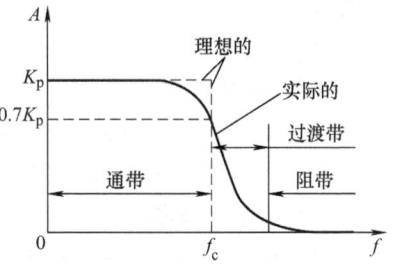

图 3-6　低通滤波器的频率特性

根据滤波器的选频作用，一般将滤波器分为低通滤波器、高通滤波器、带通滤波器和带阻滤波器四类。

在控制系统中，对于不同频率的输入信号，系统输出信号与输入信号的频率相同，而幅值不同，幅频特性即是系统输出幅值随频率变化的特性。在滤波器电路中可以采用滤波器的放大倍数与频率之间的关系来表示系统的幅频特性。图 3-7 所示为四种滤波器的幅频特性。

1）低通滤波器。在 $0 \sim f_c$ 频率之间，幅频特性平直。它可以使信号中低于 f_c 的频率成分几乎不受衰减地通过，而高于 f_c 的频率成分受到极大地衰减。主要用于低频信号（或直流信号）的检测，也可以用于需要削弱高次谐波或频率较高的干扰和噪声等场合。应用场合如整流电路中的滤波环节等。

2）高通滤波器。与低通滤波器相反，从频率 $f_c \sim \infty$，其幅频特性平直。它使信号中高于 f_c 的频率成分几乎不受衰减地通过，而低于 f_c 的频率成分将受到极大地衰减。主要用于突出有用频段的信号，削弱其余频段的信号或干扰。应用场合如载波通信、超声波检测等方面。

3）带通滤波器。其通频带在 $f_{c1} \sim f_{c2}$ 之间。它使信号中高于 f_{c1} 而低于 f_{c2} 的频率成分可以几乎不受衰减地通过，而其他成分受到极大地衰减。

4）带阻滤波器。与带通滤波器相反，阻带在频率 $f_{c1} \sim f_{c2}$ 之间。它使信号中高于 f_{c1} 而低于 f_{c2} 的频率成分受到极大地衰减，其余频率成分几乎不受衰减地通过。

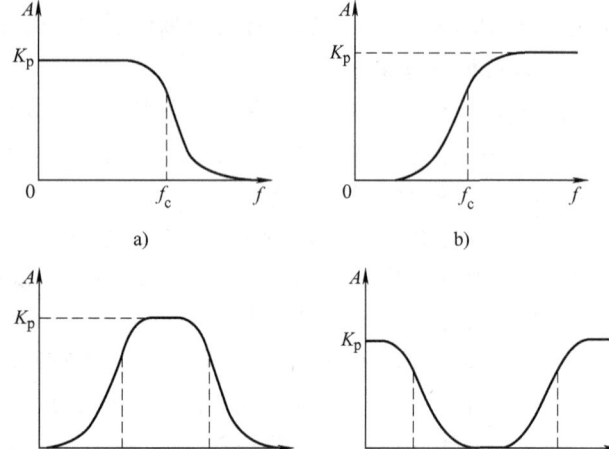

图 3-7 四种滤波器的幅频特性
a）低通滤波器的幅频特性 b）高通滤波器的幅频特性
c）带通滤波器的幅频特性 d）带阻滤波器的幅频特性

滤波器还有其他分类方法，例如根据构成滤波器的元件类型，可分为 RC、LC 或晶体谐振滤波器；根据构成滤波器的电路性质，可分为有源滤波器和无源滤波器；根据滤波器所处理的信号性质，分为模拟滤波器与数字滤波器等。

图 3-8a 所示为一阶有源 RC 低通滤波器的典型电路。它是将简单的一阶有源 RC 低通滤波网络接到运算放大器的同相输入端。运算放大器不仅起到隔离负载影响和提高带负载能力的作用，而且还提高了系统的增益。该电路不仅具有滤波功能，而且还有放大作用。该滤波器的截止频率 $f_c = 1/(2\pi RC)$，放大倍数 $K_p = K = 1 + R_f/R_1$。

图 3-8b 所示为二阶有源 RC 低通滤波器，其截止频率 $f_c \approx 0.37/(2\pi RC)$，放大倍数 $K_p = K = 1 + R_f/R_1$。图 3-8c 所示为二阶有源 RC 高通滤波器，其截止频率 $f_c \approx 0.37/(2\pi RC)$，放大倍数 $K_p = K = 1 + R_f/R_1$。滤波器中的两个 RC 网络中的电阻电容不一定取相同的值，其截止频率 f_c 的计算将比较复杂。

图 3-9 所示为一个具有放大作用的带通滤波器，它由 RC 低通、高通滤波器及同相比例放大电路组成。$f_0 = 1/(2\pi RC)$ 为带通滤波器的中心频率，并将 $f = f_0$ 时的电压放大倍数称为带通滤波器的通带电压放大倍数 K_p。

因为该滤波器中的同相比例放大电路的电压放大倍数 $K = 1 + R_f/R_1$，而带通滤波器的通带电压放大倍数 $K_p = K/(3-K)$，所以 $K < 3$。

通带截止频率：
$$f_{c1} = \frac{f_0}{2}[\sqrt{(3-K)^2 + 4} - (3-K)] \quad (3-5)$$

第3章 焊接自动化中的传感技术

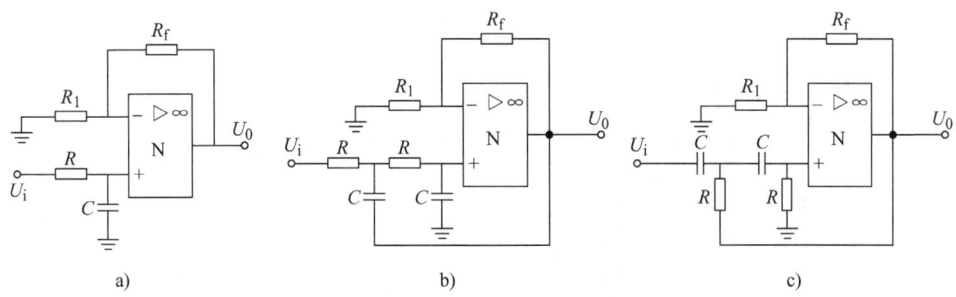

图 3-8　有源 RC 滤波器

a) 一阶低通滤波器　b) 二阶低通滤波器　c) 二阶高通滤波器

$$f_{c2} = \frac{f_0}{2}[\sqrt{(3-K)^2+4}+(3-K)] \tag{3-6}$$

图 3-10 所示为一种典型有源带阻滤波器。该滤波器的通带电压放大倍数 $K_p = K = 1 + R_f/R_1$。

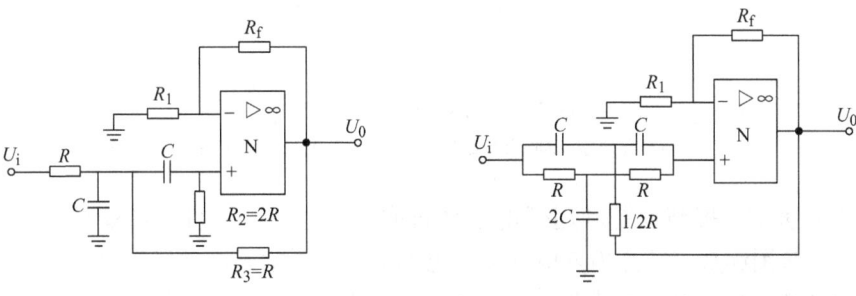

图 3-9　带通滤波器　　　　　图 3-10　带阻滤波器

令：$f_0 = 1/(2\pi RC)$ 为该带阻滤波器的中心频率。其通带截止频率为

$$f_{c1} = [\sqrt{(2-K)^2+1}-(2-K)]f_0 \tag{3-7}$$

$$f_{c2} = [\sqrt{(2-K)^2+1}+(2-K)]f_0 \tag{3-8}$$

（2）接地　电路或传感器中的"地"指的是一个等电位参考点，它是电路或传感器信号检测的基准电位点，与该基准点相连接，就称为接地。

（3）隔离电路　当传感器检测信号、信号处理及控制电路有两处或两路以上接地电阻不相等时，就会产生接地环路，引起信号失真。另外，在工业环境中，传感器检测信号长距离输送中也很难避免一些电磁干扰等的影响。因此，经常采用信号隔离电路。常用的信号隔离器就是隔离变压器或光耦合器。图 3-11 所示为常用的光耦合器隔离电路。

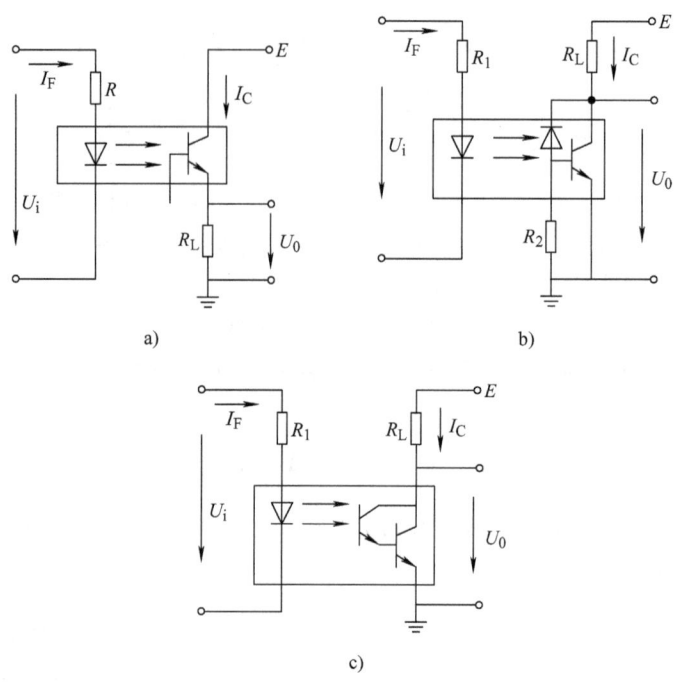

图 3-11 光耦合器隔离电路
a) 普通型光耦 b) 高速光耦 c) 高电流传输光耦

(4) 屏蔽 屏蔽就是利用低电阻材料或磁性材料把元件、传输导线、电路及组合件包围起来，防止内外电磁场或电场的相互干扰。通常可以将屏蔽分为三种，即电磁屏蔽、电场屏蔽及磁场屏蔽。采用相应的屏蔽材料就可以达到所需要的屏蔽效果。

3. 信号转换电路

传感器输出的电量有电流、电压、频率以及相位等多种形式。在焊接自动化系统中，往往需要对传感器的输出信号进行转换，以得到系统控制所要求的信号，这就需要采用信号转换电路。

下面主要介绍电压比较电路、电压-频率转换电路等。

(1) 电压比较电路 电压比较电路是对两个模拟输入电压的相对大小进行比较，并给出逻辑判断的数值输出的电路，简称比较器。

图 3-12 所示为差动型电平比较器的电路原理和传输特性曲线。

从图 3-12a 可见，将输入电压 U_i 接至比较器的反相输入端，用来和同相端的参考电压 U_R 进行比较。当 $U_i<U_R$ 时，比较器输出逻辑"1"电平，即 $U_0=U_{0H}$；当 $U_i>U_R$ 时，比较器输出逻辑"0"电平，即 $U_0=U_{0L}$；$U_i=U_R$ 是输出发生变化的临界点，其传输特性如图 3-12b 所示。若将 U_i、U_R 对调，则传输特性相反。

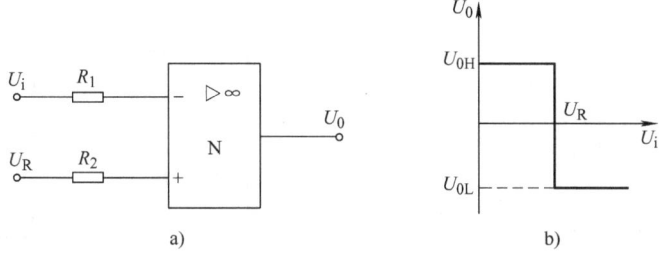

图 3-12　电平比较器
a）电路原理　b）传输特性曲线

比较器的输出电压从一个电平跳变到另一个电平时，对应的输入电压值称为阈值电压或门槛电平，简称为阈值，用 U_{TH} 表示。在图 3-12 中，阈值电压 U_{TH} 等于参考电压 U_R，即 $U_{TH}=U_R$。

由于比较器的输入量是模拟量，输出量是数字量，因而可以将比较器视为模拟信号与数字信号之间的转换电路。

若将比较器的门槛电平信号 U_R 设定为零，则称其为过零比较器。如图 3-12 所示，将比较器的同相输入端接地，即 $U_R=0$，则该比较器为反相输入过零比较器。输入信号 U_i 高于零电平，比较器输出 $U_0=U_{0L}$；U_i 低于零电平，即 $U_i<0$，比较器输出 $U_0=U_{0H}$。利用过零比较器可以将正弦波输入信号变为方波信号。

一般的电平比较器在输入信号达到比较器的阈值时就会立即翻转，灵敏度高，但是它的抗干扰能力差。如果输入信号因受干扰在阈值附近不断地变化，则会使比较器产生不停地误翻转，出现振荡现象。此现象又称为比较器的"振铃"现象。

为了克服"振铃"现象，可以采用滞后比较器。滞后比较器又称施密特触发器。滞后比较器就是在一般的电平比较器的基础上，在同相端加入少量的正反馈即可。

图 3-13 所示为一种反相滞后比较器的电路原理及相应的传输特性曲线。反相滞后比较器有两个数值不同的阈值 U_{TH1}、U_{TH2}，假设 $U_{TH1}>U_{TH2}$。输入信号 $U_i>0$，比较器输出 U_0 为高电平。当 U_i 高于阈值电压 U_{TH1} 时，比较器翻转，U_0 为低电平；此时，如果 U_i 减小，且 $U_i<U_{TH1}$，则 U_0 不变，仍然为低电平；只有当 U_i 低于阈值 U_{TH2} 时，输出 U_0 才会由低电平跳到高电平；而此时，如果 U_i 增大，且 $U_i>U_{TH2}$，则 U_0 不变，仍然为高电平；即当输入电压信号 U_i 介于 U_{TH1}、U_{TH2} 之间变化时，比较器的输出 U_0 保持原有的输出状态。由于检测输入信号 U_i 由比较器的反相端输入，因此称该比较器为反相滞后比较器，也称为下行特性比较器。

根据图 3-13 所示的电路，可得出 U_{TH1}、U_{TH2} 及滞后电平 ΔU：

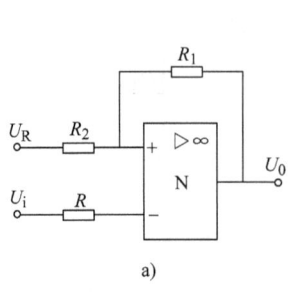 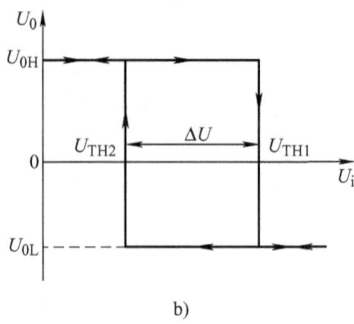

图 3-13 反相滞后比较器

a) 电路原理　b) 传输特性曲线

$$U_{TH1} = \frac{1}{R_1+R_2}(R_2 U_{0H}+R_1 U_R) \quad (3-9)$$

$$U_{TH2} = \frac{1}{R_1+R_2}(R_2 U_{0L}+R_1 U_R) \quad (3-10)$$

$$\Delta U = \frac{R_2}{R_1+R_2}(U_{0H}-U_{0L}) \quad (3-11)$$

式中　U_{0H}、U_{0L}——比较器输出的高电平和低电平值。

图 3-14 所示为同相滞后比较器电路原理及相应的传输特性曲线。同相滞后比较器又称为上行特性比较器。同理，可得出该比较器的 U_{TH1}、U_{TH2} 及滞后电平 ΔU：

$$U_{TH1} = (1+\frac{R_2}{R_1})U_R - \frac{R_2}{R_1}U_{0L} \quad (3-12)$$

$$U_{TH2} = (1+\frac{R_2}{R_1})U_R - \frac{R_2}{R_1}U_{0H} \quad (3-13)$$

$$\Delta U = \frac{R_2}{R_1}(U_{0H}-U_{0L}) \quad (3-14)$$

（2）电压-频率转换电路　电压/频率（U/f）转换电路能够把输入电压信号转换为频率信号；频率/电压（f/U）转换电路则能够把输入频率信号转换为电压信号。

传感器输出信号有模拟电压信号的，也有数字脉冲信号的。当传感器输出的是模拟信号时，计算机无法进行处理，则需要将模拟信号变为数字信号。变为数字信号的方式之一就是变成数字脉冲信号，模拟电压越高，转换后的数字脉冲频率越高，反之亦然。目前，模拟集成 U/f 转换器已广泛应用于焊接自动化系统中。模拟集成 U/f 转换器有许多种，比较典型的有 LM31 系列转换器，包括 LM131、LM231、LM331 等。

第3章 焊接自动化中的传感技术

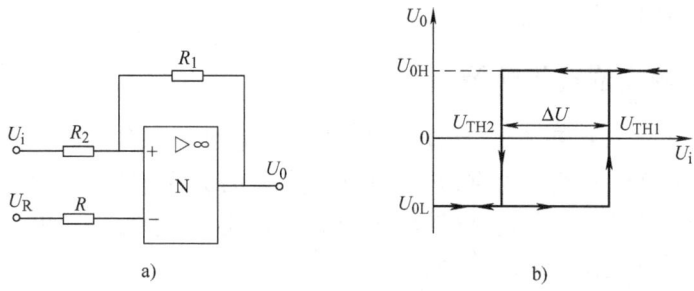

图 3-14 同相滞后比较器
a）电路原理 b）传输特性曲线

当传感器输出的是数字脉冲信号时，模拟电路控制器就无法进行处理。而目前大多数焊接自动化设备中的电动机速度稳定控制通常还采用模拟控制器，因此需要对用于速度控制的传感器数字输出信号进行 f/U 转换。也就是说，数字输出信号脉冲频率越高，转换后的模拟电压值也越高；数字输出信号脉冲频率越低，转换后的模拟电压值也越低。LM31 系列芯片也可用作 f/U 转换器。

图 3-15、图 3-16 所示分别为传感器信号应用 U/f 或 f/U 转换器进行信号转换的框图。

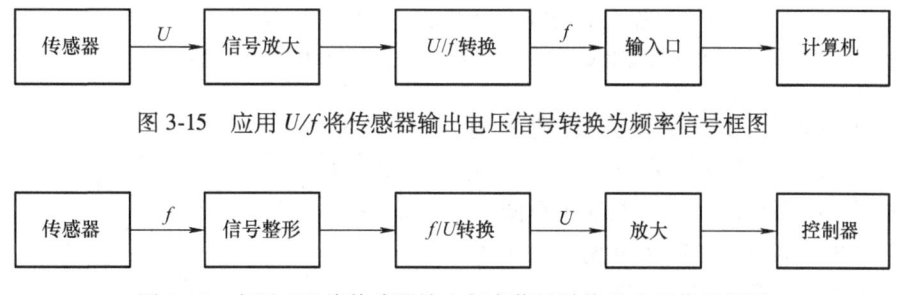

图 3-15 应用 U/f 将传感器输出电压信号转换为频率信号框图

图 3-16 应用 f/U 将传感器输出频率信号转换为电压信号框图

3.2 位置检测

在焊接自动化中，经常要对某个移动部件的位置进行检测定位，例如焊枪、带动焊件移动的工作台等物体运动是否到达指定位置。此时只需要用开关形式判断其位置或状态即可。提供这类检测的传感器主要是位置传感器。

位置传感器是通过信息检测来确定焊枪或者焊件是否已达到某一位置的传感器。位置传感器不需要产生连续变化的模拟量，只需产生能反映某种状态的开关量。

位置传感器分为接触式和接近式两种。接触式传感器是通过物体与传感器接触与否，来获取物体的位置信息；接近式传感器是通过检测传感器附近有无物体,来获取物体位置信息。

3.2.1 接触式位置传感器

限位开关(行程开关)、微动开关都属于接触式位置传感器。这些开关的内部通常都具有可以检测是否有物体与其发生接触的机械机构。当移动的物体接触到开关的机械机构时,其机械机构产生运动,使连接机械结构的电器开关触点接通或断开,从而发出相应的信号。

限位开关的机械结构有撞针式、滚轮撞针式、摆杆式、滚轮摆杆式、铰链杠杆式、滚轮铰链杠杆式等。滚轮式中又有单轮、双轮等,还有摆杆可调、滚轮可调等结构。

图 3-17 所示为几种形式限位开关的机械结构。

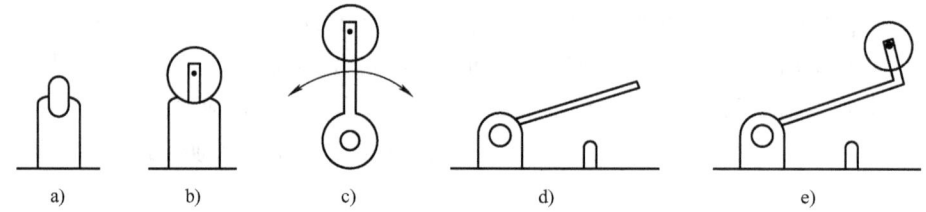

图 3-17 几种形式限位开关的机械结构
a) 撞针式 b) 滚轮撞针式 c) 滚轮摆杆式 d) 铰链杠杆式 e) 滚轮铰链杠杆式

图 3-18 与图 3-19 所示分别为撞针(直动)式限位开关和滚轮摆杆式限位开关内部结构及工作原理示意图。

从图 3-18 和图 3-19 可见,一般的限位开关大多都具有一个以上的常开或常闭触点,也称动合触点和动断触点。当物体与开关接触,机械触点开关便会动作。当物体与限位开关接触,压下开关时,动断触点断开,动合触点闭合。当物体脱离限位开关时,触点恢复常态。

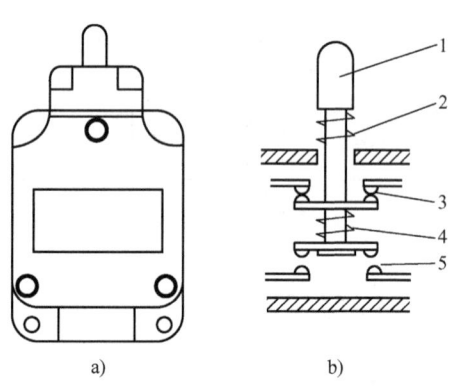

图 3-18 撞针式限位开关
a) 外观 b) 内部结构
1—顶杆 2、4—弹簧
3—动断触点 5—动合触点

3.2.2 接近式位置传感器

接近式位置传感器又称无触点接近传感器和接近开关,是理想的电子开关量传感器。与一般机械式行程开关相比,接近开关具有以下的优点。

1) 采用非接触式检测,避免了对传感器自身和目标物的损坏。

2）定位准确、灵敏度高（能检测出微米级的位置变化）、操作频率高（可达每秒数十至数百次）、反应速度快、可靠性高。

3）采用无触点输出，无火花，无噪声，寿命长。

4）耐机械冲击和振动，耐潮，在有水或油喷溅等苛刻环境中也能进行稳定的检测，环境适应能力强。

5）传感器体积小，安装灵活，调整方便。

接近开关已经广泛应用于焊接自动化系统中，如焊枪或工件定位、限位、焊缝长度的控制，焊接转台旋转的监控，以及焊接过程中所需要的计数和自动保护控制等。

接近式位置传感器分类方法有很多，按其工作原理可以分为电磁式、电容式、霍尔式、光电式和超声波式等，焊接自动化中应用较多的是电磁式、霍尔式和光电式等。

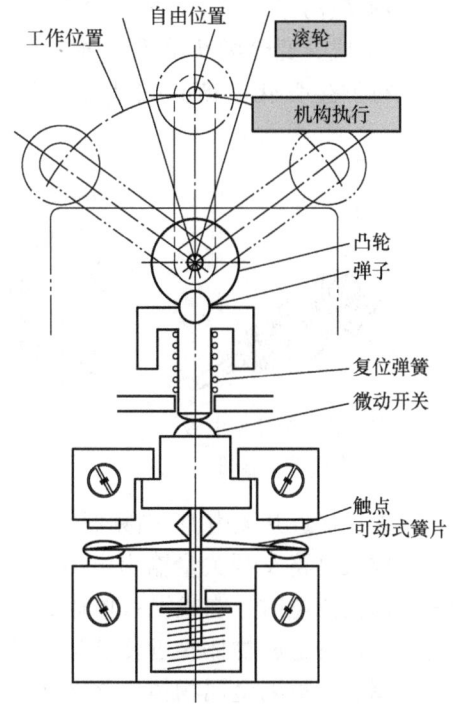

图 3-19 滚轮摆杆式限位开关

1. 电磁式接近开关

电磁式接近开关属于一种有开关量输出的位置传感器，其应用较多的是电磁感应高频振荡型。当被检测的金属物体接近传感器的振荡感应头时，传感器内部产生涡流，导致接近开关内部高频振荡能力衰减，输出信号发生跳变，由此判定被检测物体到位，进而控制接近开关的通或断。

图 3-20 与图 3-21 所示分别为圆柱型电磁传感器的外形图和电路结构示意图。如图 3-21 所示，由磁芯（磁罐）和线圈组成的检测线圈在高频交变电流作用下，在传感器的表面会形成一个交变的磁场，当被检测的金属物体接近传感器时，在磁场作用下将会产生"涡流效应"。

图 3-22 所示为涡流引起的磁场变化的工作原理。众所周知，金属导体置于变化的磁场中或在磁场中运动时，金属导体就会产生感应电流，该电流的流线呈闭合回线，故称为"涡流"。理论及实践证明，涡流的大小除与金属导体的电阻率 ρ、磁导率 μ、厚度 h、线圈励磁电流的角频率 ω 有关外，还与线圈和金属块之间的距离 δ 有关。如图 3-22 所示，在线圈上加上高频电压后，线圈在高频交变电流 i_0 作用下产生磁场 Φ_0。如果作为测定对象的导体接近该线圈，则在线圈所

产生磁场 Φ_0 的作用下，导体中会产生涡流 i_1。该涡流将形成一个方向相反的磁场 Φ_1，造成交变磁场 Φ_0 的能量损失。由于这种涡流与磁场的相互作用，线圈中的感抗将发生变化。被测磁性物体与线圈的距离越近，线圈中的感抗将变化越大。

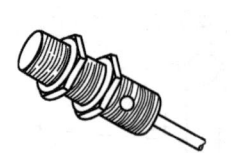

图 3-20　圆柱型电磁传感器外形图

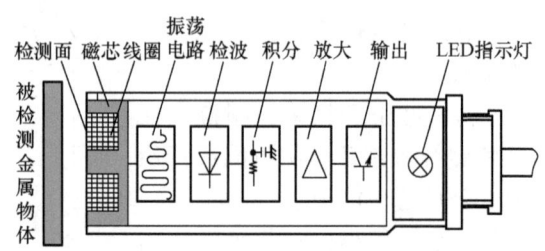

图 3-21　圆柱型电磁传感器电路结构

电磁式接近开关由 LC 高频振荡电路、整形检波电路、放大电路及开关量输出电路等组成。当检测线圈通以交流电时，在检测线圈附近产生一个交变磁场，当被测金属物体接近传感器检测面即接近于检测线圈时，被测金属物体中将产生涡流，并产生磁场。由于涡流产生的磁场与传感器原有磁场相互作用，使高频振荡电路的电感值 L 发生变化，导致 LC 振荡器的振荡频率减小甚至停振。也就是说，在没有检测到金属物体时，传感器中的 LC 振荡器处于振荡状态；而当金属物体到达传感器检测面附近时，

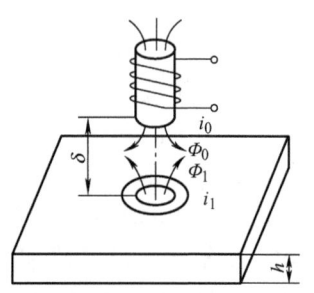

图 3-22　涡流引起的磁场变化的工作原理

振荡器处于停振状态。将振荡器的振荡与停振两种状态对应的电信号经整形检波、放大等信号处理，使其成为二进制开关信号，经功率放大后以开关量形式输出。假设被测物体到达检测位置时，传感器输出为"1"，传感器后部的红色 LED 点亮，而被测物体没有到达检测位置时，传感器输出为"0"，传感器后部的红色 LED 处于熄灭状态。图 3-23 所示为电磁式接近传感器工作原理框图。

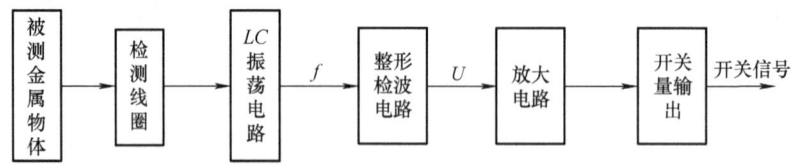

图 3-23　电磁式接近传感器工作原理框图

采用电磁式位置传感器进行位置检测，被测物体既可以是黑色金属材料，也可以是有色金属材料，被测金属材料种类不同，所采用的具体电磁位置传感器型

号也不同。不同的金属物体接近位置传感器时，都会引起传感器磁场以及感抗的变化，使传感器高频振荡电路的振荡频率发生变化，传感器信号检测与处理电路就会检测到这个变化，并输出开关量信号，从而实现对金属物体目标物位置的检测。由于铁磁物质对磁场的影响更加明显，因此更适用于黑色金属物体的检测。同时，由于传感器发出的磁场强度有限，检测距离不同，其电磁场作用效果不同（见图3-24），因此检测距离是电磁位置传感器的重要参数之一，一般的电磁式接近开关的检测距离只有几毫米到几十毫米。

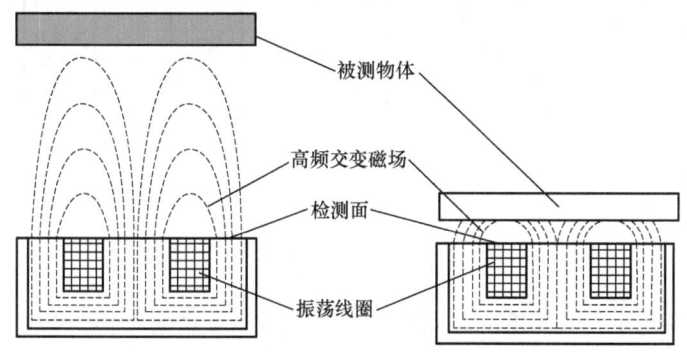

图3-24 被测物体与传感器端面不同距离条件下的磁场作用效果

2. 电容式接近开关

电容式接近开关也属于一种具有开关量输出的位置传感器，其工作原理基于式（3-15）。

$$C = \frac{\varepsilon A}{d} \tag{3-15}$$

式中 ε——电容极板间介质的介电常数；

A——两平行板的面积（m^2）；

d——两平行板之间距离（m）；

C——电容量（F）。

式（3-15）表明，只要ε、A和d三个参数中任意一个发生变化，均会引起电容量的变化。

电容式接近开关的测量头通常构成电容器的一个极板，而另一个极板是被测物体，当被测物体移向接近开关时，物体和接近开关之间的距离和介电常数发生变化，因此其电容值也会发生变化。

电容式接近开关进行物体位置的检测原理与电磁式接近开关进行物体位置的检测原理相似。图3-25所示为电容式接近开关的工作原理框图。传感器由感应电极（探头表面）、振荡电路、整形检波电路、放大电路以及开关量输出电路等组成。当被测物体接近于接近开关表面时，会使被测物体与感应电极之间的检测电容值发生变化,从而导致振荡电路中的电容参数发生变化,进而使振荡频率发生变化,甚至产生停振。也就是说,在没有检测到金属物体时,传感器中的 LC 振荡器处于振荡状态,而当金属物体到达传感器检测面附近时,振荡器处于停振状态。将振荡器振荡与停振两种状态对应的电信号经整形检波及放大电路处理,使其成为二进制开关信号,经功率放大后以开关量输出。根据接近开关输出的开关量信号,可以判定被测物体是否到达检测位置。

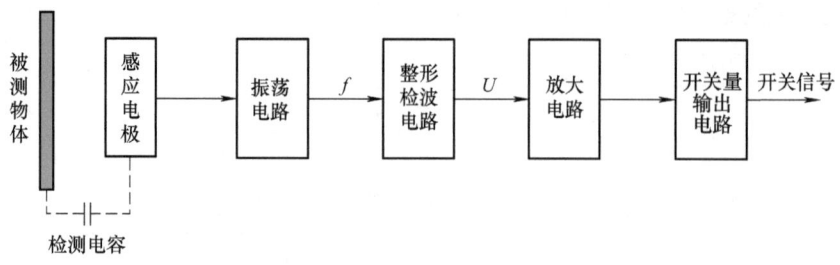

图 3-25　电容式接近开关的工作原理框图

电容式接近开关既能检测金属物体,也能检测非金属物体,甚至可以检测绝缘的液体或粉状物体。对金属物体主要基于距离对检测电容的影响,对非金属物体则主要基于材料的介电常数对检测电容的影响,材料的介电常数越大,传感器检测距离越大。电容式接近开关的检测距离比电磁式接近开关要小,一般也只有几十毫米。

3. 霍尔式接近开关

霍尔式接近开关是利用半导体材料的霍尔效应将被测物理量转换成电动势的一种传感器。图 3-26 所示为霍尔效应的原理图,图中有一片状半导体材料置于磁场 B 中。当有电流 I 流过时,电子运动速度 v 与 I 的方向相反,电子运动受到磁场作用使运动轨迹横向偏移,按图 3-26 中虚线方

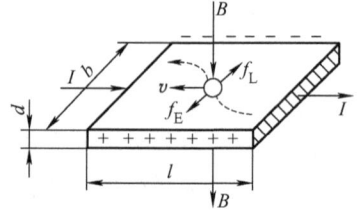

图 3-26　霍尔效应的原理图

向前进。这导致了半导体片的一侧电子密集出现负电荷,另一侧电子稀疏呈现正电荷,两侧面之间形成电场 E,称为霍尔电场。这种现象称为霍尔效应。

使电子运动轨迹横向偏移的力是洛伦兹力 f_L,而霍尔电场建立之后又对电子施加电场力 f_E,两者方向相反,最终会达到动态平衡,这时 $f_L = f_E$。

洛伦兹力为

$$f_L = evB \qquad (3\text{-}16)$$

电场力为

$$f_E = eE_H = e\frac{U_H}{b} \qquad (3\text{-}17)$$

式(3-16)和式(3-17)中的 e 为电子电荷;U_H 为霍尔效应产生的电压;b 为半导体片的宽度。当两力大小相等而方向相反时,可得

$$evB = -e\frac{U_H}{b}$$

若以 n 代表半导体内单位体积中的载流子数,则可得

$$I = -nevbd$$

式中 d——半导体片的厚度,负号表示电流方向与电子运动方向相反。

由此可推出

$$U_H = \frac{IB}{ned} = \frac{K_H}{d}IB = S_H IB \tag{3-18}$$

式中 K_H——霍尔系数,$K_H = 1/(ne)$;

S_H——元件乘积灵敏度,$S_H = 1/(ned)$。

当半导体的材料和尺寸确定后,K_H 或 S_H 保持常数,这样霍尔电压 U_H 与 IB 成正比。根据这一特性,在恒定电流下可用来测磁感应强度 B;反之,在恒定的磁场下,也可以测量电流 I。而霍尔式接近开关则是利用检测磁感应强度 B 的有无来检测物体的位置。

目前经常采用霍尔开关集成传感器。这种传感器是利用霍尔效应与集成电路技术结合而制成的一种磁敏传感器,它能感知与磁信息有关的物理量,并以开关信号形式输出。

图 3-27 所示为霍尔开关集成传感器的内部结构框图。它主要由霍尔元件、放大器、施密特整形电路、OC 门输出电路以及稳压电源等组成。

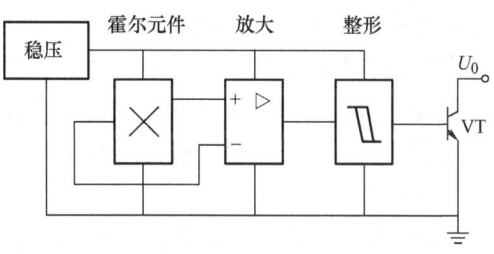

图 3-27 霍尔开关集成传感器的内部结构框图

采用霍尔式接近开关进行位置检测时,往往将一磁铁安置在被检测的物体上,而将传感器安置在固定位置处。当被检测的物体运动到传感器附近时,磁铁产生的磁场作用在传感器上。根据霍尔效应原理,霍尔元件产生霍尔电压,该电压经放大器放大后,送至施密特整形电路。当放大后的霍尔电压大于"开启"阈值时,施密特整形电路翻转,输出高电平,使半导体管 VT 导通,这种状态称为"开"状态。当被检测的物体远离传感器时,磁铁产生的磁场对传感器影响很小,霍尔元件输出的电压很小,经放大器放大后其值小于施密特整形电路的"关闭"阈值,施密特整形电路再次翻转,输出低电平,使半导体管 VT 截止,这种状态称为"关"状态。

由此可见,当磁性物体接近霍尔接近开关,磁感应强度 B 达到一定程度时,

传感器内部产生的霍尔电动势足够大，使触发电路翻转，接近开关的输出电平状态也随之翻转，由此来判断被检测的物体是否已经到达接近开关附近，进而控制霍尔开关的触点的通断。霍尔开关一般采用晶体管输出，有 NPN 型、PNP 型，根据功能可分为常开型、常闭型、双信号输出型等。

霍尔开关具有无触点、低功耗、使用寿命长、响应频率高等特点，目前在焊接自动化领域应用越来越普遍。

4. 光电式接近开关

光电接近开关工作的物理基础是光电效应。光电效应分为内光电效应、外光电效应和光生伏特效应。在光的作用下，物体电阻率发生变化的现象称为内光电效应，光敏电阻等光电器件应用了此光电效应；在光的作用下，电子逸出物体表面的现象称为外光电效应，光电管与光电倍增管等光电器件应用了该种光电效应；在光的作用下，物体产生一定方向的电动势的现象称为光生伏特效应，光电池、光敏二极管、光敏晶体管等光电器件利用了该种光电效应。

在光电式接近开关中应用较多的是光敏二极管、光敏晶体管和光耦合器。

1）光敏二极管。光敏二极管是将光信号变成电信号的半导体器件。它的核心部分也是一个 PN 结。和普通二极管相比，在结构上不同的是，为了便于接受入射光照，PN 结面积尽量做得大一些，电极面积尽量小些，而且 PN 结的结深很浅，一般小于 $1\mu m$。

光敏二极管在电路中一般处于反向工作状态，即光敏二极管的正端接低电位。没有光照时，反向电流很小（一般小于 $0.1\mu A$），称为暗电流。有光照时，反向电流迅速增大到几十微安，称为光电流。光的强度越大，反向电流也越大。光的变化引起光敏二极管电流变化，这就可以把光信号转换成电信号，成为光敏传感器件。因此，光敏二极管不受光照射时，处于截止状态，受到光照射时，处于导通状态。

2）光敏晶体管。光敏晶体管也是将光信号变成电信号的半导体器件。光敏晶体管和普通晶体管类似，也有电流放大作用，其在电路中的接法也相同，只是它的集电极电流不只是受基极电路的电流控制，也可以受光的控制。

光敏二极管、光敏晶体管是广泛采用的光电器件。光敏二极管、光敏晶体管的外壳上往往有一个透明的窗口以利于接收光线照射，实现光电转换。光敏晶体管因输入信号为光信号，所以通常只有集电极和发射极两个引脚线。

3）光耦合器。光耦合器是以光为媒介传输电信号的一种电—光—电转换器件。它由发光源和受光器两部分组成。把发光源和受光器组装在同一密闭的壳体内，彼此间用透明绝缘体隔离。发光源的引脚为输入端，受光器的引脚为输出端，常见的发光源为发光二极管，受光器为光敏二极管、光敏晶体管等。根据结构和用途的不同，光耦合器可分为用于实现电隔离的光耦合器和用于检测物体有无的光电式接近开关。

光电式接近开关由发射器（发光器件）和接收器（受光器件）组合而成，它利用被检测物体对发射器发射出来的光的阻断或部分反射，接收器对变化的光接收，并加以光电转换以及信号的放大输出，从而检测物体的位置。

发射器可以采用 LED、激光二极管等。接收器可以是各种光敏二极管、光敏晶体管等。

目前用得比较多的是红外线接近光电开关（光电传感器）。它利用被检测物体对红外光束的遮光或反射，进行物体有无的检测，从而实现被测物体的位置检测。被测物体不限于金属，对所有能反射光线的物体均可进行检测。

根据工作原理不同，光电式接近开关可以分为反射型和对射型两大类。

（1）反射型光电式接近开关　一种集发射器和接收器于一体的传感器。当被测物体经过时，将光电开关发射器发射的足够量光线反射到接收器，光电开关就产生了开关信号，如图 3-28a 所示。当被检测物体的表面光亮或其反光率极高时，反射式的光电开关是首选的接近开关。

（2）对射型光电式接近开关　对射型光电开关包含在结构上相互分离且光轴相对放置的发射器和接收器，发射器发出的光线直接进入接收器。当被检测物体经过发射器和接收器之间且阻断光线时，光电开关就产生了开关信号，如图 3-28b 所示。当检测物体不透明时，对射式光电开关是最可靠的检测模式。

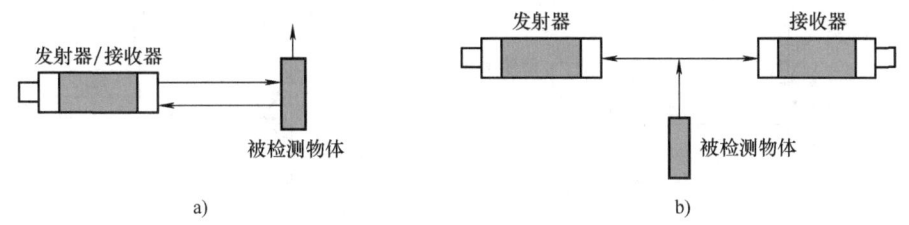

图 3-28　各种类型光电式接近开关

a）反射型光电式接近开关　b）对射型光电式接近开关

还有一种特殊结构的对射型光电开关，称为槽型光电开关。该开关通常采用标准的 U 字形结构，其发射器和接收器分别位于 U 形槽的两边，并形成一光轴，当被检测物体经过 U 形槽且阻断光轴时，光电式接近开关就产生了检测到的开关量信号。它可比较安全可靠地适应检测高速变化，分辨透明与半透明物体。

图 3-29 所示为反射型光电式接近开关的内部结构及其工作原理。对射型光电式接近开关的结构及其工作原理是类似的。

图 3-30 所示为槽型和反射型光电式接近开关用来进行检测时的工作原理。如图 3-30a 所示，在应用槽型光电接近开关进行物体位置检测时，U 形槽的两边相对安放发射器和接收器。当被测物体从 U 形槽中间通过时，由于发射器发射的

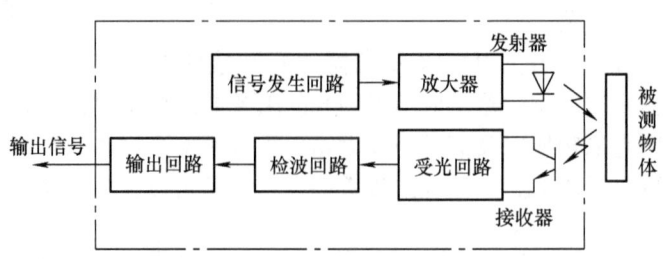

图 3-29　反射型光电式接近开关的内部结构及其工作原理

光被遮住，接收器接收不到光信号而产生一个电脉冲信号。

反射型光电式接近开关的检测原理与槽型光电式接近开关类似，只是发射器和接收器是分离的，两者之间的距离可以比较大，但在安装时必须注意两者光轴的对中。

如图 3-30b 所示，应用反射型光电式接近开关进行物体位置的检测时，由发射器和接收器组成的光电式接近开关单侧安装。传感器中发射器发出的光，经被测物体反射后到达接收器上。当被测物体接近光电式接近开关时，由于传感器发出的光经被测物体反射，使传感器中的接收器接收到光信号而产生一个电脉冲信号，表明被检测的物体已经到达检测的位置。

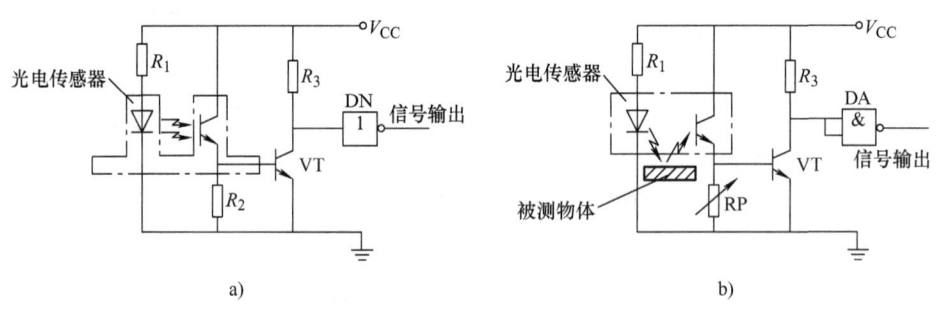

图 3-30　光电式接近开关的应用原理
a）槽型光电式接近开关　b）反射型光电式接近开关

与对射型光电式接近开关相比，反射型光电式接近开关检测的是反射光，其输出电流较小。由于不同的物体表面，光的反射程度不同，传感器的信噪比不一样，因此在反射型光电式接近开关检测电路中设定限幅电平就显得非常重要。在图 3-30b 所示的电路中，采用了输出可调电阻来调节光电流的大小。为了增加反射光的强度，往往采用在被检测物体上安置专用的反光片。

光电式接近开关具有体积小、检测距离大、可靠性高、检测位置精度高、响应速度快、易与 TTL 及 CMOS 电路兼容等优点，因此在焊接自动化系统中得到广泛的应用。

3.2.3 接近式位置传感器的选型

焊接自动化中常用的接近开关可以分为电磁式、电容式、霍尔式和光电式。按照其外形又可以分为图 3-31 所示的圆柱型、扁平型、矩型、槽型和环型等。

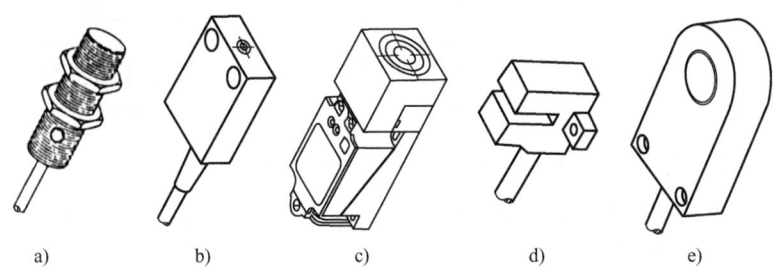

图 3-31 接近开关类型
a) 圆柱型 b) 扁平型 c) 矩型 d) 槽型 e) 环型

圆柱型比扁平型安装方便。扁平型传感器中有顶部发出感应的，也有从两侧发出感应的。槽型的检测部位是在槽内侧，用于检测通过槽内的物体。一般矩型的各种接近开关安装尺寸相同，互换性好。

接近开关多由 NPN 型、PNP 型晶体管输出，输出状态有常开（NO）和常闭（NC）两种形式；外部接线常见的是二线制、三线制、四线制和五线制。其供电分为直流和交流两种类型。接近开关的主要接线方式见表 3-1。

表 3-1 接近开关的主要接线方式

线 制	NPN 输出	PNP 输出
交流二线制	NO 型	NC 型
直流二线制	NO 型	NC 型

(续)

线 制	NPN 输出	PNP 输出
直流三线制	NPN NC型（蓝色-、棕色+、黑色接负载）	PNP NC型（棕色+、蓝色-、黑色接负载）
	NPN NO型（蓝色-、棕色+、黑色接负载）	PNP NO型（棕色+、蓝色-、黑色接负载）
直流四线制	NPN NO+NC型（蓝色-、棕色+、黑色接负载、黄色接负载）	PNP NO+NC型（棕色+、蓝色-、黑色接负载、黄色接负载）

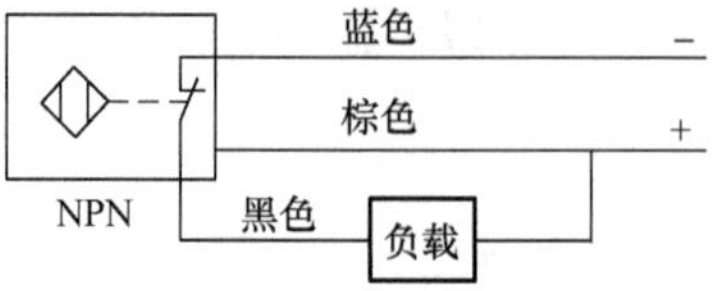

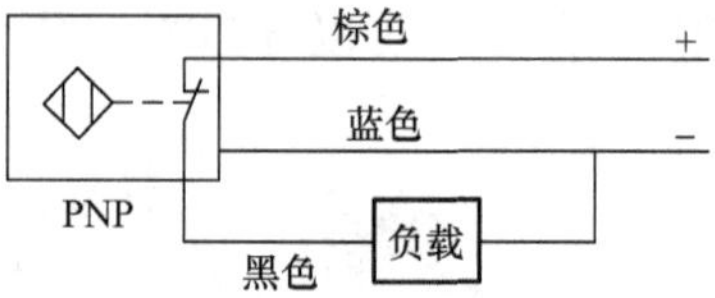

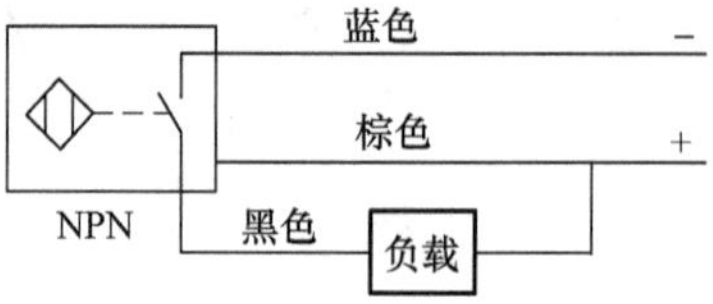

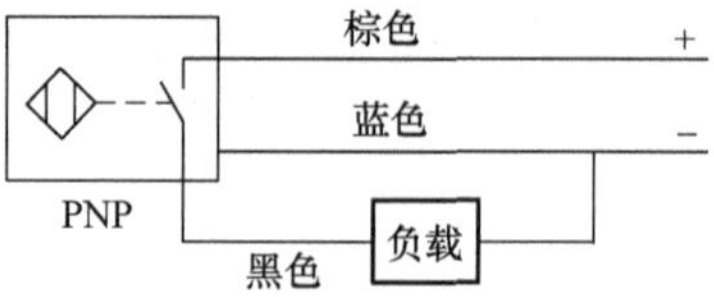

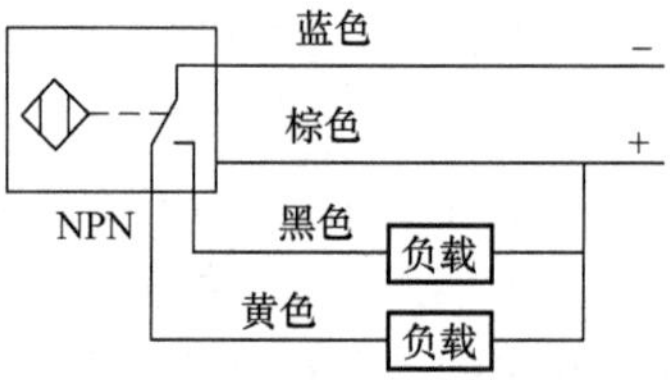

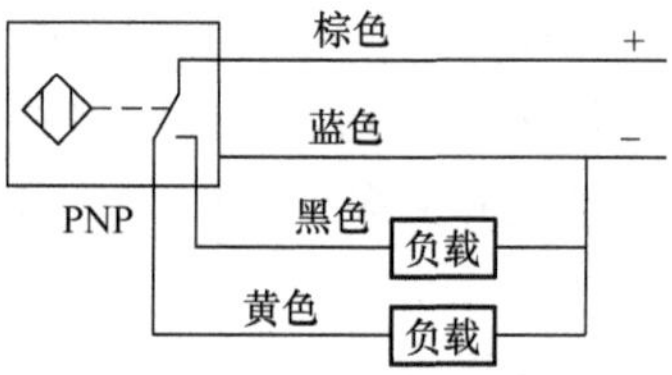

在焊接自动化中，对于不同材质的检测体和不同的检测距离，应选用不同类型的接近开关，以使其在系统中具有高的性能价格比，为此在选型中应遵循以下原则。

当被测物体为金属材料时，应选用电磁式接近开关。该类型接近开关对铁镍、Q235钢类检测体检测最灵敏。对铝、黄铜和不锈钢类检测体，其检测灵敏度就低。检测灵敏度要求不高时，也可选用霍尔式接近开关。与电磁式接近开关相比较，霍尔式接近开关能够安装在金属中，且可并排紧密安装、穿过金属进行检测。

当被测物体为非金属材料时，如木材、纸张、塑料、玻璃和水等，应选用电容式接近开关。

要进行远距离检测和控制时，应选用光电式接近开关。

常用的接近开关有关性能及应用比较一览表见表3-2，可在选型时参考。

第3章 焊接自动化中的传感技术

表3-2 常用的接近开关有关性能及应用比较一览表

接近开关类型	检测距离/mm	常用被测物体	检测原理与特点	可靠性	价格
电磁式	1~80	铁磁物体、其他金属	涡流效应	可靠	低
电容式	2~20	高介质物体	电容效应	一般	低
霍尔式	≈10	磁铁	霍尔效应	很可靠	低廉
反射型光电式	≤8000	任何物体	发射与接收一体化	可靠	一般
对射型光电式	≤50000	任何物体	发射与接收分体	很可靠	一般

3.2.4 接近式位置传感器在焊接自动化中的应用

接近开关是在焊接自动化中应用最多的传感器，可以用于焊接自动化中的位置控制、焊缝尺寸控制、计数控制、转速及直线速度控制以及焊接工位转换控制等。接近开关在焊接自动化中的应用见表3-3。

表3-3 接近开关在焊接自动化中的应用

控制项目	应用范围
位置控制	焊枪或工件设定位置控制；焊接自动化设备中升降装置的起动、停止控制；焊接行走机构的极限位置控制；移动部件的防碰撞控制；焊接转台等回转体的焊接停止位置控制；焊接生产线传输工件的位置控制
尺寸控制	焊缝长度控制；焊接产品定尺控制
计数控制	检测焊接生产线上流过的产品数；焊接装置旋转轴或盘的转速计量；多道多层自动焊过程中焊缝计数等
速度控制	焊接旋转机械的速度与各种脉冲发生器一起控制转速和转数检测控制；直线焊接的速度控制；焊接生产线传送带速度控制等
转换控制	焊接工位转换控制
信息检测	焊接自动化系统中，各种机械移动装置位置信息的检测

位置传感器在自动焊接中应用非常广泛。在直缝、环形焊缝自动焊接和焊接生产自动流水线中的焊件传输，以及焊接工位的自动转换的控制，都需要采用位置传感器。

图3-32所示为自动化焊接系统中的焊枪定位控制示意图。在该系统中，焊枪可以由电动机-丝杠系统调节，丝杠旋转带动焊枪上下调节。根据焊枪位置要求，在焊枪移动装置上设置一个金属探测片。当丝杠旋转时带动焊枪与金属探测片同时向下运动。当金属探测片到达接近开关附近时，说明焊枪到达指定位置，接近开关发出信号，使电动机停止旋转。

图3-33所示为汽车焊接生产线中的汽车传输位置控制示意图。在该系统中，当汽车产品置于焊接移动工作台上，工作台前端安置一金属检测"块"（也可以

是磁铁）。当移动工作台运动到指定位置时，接近开关发出物体到位信号，使移动工作台停止运动，而启动机器人进行焊接。

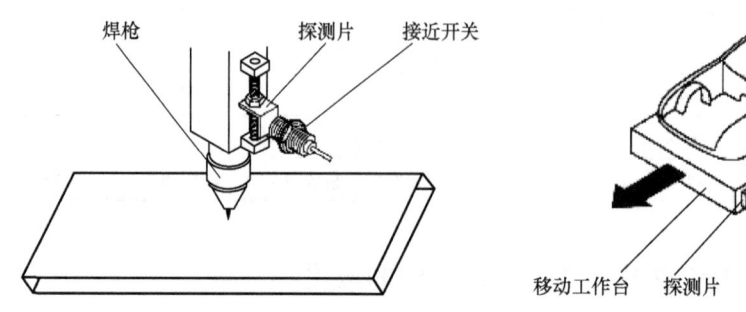

图 3-32　焊枪定位控制示意图　　图 3-33　汽车传输位置控制示意图

图 3-34 所示为焊接自动化系统中利用接近开关进行回转检测示意图。在焊接自动回转装置中，将回转盘制成凸轮形状，利用接近开关进行检测。它既可以用于回转体的位置检测，也可以用于回转体的速度检测。当进行回转体速度检测时，往往需要利用计数器进行计数，然后应用数据处理进行速度检测。

图 3-35 所示为利用对射式光电接近开关进行焊件传输位置控制示意图。被焊工件在自动焊接生产线上传输，当被焊工件未到位时，对射式光电传感器发射接收正常；而当被焊工件到位时，由于受到工件阻挡，接收器件接收不到发射的光信号，从而输出工件到位信号，停止工件传输运动。

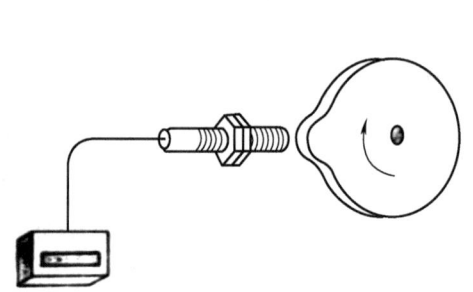 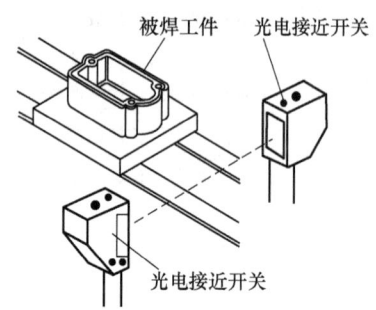

图 3-34　利用接近开关进行回转检测示意图　　图 3-35　利用对射式光电接近开关进行
　　　　　　　　　　　　　　　　　　　　　　　　焊件传输位置控制示意图

图 3-36 所示为焊接自动化中槽式光电接近开关的应用示意图，可以采用一个光栅结合槽式光电传感器进行相关控制。光栅可以和移动的直线焊接工作台安置在一起，当工作台移动时，光栅跟随其运动，并经过槽式光电传感器，使光电传感器输出一系列的脉冲信号，应用计数器及相关信号处理器，可以进行物体位移和速度的检测与控制。

图 3-37 所示为接近开关阵列的应用示意图。在焊枪行走机构中安装一个探头，而在其移动范围内安置多个接近开关形成阵列，可以获得一系列的检测脉冲信号，采用计数器及相关信号处理器就可以进行物体位移和速度的检测与控制。

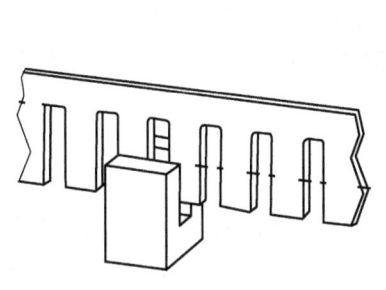

图 3-36 槽式光电接近开关的应用示意图

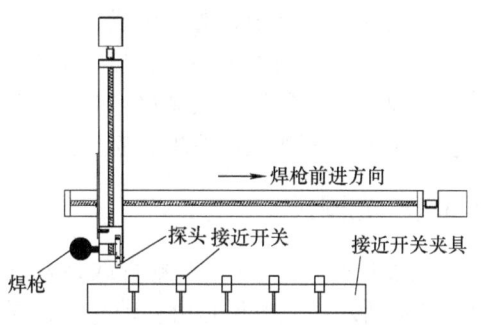

图 3-37 接近开关阵列的应用示意图

图 3-38 所示为直缝自动焊接控制示意图。该系统采用两个位置传感器来检测焊枪位置。可以根据焊缝的长短来确定传感器的位置，进行直缝焊接长度的自动控制。

图 3-39 所示为焊接工位自动转换示意图。该装置是将位置传感器固定在焊接机头上。焊件在装卸工位安装固定后，转盘带动焊件旋转。当传感器检测到定位块时，转盘停转，焊件到达焊接位置。焊件焊接时，在装卸工位进行焊件的更换；焊接完成后，再进行工位的转换。同理，可以根据需要进行多个工位的转换控制。

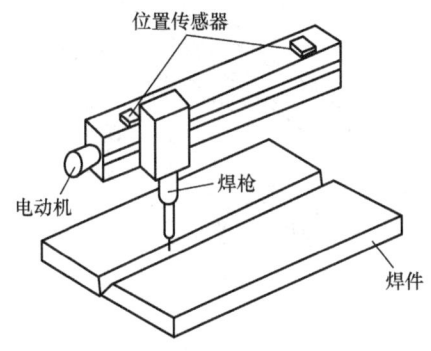

图 3-38 直缝自动焊接控制示意图

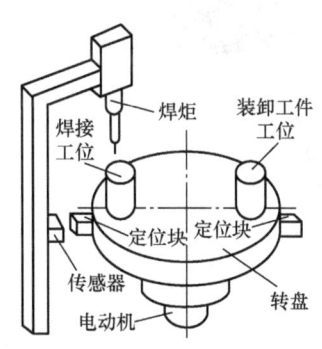

图 3-39 焊接工位自动转换示意图

在上述自动控制中，除特别说明以外，可以采用各种接近开关，如果采用电磁传感器，则探测头（片）或者定位块等可以采用一般的钢铁材料；如果采用霍尔传感器，则需要采用磁铁或磁钢材料；如果采用反射式光电传感器，则一般需要在被测物体上安置反射片。应该指出的是，无论采用哪种传感器，都需要注意传感器的检测距离。

3.3 位移与速度检测

在焊接自动化中,对焊枪或者焊件的位移、行走速度进行检测与控制是非常普遍的。在位移与速度的检测与控制中可以选用不同的传感器。本节主要介绍在焊接自动化中以常用的光栅尺、光电编码器和测速发电机作为传感器进行位移和速度检测与控制的基本原理和应用。

3.3.1 光栅尺

光栅尺是一种用于检测直线运动物体位移和速度的传感器。它的结构如图3-40a所示。光栅尺是由移动光栅、固定光栅、光源和受光元件组成。一般采用发光二极管为光源,光敏二极管为受光器件。在检测时,光源通过在光栅尺上按固定间隔排列的栅缝,断续地将光照射到对面的光敏二极管上,光敏二极管上将产生相应的脉冲信号 φ。通过对光敏二极管产生的脉冲信号进行计数,然后根据每一个脉冲周期内机械结构带动被检测物体运动的位移,就可以检测物体移动的距离。

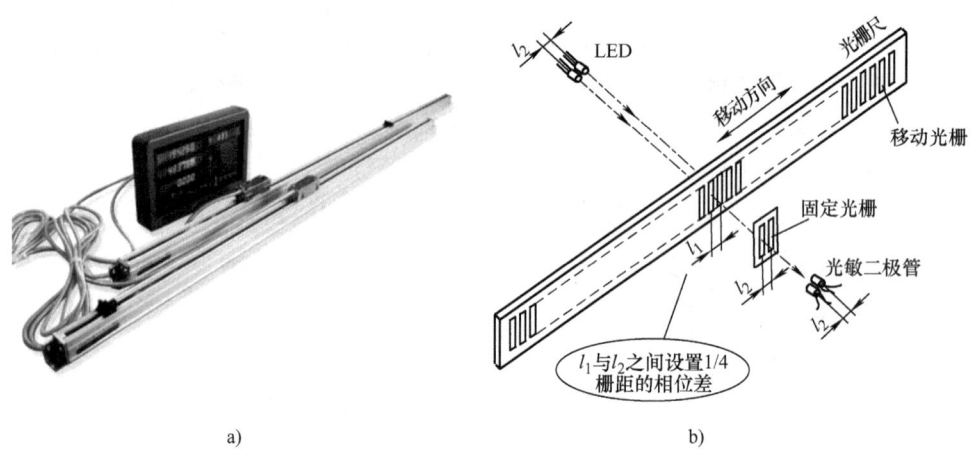

图 3-40 光栅尺
a)光栅尺与数显表外形　b)光栅尺检测原理

用光栅尺检测物体移动速度时,一般采用增量方式,即通过固定时间内对光敏二极管产生的脉冲信号进行计数测量物体的位移,从而得到物体移动的速度。

在图3-40a所示的光栅尺中,通过在固定光栅板上配置两个能产生四分之一间距相位差的栅缝,可以得到两相脉冲输出信号(见图3-41)。利用 ϕ_2 脉冲上升

沿触发检测 ϕ_1 脉冲的状态，可以检测物体的移动方向。若直线行走机构向前移动，则 ϕ_2 脉冲上升沿对应 ϕ_1 脉冲的高电平；若直线行走机构后退，则 ϕ_2 脉冲上升沿对应 ϕ_1 脉冲的低电平。

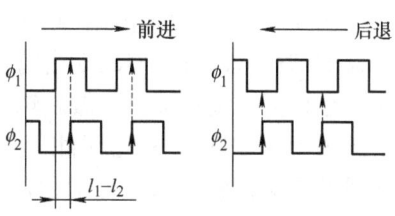

图 3-41　光栅尺位移方向检测

光栅尺是一种新型的光电传感器，它适用于直线焊接位移、速度的测量。如果进行环缝焊接，则需对旋转运动物体的位移和速度进行测量，应采取光电旋转编码器。

3.3.2　编码器

编码器是一种数字传感器，它将旋转角度转换为数字量。根据传感器输出信号的形式分为增量编码器和绝对编码器。增量编码器对应每一个单位角位移输出一个脉冲；绝对编码器对应其码盘位置输出一组编码数字，根据编码数字可以确定被检测物体的绝对位置。

根据检测原理，编码器可分为光学式、磁式、感应式和电容式。本书仅介绍应用最多的光学式编码器。

光学式编码器同光栅尺的检测原理相同，都是利用光栅及光电效应原理进行检测的。然而，光栅尺采用直线形移动光栅，编码器采用圆盘形移动光栅。光栅尺一般只能检测直线平移物体的位移和运动速度，而编码器既可以直接检测旋转物体旋转的角度和转速，也可以检测直线平移物体的位移和运动速度。

1. 增量编码器

增量编码器又称为脉冲盘式编码器或脉冲盘式数字传感器，主要由光源、动光栅、固定光栅、光电检测器件和转换电路构成，其结构与工作原理如图 3-42 所示。

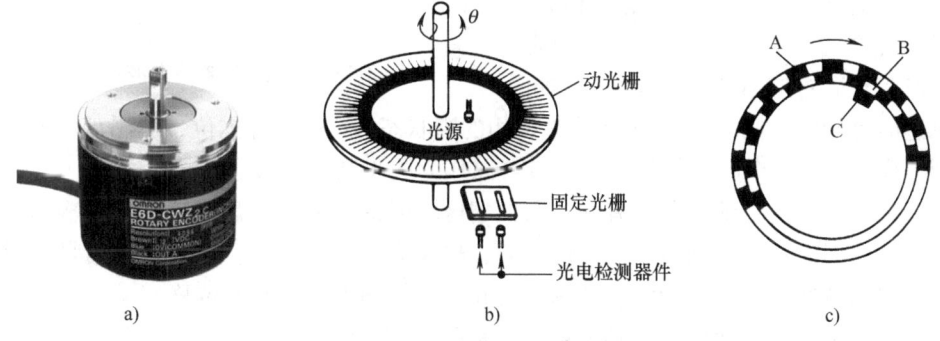

图 3-42　增量编码器的结构与工作原理

a) 编码器实物　b) 光栅尺结构的增量编码器的结构　c) 绝对编码器结构的增量编码器码盘

图 3-42a 所示为编码器实物照片。图 3-42b 所示为具有光栅尺结构的增量编码器的结构。该编码器的动光栅盘与光栅尺相类似，只是变为圆形并随编码器用于信号检测的旋转轴一起做旋转运动。动光栅盘又称为码盘或脉冲盘。增量编码器的码盘大多只有一圈黑白相间扇区构成的圆形光栅，也就是透光与不透光区域构成的圆形光栅。当光源射出的平行光照射在码盘的透光区时，光线通过透光区，再通过固定光栅照射到光电检测器件上，光电检测器件输出低电平信号（"0"）；当光照射在码盘上的不透光区时，光被隔离，光电检测器件不受光，输出高电平（"1"）。编码器的旋转轴通过联轴器与被检测的机械轴相连接，当被检测的机械轴旋转时，编码器的旋转轴与码盘随之旋转，编码器就输出连续的脉冲序列信号。

增量式光电编码器的特点是每产生一个输出脉冲就对应一个增量位移。它能够产生与位移增量等值的脉冲序列信号，从而可以对连续旋转变化的位移量进行检测，根据增量编码器输出的脉冲数可以确定旋转物体相对的转角及角位移，根据输出脉冲频率可以确定其转速。

由图 3-42b 可见，固定光栅有两个检测脉冲的栅缝，两个栅缝的节距和码盘上的节距相等，但是其透光缝隙错开了 1/4 节距，使得动光栅（码盘）与固定光栅之间有光透过时，其光电检测器件输出的电信号在相位上相差 90°电角度，从而可以判断出码盘旋转的方向，其检测原理同光栅尺的检测原理相同。

图 3-42c 所示为具有绝对编码器结构的增量编码器，其码盘具有三个同心光栅，分别称为 A 相光栅、B 相光栅和 C 相光栅。A 相光栅和 B 相光栅分别以间隔相等的透光与不透光区域，A 相与 B 相在码盘上相互错开半个区域，当活动码盘旋转时，增量编码器的 A 相、B 相输出脉冲相序不同，从而可以根据其相位来检测物体的旋转方向。由图 3-43 可见，可以利用 B 相的上升沿触发信号检测 A 相的状态，以判断旋转方向，如果顺时针旋转，则 B 相上升沿对应 A 相的通状态；如

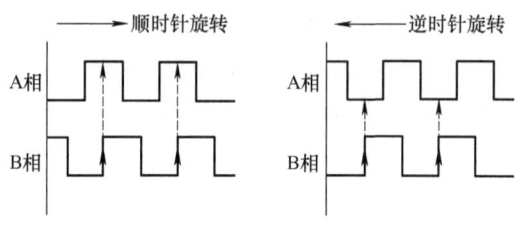

图 3-43 增量编码器辨向波形

果逆时针旋转，则 B 相上升沿对应 A 相的断状态。C 相为标志位，编码盘旋转一周，C 相发出一个脉冲信号，该信号可以作为同步脉冲信号。

最简单的增量编码器只有一条黑白扇区相间的码道，码盘旋转时只能输出一组脉冲序列，不能判断码盘的旋转方向，也没有标志位脉冲。通过计量增量编码器输出的脉冲数，可以检测旋转物体的相对旋转角度、速度和位移。

在增量编码器使用中，其分辨率、精度非常重要。

增量编码器的分辨率是以编码器轴转动一周的输出脉冲数来表示的，即脉

冲/转（p/r）。码盘上多少个黑白相间的扇区数目就等于编码器的分辨率。焊接自动化系统中常用的增量编码器有输出 100p/r、200p/r、360p/r、500p/r 以及 1024p/r 等。最高可以达到几万脉冲/转。为了增加分辨率，也可以采用电信号处理电路，得到 2 倍频或 4 倍频的脉冲信号。

增量编码器的精度是一种度量在所选定分辨率范围内，确定任一脉冲相对于另一个脉冲位置的能力。编码器的精度通常使用角度（°）、角分（′）或角秒（″）来表示。编码器的精度与码盘加工质量、码盘的机械旋转情况等制造精度以及使用安装有关。

2. 绝对编码器

绝对编码器的结构如图 3-44 所示。编码器由光源、光电检测器件（光敏二极管）、固定光栅和活动光栅盘组成。光源和光电器件往往采用发光二极管光和光敏二极管。活动光栅是圆形的，又称码盘。与增量编码器不同，绝对编码器码盘有若干个同心圆环区间。这些圆环被称为码道，有几个圆环称为有几个码道。此类传感器一般都会配有与码道数相等的发光二极管和光敏二极管。每一条码道都有数个黑白相间的扇区。假设白扇区为透光区，黑扇区为不透光区。光源（发光元件）射出一束平行光投射在码盘上。当光束照射到码盘的透光区时，光通过透光区，再通过固定光栅照射到光

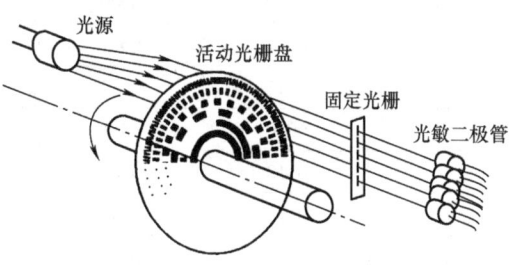

图 3-44 绝对编码器的结构

电元件上，相应的光电元件输出低电平信号（"0"）；当光照射到码盘上的不透光区时，光被隔离，光电元件上不受光，相应的光电元件输出高电平（"1"）。对应编码器码盘不同的位置，编码器输出一组不同的电脉冲信号。每一组脉冲信号都对应编码器码盘一个确定的位置，其输出信号与编码器码盘黑白扇区的规律有关。

绝对编码器的码盘都是按照一定规律制成的光学圆盘，如图 3-45 所示。图 3-45a 所示为二进制码盘的示意图。四个光电检测元件沿径向安装，每个光电检测元件对应一条码道。当码盘旋转到某一位置时，四个光电检测元件的输出就确定了一组二进制数码。码盘转动一周，编码器就输出了 16 种不同的四位二进制数码。可见，无论编码器是否转动或者编

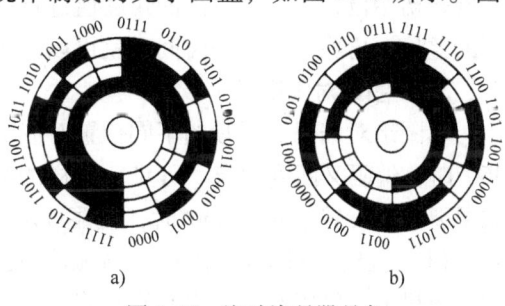

图 3-45 绝对编码器码盘
a）二进制码盘 b）循环码码盘

码器转到任一位置,编码器均可输出码盘对应位置的数字码信号,所以该种编码器称为绝对编码器。

选用二进制码盘时,当码盘在其两个相邻位置的边缘交替或往复摆动时,由于各种干扰将会引起编码数据的跳动,导致位置检测与控制的失常,例如,从位置 0011 到 0100,若位置失常,就可能得到 0000、0001、0010、0101、0110、0111 等多个码值。因此,目前应用较多的是图 3-45b 所示的循环码码盘,循环码又称为格雷码。循环码与二进制码真值的对照见表 3-4。循环码的特点是相邻两个代码之间只有一位数变化,即只有一位"0"变"1"或"1"变"0"。如果在检测中,连续的两个码中发现数码变化超过一位,就认为是非法数码,因而其具有一定的纠错能力。

表 3-4 循环码与二进制码真值的对照

真值	循环码	二进制码	真值	循环码	二进制码
0	0000	0000	8	1100	1000
1	0001	0001	9	1101	1001
2	0011	0010	10	1111	1010
3	0010	0011	11	1110	1011
4	0110	0100	12	1010	1100
5	0111	0101	13	1011	1101
6	0101	0110	14	1001	1110
7	0100	0111	15	1000	1111

在焊接自动化中,绝对编码器通常用于焊接位置的检测与控制,实现物体运动的点到点准确定位控制,例如在机器人焊接中用于焊接起始与结束位置的定位控制。

绝对编码器不仅可以用于焊接自动化中的位置检测,也可以用于角度及角速度的检测与控制,因为这种编码器的输出表示的是旋转角度的现时值,如果对物体旋转初始位置编码器输出的角度值进行记忆,求取编码器的初始值与现实值之间的差值,再除以所用的时间,就可以得到其角速度。

3. 多圈绝对编码器

单圈绝对编码器码盘的不同位置对应唯一一组确定的编码,当码盘转动超过 360°时,编码又回到原点。可见,这样的编码器只能用于旋转 360°以内的测量。如果要测量旋转量超过 360°时,就要选用多圈的绝对编码器。

(1) 机械多圈绝对编码器 根据钟表齿轮机械的原理,在绝对编码器中增加一组机械齿轮码盘,当中心码盘旋转时,通过齿轮传动给另一组齿轮码盘,在单圈编码的基础上增加圈数的编码,扩大了编码器的测量范围。图 3-46 所示为多圈绝对编码器的工作原理及齿轮结构。

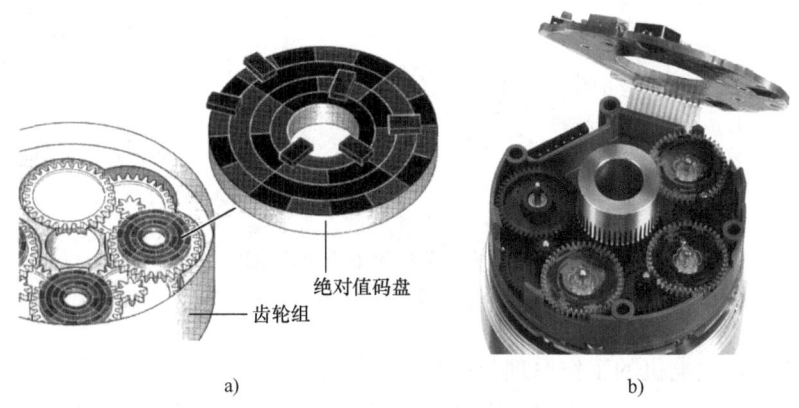

图 3-46 多圈绝对编码器
a）工作原理 b）齿轮结构

（2）电子增量记圈绝对编码器　该种编码器是通过电池及电子计数器记忆圈数，实际上是单圈绝对、多圈增量。其优点是结构简单，经济、体积小而且没有圈数限制；其缺点是检测的可靠性不如机械多圈绝对编码器。

3.3.3　测速发电机

测速发电机是一种利用发电机原理的速度或角速度传感器。测速发电机可以将机械转速变换为与转速成正比的电压信号，也就是说，测速发电机的输出电压与被检测的机械转速成正比。

测速发电机按输出信号的形式，可分为直流测速发电机和交流测速发电机两大类。

1. 直流测速发电机

直流测速发电机在工程实际中应用较多，其实质上是一种微型直流发电机。直流测速发电机按励磁方式可分为电磁式直流测速发电机和永磁式直流测速发电机两种。

（1）电磁式直流测速发电机　电磁式直流测速发电机表示符号如图 3-47a 所示。其定子磁极一般为两极。励磁线圈由外部直流电源供电，通电时产生磁场。

（2）永磁式直流测速发电机　永磁式直流测速发电机表示符号如图 3-47b 所示。其定子磁极是由永久磁钢做成。由于没有励磁线圈，因此可省去励磁电源，具有结构简单、使用方便等特点，近年来发展较快。

永磁式直流测速发电机按其应用场合不同，可分为普通速度型和低速型。前者的工作转速一般在每分钟几千转，最高可高于 10000r/min；而后者一般在每分钟几百转，最低可低于 1r/min。

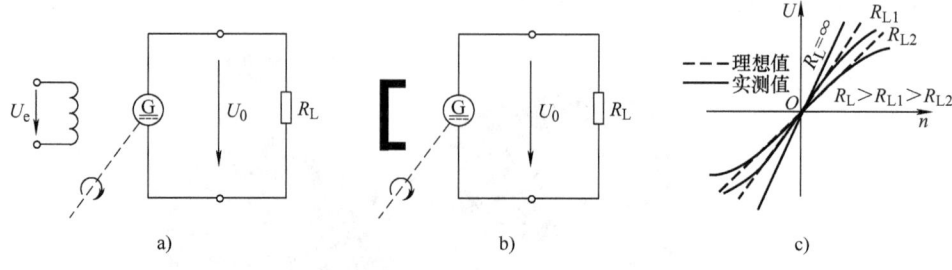

图 3-47 直流测速发电机工作原理
a）电磁式 b）永磁式 c）输出特性曲线

直流测速发电机的工作原理与一般直流发电机相同。测速发电机输出电压和转速的关系，即 $U=f(n)$ 称为测速发电机的输出特性。从图 3-47c 可以看出，当负载电阻 $R_L \to \infty$ 时，其输出电压 U 与转速 n 成正比，其输出特性曲线为理想的线性曲线；随着负载电阻 R_L 变小，其输出电压下降，而且输出电压与转速之间并不能严格保持线性关系。由此可见，对于要求精度比较高的直流测速机，除采取其他措施外，负载电阻 R_L 应尽量大。

2. 交流测速发电机

交流测速发电机可分为同步测速发电机和异步测速发电机两大类。由于同步测速发电机感应电动势的频率随转速变化，致使负载阻抗和发电机本身的阻抗均随转速而变化，因此在焊接自动化中很少采用。

异步测速发电机按其结构可分为笼型转子异步测速发电机和空心杯转子异步测速发电机两种。异步测速发电机的结构与交流伺服电动机相同。由于笼型转子异步测速发电机输出线性度差等原因，一般只用在精度要求不高的控制系统中；空心杯转子异步测速发电机的精度较高，转子转动惯量也小，性能稳定，因此其应用较多。

图 3-48 所示为空心杯转子异步交流测速发电机工作原理，该测速发电机的定子上安装了两套相差 90°的线圈，其中 W_1 为励磁线圈，W_2 为输出线圈。当励磁线圈 W_1 加上频率为 f 的单相交流电源 $\dot{U}_1$，则在 W_1 中就会有电流 $\dot{I}_1$ 通过，并产生交变磁场（磁通为 $\dot{\Phi}_d$），其交变频率与电源频率 f 相同，交变磁场的轴线与励磁线圈 W_1 的轴线一致。

图 3-48a 所示为转子静止（即 $n=0$）时的交流测速发电机工作原理。当转子静止时，转子导条（空心杯转子可以看成一个笼型导条很多的笼型转子）与交变磁通 $\dot{\Phi}_d$ 相匝链，并产生感应电动势。但是，由于输出线圈 W_2 的轴线与励磁线圈 W_1 的轴线相差 90°电角度，因此 $\dot{\Phi}_d$ 与输出线圈无匝链，不会在输出线圈中产

生感应电动势。因此，此时的测速发电机的输出电压 $\dot{U}_2$ 为零。

图 3-48b 所示为转子转动（转速为 n）时的交流测速发电机工作原理图。当转子转动时，转子导条切割磁通 $\dot{\Phi}_d$ 而产生切割电动势 $\dot{E}_r$（或称旋转电动势）。由于 $\dot{\Phi}_d$ 为交变磁通，所以 $\dot{E}_r$ 也为交变电动势，其交变频率为 $\dot{\Phi}_d$ 的交变频率 f。若磁通 $\dot{\Phi}_d$ 的幅值恒定，则电动势 $\dot{E}_r$ 与转子转速 n 成正比。

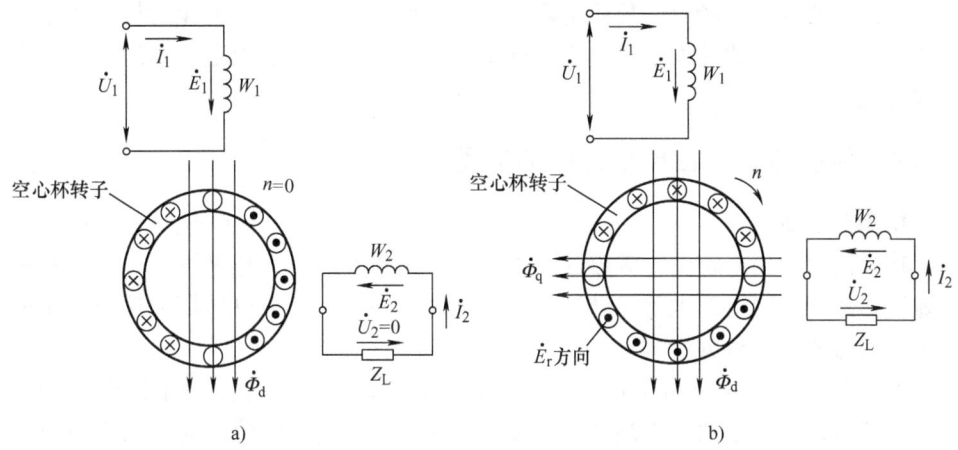

图 3-48　空心杯转子异步交流测速发电机工作原理
a) 转子静止　b) 转子转动

由于转子杯为短路线圈，电动势 $\dot{E}_r$ 就在转子中产生短路电流 $\dot{I}_r$，$\dot{I}_r$ 也是频率为 f 的交变电流，其大小正比于电动势 $\dot{E}_r$。若忽略转子杯中漏抗的影响，电流 $\dot{I}_r$ 在时间相位上与转子电动势 $\dot{E}_r$ 同相位，即在任一瞬时，转子中的电流方向与电动势方向一致。当然，转子中的电流 $\dot{I}_r$ 也要产生交变磁通（$\dot{\Phi}_q$），其交变频率也为 f，其大小则正比于电流 $\dot{I}_r$。无论转子转速如何，由于转子上半周导体的电流方向与下半周导体的电流方向总相反，而转子导条沿着圆周又是均匀分布的。因此，转子中的电流 $\dot{I}_r$ 产生的交变磁通 $\dot{\Phi}_q$ 在空间的方向总是与磁通 $\dot{\Phi}_d$ 垂直，而与输出线圈 W_2 的轴线方向一致。$\dot{\Phi}_q$ 将在输出线圈中感应出频率为 f 的电动势 $\dot{E}_2$，从而产生测速发电机的输出电压 $\dot{U}_2$，它的大小正比于 $\dot{\Phi}_q$。

因此，当测速发电机励磁线圈 W_1 加上电压 $\dot{U}_1$，发电机以转速 n 旋转时，带动测速发电机的转子旋转，使测速发电机的输出线圈 W_2 产生输出电压 $\dot{U}_2$，其频率和电源频率 f 相同，其大小与转速 n 成正比，通过检测负载 Z_L（见图 3-48）上的电压大小，就可以检测转速的大小。而且，当发电机反转时，由于转子中的电动势、电流及其产生的磁通的相位都与原来相反，因此输出电压 $\dot{U}_2$ 的相位也与原来相反。

测速发电机在焊接自动化系统中，主要用于焊接变位机的速度检测与控制。在使用中，为了提高检测灵敏度，尽可能把它直接连接到焊接变位机的电动机轴上。对于直流测速发电机，需要注意最大线性工作转速和最小负载电阻两个指标。在精度要求高的场合，负载电阻要取大一些，转速范围不要超过最大线性工作转速。对于交流测速发电机，必须保证励磁电压与频率的恒定，同时需要注意负载阻抗的影响。

3.3.4 传感器在焊接自动化中的应用

1. 转速控制

在焊接自动化系统中，焊接速度控制是非常重要的。无论是直缝焊接还是环缝焊接，速度控制就是电动机转速控制。在速度控制中，可以选用测速发电机或编码器进行速度信号的检测。

图 3-49 所示为电动机恒速控制原理框图，该转速控制中选用了编码器作为速度传感器，采用了数字控制技术。在该系统中，速度给定信号对应给定电压信号 U_g，采用增量编码器作为速度传感器。将编码器安装在电动机的旋转轴上，当电动机旋转时，编码器输出脉冲频率 f 与电动机的转速 n 成正比。编码器输出的脉冲信号通过 f/U 转换变为对应的电压信号 U_f，频率越高转换的电压 U_f 也越高；将该电压信号 U_f 与速度给定的电压信号 U_g 进行比较，其偏差量作为电动机转速的控制信号，经信号放大以及电动机的伺服驱动电路，控制电动机转速的恒定。

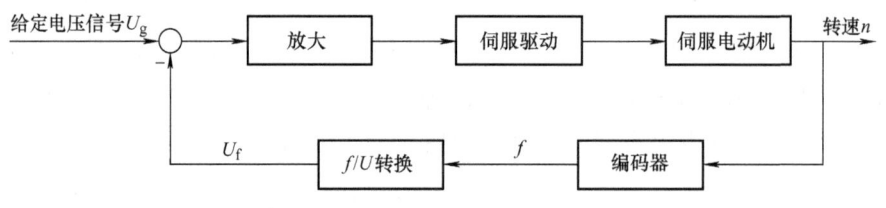

图 3-49 电动机恒速控制原理框图

2. 旋转角度与位移控制

环缝焊接中的旋转位移或转盘式焊接工位转换都可以利用位置传感器进行控制。

图 3-50 所示为焊接工位转换控制的示意图，转盘上有两个焊接工位，两个焊件装卸工位，每个工位相隔 90°。当焊件焊接完成后，转盘转动 90°，实现工

位转换。此种工位转换控制,可以选用增量编码器,也可以选用绝对编码器进行定位检测和控制。编码器通过联轴器与转盘轴连接。

在图 3-51 所示的环形焊缝焊接自动控制中,利用编码器可以控制环缝焊接的起止位置。如果选用增量编码器,将其通过联轴器安装在焊接转胎的旋转轴上。假设编码器每转输出 720 个脉冲,则每测到一个脉冲,工件转过 0.5°;当检测到 720 个脉冲时,表明工件已旋转 360°,即完成了一圈环缝的焊接。若需要环缝搭接一段,假设需要搭接 15°,则在焊接开始后,测得脉冲 750 个时停止焊接。

一般的大型圆筒形工件的环缝焊接大都采用滚轮架带动焊件旋转,所以也可以将编码器安装在滚轮架的旋转轴上,标定好圆筒形工件旋转位移与编码器输出脉冲数的关系,从而实现环缝焊接旋转位移的控制。

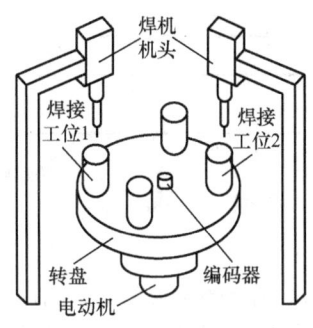

图 3-50 焊接工位转换控制

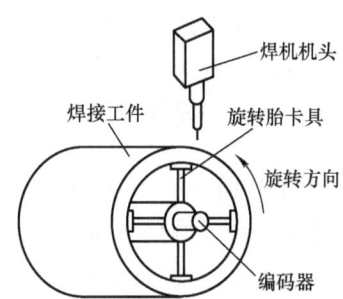

图 3-51 环形焊缝焊接自动控制

3. 直线位移控制

在直缝的焊接自动化控制中,直线位移控制可以采用光栅尺或者位置传感器,也可以采用编码器。如果选用编码器作为直线位移控制的传感器,则需要通过一定的机械机构,将旋转位移变为直线位移。图 3-52 所示为编码器测量直线位移的原理。

图 3-52a 所示为通过丝杠将直线运动量的检测与控制转换成旋转运动量的检测与控制的情形。

用 1500p/r 的增量编码器和导程为 6mm 的丝杠,可以达到直线位移 4μm 的分辨率。通过检测增量编码器输出脉冲数,可以测量螺母带动的直线焊接平移台移动的直线位移。为了提高检测精度,可采用滚珠丝杠与双螺母消隙机构。

图 3-52b 所示为用齿轮齿条来实现直线/旋转运动转换的一种方法。这种系统的精度较低。

图 3-52c 所示为用带传动来实现线位移与角位移之间变换的方法。该系统结构简单,特别适合于需要进行长距离位移测量及某些环境条件恶劣的场所。

在焊接自动化中,用丝杠或齿轮齿条机构更多些。但是,无论用哪一种方法来实现角位移/线位移的转换,增量编码器的码盘都要旋转多圈,因而编码器的零位基准已失去作用。计数系统所必需的基准零位,可由附加的装置来提供,如采用机械、光电位置传感器等方法来实现。

4. 测量线速度和角速度

在自动焊接中,有时不仅需要进行转速的恒值控制,而且需要对转速或线速度进行实时测量显示或记录。

利用编码器发出的脉冲频率或周期可以测量物体旋转的平均速度和瞬时速度。其检测原理如图3-53所示。

(1) 测量平均速度 利用编码器发出的脉冲频率测量物体旋转的平均速度是在给定的时间内对编码器发出的脉冲计数。然后用式(3-19)求出其平均转速 n。

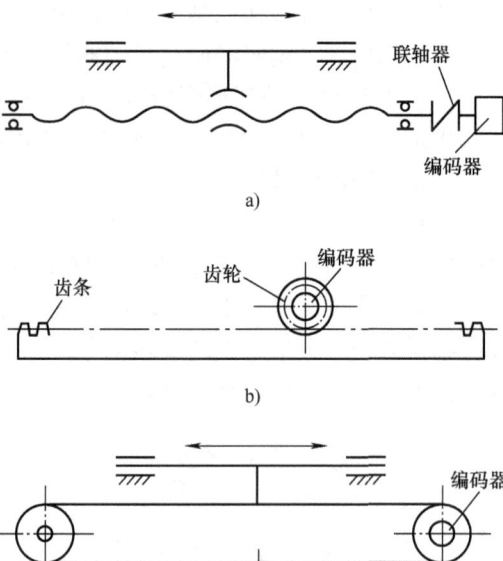

图3-52 编码器测量直线位移的原理
a) 丝杠传动 b) 齿轮齿条传动 c) 带传动

$$n = \frac{60N_1}{Nt} \tag{3-19}$$

式中 t——测量采样时间(s);
N_1——t 时间内检测到的编码器发出的脉冲数;
N——编码器每转发出的脉冲数;
n——平均转速(r/min)。

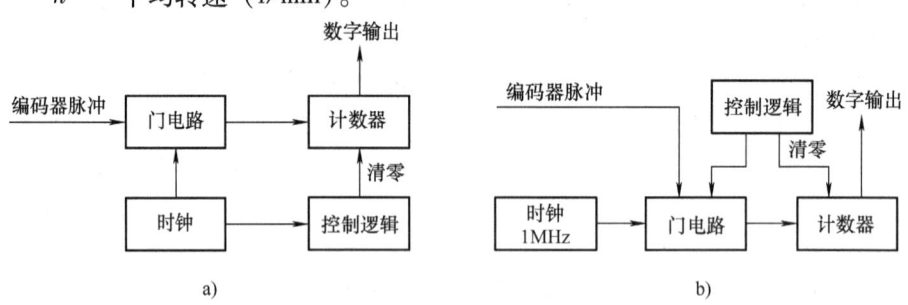

图3-53 测量速度原理框图
a) 平均速度测量原理框图 b) 瞬时速度测量原理框图

例如，一个输出为360p/r的增量编码器，采用计数间隔为2s，若测出编码器输出脉冲数120p，则其平均转速为10r/min。

即：
$$n = \frac{60 \times 120}{360 \times 2} \text{r/min} = 10 \text{r/min}$$

该种方法的分辨率由被测速度而定，其测量精度取决于计数时间的间隔，故采样时间应由被测速度范围和所需分辨力而定。

（2）测量瞬时速度　利用编码器发出的脉冲周期测量物体旋转的瞬时速度就是通过计数编码器一个输出脉冲峰值时间间隔（1/2脉冲周期）内，有多少个标准脉冲（时钟脉冲）个数来计算物体旋转的转速。被测物体旋转的转速n可以用式（3-20）求出。

$$n = \frac{60f}{2N_2 N} \qquad (3\text{-}20)$$

式中　f——标准时钟脉冲频率；

N_2——编码器一个脉冲间隔内标准时钟脉冲个数；

N——编码器每转发出的脉冲数；

n——转速（r/min）。

例如，对于100p/r的编码器，选择时钟脉冲频率为1MHz，如果在一个编码器输出脉冲峰值时间内，测得脉冲数为6000p，则其转速n为

$$n = \frac{60 \times 1 \times 10^6}{2 \times 6000 \times 100} \text{r/min} = 50 \text{r/min}$$

该种方法测量的是每一个编码器脉冲时间间隔内的平均速度，由于编码器的输出脉冲间隔很小，可以认为此时的平均速度即为瞬时速度。

根据机械机构旋转角度与直线位移的变换关系，通过计算也可以测量直线运动的平均速度和瞬时速度。

复习思考题

1. 什么是传感器？传感器在自动控制系统中的作用是什么？
2. 滤波器的用途、分类和各种滤波器的应用原理是什么？
3. 传感器应用的基本电路中，比较电路、f/U与U/f转换电路的应用举例。
4. 焊接过程中有哪些地方需要采用位置、速度、位移传感器。各举一例，绘出系统的框图，叙述其控制原理。
5. 光电编码器的工作原理及特点。结合焊接工程实际举例说明其应用（绘出系统的框图，叙述其控制原理）。
6. 绝对编码器与增量编码器的异同点有哪些？它们在焊接自动化应用中的适用范围是怎样的？举例说明，并绘出相应的系统结构图，叙述其工作原理。
7. 在焊接自动化中，可以采用哪些传感器进行焊件转速的控制？绘出结构框图，并说明检测原理。

8. 在焊接自动化中如何进行直线位移的检测？选择传感器，绘出系统结构图，并说明检测原理。

9. 以所学过的某种传感器为例，说明其在焊接自动化中的应用。每种应用都能绘出其系统结构图，并说明检测原理。

10. 熟悉每种传感器的特点，在焊接自动化中能够正确选择传感器，并说明其选择依据。

第 4 章 焊接自动化中的电动机控制技术

焊接自动化系统是典型的可控机电一体化系统，焊枪或焊件的运动、焊接工位的转换等，都需要电动机的驱动。通过各种电动机产生的力或力矩，直接或经过减速机构去驱动焊接小车、焊接变位机、焊接操作机械等，以获得所要求的位置、位移、速度，实现焊接加工的自动化。

焊接自动化系统中常用的电动机有直流电动机、交流电动机和步进电动机等。本章重点介绍焊接自动化系统中常用的直流电动机、交流电动机和步进电动机控制技术。

4.1 概述

焊接自动化系统中的电动机不仅要把电能换成机械能，带动机构运动，而且还要求电动机必须具有可控性，从而保证焊接过程的稳定性，实现高质量、高精度的焊接。由此可见，电动机及其控制技术是自动焊接系统中的关键技术之一。

在电动机控制系统中，其控制技术的三要素如下：

1）电动机。
2）电动机驱动的机械机构。
3）电动机控制与驱动电路。

性能良好的电动机控制系统就是要使其三要素得到良好的结合。

由电动机带动生产机械运行的系统称为电力拖动系统，它由电动机、传动机械、生产机械、控制装置等部分组成，如图 4-1 所示。

电动机的控制可以采用开环控制，也可以采用闭环控制。图 4-2 所示为典型闭环控制的电力拖动系统。该系统是基本的电动机-机械控制系统，是一个轴的闭环控制系统，控制装置对电动机输出轴的转速和转角位移量进行控制。该系统在焊接自动化中得到了非常广泛的应用，它是焊件固定、焊枪运动的焊接自动化系统。自动焊接中也经常采用焊枪固定、焊件运动的控制方式，其控制原理是相同的。

焊接自动化系统中常用的电动机有直流电动机、交流电动机，以及伺服电动机和步进电动机。由于直流电动机具有良好的控制特性，因而得到了广泛的应用。近年来，随着变频调速控制技术的出现和发展，交流电动机的使用越来越普遍。伺服电动机和步进电动机都属于控制电动机，常用于焊接自动化系统的执行机构，从而实现转速、位置等方面的精确控制。

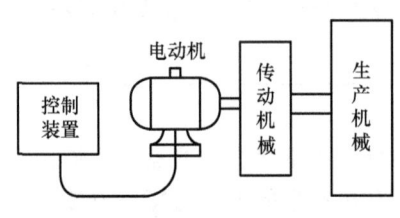

图 4-1　电力拖动系统的构成

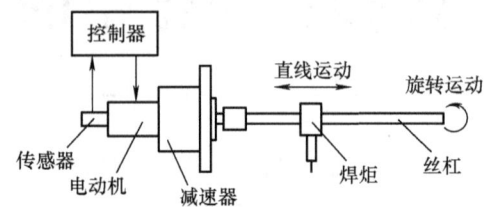

图 4-2　典型闭环控制的电力拖动系统

4.2　直流电动机控制原理

直流电动机具有良好的起动、制动性能，良好的调速特性和较大的起动转矩，在焊接自动化系统中获得了广泛的应用。

直流电动机调速技术是应用较普遍的一种机电传动控制技术，它在理论上和实践上都比较成熟，其闭环控制理论与方法也可以用于交流电动机调速控制中。

4.2.1　直流电动机及其静态特性

直流电动机按励磁方式可分为电磁式直流电动机和永磁式直流电动机两种。电磁式电动机的磁场由励磁线圈产生，永磁式电动机的磁场由永磁体（永久磁钢）产生。电磁式直流电动机是目前普遍使用的电动机，永磁式直流电动机因具有尺寸小、质量轻、效率高、出力大、结构简单、无须励磁等一系列优点而越来越受到人们的重视。目前，永磁式直流电动机主要用于较小功率的范围内，如焊接送丝机中很多采用了永磁式直流电动机。

电磁式的直流电动机有他励式、并励式、串励式三种励磁方式。图 4-3 所示为他励式直流电动机的工作原理图。本节以他励式直流电动机为例介绍其控制原理。

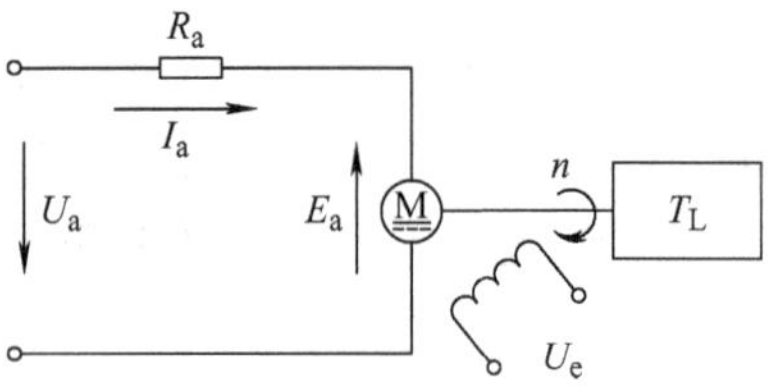

直流电动机的静态特性是指在稳态情况下，电动机转子转速、电磁转矩和电枢电压三者之间的关系。根据图 4-3，直流电动机电枢回路的电动势平衡方程式为

$$U_a = E_a + I_a R_a \tag{4-1}$$

式中　U_a——电枢线圈的控制电压（V）；

图 4-3　他励式直流电动机的工作原理图

I_a——电枢线圈的控制电流（A）；
R_a——电枢线圈的等效总电阻（Ω）；
E_a——电枢线圈的反电动势（V）。

其中
$$E_a = C_e \Phi_e n \tag{4-2}$$

式中　C_e——电动机的电动势常数，只与电动机的结构有关；
　　　Φ_e——励磁磁通（Wb），与励磁电压 U_e 有关；
　　　n——电枢转速（r/min）。

电动机的电磁转矩 T_m 为
$$T_m = C_m \Phi_e I_a \tag{4-3}$$

式中　C_m——电动机的转矩常数，只与电动机的结构有关，且 $C_m = 0.95 C_e$。

根据式（4-1）~式（4-3）可以得出直流电动机的静态特性为
$$n = \frac{U_a}{C_e \Phi_e} - \frac{R_a}{C_e C_m \Phi_e^2} T_m = n_0 - K T_m \tag{4-4}$$

其中
$$n_0 = \frac{U_a}{C_e \Phi_e} ; \quad K = \frac{R_a}{C_e C_m \Phi_e^2}$$

直流电动机有以下两种特殊的运行状态：

1）当 $T_m = 0$，即空载时
$$n = n_0 = \frac{U_a}{C_e \Phi_e} \tag{4-5}$$

式中　n_0——理想的空载转速，其值与电枢电压成正比。

2）当 $n = 0$，即起动或堵转时
$$T_m = T_d = \frac{C_m \Phi_e}{R_a} U_a \tag{4-6}$$

式中　T_d——起动转矩或堵转转矩，其值也与电枢电压成正比。

式（4-4）中，转速 n 是电磁转矩 T_m 的函数，即 $n = f(T_m)$，其相应的曲线是电动机静态特性曲线，又称为直流电动机的机械特性曲线，如图 4-4 所示。

直流电动机的机械特性曲线表示了电动机的电磁转矩 T_m 与转速 n 之间的关系。

由图 4-4 可见，直流电动机的机械特性曲线是一组斜率相同的直线族，每条机械特性曲线和一电枢电压相对应。曲线与 n 轴的交点是该电枢电压下的理想空载转速，与 T_m 轴的交点是该电枢电压下的堵转转矩。

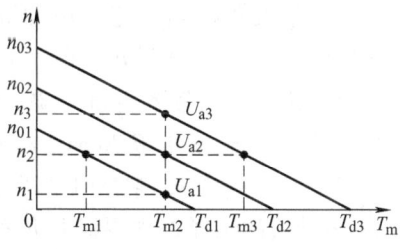

图 4-4　直流电动机的机械特性曲线

当电枢电压 U_a 一定时，电动机转速 n 与电磁转矩 T_m 成反比，转速 n 越高，电磁转矩 T_m 越低。U_a 不同，电动机的机械特性不同，调节 U_a 可以调节电动机的机械特性。在图 4-4 中，$U_{a1}<U_{a2}<U_{a3}$，对于相同的电动机电磁转矩 T_{m2}，相应电动机的转速 $n_1<n_2<n_3$；同理，对于相同的电动机转速 n_2，相应电动机输出的电磁转矩 $T_{m1}<T_{m2}<T_{m3}$。

工作机械的负载转矩 T_L 与转速 n 的关系 $T_L=f(n)$ 为负载转矩特性。负载转矩特性由工作机械的特性所决定。

将 $n=f(T_m)$ 与 $T_L=f(n)$ 画在同一坐标图上，两特性的交点即为电动机-负载系统的稳定工作点（见图 4-5）。其系统稳定的条件：电动机电磁转矩特性 $T_m(n)$ 与负载转矩特性 $T_L(n)$ 有交点，并且在交点对应的转速之上保证 $T_m<T_L$，而在交点对应的转速之下保证 $T_m>T_L$。

图 4-5 中的 A、B 点都是稳定工作点，对应的转速分别是 n_A、n_B，对应的电磁转矩和负载转矩分别是 T_A、T_B。

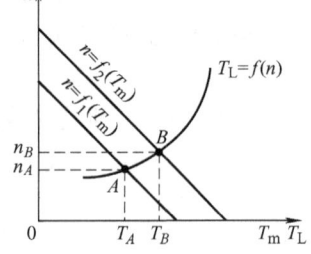

图 4-5 机械特性与负载特性

4.2.2 直流电动机的技术指标

技术指标是选用直流电动机的依据，主要有以下几个：

1）额定功率 P_N，它是电动机在额定状态下运行时的输出功率。在此功率下允许电动机长期连续运行而不致过热。

2）额定电压 U_N，它是电动机在额定状态下运行时，励磁线圈和电枢线圈上应加载的电压。永磁式直流电动机只有额定电枢电压。

3）额定电流 I_N，它是电动机在额定电压下，输出额定功率时线圈中的电流。额定电流一般就是电动机长期连续运行所允许的最大电流。

4）额定转速 n_N，有时也称最高转速，它是电动机在额定电压下，输出额定功率时的转速。

5）额定转矩 T_N，它是电动机在额定状态下运行时的输出转矩。

6）最大转矩 T_M，它是电动机在短时间内可输出的最大转矩，反映电动机的瞬时过载能力。最大转矩一般是额定转矩的 5~10 倍。

7）机电时间常数 τ_j 和电磁时间常数 τ_d，它们分别反映了电动机的两个过渡过程时间。τ_j 通常小于 20ms，τ_d 通常小于 5ms，两者之比大于 3。

8）转动惯量 J，它是电动机电枢转子上的转动惯量。

电动机的选择首要满足负载所需要的瞬时转矩和转速。从安全的意义上讲，要能够提供克服峰值负载所需要的功率。其次，当电动机的工作周期可以与其发热时间常数相比较时，必须考虑电动机的发热问题，通常用负载的方均根功率作为确定电动机发热功率的基础。

4.2.3 直流电动机速度调节原理

直流电动机的速度控制是指人为地或自动地改变直流电动机的转速，以满足工作机械对电动机不同转速的要求的做法。从机械特性上看，就是通过改变电动机工作参数等方法来改变电动机的机械特性，使其与负载特性的交点发生变化，从而改变电动机的稳定运转速度。

1. 直流电动机的转速控制方法

根据式（4-1）和式（4-2）可以得出：

$$n = \frac{U_a - I_a R_a}{C_e \Phi_e} \tag{4-7}$$

因为式（4-7）中的 U_a、R_a、Φ_e 三个参量都可以成为变量，只要改变其中一个参量，就可以改变电动机的转速，所以直流电动机有三种基本调速方法：改变电枢回路总电阻 R_a；改变电枢电压 U_a；改变励磁磁通 Φ_e。

（1）改变电枢回路电阻调速　各种直流电动机都可以通过改变电枢回路电阻来调速。即在电枢回路中串联一个可调电阻 R_w，此时电动机的转速特性为

$$n = \frac{U_a - I_a(R_a + R_w)}{C_e \Phi_e} \tag{4-8}$$

当负载一定时，随着串入的外接电阻 R_w 的增大，电枢回路总电阻增大，电动机转速 n 就降低。如果电枢电流较大，则需要用接触器或主令开关切换来改变 R_w，所以该方法一般只能是有级调节。

在电枢回路中串联电阻，电动机机械特性的斜率增加，机械特性变软，电动机转速受负载影响大，轻载下很难得到低速，重载时则会产生堵转现象，而且在串联电阻产生额外的能量损耗，因此在使用上有一定的局限性。

（2）改变电枢电压调速　改变电动机电枢电压调速是直流电动机调速系统中应用最广的一种调速方法。改变电枢电压就改变了电动机的机械特性，其原理如图4-4所示。由图4-4可见，改变电枢电压 U_a，可以得到一组以 U_a 为参数的平行直线。

采用改变电枢电压的调速方法时，由于电动机在任何转速下工作磁通都不变，只是改变电动机的供电电压，因而在额定电流下，如果不考虑低速下通风恶化的影响（也就是假定电动机是强迫通风或为封闭自冷式），则不论是高速还是低速，电动机都能输出额定转矩，故称这种调速方法为恒转矩调速。这是该调速方法的一个极为重要的特点。

由于电动机的电枢电压一般以额定电压为上限，因此采用改变电枢电压进行

电动机调速时，通常只能在低于额定电压的范围内调节电枢电压。

连续改变电枢电压，可以使直流电动机在很宽的范围内实现无级调速，一般为 10∶1~12∶1。如果采用反馈控制系统，调速范围为 50∶1~150∶1，甚至更大。改变电枢电压的方法，目前应用较多的是采用半导体功率开关器件控制的脉宽调速系统。

（3）改变励磁电流调速　这种方式只适用于电磁式直流电动机，它是通过改变励磁电流的大小来改变定子磁场强度，从而改变电动机的转速的。

由式（4-8）可看出，电动机的转速与磁通 Φ_e（也就是励磁电流）成反比，即当磁通减小时，转速 n 升高；反之，则 n 降低。由于电动机在额定运行条件下磁场已接近饱和，因而只能通过减弱磁场来改变电动机的转速。因为电动机的转矩 T_m 是磁通 Φ_e 和电枢电流 I_a 的乘积，而且电枢电流不允许超过额定值，所以当电枢电流不变时，随着磁通 Φ_e 的减小，电动机的输出转矩 T_m 也会相应地减小。在这种调速方法中，随着电动机磁通 Φ_e 的减小，其转速 n 升高，转矩 T_m 也会相应地降低。在额定电压和额定电流下，不同转速时，电动机始终可以输出额定功率，因此这种调速方法称为恒功率调速。

为了使电动机的容量能得到充分利用，通常只是在电动机基速以上调速时才采用这种调速方法。采用弱磁调速时的范围一般为 1.5∶1~3∶1，特殊电动机可达到 5∶1。

这种调速电路的实现很简单，只要在励磁线圈上加一个独立可调的电源供电即可实现。在使用这种方式调速时，特别应注意电动机运转时不能将励磁回路断开，以免损坏电动机。

2. 调速的分类

（1）无级调速和有级调速　根据速度调节过程中速度变化是否连续，可以分为无级调速和有级调速。

无级调速又称连续调速，是指电动机的转速可以平滑地调节。采用无级调速的电动机转速变化均匀，适应性强且容易实现调速自动化，因此在自动焊接系统中得到了广泛的应用。

有级调速又称间断调速或分级调速。它的转速只有有限的几级，调速范围有限且不易实现调速自动化。

（2）向上调速和向下调速　以额定转速为基准，根据速度调节方向，可以分为向上调速和向下调速。

电动机额定负载时的额定转速，称为基本转速或基速。以基速为基准，提高转速的调速称为向上调速，降低转速的调速称为向下调速。

（3）恒转矩调速和恒功率调速　根据电动机输出转矩和功率随转速变化的情况，可以分为恒转矩调速和恒功率调速。

恒转矩调速是指在电动机调速过程中，不同的稳定速度下，电动机的转矩为常数。例如，当磁通一定时，调节电枢电压或电枢回路电阻的方法，就属于恒转矩调速方法。如果调速过程中，使 $T_m \propto I =$ 常数，则电动机不论是在高速还是低速下运行，其发热情况始终是一样的，这就使电动机容量能被合理而充分地利用。该种调速方法应用于恒转矩负载的电动机调速中，而焊接机械中，大部分负载属于恒转矩负载，因此焊接自动化系统中采用恒转矩调速方法较多。

恒功率调速是指在电动机调速过程中，不同的稳定速度下，电动机的功率为常数。例如，当电枢电压一定时，减弱磁通的调速方法就属于恒功率调速。该种调速方法应用于恒功率负载的电动机调速中。具有恒功率特性的负载，是指在调速过程中负载功率 P_L 为常数，负载转矩 T_L 与转速 n 成反比。这时，如仍采用上述恒转矩调速方法，使调速过程保持 $T_m \propto I$，则在不同转速时，电动机的转矩 T_m 将不同，并在低速时电动机将会过载。因此，要保持调速过程电流恒定，应使 $P \propto I$。

因此，对恒功率负载，应尽量采用恒功率调速方法；对恒转矩负载，应尽量采用恒转矩调速方法。这样，电动机容量才会得到充分利用。

3. 直流电动机调速的稳态性能指标

电动机稳定运行时的性能指标称为稳态性能指标，主要有调速范围、静差率、调速平滑性等。

（1）调速范围　电动机的调速范围一般由电动机的最高转速 n_{max} 和最低转速 n_{min} 之比 D 来表示，即

$$D = \frac{n_{max}}{n_{min}} \tag{4-9}$$

其中，n_{max} 和 n_{min} 是指电动机带负载时的最高和最低转速；D 又称为调速比。调速比 $D<3$ 的系统为调速范围小的电力拖动系统；$3 \leqslant D \leqslant 50$ 的系统为调速范围中等的系统；$D>50$ 的系统为调速范围大的系统。

若要得到尽可能大的调速范围，显然需要提高 n_{max} 或降低 n_{min}，但电动机的最高转速 n_{max} 通常就是电动机的额定转速 n_N；最低转速 n_{min} 又受到静差率的限制，这是因为确定电动机的最低转速 n_{min} 必须以一定的静差率为条件。

（2）静差率　当系统在某一机械特性下运行时，电动机的负载由理想空载增加到额定负载所对应的转速降 Δn_N 与理想空载转速 n_0 之比，称为静差率 s，即

$$s = \frac{\Delta n_N}{n_0} \times 100\% \tag{4-10}$$

静差率是用来衡量调速系统在负载变化下转速的稳定度。相同的空载转速下，机械特性越硬，转速降 Δn_N 越小，静差率 s 越小。

静差率和机械特性硬度是有区别的。一般调压调速系统在不同转速下的

机械特性是平行的，如图 4-6 中的电动机机械特性曲线①和②。两者的硬度虽然相同，额定转速降 $\Delta n_{N1} = \Delta n_{N2}$，但由于 $n_{01} \neq n_{02}$，所以静差率 $s_1 \neq s_2$。

（3）调速平滑性　调速平滑性是指调速时可以得到的相邻转速之比。无级调速时，该比值接近于 1。

4. 直流电动机的方向控制

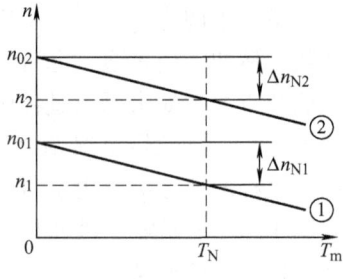

图 4-6　不同转速下的静差率

通过改变励磁电压或电枢电压的方向就能改变电动机的旋转方向，即将励磁线圈或电枢线圈的两个接线端对调就可改变电动机旋转方向。

在小功率电动机中，可以通过转换开关或继电器改变电动机的接线；对于较大功率的电动机，则要采用接触器进行电动机接线的转换。

4.3　直流电动机脉宽调速系统

在直流电动机调速系统中，目前电动机脉宽调速系统应用越来越多，与传统的晶闸管相控整流电动机调速系统相比，电动机脉宽调速系统的体积可缩小 30% 以上，系统的低速性能好，控制精度高，快速响应性能好，动态抗干扰能力强。由于该系统具有诸多的优点，因此电动机脉宽调速系统已成为现代直流电动机调速系统发展的方向。

由于大功率晶体管（GTR）、门极关断晶闸管（GTO）、场效应晶体管（MOSFET），特别是绝缘栅双极晶体管（IGBT）等功率器件的发展，使电动机脉宽调速系统获得迅猛发展，目前其最大容量已超过几十兆瓦数量级。

脉宽调制（pulse width modulation）技术通常称为 PWM 技术。它是利用半导体开关器件的导通和关断，把直流电压变成电压脉冲列，控制电压脉冲的宽度或周期以达到变压的目的，或者达到变压、变频的目的。PWM 技术目前广泛应用于开关稳压电源和不间断电源（UPS）以及直流电动机传动、交流电动机传动等电气传动系统中。

采用 PWM 技术进行电动机调速控制的系统称为 PWM 调速系统。PWM 技术既可以用于直流电动机的调速，也可以用于交流电动机的调速。

直流电动机脉宽调速系统中常采用半导体开关器件和 PWM 技术构成的直流斩波器来完成：直流-直流电压变换（DC-DC 变换），即全波不可控整流-PWM 斩波-直流电动机调压调速系统。换言之，在输入电压不变的情况下，通过改变电压脉冲的宽度或周期来改变电枢电压的大小，达到直流电动机调速的目的。本节重点介绍直流电动机的 PWM 调速系统。

4.3.1 直流电动机 PWM 调速系统的工作原理

1. 直流电动机中的 PWM 调速

在直流电动机调速中,经常采用的是等脉宽 PWM 法。等脉宽 PWM 法是诸多 PWM 调速方法中最为简单的一种。如图 4-7 所示,脉冲列中每一脉冲的宽度均相等,改变脉冲列的周期或频率,改变脉冲的宽度或占空比都可以调节平均输出电压 U_V,从而调节电动机的转速。在直流电动机控制系统中,应用较多的是固定频率,

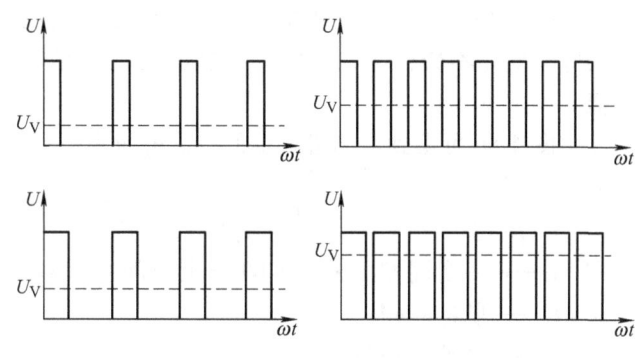

图 4-7 等脉宽 PWM 法

通过调节脉冲宽度来调节直流电动机电枢电压,进而调节电动机转速。目前,越来越多的电动机调速系统采用 IGBT 作为功率开关器件,脉冲频率可高于 20kHz。

2. 简单的直流斩波器式脉宽调速系统

图 4-8a 所示为直流斩波器式脉宽调速系统主电路原理图,该电路又称不可逆直流脉宽调速系统。在该调速系统中,网络交流电经二极管桥式整流、电容滤波变为直流电,输出电压为 U_d,电路中 V 是大功率开关器件,系统的负载为电动机电枢线圈,可以认为它是一个电阻-电感负载,二极管 VD 为续流二极管。

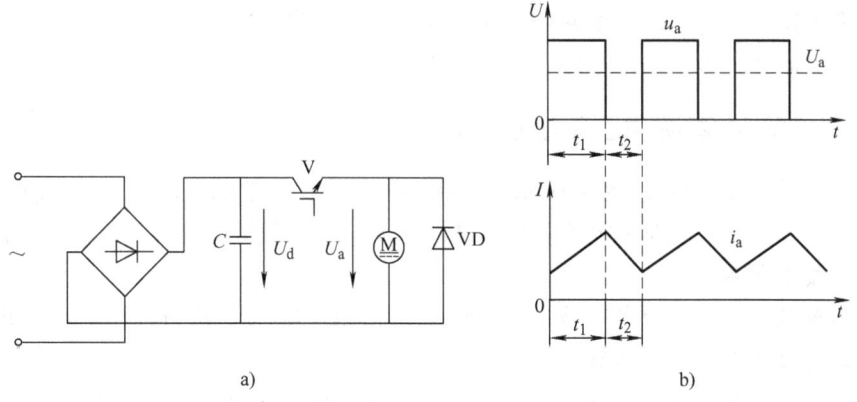

图 4-8 直流斩波器式脉宽调速系统及电压和电流波形
a) 调速系统主电路原理图 b) 电压和电流波形

如果采用 IGBT 作为该系统的大功率开关器件,其栅极可由频率不变而脉冲宽度可调的脉冲电压驱动。

图 4-8b 给出了稳态时的电动机电枢电压 u_a、电枢平均电压 U_a 和电枢电流 i_a 的波形。在 t_1 时间内，栅极电压 U_{GE} 为正，IGBT 饱和导通，直流电源加到电动机电枢线圈两端；在 t_2 时间内，栅极电压 U_{GE} 为 0，IGBT 截止，电枢线圈失电，但由于电枢线圈的电感和 VD 续流作用，电枢线圈的电流仍然存在。

由图 4-8b 可见，电动机电枢线圈电流是脉动的。当开关频率较高时，电流值的脉动变化不会很大，对电动机转速波动的影响较小，一般可以认为转速为恒值。

由图 4-8b 可得到电动机电枢的平均电压为

$$U_a = \frac{t_1}{t_1+t_2}U_d = \frac{t_1}{T}U_d = \alpha U_d \tag{4-11}$$

式中　α——一个周期 T 中，IGBT 导通时间的比率，称为负载率或占空比；

t_1——脉冲时间；

t_2——脉冲休止时间。

改变 α 的值，就改变了电动机电枢的平均电压，从而改变电动机的转速，达到调速的目的。改变 α 的值可以采用以下方法：

1) 定宽调频法：t_1 保持一定，使 t_2 在 $0\sim\infty$ 范围内变化。

2) 调宽调频法：t_2 保持一定，使 t_1 在 $0\sim\infty$ 范围内变化。

3) 定频调宽法：$t_1+t_2=T$，T 保持一定，使 t_1 在 $0\sim T$ 范围内变化。

目前，在直流电动机调速系统中应用较多的是定频调宽法。不管采用哪种方法进行调速，α 的变化范围均为 $0\leq\alpha\leq 1$，因而电枢电压平均值为正值，即电动机只能在某方向调速，称为不可逆调速。当需要电动机在正、负方向上调速运转，即可逆调速时，就需要使用桥式（H）斩波电路。

根据需要，可以选用 GTR、GTO、MOSFET 等来代替 IGBT。

4.3.2　PWM 直流调速系统控制电路

PWM 开环调速系统的工作原理如图 4-9 所示，其控制电路主要由脉宽调制器、功率开关器件的驱动电路和保护电路组成，其最关键的部件是脉宽调制器。

1. 脉宽调制器

脉宽调制器是一个电压-脉冲变换装置。由给定电压 U_g 进行控制，它为 PWM 变换器提供所需的脉冲信号。

（1）脉宽调制器的基本原理　脉宽调制器的基本原理是将直流信号和一个调制信号相比较，输出不同的脉宽信号 U_{PW}。调制信号可以是三角波，也可以是锯齿波，其电路原理如图 4-10 所示。

由图 4-10 可见，锯齿波发生器的输出电压 U_A 和直流给定电压信号 U_g 输入比较器进行比较。锯齿波电压信号 U_A 一旦确定，在控制中是不变的，而 U_g 为给定电压信号,其极性与大小可以根据需要而变化。

如果锯齿波电压信号 U_A 是一个交流的锯齿波,而需要单方向的脉宽控制信号,则可以在比较器的输入端加入一个正的直流电压信号 U_0,将 U_A 变为直流锯齿波电压信号,如图 4-11a 所示。给定电压 U_g 为负信号,U_g 与 U_A 比较得到所需的脉宽信号,调节 U_g,就可以得到不同的脉宽信号(见图 4-11b、c),其比较器输出的正向脉宽与给定信号的绝对值 $|U_g|$ 成正比。

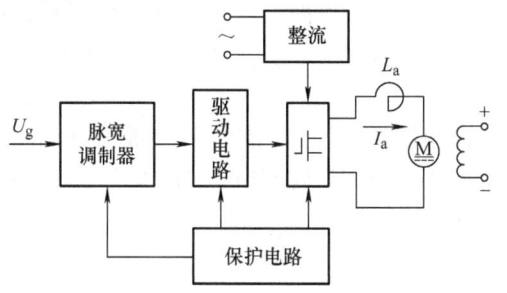

图 4-9　PWM 开环调速系统的工作原理

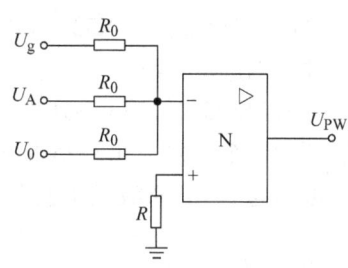

图 4-10　脉宽调制器基本原理

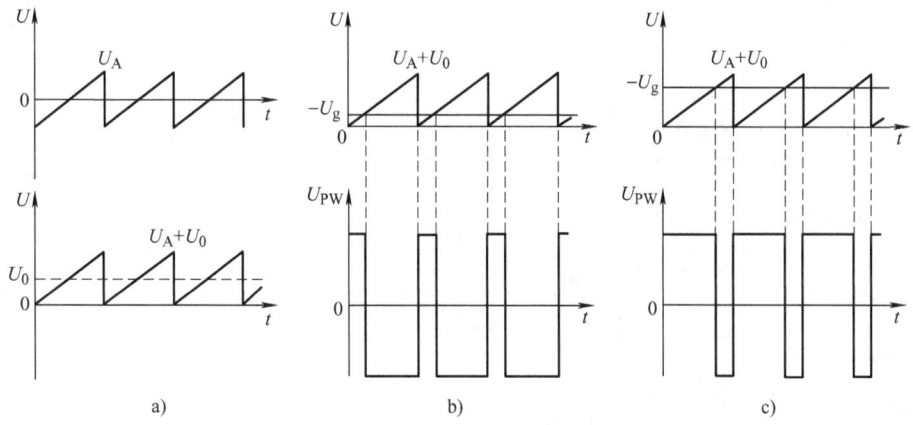

图 4-11　锯齿波脉宽调制波形

a) U_A+U_0　b) $U_g<0$ 且 $|U_g|$ 较小时　c) $U_g<0$ 且 $|U_g|$ 较大时

锯齿波调制信号的频率即为主电路功率半导体器件的开关频率。选择开关频率时应考虑下列因素:

1) 开关频率 f 应足够高,以便减小电流脉动量和电动机的附加损耗。

2) 开关频率应比传动系统的最高工作频率(通频带)高出 10 倍左右,使 PWM 变换器的延迟时间对系统动特性的影响可以忽略不计。

3) 开关频率越高时,开关损耗就越大,因此开关频率的上限受开关管的开关损耗和开关时间的限制。

4) 开关频率还应高于系统中所有回路的谐振频率,防止引起共振。

综合上述因素,若主电路功率半导体器件选用 IGBT,则开关频率可选 10~20kHz。

(2) 集成 PWM 控制器　脉宽调制信号可以由模拟电路产生,也可以由数字方法产生,还可以采用计算机控制,软、硬件结合进行 PWM 控制,而采用专用的集成 PWM 控制器构成控制系统既方便又可靠。目前,这类芯片有许多种,如 SGX524、SGX525、SGX527、X846 和 X847 系列。本节以 SGX525 系列集成 PWM 控制器为例进行介绍。

SG1525/2525/3525 系列集成 PWM 控制器是频率固定的单片集成脉宽调制型控制器的一个系列。SG3525 集成 PWM 控制器内部结构如图 4-12 所示。SG3525 各点波形与 PWM 斩波调压波形如图 4-13 所示。

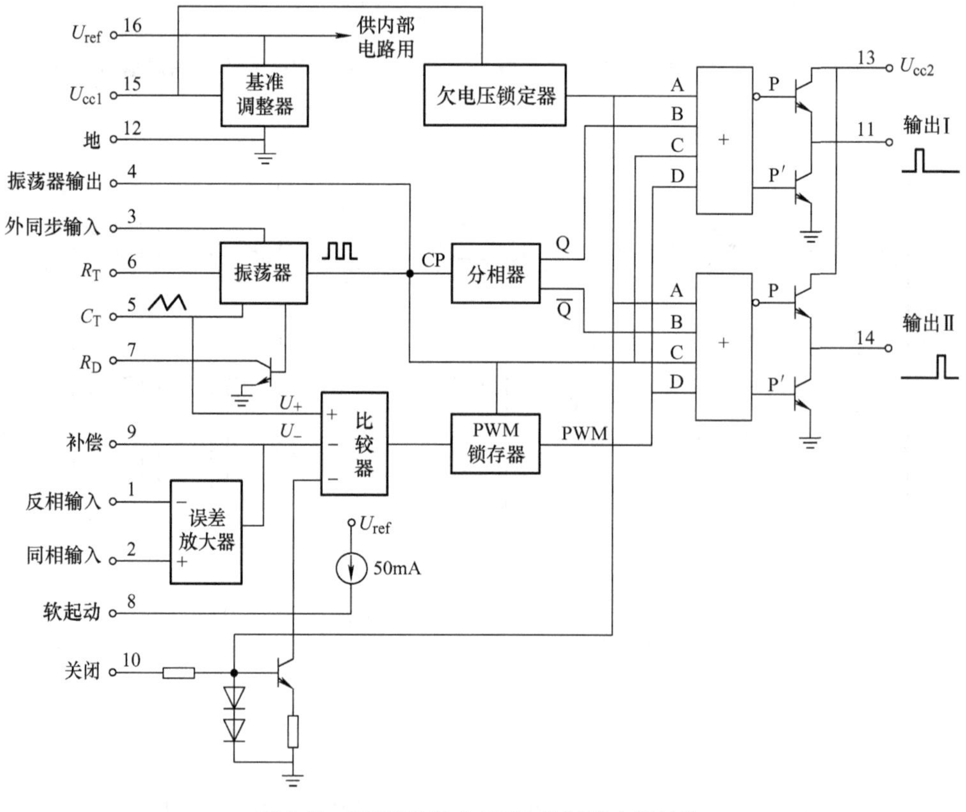

图 4-12　SG3525 集成 PWM 控制器内部结构

其内部由基准电压源 U_{ref}、振荡器 G、误差放大器 AE、比较器 DC 及 PWM 锁存器、分相器、欠电压锁定器、输出级、软起动及关闭电路等组成。

第4章 焊接自动化中的电动机控制技术

1)基准电压源 U_{ref}。基准电压源 U_{ref} 是一个标准的三端稳压器,具有温度补偿功能,输出电压精度高,可达到输出电压1%的误差精度。它既是内部电路的供电电源,也可为芯片外围电路提供标准电源,输出电流可达 50mA,有过电流保护功能。其输入电压 U_{cc1} 可以在 8~35V 范围变化,通常可用 15V。

2)振荡器 G。振荡器 G 由一个双门限比较器、一个恒流电源及电容充放电电路构成。电容 C_T 恒流充电,产生一锯齿波电压信号,锯齿波的峰点电平为 3.3V,谷点电平为 0.9V。锯齿波的上升沿对应 C_T 充电,充电时间 t_1 决定于 $R_T C_T$;锯齿波下降沿对应 C_T 放电,放电时间 t_2 决定于 $R_D C_T$。

锯齿波的频率由式(4-12)决定:

$$f = \frac{1}{t_1 + t_2} = \frac{1}{C_T(0.67R_T + 1.3R_D)} \tag{4-12}$$

由于双门限比较器门限电平由基准电压分压取得,并且给 C_T 充电的恒流源对电压及温度变化的稳定性很好,故 U_{cc1} 在 8~35V 范围变化时,锯齿波的频率稳定度可达 1%;当温度在 -55~125℃ 范围内变化时,其频率稳定度为 3%。振荡器 G 对应于锯齿波下降沿输出一时钟信号(CP 脉冲),其宽度为 t_2。调节 R_D 即可调节 CP 脉冲宽度。这个 CP 脉宽决定了输出 Ⅰ、Ⅱ 端输出脉冲之间最小的时间间隔,即死区时间 t_d。调节 R_D 就可以调节死区时间 t_d,R_D 越大,t_d 越大。振荡器还设有外同步输入端 3 脚,在 3 脚加直流或高于振荡频率的脉冲信号,可实现对振荡器的外同步。

3)误差放大器 AE。误差放大器 AE 的直流开环增益较大,它的同相输入端接基准电压或其分压值,反馈电压信号接反相输入端。根据系统特性的要求,可在 9 脚和 1 脚之间接入适当的反馈电路网络,如比例-积分电路等。

4)误差放大器。误差放大器输出电压 U 加至比较器 DC 反相端,振荡器输出的锯齿波电压信号加至其同相端。比较器 DC 输出 PWM 信号,经 PWM 锁存器锁存,以保证在锯齿波的一个周期内只输出一个 PWM 脉冲信号。比较器 DC 的反相输入端还设有软起动及关闭 PWM 信号的电路。在 8 脚与地之间接一数微法的电容,即可在起动时使输出端的脉冲由窄逐步变宽,实现软起动功能。在 10 脚可加各种故障保护信号,如过电流、过电压、短路、接地等故障信号。在故障信号输入时使内部晶体管导通,从而封锁输出。

5)分相器。分相器是一个 T 触发器,每输入一个 CP 脉冲,其输出 Q、$\overline{Q}$ 就翻转一次,实际输出为一个方波信号,其频率为锯齿波频率的二分之一。此方波信号加至两个或非门的输入端 B。

6)欠电压锁定器。当输入电压 $U_{cc1} < 7V$ 时,欠电压锁定器输出一高电平,加至输出级或非门的输入端 A,同时也加到关闭 PWM 信号电路的输入端,封锁 PWM 信号的输出。

7）输出级。SG3525 具有两个输出极，其结构相同，每一组的上侧为"或非"门，下侧为"或"门。或非门与或门有 A、B、C、D 四个输入端：A 端输入欠电压锁定信号，B 端输入分相器输出的 Q（或 $\overline{Q}$）信号，C 端输入 CP 脉冲信号，D 端输入 PWM 脉冲信号。设输出信号为 P 和 P′，则 P = $\overline{A+B+C+D}$，P′= A+B+C+D。P 和 P′分别驱动输出极上、下两个晶体管。两个晶体管组成图腾柱结构，使输出极既可向负载提供输出电流，又可吸收负载电流。

2. 驱动电路

控制电路产生的脉冲控制信号必须经过驱动电路才能控制调速系统的功率半导体开关器件。不同的功率开关器件对驱动电路的要求不同，必须根据功率开关器件来设计相应的驱动电路。在各种功率开关器件的驱动电路设计中，其功率放大、主电路与控制电路的隔离是必须要考虑的，一般采用脉冲变压器或光耦合器实现隔离。

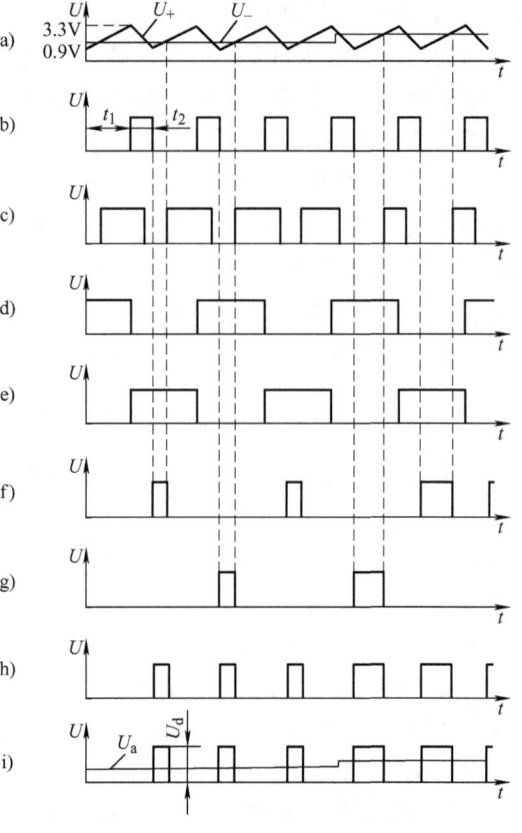

图 4-13 SG3525 各点波形与 PWM 斩波调压波形
a）比较器 DC 输入电压波形 b）振荡器 G 输出波形
c）PWM 锁存器输出波形 d）分相器 Q 端输出波形
e）分相器 $\overline{Q}$ 端输出波形 f）输出Ⅰ端输出波形
g）输出Ⅱ端输出波形 h）输出Ⅰ端和输出Ⅱ端输出波形 i）PWM 斩波调压波形

光耦合器（简称光耦）是把发光器件和光敏器件组装在一起，通过光电实现耦合，构成电-光-电的转换器件。将控制电路产生的电信号送入光耦合器输入端的发光器件，发光器件将电信号转换成光信号，光信号经光敏器件接收，并将其还原成电信号，去触发或控制功率开关器件。采用光耦合器时，因为其输出与输入之间没有直接的电联系，信号的传输是通过光的耦合，所以又称其为光隔离器。

光耦合器的用途很多，可以用于高压开关、信号隔离、脉冲系统间的电平匹配以及各种逻辑电路系统中。

常用的光耦合器有晶体管输出型和晶闸管输出型。晶体管输出型光耦合器的输出端是光敏晶体管，包括普通型光耦，如 4N25、117 等；高速光耦，如 985C、

TIL110 等；高电流传输光耦也称达林顿型光耦，如 4N33、113 等。图 4-14 所示为三种常用的光耦合电路。

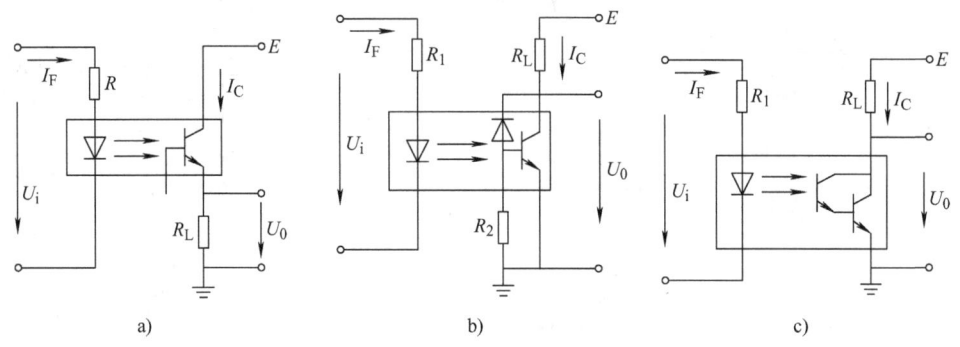

图 4-14　光耦合电路
a）普通型光耦　b）高速光耦　c）高电流传输光耦

普通光耦的动态响应时间一般为数微秒以内；高速光耦的动态响应时间可低于 10ns；高电流传输光耦具有较大的电流传输比（光电晶体管的集电极电流 I_C 与发光二极管的电流 I_F 之比称为光耦合器的电流传输比）。例如，4N25 的电流传输比≥20%，而 4N33 的电流传输比≥500%。

图 4-15 所示为几种常用的触发电路。图 4-15a 所示为采用脉冲变压器输出的触发电路，控制脉冲信号 U_i 经非门 DN 反向，通过光耦合器 VLC 控制晶体管 VT 的导通和截止，使脉冲变压器 TI 输出相应的触发脉冲信号；图 4-15b 所示为普通光耦的触发电路，它直接利用光耦合器 VLC 控制晶体管 VT 的导通和截止，产生触发脉冲信号；图 4-15c 所示为采用晶闸管输出光耦合器的触发电路，利用光耦合器直接产生触发脉冲信号；图 4-15d 所示为采用双向晶闸管输出光耦合器的触发电路，可以直接用于交流电路中的双向晶闸管的触发控制。

目前，根据不同功率开关器件对驱动电路的要求，已有很多专用的驱动电路模块。专用的驱动电路模块，如 EX356、EX840 等可以为功率开关器件提供理想的驱动信号，不仅保证电气隔离和足够的驱动功率，而且通过理想的控制信号波形保证功率开关器件迅速导通、迅速关断，对功率开关器件的饱和深度进行最佳控制，还具有功率开关器件的过电流、过热等检测保护功能。

4.3.3　直流电动机的恒速控制

基于直流电动机工作原理可知，若要对直流电动机转速进行调节和控制，电动机的电枢绕组需要采用一个可调电压的直流电源供电，通过改变直流电源的输出电压可以调节电动机的转速。在直流电动机 PWM 调速系统中，通过给定电压信号、脉宽调制器、功率半导体开关器件等来调节电枢绕组供电电源的输出电

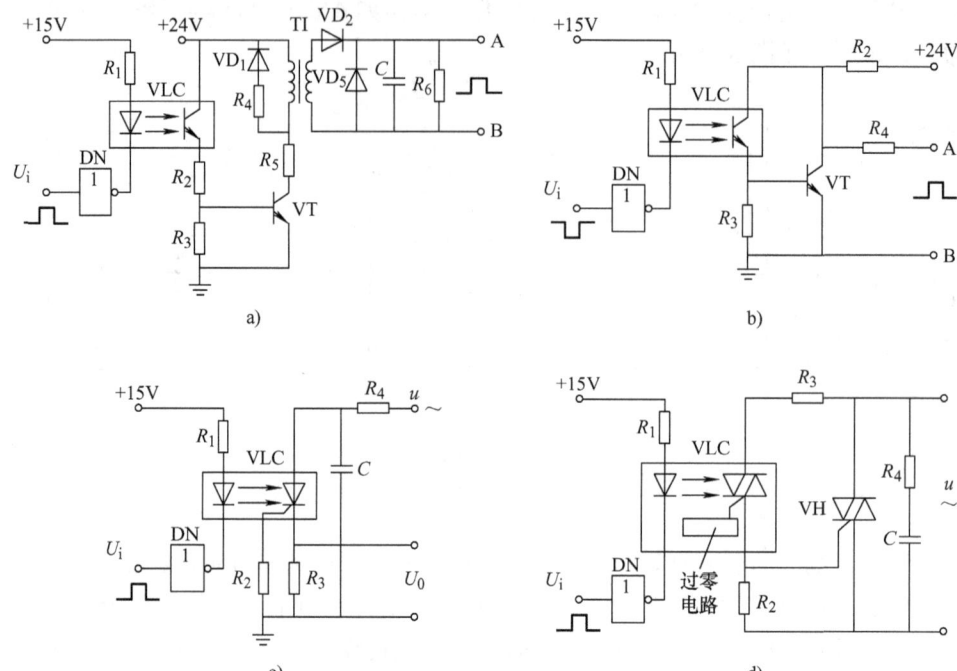

图 4-15 触发电路
a) 脉冲变压器输出的触发电路　b) 普通光耦的触发电路
c) 晶闸管输出光耦的触发电路　d) 双向晶闸管输出光耦的触发电路

压,实现直流电动机转速的调节。当作为系统输入信号的给定电压确定以后,对应电动机的转速也就确定了,不同的给定电压对应不同的电动机转速,这是开环控制。如果采用开环控制,当系统受到干扰时,电动机转速就会偏离给定信号对应的转速,出现波动。而在焊接自动化中,一般要求被焊工件或焊炬的运动速度恒定不变,即要求其驱动电动机的转速恒定不变。因此,需要采用负反馈闭环控制,使其能够自动纠正由于干扰引起的电动机转速偏差,保证电动机转速恒定。

1. 直流电动机速度负反馈调速系统

速度负反馈闭环调速系统是一种常用的电动机恒速控制系统,图 4-16 所示是直流电动机速度负反馈调速系统的结构与框图。如图 4-16a 所示,该系统采用直流测速发电机作为电动机的速度检测传感器,利用速度负反馈的闭环控制,实现电动机的恒速控制。

根据图 4-16a 所示的系统结构,对调速系统各个环节的主要功能和工作原理进行分析。

(1) 给定环节　即为图 4-16a 中的给定信号装置,用于设置电动机的转速。通过设定给定电压信号 U_g 来设置电动机的转速 n。给定信号装置一般由直流稳压

第 4 章 焊接自动化中的电动机控制技术

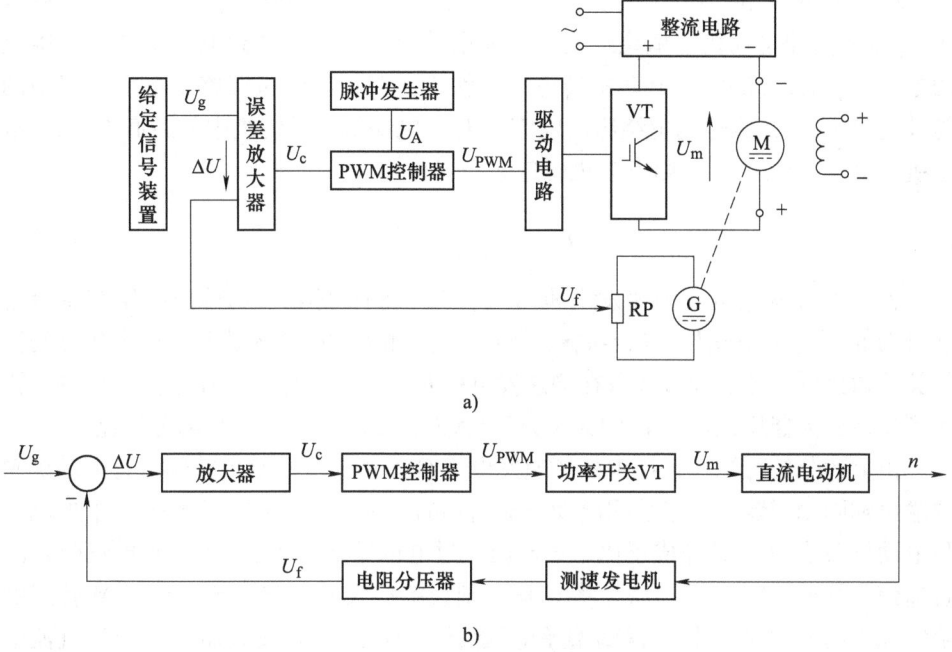

图 4-16 直流电动机速度负反馈调速系统的结构与框图
a) 系统结构 　b) 系统框图

电源及电阻分压电路构成,通过电阻分压电路中的电位器可以设定和调节给定电压信号 U_g 值的大小。U_g 一旦设定,直流电动机转速的期望值 n 就确定了。在直流稳压电源的可调范围内,给定电压 U_g 的调节应满足线性关系。

(2) 误差放大环节　核心为误差放大器,具有电压信号比较与比例放大功能。给定电压信号 U_g 和反馈电压信号 U_f 输入到误差放大器中,通过比较运算得到偏差值 $\Delta U = |U_g| - |U_f|$,并对 ΔU 进行比例放大,得到输出电压 $U_c = K_p \Delta U$。其中,K_p 是比例放大系数。

(3) 脉冲信号发生器　产生一个固定频率的直流锯齿波脉冲信号 U_A,该信号作为 PWM 控制器中的调制信号,脉冲频率一般在一到几万赫兹。

(4) PWM 控制器　该控制器是 PWM 技术的核心。脉冲发生器输出的锯齿波脉冲信号 U_A 和误差放大器输出的电压信号 U_c 输入到 PWM 控制器,两个信号相互作用产生具有一定占空比的方波脉冲信号 U_{PWM}。电压信号 U_c 不同,方波脉冲信号 U_{PWM} 的占空比不同。

(5) 功率半导体开关环节　PWM 控制器输出的方波脉冲信号 U_{PWM} 经过驱动电路,控制功率半导体开关器件 VT 的导通时间与关断时间,从而得到施加到电动机电枢绕组的直流电压 U_m。

(6) V-M 环节　该环节的作用是将通过功率半导体开关控制的整流电源电压 U_m 加到直流电动机电枢绕组两端，使电动机转动。施加到电动机电枢绕组上的电压 U_m 的高低决定了电动机转速 n 的快慢。假设电动机回路中电枢绕组中的等效电阻为 R_m，流过电枢绕组的电流为 I_m，电动机励磁绕组中的磁通为 Φ_e，电动机的电势常数为 C_e，则电动机转速 n 为：

$$n = \frac{U_m - I_m R_m}{C_e \Phi_e} \tag{4-13}$$

(7) 测速发电机　测速发电机 G 是速度检测传感器。G 输出电压与直流电动机 M 的转速 n 成正比：$U_n = a_n n$，其中 a_n 是测速发电机转速与发电电压之间比例关系的比例系数。通过并联在测速发电机 G 输出端的电阻分压电路可以调节输入到误差放大器反馈电压 U_f 的大小，$U_f = K_f U_n$，K_f 是电位器 RP 的分压比。

由上述分析可知，系统中的测速发电机 G 作为速度检测传感器，与电动机 M 的输出轴同轴安装，用来检测电动机输出轴的实际转速。测速发电机 G 上的电压与电动机 M 的实际转速成正比，该电压经过电位器 RP 分压得到反映电动机实际转速信息的反馈电压信号 U_f。将 U_f 输入到误差放大器，与设定电动机 M 转速的给定电压信号 U_g 相比较，得到偏差电压 ΔU。ΔU 经误差放大器放大产生直流电压 U_c，输入到 PWM 控制器中形成一定占空比的脉冲信号 U_{PWM}，控制功率半导体开关器件 VT 的导通与关断时间，从而调节直流电动机电枢绕组两端的电压 U_m，实现对电动机转速 n 的控制。

也就是说，决定电动机转速快慢的系统输入信号实际上是给定电压 U_g 和速度反馈电压 U_f 的偏差 ΔU。当给定电压 U_g 确定以后，电动机转速 n 是确定的，其速度反馈电压 U_f 也是确定的，所以其偏差 ΔU 也是确定的。此时如果有干扰信号作用于系统，使电动机的转速 n 发生变化，那么与 n 成正比的速度反馈电压 U_f 也会变化。假设系统的干扰信号使电动机转速 n 变快，那么对应的速度反馈电压 U_f 就会增高，导致偏差电压 ΔU 变小，从而使电动机转速 n 降低，而对应的速度反馈电压 U_f 也会随之变低；当电动机转速 n 下降到最初设定的转速时，速度反馈电压 U_f 恢复到了开始设定转速对应的反馈电压值，偏差电压 ΔU 也恢复到了初始值，电动机转速 n 不会再降低了，从而使电动机转速保持了恒定。图 4-16b 所示为该系统闭环控制的框图，表明了该系统的负反馈控制原理。

由于该系统利用测速发电机作为速度传感器，将与电动机转速 n 成正比的电压 U_f 作为反馈量，实现了电动机转速 n 的恒速控制，因此称其为直流电动机速度负反馈调速系统。

直流电动机速度负反馈调速系统具有以下特点：

1) 直接采用电动机转速信息作为负反馈信号的闭环控制系统具有良好的抗干扰性能。除给定信号外，作用在电动机调速系统上的一切会引起电动机转速变化的因素都称为"扰动作用"。只要扰动作用引起的电动机转速变化能被速度传感器检测出来,该调速系统就能进行控制,即对于被速度负反馈环包围的前向通道上的一切扰动作用都能有效地加以抑制。

2) 速度负反馈闭环控制系统对于给定信号的稳压电源和反馈检测装置中的扰动作用无能为力。如果提供给定信号 U_g 的稳压电源发生了不应有的波动,导致 U_g 发生变化,则电动机转速 n 也会随 U_g 的变化而变化,反馈控制系统无法判别是正常的调节给定信号还是给定信号电源的扰动。再有,如果速度反馈检测器件本身有扰动误差,那么对于该调速系统来说,就是测速发电机有扰动误差,反馈电压 U_f 也会因此产生偏差,通过系统调节反而使电动机转速 n 偏离了应保持的转速。可见,电动机速度负反馈调速系统的控制精度依赖于给定信号稳压电源和速度检测器件的精度。高精度的电动机速度负反馈调速系统需要有高精度的稳压电源与高精度的速度传感器及信号检测装置。

3) 系统的结构相对复杂,成本较高。需要外加专门速度传感器,例如测速发电机、编码器等,需要对传感器进行安装、调试及维护,系统及维护成本较高。因此,一般用于电动机恒速控制要求比较高的场合。

需要指出的是,在焊接自动化领域,目前采用增量编码器作为电动机速度传感器的越来越普遍。由于增量编码器输出的是与电动机转速成正比的脉冲频率信号,因此在直流电动机速度负反馈控制系统中需要进行 f/U 转换,得到与直流电动机转速 n 成正比的电压信号 U_f。其系统框图如图 4-17 所示。

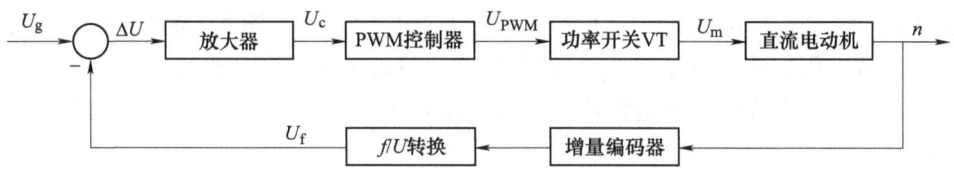

图 4-17 以编码器作为传感器的直流电动机速度负反馈控制系统框图

2. 直流电动机电压负反馈调速系统

根据直流电动机的工作原理,施加到直流电动机电枢绕组上的电压决定了电动机的转速,那么只要保证电动机电枢绕组上的电压不变,就能够保证电动机转速的恒定不变。因此,可以采用电压负反馈控制使供给电动机绕组的直流电源输出电压恒定不变,从而保证直流电动机转速恒定。采用电压负反馈控制的直流电动机调速系统称为直流电动机电压负反馈调速系统,其结构与框图如图 4-18 所示。

由图 4-18a 可见,该系统的结构与图 4-16a 所示的速度负反馈调速系统相比,只是负反馈环节的电路不同,其他环节的电路基本相同。由于该系统采用的是电压负反馈,电压负反馈信号 U_f 是从电动机电枢绕组两端并联的电位器 RP 输出

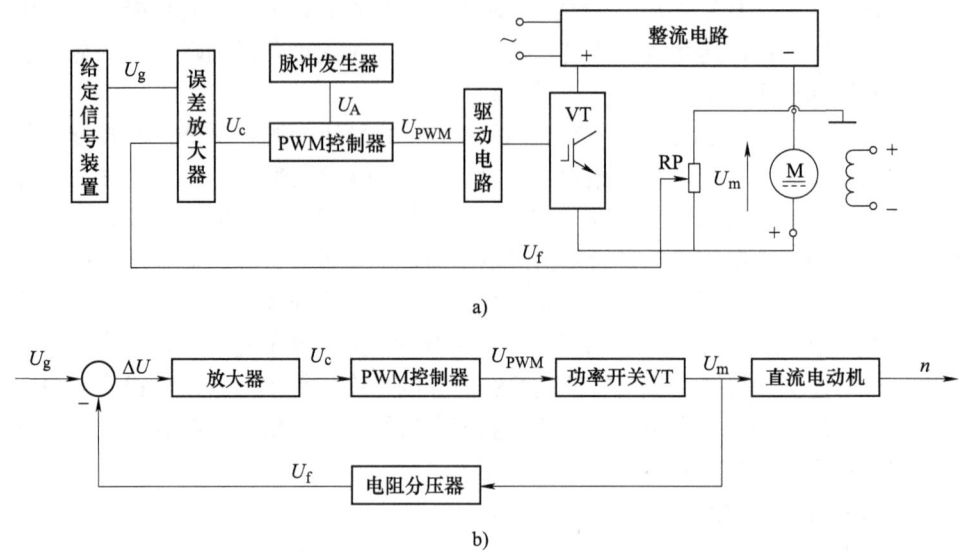

图 4-18 直流电动机电压负反馈调速系统的结构与框图
a) 系统结构　b) 系统框图

的,反映的是电动机电枢绕组两端电压 U_m 的大小,也可以认为是电动机电枢绕组供电电源的输出电压的高低。假设电位器 RP 的分压系数为 K_f,则 $U_f = K_f U_m$。同样,将 U_f 输入系统的误差放大器,与设定电动机 M 转速 n 的给定电压信号 U_g 相比较,得到偏差电压 ΔU。ΔU 经放大产生直流电压 U_c,输入 PWM 控制器中形成一定占空比的脉冲信号 U_{PWM},控制功率半导体开关器件 VT 的导通与关断时间,从而保证直流电动机电枢绕组两端的电压 U_m 不变,进而实现电动机转速 n 的恒值控制。

该系统同样是负反馈闭环控制系统。当系统的给定电压 U_g 设定以后保持不变,相应的直流电动机电枢绕组两端的电压 U_m 确定保持不变,对应的电动机转速 n 也确定保持不变。假设受到某些干扰的影响,施加在电动机电枢绕组的电压 U_m 下降,将导致电动机的转速 n 下降。由于采用了电压负反馈,U_m 下降会引起反馈电压 U_f 也下降,其偏差值 $\Delta U = |U_g| - |U_f|$ 会上升,其放大的电压信号 U_c 增大,使得 PWM 控制器输出的脉冲信号 U_{PWM} 的占空比增大,功率半导体开关器件 VT 的导通时间增加,从而使得电动机电枢绕组供电电源的输出电压 U_m 增高,因而使 U_m 的变化得到了抑制,恢复到了初始值,从而使电动机转速 n 保持恒定。其系统框图如图 4-18b 所示。

直流电动机电压负反馈调速系统具有以下特点:

1) 采用电压负反馈控制,系统具有一定的抗干扰能力。直流电动机电压负反馈调速系统实际上是一个自动调压系统,保持电动机电枢绕组上的电压恒定不变,对于作用在电压负反馈环内前向通道上的一切扰动作用都能有效地加以抑制,而对于电压负反馈环外的扰动作用无能为力。

2)系统的结构比较简单,可以选择成本较低的电压传感器,从而降低系统的成本。但是,该系统保持电动机恒速的能力有限,因为即使电动机电枢绕组上的电压恒定不变,当电动机的负载增加时,电动机电枢绕组中的电流 I_m 会增大,其内阻 R_m 上的压降也随之增大。根据式(4-13)可知,电动机的转速 n 会降低,所以该系统主要用于焊接自动化过程中电动机负载变化不大的场合。

具有比例调节器的负反馈闭环控制系统具有静态误差,静态误差与闭环控制系统的开环放大系数 K 成反比,只有 $K \to \infty$ 才能消除静差。由于这种系统是依靠被控量的偏差实现自动控制作用,因此这种调速系统被称为有静差调速系统。直流电动机电压负反馈调速系统和速度负反馈调速系统都属于静差调速系统,而电压负反馈调速系统的静态性能比具有同等放大系数的速度负反馈调速系统要差一些,一般适用于调速范围 10∶1 以下、静态偏差 15% 以上的调速场合。

3. 直流电动机电压负反馈与电流正反馈调速系统

由于电压负反馈调速系统对电动机电枢绕组内阻压降引起的电动机转速 n 变化不能予以补偿,因此试图采用在电压负反馈调速系统中加入电流正反馈的方法来解决此问题,相应的系统称为直流电动机电压负反馈与电流正反馈调速系统,其结构与框图如图 4-19 所示。

由图 4-19a 可见,该系统是在图 4-18a 所示的电压负反馈调速系统基础上,增加了一个电流正反馈通道,即在电动机电枢绕组通电回路中增加了一个电流取样电阻 R_s,并将电阻上的电压信号 $U_{fi}=-I_m R_s$ 反馈到系统的误差放大器。由于反馈电压 U_{fi} 反映了电动机电枢绕组回路电流的变化,因此是电流反馈信号,而且电流反馈信号 U_{fi} 与给定信号 U_g 极性相同,相当于增加给定信号 U_g,使电动机转速 n 增大,因此是电流正反馈。

在电动机工作过程中,如果负载增大,电动机输出的电磁转矩随之增大,从而造成电动机转速 n 降低、电枢电流 I_m 增大。由于电枢电流 I_m 增大,则电流反馈信号 U_{fi} 也增大。在系统的误差放大器中通过给定电压 U_g、负反馈电压 U_f 与电流正反馈信号 U_{fi} 进行比较得到偏差值 ΔU,$\Delta U = |U_g| - |U_f| + |U_{fi}|$。由于 U_{fi} 增大,使得误差放大器输出的电压 $U_c = K_p \Delta U$ 也增大,导致 PWM 控制器的输出脉冲信号 U_{PWM} 的脉冲占空比增大,控制功率半导体开关器件 VT 的导通时间增加,电动机电枢绕组两端的电压 U_m 增大,电动机转速 n 增大,从而解决了由于负载变化引起的电动机转速 n 降低的问题。

电流正反馈不属于"负反馈控制",属于"补偿控制",相当于提高了给定电压信号 U_g。由于电枢电流 I_m 的大小反映了负载扰动,因此又称扰动量的补偿控制。它只能补偿负载扰动引起的电动机转速变化问题,对于其他扰动,电流正反馈反而起坏作用。采用电流正反馈的补偿控制完全依赖于电路参数的配合，当电子器件参数受温度等因素影响而发生变化时，补偿作用就会受影响。因为电流正反馈是补偿作用，所以它不能单独应用，必须与电压负反馈一起应用，否则系统就是一个不稳定系统。电流正反馈补偿作用一般适用于调速范围 10∶1 以下、静态偏差 10% 以上的调速场合。系统框图如图 4-19b 所示。

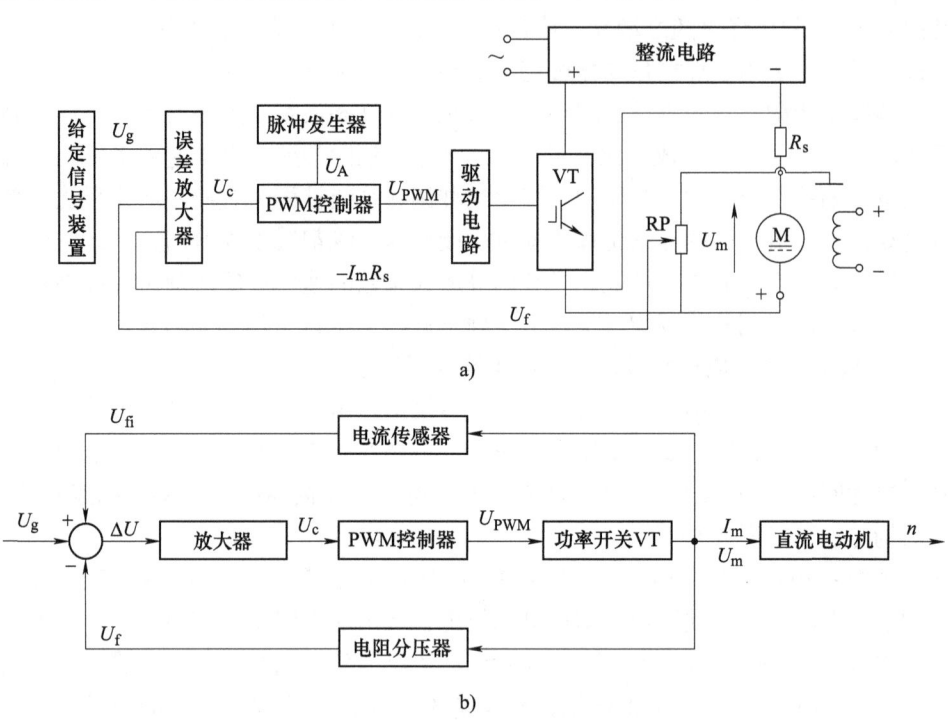

图 4-19　直流电动机电压负反馈与电流正反馈调速系统的结构与框图
a）系统结构　b）系统框图

如图 4-19a 所示，该系统的电压负反馈信号 U_f 从并联在电枢线圈两端的电位器 RP 上输出，电流正反馈信号 U_{fi} 从串联在电枢线圈回路中的电阻 R_s 上输出。电位器 RP 的动接点将 RP 的电阻分为两部分，假设上、下电阻分别为 R'、R''，电动机电枢的电阻为 R_m。当 $R_m/R_s = R'/R''$ 时，电动机电枢电压负反馈与电枢电流正反馈组成的复合反馈称为电势负反馈。由于电势负反馈综合了电压负反馈与电流正反馈控制的优点，因此具有较强的电动机转速调节补偿作用，调节精度比较高，一定程度上具有了速度负反馈的性质，因此实际应用比较多。

4. 直流电动机电压负反馈与电流截止负反馈调速系统

由于较大功率直流电动机起动时会产生很大的冲击电流，对电动机供电电源中的整流器件等产生不良影响。此外，在电动机运转过程中，因为某些情况，如

第4章 焊接自动化中的电动机控制技术

电动机所连接的机械轴被卡住等,电动机就会发生堵转的情况,此时电动机的电流将远远超过允许值,很容易引起电动机过流损坏。为了解决电动机起动和堵转时电流过大问题,直流电动机调速系统中往往会采取措施对电动机电流加以限制,而采用电流负反馈是限制电枢电流增大的一种常用方法。但是,电动机正常运行时不需要限制电流,电动机电流随着负载情况而正常增减变化,只有在电动机起动或堵转,电流增大到一定程度时,才应用电流负反馈控制方法限制电流的增大,从而起到保护的作用,因此该控制称为电流截止负反馈控制。

图 4-20 所示为直流电动机电压负反馈与电流截止负反馈调速系统的结构与框图。如图 4-20a 所示,该调速系统采用了电压负反馈与电流负反馈。电流负反馈信号取自串入电动机电枢回路的电阻 R_s,$I_m R_s$ 正比于电枢电流 I_m。需要注意的是,与电流正反馈不同,这里的电流负反馈信号 $U_{fi}=I_m R_s$ 与给定信号 U_g 极性相反。当电流负反馈发生作用时,在系统的误差放大器中通过给定电压 U_g、负

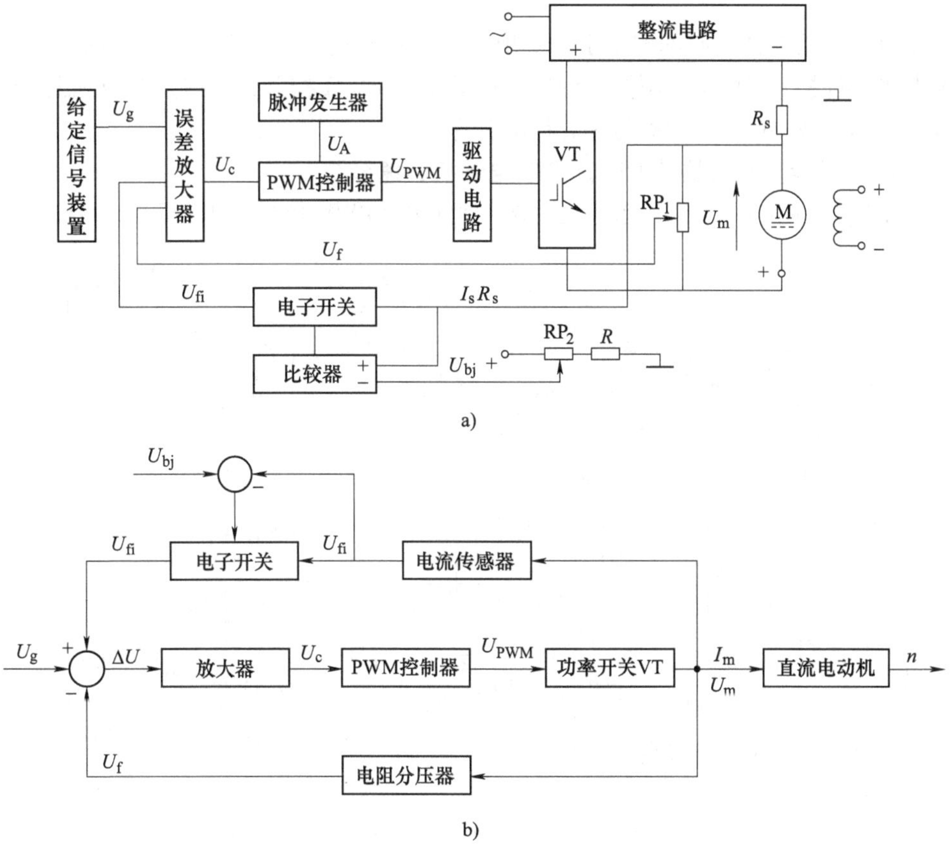

图 4-20 直流电动机电压负反馈与电流截止负反馈调速系统的结构与框图
a)系统结构 b)系统框图

反馈电压 U_f 与电流负反馈信号 U_{fi} 进行比较得到偏差值 $\Delta U = |U_g| - |U_f| - |U_{fi}|$。系统是否需要采用电流负反馈，往往是设定一个电流阈值，只有当电流增大超过这个阈值时，电流负反馈发生作用；而当低于电流阈值时，电流负反馈不起作用，只有电压负反馈发挥作用，用于电动机转速的恒定控制。在图 4-20a 所示的系统中，设 I_{bj} 为临界的截止电流阈值，对应的电子开关的比较电压设定为 U_{bj}。当 I_m 大于 I_{bj} 时，则 $U_{fi} = I_m R_s$ 大于 U_{bj}，电子开关导通，将电流负反馈信号 $U_{fi} = I_m R_s$ 加到误差放大器的输入端；当电流 I_m 小于 I_{bj} 时，$I_m R_s$ 小于 U_{bj}，电子开关关断，将电流反馈信号 U_{fi} 切断。比较电压 U_{bj} 大小可通过电位器 RP_2 调节，即相当于调节截止电流阈值 I_{bj}。U_{bj} 的供电电源往往采用直流稳压电源。在工程计算中，堵转电流 $I_{ds} < (1.5 \sim 2)$ 额定电流 I_N，截止电流 $I_{bj} \geq (1.1 \sim 1.2) I_N$。系统框图如图 4-20b 所示。

4.3.4 PWM 直流调速系统应用电路

可以采用各种不同的控制手段实现直流电动机的 PWM 控制，如采用运算放大器等器件构建 PWM 控制器、使用专用的集成 PWM 控制器、采用计算机控制，或者采用集成 PWM 控制器与计算机配合等。

1. 采用运算放大器的 PWM 控制电动机调速系统

图 4-21 所示为一个采用运算放大器等器件构建 PWM 控制器电动机调速系统。

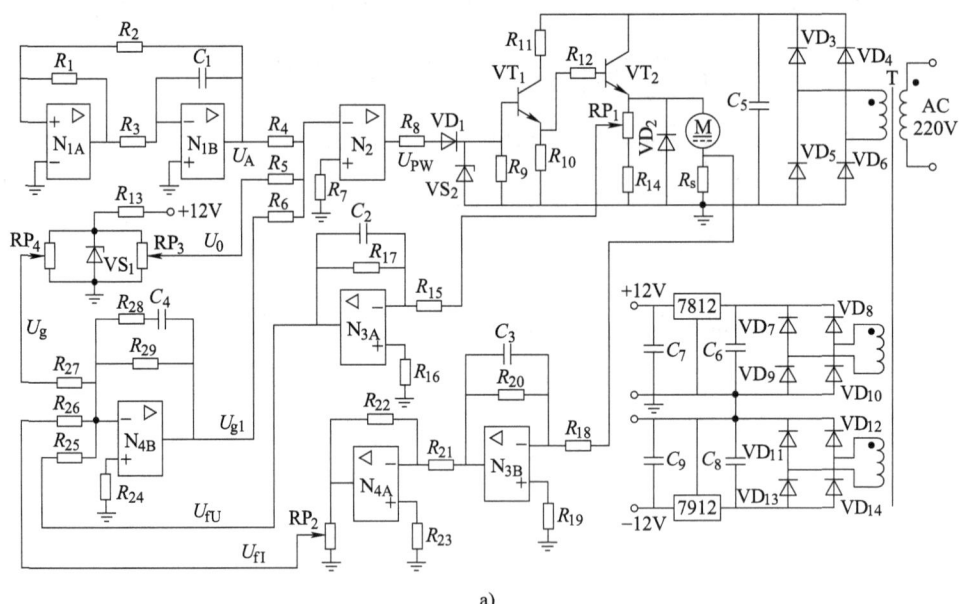

a)

图 4-21 运算放大器的 PWM 控制器电动机调速系统
a）系统原理图

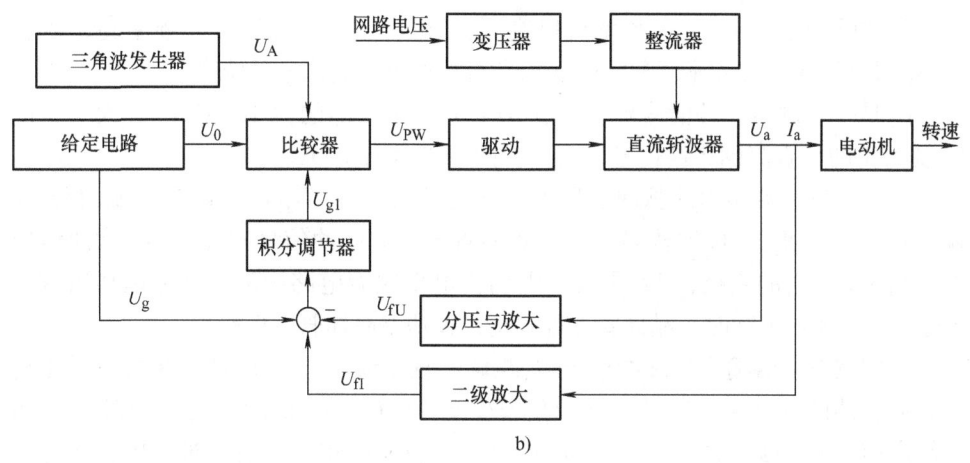

图 4-21 运算放大器的 PWM 控制器电动机调速系统（续）
b）系统结构图

该直流电动机调速系统采用变压器 T 降压，通过二极管 $VD_3 \sim VD_6$ 构成的桥式整流电路整流输出直流电，通过功率半导体器件 VT_2 连接到直流电动机的电枢线圈，功率半导体器件 VT_2 起断续器的作用，二极管 VD_2 起续流作用。

控制电路包括给定电压电路、比例积分控制电路、三角波发生器电路、PWM 电路，以及电压负反馈与电流正反馈电路等。

给定电压电路主要以通过变压器 T 降压、桥式整流，并利用 7812、7912 稳压模块获得的 ±12V 稳压电源作为基准电源。+12V 电源提供给定信号，通过 RP_4 分压获得所需要的给定电压 U_g。RP_4 为给定电压调节电位器，稳压管 VS_1 起输出限幅作用，调节 RP_4 可以调节给定电压 U_g 的大小，从而调节直流电动机输出转速的大小。

该调速系统是一个带有电压负反馈与电流正反馈的直流斩波器式 PWM 调速系统。电枢电压负反馈信号取自并联在电枢线圈两端电位器 RP_1 的电压，调节 RP_1 可以调节电压负反馈的反馈深度，电压反馈信号经过运算放大器 N_{3A} 构成的放大电路进行放大后，送入比例积分控制器；电枢电流正反馈信号取自串联在电枢线圈电路中的电阻 R_s 的电压，经两级放大（N_{3B}、N_{4A}）送入比例积分控制器。电流反馈电路中的电位器 RP_2 用于调节电流反馈深度。

在该电路中采用集成运算放大器 N_{4B} 与电阻 R_{28}、R_{29} 和电容 C_4 等构成了比例积分控制器。给定电压信号 U_g、电压负反馈信号 U_{fU} 和电流正反馈信号 U_{fI} 分别通过电阻 R_{27}、R_{25}、R_{26} 从 N_{4B} 的反相端输入，经过比较输出直流控制信号 U_{g1}。由于采用了 PI 控制，系统控制的动态性能良好，可以实现稳定快速的精确控制。

集成运算放大器 N_{1A} 和 N_{1B} 与周围的电阻、电容构成三角波发生器，输出交流三角波脉冲信号 U_A，其频率可以高于 15kHz。因为 U_A 的脉冲频率高，所以 PWM 调速系统的调节速度和精度远比晶闸管相控整流调速系统高。

U_0 是一个调零、补偿信号，调节 RP_3 可以调节 U_0 的大小。调节 U_0 大小，使 U_A 变为正的、直流锯齿波信号，其波形图可参考图 4-11。

三角波发生器输出的脉冲信号 U_A、直流控制信号 U_{g1} 以及调零直流信号 U_0 输入到比较器 N_{2A}，经比较得到所需要的直流方波脉冲信号 U_{PW}。U_{PW} 脉冲信号加到晶体管 VT_1 的基极，VT_1 导通，电动机电枢线圈电路中的大功率晶体管 VT_2 导通；U_{PW} 为负脉冲时，晶体管 VT_1 截止，大功率晶体管 VT_2 截止。

三角波发生器输出的脉冲信号 U_A 与调零直流信号 U_0 一般是不变的，因此直流方波脉冲信号 U_{PW} 的频率不变，U_{g1} 发生变化，U_{PW} 的脉冲宽度会随之变化。调节给定信号 U_g 可以改变 U_{g1}，从而调节电动机转速。电动机运行过程中，当遇到干扰时，电动机的电枢电压、电流发生变化，其反馈信号 U_{fU}、U_{fI} 随之变化，导致 U_{g1} 变化，U_{PW} 的脉冲宽度随之变化，从而自动调整干扰引起的偏差，保证电动机转速的恒定不变。

该系统的特点：调制频率高；动态性能好；抗干扰能力强；功率开关器件 VT_2 工作在开关状态，功耗小。

2. 采用专用的集成 PWM 控制器的电动机调速系统

图 4-22 所示为一熔化极焊机中送丝电动机 PWM 调速系统。该调速系统采用直流斩波器式 PWM 控制，变压器 T 提供交流电，经二极管 VD_5、VD_6、VD_7、VD_8 构成的桥式整流电路整流后提供送丝电动机直流电源。M 为直流电动机，VD_9 为续流快速二极管。采用大功率场效应晶体管 VF 作为电子开关器件，其开关频率可以达到 20kHz。采用 SG3525 专用的集成 PWM 控制器产生的 PWM 信号，经光耦合器 VLC 驱动场效应晶体管 VF。其输出的 PWM 电压平均值为

$$U_a = \frac{T_1}{T_1+T_2}U_d = \frac{T_1}{T}U_d = \alpha U_d \tag{4-14}$$

脉冲占空比 α 的值由 SG3525 按定频调宽法，即 $t_1+t_2=T$ 保持一定，使 t_1 在 $0\sim T$ 范围变化来调节。

下面结合图 4-12、图 4-22 分析该调速系统的调压调速过程。设主电路的开关频率为 20kHz，据此选择 R_3（R_T）、C_1（C_T）的值。在 SG3525 的 5 脚与 7 脚之间跨接电阻 R_2，以形成死区时间。C_T 上形成锯齿波电压 U_+ 的频率为 20kHz，该锯齿波电压 U_+ 加于 SG3525 中 PWM 比较器 DC 的同相输入端。直流稳压电源 +15V 经 R_8、RP_1 分压后再经 R_1 加于 SG3525 误差放大器 AE 的同相输入端，该电压为送丝电动机速度的给定电压。由 R_{12}、RP_2 构成输出电压采样电路，其电压反馈信号经 R_{11} 加于误差放大器 AE 的反相输入端。设这时误差放大器 AE 的输出

第4章 焊接自动化中的电动机控制技术

电压为 U_-,它加于比较器 DC 的反相输入端。在 U_-、U_+ 的共同作用下,比较器 DC 和 PWM 锁存器输出 PWM 信号,加于"或非"("或")门的输入端 D。振荡器输出的 CP 脉冲加于"或非"("或")门的输入端 C。分相器输出的 Q、$\overline{Q}$ 脉冲分别加于两组输出极"或非"("或")门的输入端 B。设这时 SG3525 电源电压正常,欠电压锁定器输出低电平,加于或非门的输入端 A,根据逻辑关系 $P = \overline{A+B+C+D}$,$P' = \overline{A+B+C+D}$,输出口Ⅰ可获得脉冲列,而输出口Ⅱ获另一组脉冲列。将输出口Ⅰ、Ⅱ(引脚 11 和 14)并联使用,可以使 SG3525 输出的脉冲频率增加 1 倍。该脉冲列经光耦合器驱动开关器件 VF,则送丝电动机 M 获得同样波形的端电压 U_a。当改变给定电压时,即调节可变电阻 RP_1,送丝电动机端电压平均值随之变化,从而达到 PWM 斩波调压的目的。

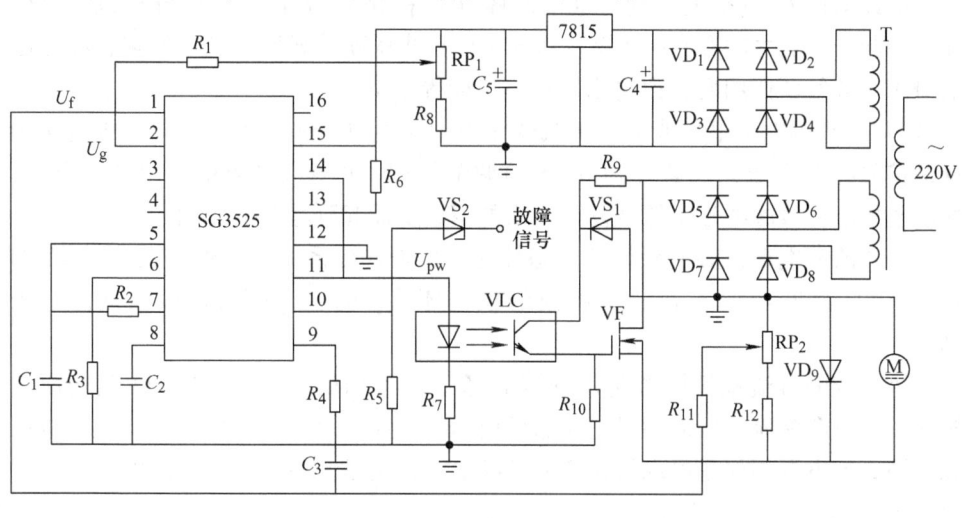

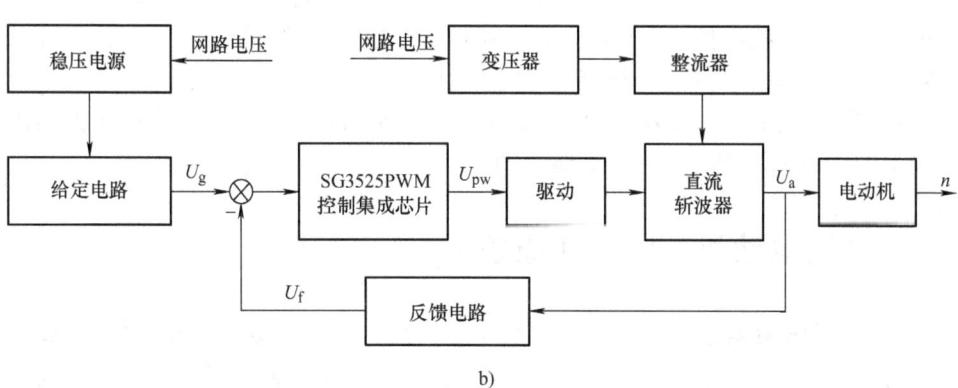

图 4-22 直流斩波器式送丝电动机 PWM 调速系统
a) 电路原理图 b) 系统框图

通过该电路分析可知以下几点：

1）SG3525 中的 PWM 比较器反相输入端电压 U_- 的电平越高，则输出脉冲的占空比越大；反之，则越小。调节指令电位器 RP_1，可以改变 U_- 的电平，就可以调节占空比 α，从而调节电动机电枢线圈的端电压，达到调压调速的目的。

软起动功能是在电动机起动阶段，通过电容 C_2 充电使占空比由零逐渐增大来实现的。

2）由于将 SG3525 输出口 Ⅰ、Ⅱ 并联使用，因此大功率场效应晶体管 VF 的输出电压脉冲 $U_Ⅰ$、$U_Ⅱ$ 交替出现，其频率与锯齿波频率相同。

3）因为输出脉冲 $U_Ⅰ$、$U_Ⅱ$ 的上升沿对应 CP 脉冲的下降沿，即对应锯齿波的谷点，而输出脉冲 $U_Ⅰ$、$U_Ⅱ$ 的下降沿对应电压 U_- 与锯齿波电压 U_+ 上升边的交点，所以即使 U_- 电平上升到与锯齿波峰点电平相等，$U_Ⅰ$、$U_Ⅱ$ 两脉冲也不可能连到一起，它们之间存在一个宽度等于 CP 脉冲宽度的死区。综上所述，在输出端口 Ⅰ、Ⅱ 并联使用时，占空比 α 也不可能等于 1。

4）如果因电网电压波动或负载变化引起送丝电动机端电压变化，则电压负反馈信号必发生变化。通过 SG3525 的调节作用，可改变 PWM 脉冲的占空比，使电动机电枢线圈的端电压恢复到原来的值，从而起到稳压的作用。

为了改善电动机调速系统的动态性能，根据送丝系统的特性，在 SG3525 的 1 脚和 9 脚之间增加了 R_4、C_3 构成的积分环节，R_4、C_3 的值可以根据需要来确定。

该系统的直流稳压电源是由变压器降压，由 VD_1、VD_2、VD_3、VD_4 构成的桥式整流电路整流，然后通过三端稳压块 7815 稳压，得到稳定的 +15V 直流电压源。该直流电源不仅是电动机调速的基准电源，也是 SG3525 所需要的工作电源，通过 15 脚提供给 SG3525。

在该系统中，SG3525 的 10 脚可以连接一些保护电路，如过电流保护、温度保护等，只要这些保护电路输出一高电压信号，通过 10 脚输入 SG3525，就可以关断 SG3525 的输出脉冲，使电动机停止工作。

系统中作为电子开关器件的功率场效应晶体管 VF 也可以用绝缘栅双极晶体管（IGBT）代替，其工作原理是类似的。

4.4 交流电动机变频调速原理

交流电动机在焊接自动化中应用越来越广泛，是一种重要的动力传动系统。交流电气传动与直流电气传动均诞生于 19 世纪。长期以来，交流电动机一般只能作为不变速的传动动力来使用。虽然交流调速早有多种方法问世，并获得一些实际应用，但其性能却始终无法与直流调速相比拟。直到 20 世纪 80 年代，随着变频技术的发展，交流电动机调速技术得到了突破性的发展，目前正在逐步取代直流传动成为高性能电气传动的主流。

三相交流电动机分为交流同步电动机和交流异步电动机。由于交流异步电动机在焊接自动化中占据主导地位，因此本节着重介绍交流异步电动机的调速系统。

4.4.1 三相交流异步电动机的基本特性

三相交流异步电动机主要由定子、转子及其他附件组成。如果将时间上互差 $2\pi/3$ 相位角的三相交流电通入在空间上相差 $2\pi/3$ 角度的三相定子线圈后，将产生一个旋转磁场。电动机的转子线圈将切割磁力线，在电磁力作用下形成电磁转矩 T_m。在 T_m 的作用下，转子将"跟着"定子的旋转磁场旋转起来。

1. 三相交流异步电动机的机械特性

三相交流异步电动机的机械特性是指在定子电压 U_1、频率 f_1 及有关参数一定的条件下，电动机转子转速（电动机转速）n 与电磁转矩 T_m 之间的关系。

电动机工作在额定电压、额定频率下，由电动机本身固有参数所决定的 $n=f(T_m)$ 曲线，称为交流电动机的自然特性曲线，它是交流电动机机械特性曲线族中的一条曲线，其曲线形状如图4-23所示。

图4-23所示的自然特性曲线中的 E 点为理想空载点。在 E 点，电动机以同步转速 n_0 运行（$s=0$），其电磁转矩 $T_m=0$。

曲线上的 S 点为电动机起动点，此时电动机已接通电源，但尚未起动，此时转速 $n=0$（转差率 $s=1$），对应的电磁转矩为起动转矩 T_{St}。起动时带负载的能力一般用起动倍数来表示，即 $K_{St}=T_{St}/T_N$，其中 T_N 为额定转矩。

曲线上的 K 点为临界点，它是机械特性稳定运行区和非稳定运行区的分界线上的最大电磁转矩点。K 点对应的转速为 n_K，$n_K=n_0(1-s_K)$，其中 s_K 为临界转差率。s_K 越小，n_K 越大，机械特性就越硬。K 点的电磁转矩 T_K 为临界转矩，它表示了电动机所能产生的最大转矩。

交流电动机正常运行时，需要有一定的过载能力，一般用 β_m 表示，即

$$\beta_m = \frac{T_K}{T_N} \tag{4-15}$$

普通电动机的 β_m 为 2.0~2.2，而对于某些特殊用途电动机，其过载能力可以更高一些。T_K 的大小影响着电动机的负载能力。在保证过载能力不变的条件下，T_K 越小，电动机所带的负载就越小。

2. 交流电动机的稳定运行

（1）交流电动机的稳定运行　当交流电动机稳定运行时，电动机的电磁转矩与负载转矩相等。如果电动机的额定转矩是 T_N，电动机轴上所带的最大负载

转矩应该也在电动机的额定转矩 T_N 附近变化。假设在图4-24所示曲线中的 A 点，电动机的电磁转矩与负载转矩相等，即都为 T_N，则该点的转矩平衡方程可近似写成

$$T_m = T_N$$

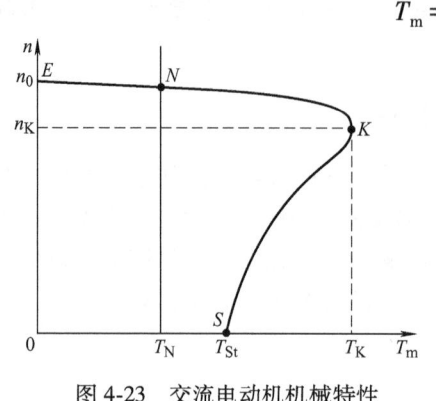

图4-23 交流电动机机械特性

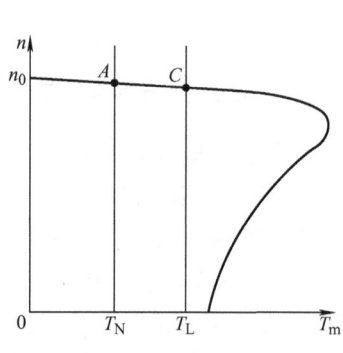

图4-24 交流电动机的稳定运行

（2）电动机工作点的动态调整过程　如果电动机负载波动，使负载转矩增大为 T_L，此时电磁转矩 $T_m = T_N < T_L$，电动机将减速。转速的下降使电动机的电磁转矩 T_m 增大。当 T_m 增大到与 T_L 相等，即到达图4-24所示曲线中的 C 点时，转速不再下降，电动机在新的平衡点稳定运行。其调整过程为：$T_m = T_N < T_L \rightarrow n \downarrow \rightarrow T_m \uparrow \rightarrow T_m = T_L$。

3. 交流电动机的起动和制动

（1）交流电动机的起动　电动机从静止状态一直加速到稳定转速的过程，叫作起动过程。交流电动机的起动电流很大，可以达到额定电流的5~7倍，而起动转矩 T_{St} 却不大，一般 $T_{St} = (1.8~2) T_N$。对于功率较大的电动机，为了减小起动电流，常采用降低电压的方法来起动。

（2）交流电动机的制动　电动机在工作过程中，如果电磁转矩方向和转子的实际旋转方向相反，就称作制动状态。常用的制动方式有再生制动、直流制动和反接制动等。

4.4.2 交流电动机的调速

1. 交流电动机的调速与速度变化

（1）调速　调速是指在负载没有改变的情况下，根据需要人为地强制性地改变交流电动机转速的行为。如图4-25所示，当交流电动机供电电源的频率从50Hz调至40Hz时，电动机的工作点从 Q_1 移至 Q_2，其转速也从1460r/min减小到1168r/min。由此可见，调速时交流电动机转速的变化是从电动机不同的机械

特性上得到的。人们将调速得到的机械特性族称为调速特性。

（2）速度变化　交流电动机在工作过程中，由于负载变化等因素的影响而使转速发生变化。在图4-25中，电动机的初始工作点为Q_1点，对应的电动机转速为1460r/min，电动机的电磁转矩为T_1；当负载变化使负载转矩由T_1减小到T_2时，引起电动机加速，电动机工作点由Q_1点移至Q_1'

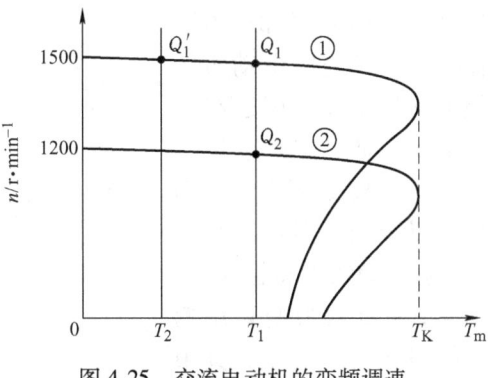

图4-25　交流电动机的变频调速

点，其转速变为1480r/min。此类转速的变化则是由电动机的同一条机械特性所决定的。

2. 交流电动机的调速方法

根据交流电动机的工作原理，可以推导出交流电动机的转速为

$$n = \frac{60f_1(1-s)}{p} \tag{4-16}$$

式中　f_1——电源频率（Hz）；

p——极对数；

s——转差率，$s=(n-n_0)/n_0$；

n_0——旋转磁场转速（r/min）。

从式（4-16）可以看出，有三种方法可以调节交流电动机的转速n，即改变电动机的转差率、改变极对数和改变电源频率。

（1）改变电动机的转差率　根据交流电动机工作原理可知，改变定子电压、转子电阻、转子电压等可以改变电动机的转差率，从而改变电动机转速。以改变定子电压为例，可以采用晶闸管交流调压调速系统。通常的交流调压调速系统采用反并联的晶闸管（或双向晶闸管）电路，使电动机定子获得可控的交流电压，改变晶闸管的导通角即可改变电动机定子的电压，从而改变电动机的转差率，改变电动机转速。由于交流电动机的最大转矩与定子电压的平方成正比，因此降低定子电压会使电动机电磁转矩急剧降低，使电动机带载能力下降，在重载时甚至会停转，并且会引起电动机过热，甚至烧坏，因而采用该方法调速的范围受到限制。

（2）改变极对数调速　由式（4-16）知，电动机转速n与极对数p成反比。但是，电动机极对数p的增加是受到限制的，因此该方法只适合于要求少数几种转速的电动机调速系统。

（3）变频调速　改变定子电源频率可以改变电动机的转速。根据电动机的

机械特性曲线可知，为了保持变频调速时电动机的最大转矩不变，即过载能力不变，应使定子电压 U_1 与 f_1 一起按比例变化，即 U_1/f_1 为常数。图 4-26 所示为变频调速时的特性曲线，图 4-26a 所示为变频调速时的机械特性曲线，其中 f_{1N} 是电动机定子电源额定

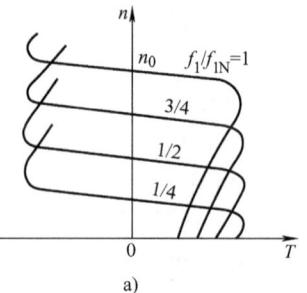
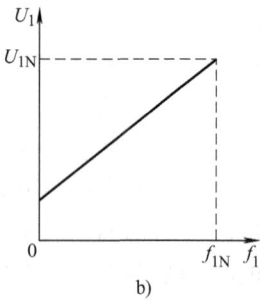

图 4-26 变频调速
a) 机械特性 b) T_K 为常数的 U_1/f_1 关系

频率，f_1 是电动机定子电源实际频率；图 4-26b 所示为保持电动机的最大转矩 T_K 为常数的 U_1/f_1 关系曲线。

变频调速系统实际上是变频变压调速系统。在交流电动机各类调速方法中，变压变频方法效率最高，性能最佳。采用变频变压调速，能获得基本上平行移动的机械特性，并具有较好的控制特性。

随着电力电子技术的发展，各种变压变频交流电动机调速系统正在迅速发展中。

3. 交流电动机的变频调速原理

交流电动机的变频调速系统是交流电动机变压变频调速系统的简称。变频器是变频调速系统中的核心部件，它的任务是将电压幅值和频率均固定不变的交流电压变换成两者均可调的交流电压。

由电动机学可知，交流电动机定子线圈电动势的有效值 E_1 为

$$E_1 = 4.44 k_1 f_1 N_1 \phi_m \tag{4-17}$$

式中　f_1——电源电压频率（Hz）；

N_1——定子线圈匝数；

k_1——线圈系数；

ϕ_m——磁通（Wb）。

若忽略电动机定子阻抗压降，则电动机定子电压 U_1 为

$$U_1 = E_1 = 4.44 k_1 f_1 N_1 \phi_m \tag{4-18}$$

由式（4-18）可知，只要控制 U_1 和 f_1，即在改变频率 f_1 的同时协调地改变电动机定子电压 U_1，就能使 ϕ_m 不变。由于交流电动机需考虑其额定频率（基频）和额定电压的制约，因而需要以基频为界加以分析和区别。

（1）基频以下调速控制　由式（4-18）可知，要保持 ϕ_m 不变，当频率 f_1 从电动机频率的额定值 f_{1N} 向下调节时，必须同时降低 U_1，使 U_1/f_1 = 常数，即采用恒压频比的控制方式。

(2) 基频以上调速控制 在基频以上调速时，频率可以从电动机频率的额定值 f_{1N} 向上调节。但是，电动机定子电压 U_1 一般不能超过额定电压 U_{1N}，否则电动机容易损坏。由式（4-18）可知，如果迫使磁通 ϕ_m 与频率 f_1 成反比地降低，那么就相当于直流电动机弱磁升速的情况了。

4.4.3 变频器的工作原理

交流电动机变频调速系统中，在变频的同时必须协调地改变电动机的端电压，否则电动机将出现过励或欠励。由此可见，用于交流电动机调速中的变频器实际上是变频变压（variable voltage variable frequency，VVVF）。

从结构上看，交流电动机变频器可分为直接变频器和间接变频器两类。直接变频器是将电网交流电源一次变换成电压和频率都可以调节的交流电。直接变频装置也称交-交变频器。间接变频器先将电网的交流电源通过整流器变成直流，然后再经过逆变器将直流变为频率可控的交流电。间接变频器又称有直流环节的变频器，或称交-直-交变频器。目前应用得较多的还是间接变频器。

1. 交-直-交变频器

交-直-交变频器主电路如图 4-27 所示。该电路可以分为整流、逆变和制动三部分。

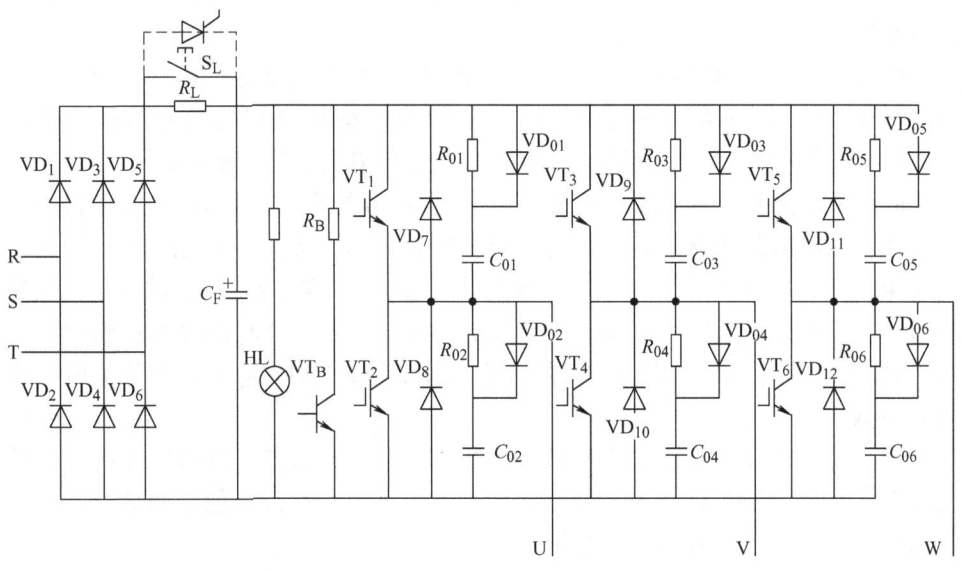

图 4-27 交-直-交变频器主电路

（1）整流部分 整流部分的作用是将普通的交流变成直流。如图 4-27 所示，电路中二极管 $VD_1 \sim VD_6$ 组成的三相整流桥，它们将工频 380V 的交流电整流成直流电，图中的 C_F 是滤波电容。需要指出的是，C_F 是一个大容量的电容器，它是电压型变频器的主要标志。而对电流型变频器来说，滤波的器件是电感。

在电压型变频器的二极管整流电路中，由于在电源接通时，C_F 中将有一个很大的充电电流，该电流有可能烧坏整流管，容量较大时还可能形成对电网的干扰，影响同一电源系统的其他装置正常工作。因此，在电路中加装了由 R_L、S_L 组成的限流回路。开机时，电阻 R_L 串入电路，限制 C_F 的充电电流，充电到一定的程度后，开关 S_L 闭合将 R_L 短接。

（2）逆变部分　逆变部分是变频器的核心部分，其基本作用是将直流变成频率可变的交流。在图 4-27 所示的电路中，由逆变开关器件 $VT_1 \sim VT_6$ 组成了三相逆变桥，功率开关管导通时相当于开关接通，功率开关管截止时相当于开关断开。目前，常用的功率开关器件有 IGBT、GTR、GTO、MOSFET 等。

$VD_7 \sim VD_{12}$ 是续流二极管，其功能有以下几点：

1）由于电动机是一种感性负载，因此在电动机工作时，其无功电流返回直流电源需要 $VD_7 \sim VD_{12}$ 提供通路。

2）降速时，电动机处于再生制动状态，$VD_7 \sim VD_{12}$ 为再生电流提供返回直流的通路。

3）逆变时，功率开关管 $VT_1 \sim VT_6$ 快速高频率地交替切换，同一桥臂的两个管交替地工作在导通和截止状态。在切换过程中，也需要给电路的分布电感提供释放能量的通路。

电阻 $R_{01} \sim R_{06}$、电容 $C_{01} \sim C_{06}$、二极管 $VD_{01} \sim VD_{06}$ 构成缓冲电路。逆变器中的功率开关管 $VT_1 \sim VT_6$ 每次由导通状态切换成截止状态的关断瞬间，集电极（C）和发射极（E）之间的电压 U_{CE} 极快地由 0V 升至直流电压值 U_D，这种过高的电压增长率容易导致开关管损坏。$C_{01} \sim C_{06}$ 的作用就是减小电压增长率，$VT_1 \sim VT_6$ 每次由截止状态切换到导通状态瞬间，$C_{01} \sim C_{06}$ 上所充的电压（等于 U_D）将向 $VT_1 \sim VT_6$ 放电。该放电电流的初始值是很大的，$R_{01} \sim R_{06}$ 的作用就是减小 $C_{01} \sim C_{06}$ 的放电电流，当 $VD_{01} \sim VD_{06}$ 接入后，在 $VT_1 \sim VT_6$ 的关断过程中，使 $R_{01} \sim R_{06}$ 不起作用，而在 $VT_1 \sim VT_6$ 的接通过程中，又迫使 $C_{01} \sim C_{06}$ 的放电电流流经 $R_{01} \sim R_{06}$。

（3）制动部分　变频调速在降速时处于再生制动状态。电动机回馈的能量到达直流电路，会使 U_D 上升，这是很危险的，需要将这部分能量消耗掉。电路中制动电阻 R_B 用于消耗该部分能量。

制动部分由制动电阻 R_B 和大功率晶体管 VT_B（IGBT）及采样、比较和驱动电路构成，其功能是为放电电流流过 R_B 提供通路。

2. 逆变器工作原理

图 4-28 所示为一个对单相负载供电的单向逆变器电路图，图 4-29 所示为单相逆变器的输出波形。

第4章 焊接自动化中的电动机控制技术

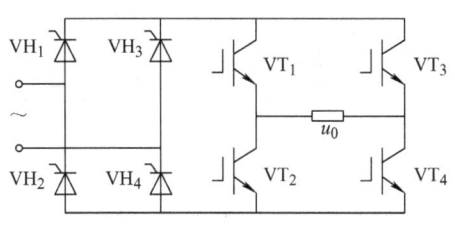

图 4-28 单相逆变器电路图

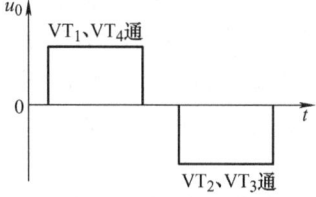

图 4-29 单相逆变器的输出波形

如图 4-28 所示，交-直-交变频器逆变电路由单相桥式可控整流器和四个功率开关器件组成。可控整流装置把交流电变为幅值可变的直流电，功率开关器件 VT_1、VT_4 和 VT_2、VT_3 交替导通对负载供电，那么在负载上得到单相交流输出电压 u_0。u_0 的幅值由晶闸管可控整流装置的触发延迟角 α 决定，u_0 的频率由功率开关器件切换的频率来确定，而且不受电源频率的限制。

在交-直-交变换器中，如果输入为三相交流电，采用三相全控桥整流电路，要获得单相交流输出电压，需要六个晶闸管整流器件和四个逆变开关元件。如果要获得三相交流输出，只需增加两个逆变开关器件。

三相逆变器的工作原理如图 4-30 所示。在图 4-30 中，$S_1 \sim S_6$ 组成了桥式逆变电路，六个开关交替接通、关断，就可以在输出端得到一个相位互相差 $2\pi/3$ 的三相交流电。

当 S_1、S_4 闭合时，u_{U-V} 为正；当 S_3、S_2 闭合时，u_{U-V} 为负。同理，S_3、S_6 同时闭合和 S_5、S_4 同时闭合，得到 u_{V-W}；S_5、S_2 同时闭合和 S_1、S_6 同时闭合，得到 u_{W-U}。u_{U-V}、u_{V-W}、u_{W-U} 波形如图 4-30c

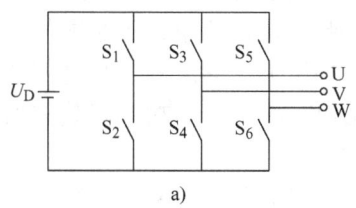

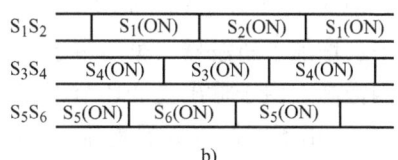

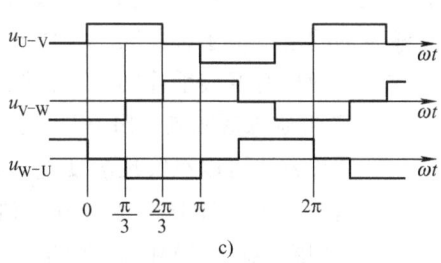

图 4-30 三相逆变器的工作原理
a）逆变原理图 b）开关通断规律 c）波形

所示。由图可见，得到的 u_{U-V}、u_{V-W}、u_{W-U} 三相交流电在相位上依次相差 $2\pi/3$。

从图 4-30 中可以发现以下几点：

1）各桥臂上的开关始终处于交替导通、关断的状态。

2）各相的开关顺序以各相的"首端"为准，互差 $2\pi/3$ 角度，如 S_3 比 S_1 滞后 $2\pi/3$，S_5 比 S_3 滞后 $2\pi/3$。

以上述分析表明，通过六个电子开关的交替工作可以得到一个三相交流电，只要调节开关的通断时间就可调节交流电频率，交流电的幅值可通过 U_D 的大小来调节。

交-直-交变频调速装置的控制方式如下：

1）用可控整流器调压、逆变器调频（见图4-31a）。这种控制方式中，调压和调频分别在两个环节上进行，两者要在控制电路上协调配合。采用这种控制方式的变频器结构简单，控制方便。由于输入环节采用可控整流器，当电压和频率调得很低时，电网端的功率因数较低，输出的谐波较大。

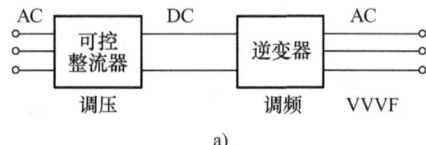
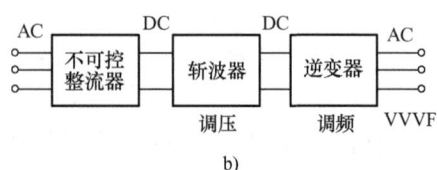
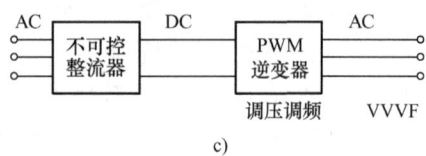

图 4-31　交-直-交变频调速控制方式
a）可控整流方式　b）斩波器调压方式
c）PWM 方式

2）用不可控整流器整流、斩波器调压、逆变器调频（见图 4-31b）。该控制系统中，增加了斩波器，虽然多了一个环节，但采用二极管不可控整流，输入的功率因数高。由于输出逆变环节不变，因此仍有输出谐波较大的问题。

3）用不可控整流器整流、PWM 逆变器同时调压调频（见图 4-31c）。该控制系统，用不可控整流，功率因数高；用 PWM 逆变，产生的谐波可以减小。谐波减少的程度取决于开关频率，而开关频率则受器件开关时间的限制。该种控制方式是当前最有发展前途的一种控制方式。

3. 正弦波脉宽调制（SPWM）原理

有两种方法可以在实现改变电压频率的同时，电压值也同步变化，并且维持 $U_1/f_1=$ 常数，即脉幅调制（PAM）和脉宽调制（PWM）。

1）脉幅调制（PAM）。在调节频率的同时也调节整流后直流电压的幅值 U_D，以此来调节变频器输出交流电压的幅值。由于 PAM 既要控制逆变回路，又要控制整流回路，且要维持 $U_1/f_1=$ 常数，因此这种方法的控制电路复杂，现在已很少采用。

2）脉宽调制（PWM）。它是将输出电压分解成很多的脉冲，调频时，通过控制脉冲宽度和脉冲休止时间来控制输出电压的幅值。它与直流电动机调速系统中的 PWM 控制原理是相同的，即输出电压的平均值与脉冲占空比成正比。

由于变频器的输出是正弦交流电，即输出电压的幅值是按正弦波规律变化，因此在一个周期内的占空比也必须是变化的。也就是说，在正弦波的幅值附近脉宽比取大一些，在正弦波零值附近脉宽比取小一些（见图4-32）。

可以看到，这种脉宽调制的脉冲占空比是按正弦规律变化的，因此这种调制方法被称作正弦波脉宽调制，即SPWM。

直流PWM是用直流调制波与调制信号比较来实现的。SPWM选用正弦波作为调制波，而调制信号（或称载波）常选等腰三角波。图4-33a所示为变频器的主电路，不可控整流器提供恒值直流电压U_D，图中的$VT_1 \sim VT_6$是变频器的六个功率开关器件，每个功率开关器件各由一个续流二极管反并联连接。

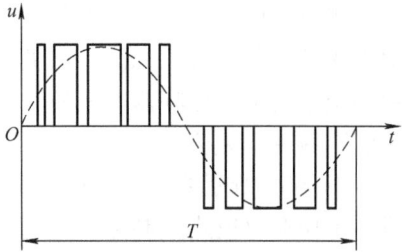

图4-32 SPWM的输出电压

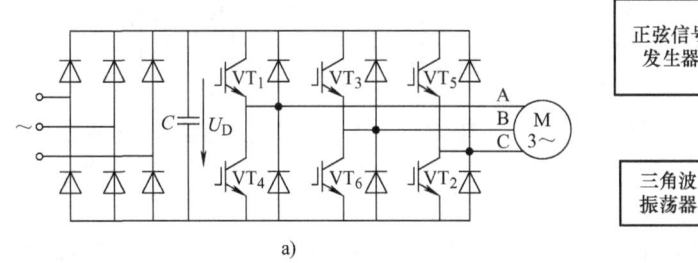

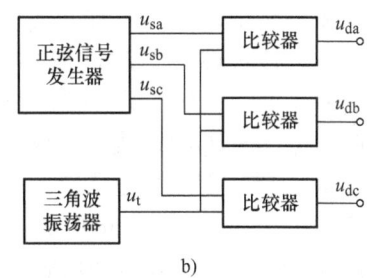

图4-33 SPWM变频器的工作原理
a) 变频器的主电路 b) 变频器的控制原理图

图4-33b所示为变频器的控制原理图。由三相信号发生器输出一组三相对称的正弦波信号u_{sa}、u_{sb}、u_{sc}，其频率和幅值可调，以决定变频器输出的基波频率和电压幅值。三角波振荡器提供三角波调制信号u_t。三角波信号是共用的，分别与每一相正弦波调制电压信号比较后给出"正"或"零"的控制信号，即产生SPWM脉冲序列波u_{da}、u_{db}、u_{dc}作为变频器功率开关器件的驱动控制信号。

图4-34a、b所示为其中一相正弦波半个周期内的调制情况。

变频器的控制方式可以是单极式，也可以是双极式。采用单极式控制时，在正弦波的半个周期内，每一相只有一个开关器件导通或关断。例如，A相的VT_1在比较器输出电压u_{da}的"正""零"两种电平作用下，分别处于导通和关断状态。由于VT_1在正半周内反复通断，变频器的输出端可获得重现u_{da}形状的SPWM相电压u_{AO}，脉冲的幅值为$U_D/2$，脉冲的宽度按正弦规律变化，如图4-34c所示。与此同时，必须有B相VT_6或C相VT_2导通，相应的u_{BO}或者u_{CO}为负电压，即为u_{BO}或者u_{CO}负半周出现，其脉冲的幅值为$-U_D/2$。同理，u_{AO}为负半波时，则由VT_4的通断来实现（此时VT_1必然处于恒截止状态）。其他两相相同，只是相位上分别相差$2\pi/3$。

正弦波信号发生器输出的三相对称正弦波信号 u_{sa}、u_{sb}、u_{sc} 的频率和幅值决定了变频器输出的"正弦波"频率和幅值。

图 4-35 所示为三相 SPWM 变频器工作在双极式控制方式时的输出电压波形。其调制方法与单极式相同，只是功率开关器件通断情况不一样。双极式控制时，变频器同一桥臂上下两个开关器件交替通断，处于互补的工作方式。例如，图 4-35b 中，u_{AO} 是在 $+U_D/2$ 和 $-U_D/2$ 之间跳变的脉冲波形。当 $u_{sa}>u_t$，即 u_{da} 为"正"时，VT_1 导通，$u_{AO}=+U_D/2$；当 $u_{sa}<u_t$，即 u_{da} 为"负"时，VT_4 导通，$u_{AO}=-U_D/2$。同理，图 4-35c 中的 u_{BO} 波

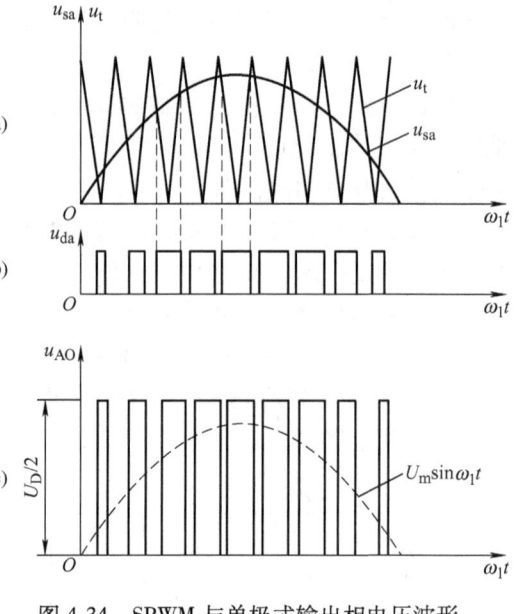

图 4-34　SPWM 与单极式输出相电压波形
a) u_{sa} 与 u_t 波形　b) u_{da} 波形　c) u_{AO} 波形

形是 VT_3、VT_6 交替导通得到的；图 4-35d 中的 u_{CO} 波形是 VT_2、VT_5 交替导通得到的。图 4-35e 中的 u_{AB} 是变频器输出的线电压，是由 $u_{AO}-u_{BO}$ 得到的。u_{AB} 的脉冲幅值为 $+U_D$ 和 $-U_D$。

SPWM 控制是根据三角载波与正弦调制波的交点来确定变频器功率开关器件的开关时刻，可以用模拟电路、数字电路或专用的大规模集成电路芯片等硬件实现，也可以用计算机通过软件实现。

4.4.4　变频器的应用

随着变频交流电动机调速技术的发展，出现了各种型号的变频器。根据电动机功率及应用场合，可以选择不同型号的变频器进行交流电动机的控制。它们在焊接自动化中主要用于焊接辅机具的电动机控制中。

1. 变频器的控制功能

（1）U/f 控制功能　一般的变频器都具有 U/f 控制功能。U/f 控制功能是指通过提高定子电压 U_1 与频率 f_1 比来补偿频率 f_1 下调时引起的电动机转矩下降。

变频器通常都有一系列的 U/f 控制曲线，用户可以根据需要选择 U/f 控制曲线。U/f 控制曲线包括基本 U/f 控制曲线和转矩补偿的 U/f 控制曲线等。基本 U/f 控制曲线是没有进行补偿情况下的电动机定子电压 U_x 和频率 f_x 之间的关系曲线，该曲线一般是一条过零点的直线，即 $f_x=0$ 时 $U_x=0$。转矩补偿的 U/f 控制曲

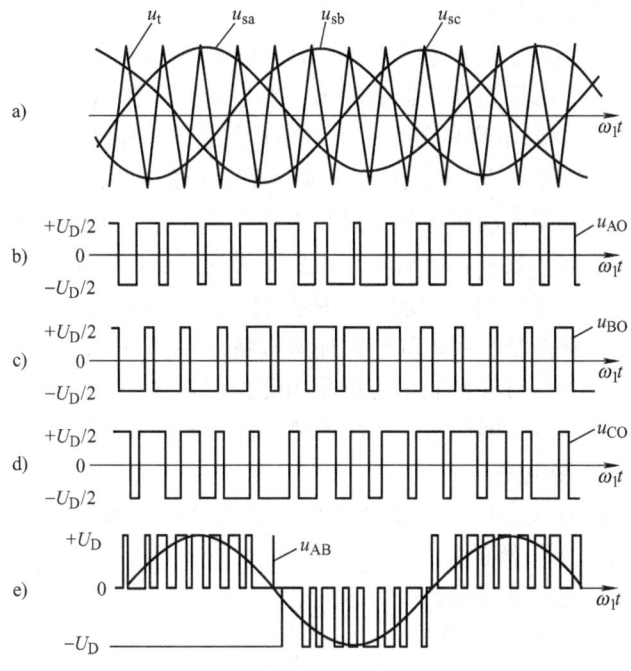

图 4-35 双极式控制方式输出电压波形

a) u_{sa}、u_{sb}、u_{sc}、u_t 波形 b) u_{AO} 波形 c) u_{BO} 波形 d) u_{CO} 波形 e) u_{AB} 波形

线是进行电压补偿后的电动机定子电压 U_x 和频率 f_x 之间的关系曲线，一般用于低速时需要较大转矩的负载情况，该曲线在 $f_x = 0$ 时 $U_x \neq 0$。

（2）矢量控制功能　目前，大多数变频器都具有矢量控制功能。矢量控制就是在交流电动机的调速控制中运用直流电动机调速控制思想，通过一系列电路的转换将变频中的直流控制信号变为三相交流控制信号，去控制变频器的输出。变频中的直流控制信号相当于直流电动机中的励磁电流和转矩电流，也可称为励磁电流分量和转矩电流分量，分别以 i_M、i_T 表示。根据直流电动机控制原理可知，只要控制 i_M、i_T 中的一个就可以控制变频器的交流输出。由此可见，采用矢量控制可使交流电动机的调速接近于直流电动机的调速。

采用矢量控制可以应用电流反馈或速度反馈。电流反馈可以反映负载变化的情况，使 i_T 能够随负载而变化；速度反馈可以反映电动机实际转速与给定转速之间的差异，从而以最快的速度对电动机的转速进行校正。速度反馈传感器一般采用脉冲编码器。现代变频器又在推广无速度传感器矢量控制技术。它不需要在变频器外部设置传感器及反馈环节，而是通过变频器内部的 CPU 对电动机的各种参数，如电动机定子电流、转子电阻等进行测量计算得到一个转速的实际值，将这个实际值与给定转速值进行比较，利用其偏差来调节 i_M、i_T，改变变频器的输出频率和电压,从而实现转速的动态控制。

由此可见,U/f 控制是使变频器按照预先设置的 U/f 关系进行工作,而不能根据负载等变化来实时调整变频器的输出,相当于开环控制。该控制模式一般用于对速度精度控制要求不高的场合,一般的焊接专机可以采用此种控制模式。U/f 控制模式的变频器以其优越的性价比而得到广泛的应用。

矢量控制可以根据电动机在运行过程中的基本参数,通过专用的集成电路的计算得到必要的控制参数来调整 i_M、i_T,从而对变频器的输出频率和电压进行实时调节,因此具有良好的动态性能。该种控制模式的变频器还具有调速范围广、对转矩可以进行精确控制、系统加速性能好等特点,但该系统机构复杂,成本较高。在要求较高的焊接自动控制中可以采用此控制模式。

变频器一般还具有节能运行、PID 控制、自动电压调整等功能。

2. 变频器的外接电路

(1) 变频器的外接主电路 变频器的外接电路是变频器的接线端子和外围设备相连的电路。变频器的接线端子分为主回路端子和控制回路端子。各种变频器主回路端子相差不大,通常用 R、S、T 表示交流电源的输入端,U、V、W 表示变频器的输出端。变频器外接主电路如图 4-36 所示,图中的 Q 是空气断路器,KM 是接触器的主触点,UF 是变频器。

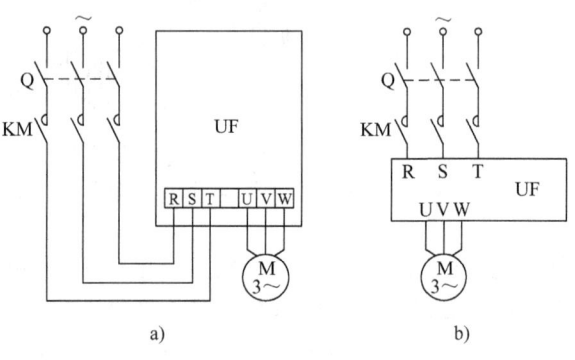

图 4-36 变频器外接主电路
a) 接线图 b) 原理图

(2) 变频器的外接给定电路 不同品牌的变频器控制回路端子差异较大。图 4-37 所示为三菱 FR-A540 变频器的端子接线图。

在变频器中,通过输入端子输入调节频率大小的指令信号称为给定信号。外接给定是指变频器通过信号输入端从外部得到频率的给定信号。

频率给定信号包括数字量给定方式和模拟量给定方式。

采用数字量给定方式时,其频率给定信号为数字量。这种给定方式的频率精度很高,可达给定频率的 0.01% 以内。具体给定方式可以利用变频器面板功能键设定,也可以由上位微机或 PLC 通过专用通信接口进行设定。需要注意的是,不同的变频器采用的通信接口不同,如三菱 FR-A540 系列变频器采用的是 RS-485 接口,如果上位机的通信口为 RS-232C 接口的话,必须加接一个 RS-485 与 RS-232C 的转接器。

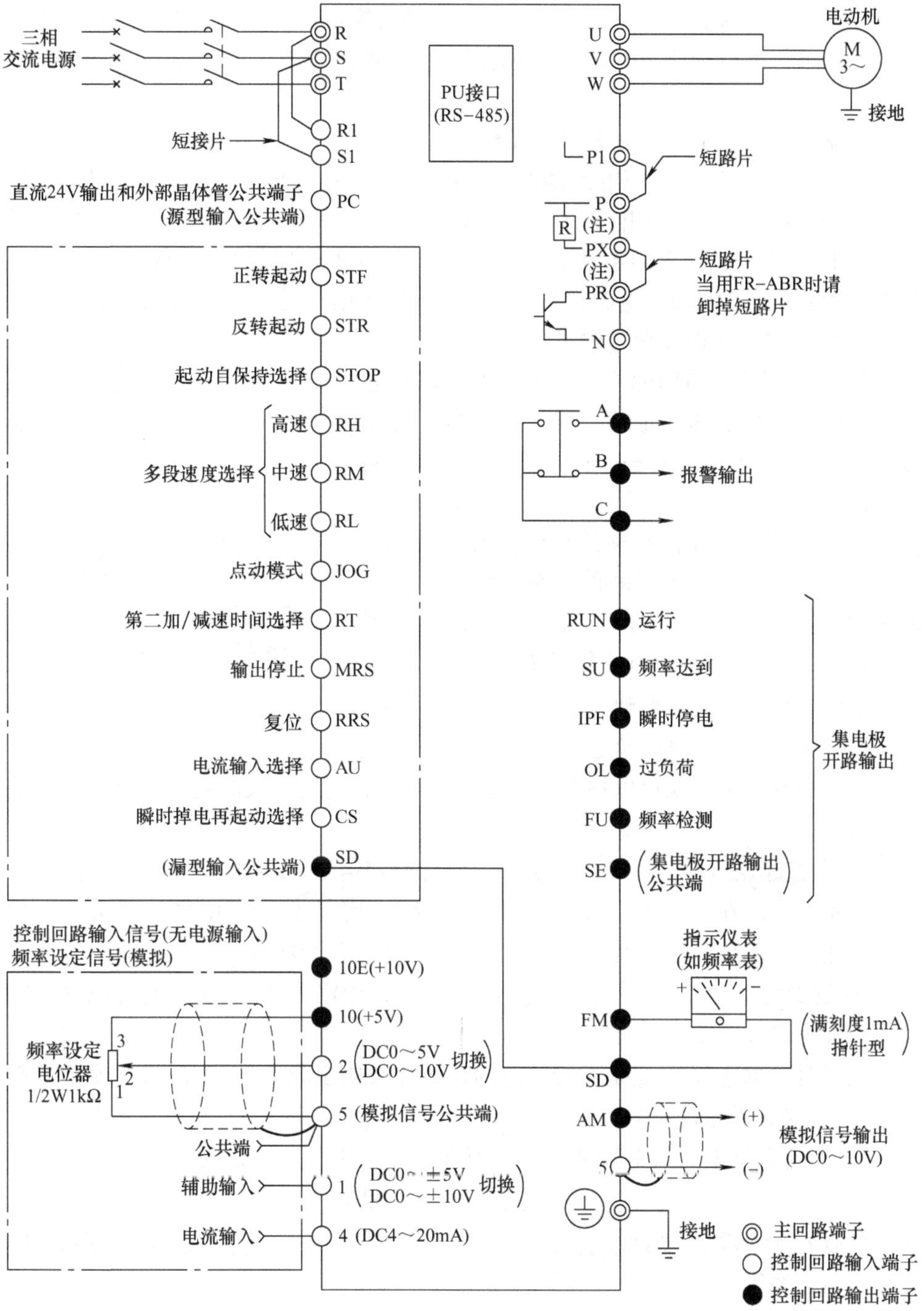

第4章 焊接自动化中的电动机控制技术

图 4-37 三菱 FR-A540 变频器的端子接线图
注：端子 PR、PX 在 0.4~7.5kΩ 规格的产品中才有。

采用模拟量给定方式时,其频率给定信号为模拟量,主要有电压信号、电流信号。当进行模拟量给定时,变频器输出频率的精度略低,为最大频率的±0.2%以内。

常见的模拟量给定方法有以下几种:

1) 电位器给定。采用电位器给定的频率信号为电压信号。电压信号的电源通常由变频器内部的直流电源(5V或10V)提供。频率给定信号由电位器的滑动触点上得到。三菱变频器中,端子"10E"为变频器提供+10V电源;端子"10"为变频器提供+5V电源;端子"5"是输入信号的公共端(通常为公共负端);端子"2"为电压信号输入端。

2) 直接电压(或电流)给定。由外部仪器设备直接向变频器的给定端子输入电压或电流信号,如图4-38所示,这是一个从温度控制器获得电流给定信号的例子。

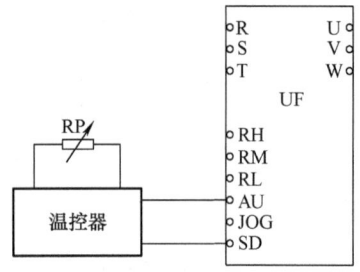

图 4-38 直接电流信号给定

由模拟量进行外接频率给定时,变频器的给定频率f_x与给定信号x之间的关系曲线$f_x=f(x)$,称为频率给定线。这里的给定信号x,既可以是电压信号U_G,也可以是电流信号I_G。

给定信号x从0增大到x_{max}的过程中,给定频率f_x线性地从0增大到f_{max}的频率给定曲线为基本频率给定曲线。

实际频率给定曲线可以根据调速系统的需要,通过曲线的起点和终点设定进行预置:

① 设置起点坐标($x=0$,$f_x=f_{BI}$)。f_{BI}为给定信号。$x=0$时对应的给定频率,称为偏置频率。在三菱FR-A540系列变频器中,给定信号是电压(或电流)信号时,相应偏置频率的功能码是"Pr. 902"(或"Pr. 904")。

② 设置终点坐标($x=x_{max}$,$f_x=f_{xm}$)。f_{xm}为给定信号$x=x_{max}$时对应的给定频率,称为最大给定频率。

预制时,偏置频率f_{BI}是直接设定的,而最大给定频率f_{xm}常常通过预制"频率增益"$G\%$来设定的。

$G\%$的定义是最大给定频率f_{xm}与最大频率f_{max}之比的百分数。

$$G\% = (f_{xm}/f_{max}) \times 100\%$$

如果$G\%>100\%$,则$f_{xm}>f_{max}$,这时的f_{xm}为假想值。当$f_{xm}>f_{max}$时,变频器的实际输出频率等于f_{max}。

在FR-A540系列变频器中,频率增益的功能码是"Pr. 903"(当给定信号为电压信号时)和"Pr. 905"(当给定信号为电流信号时)。

在频率曲线设定时应注意最大频率、最大给定频率与上限频率的区别。最大

频率 f_{max} 和最大给定频率 f_{xm} 都与最大给定信号 x_{max} 相对应，但最大频率 f_{max} 通常是根据基准情况决定的，而最大给定频率 f_{xm} 通常是根据实际情况进行修正的结果。

当 $f_{xm} < f_{max}$ 时，变频器能够输出的最大频率由 f_{xm} 决定，f_{xm} 与 x_{max} 对应。

当 $f_{xm} > f_{max}$ 时，变频器能够输出的最大频率由 f_{max} 决定。

上限频率 f_H 是根据生产需要预置的最大运行频率，它并不和某个确定的给定信号 x 相对应。

当 $f_H < f_{max}$ 时，变频器能够输出的最大频率由 f_H 决定，f_H 并不与 x_{max} 对应。

当 $f_H > f_{max}$ 时，变频器能够输出的最大频率由 f_{max} 决定。

如图 4-39 所示，假设给定信号为 0~10V 的电压信号，最大频率为 $f_{max} = 50Hz$，最大给定频率 $f_{xm} = 52Hz$，上限频率 $f_H = 40Hz$，则可得到如下结果：

1）频率给定线的起点为（0，0），终点为（10，52）。

2）在频率较小（<40Hz）的情况下，频率 f_x 与给定信号 x 之间的对应关系由频率给定曲线决定，如 $x = 5V$ 时，$f_x = 26Hz$。

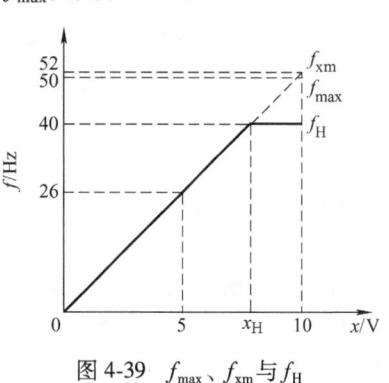

图 4-39 f_{max}、f_{xm} 与 f_H

3）变频器实际输出的最大频率为 40Hz。

下面结合几个实例，来说明频率曲线的设定。

例 4-1 某种传感器的输出信号为 1~5V，直接作为变频器的给定信号，要求相应变频器输出频率为 0~50Hz。

因为变频器要求的电压给定信号是 0~5V，其基本频率给定曲线为图 4-40a 中的曲线①，而实际需要的频率给定曲线为图 4-40a 中的曲线②。由图 4-40a 可知，应预置偏置频率 f_{BI}。根据相似三角形原理：$5:4 = x:50$，于是 $x = 62.5$，所以 $f_{BI} = (62.5 - 50)Hz = 12.5Hz$。

由图 4-40a 可以看到，f_{BI} 在横轴以下，所以取 $f_{BI} = -12.5Hz$。

例 4-2 某变频器采用电位器给定方式，系统要求：当外接电位器旋到底时的最大输出频率为 30Hz。

根据系统要求，作出频率给定曲线，如图 4-40b 所示。由图 4-40b 可知，$f_{xm} = 30Hz$，$f_{max} = 50Hz$。因为所要求的最大频率低于基本频率，所以 $G\% = 60\% < 1$。

例 4-3 某仪器输出电压为 0~5V 时，作为频率给定信号，此时变频器实际频率变化范围为 0~48Hz，如何修正为 0~50Hz。

这种情况发生的原因，往往是测量误差引起的。根据要求，48Hz 是最大给

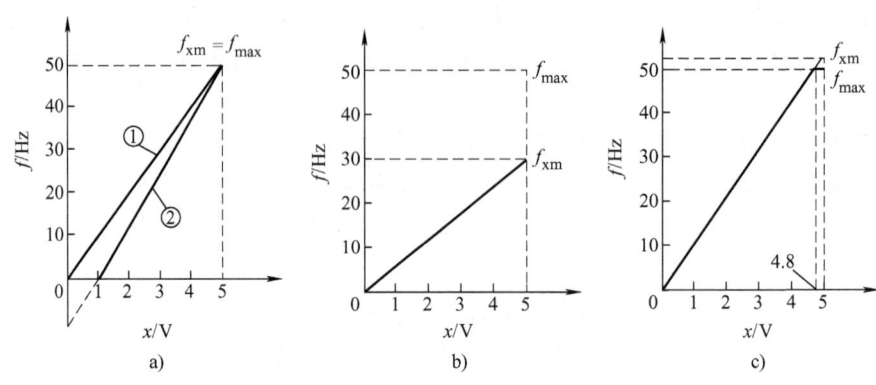

图 4-40 频率给定曲线实例

a）例 4-1 频率给定曲线　b）例 4-2 频率给定曲线　c）例 4-3 频率给定曲线

定信号 5V 实际对应的输出频率，因而 f_{max} = 48Hz；50Hz 是经过修正后 5V 对应的输出频率，所以 f_{xm} = 50Hz。

从另一方面来说，也可以理解为仪器输出电压的 5V 与变频器内部的 5V 不相吻合。根据上述情况作出的频率给定曲线如图 4-40c 所示。由图 4-40c 可知，仪器输出的 5V 比变频器的 5V 小，只相当于变频器内部电源的 4.8V。也就是说，要求变频器在给定电压为 4.8V 时输出频率为 50Hz。由此求出 $G\%$ = 104.2%。

3. 变频器的外接控制电路

变频器由外接的控制电路来控制其运行的工作方式，称为外控运行方式，或称为"远控方式"。在需要进行外控运行时，变频器必须事先将运行模式预置为外部运行。在三菱 FR-A540 变频器中，将 Pr.79 功能预置为 "2"。

（1）正、反转控制　可以采用旋钮开关或者继电器进行交流电动机的正反转控制。

1）采用三位旋钮开关控制的正、反转电路如图 4-41 所示，图中的接触器 KM 仅用于为变频器接通电源。在 "STF" "STR" 和 "SD" 之间接入三位旋钮开关 SA。SA 的三个位置分别为"正转""停止""反转"。电动机的起动和停止也由 SA 来控制。当 "STF" 与 "SD" 通过 SA 接通时，电动机"正转"；当 "STR" 与 "SD" 通过 SA 接通时，电动机"反转"。

图 4-41b 中的 PS 是指三菱变频器的报警输出接点 B、C（见图 4-41a）。变频器工作正常时，B、C（PS）闭合，保证变频器接通；变频器工作故障时，B、C（PS）断开，使变频器断电，同时 A、C 闭合，输出报警信号。

按钮 SB_3 则用于在排除故障后使变频器复位。

该电路中由于在 KM 与 SA 之间无互锁环节，难以防止先合上 SA 再接通 KM，或在 SA 尚未断开、电动机未停机的情况下通过 KM 切断电源的误动作。

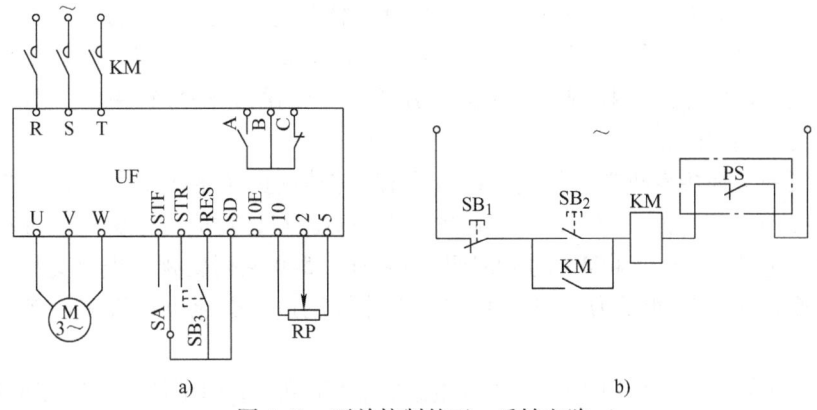

图 4-41 开关控制的正、反转电路
a) 主电路　b) 控制电路

2) 采用继电器控制的正、反转电路如图 4-42 所示。按钮 SB_2、SB_1 用于控制接触器 KM，从而控制变频器接通或切断电源。按钮 SB_4、SB_3 用于控制正转继电器 KA_1，从而控制电动机的正转运行和停止。按钮 SB_5、SB_3 用于控制反转继电器 KA_2，从而控制电动机的反转运行和停止。

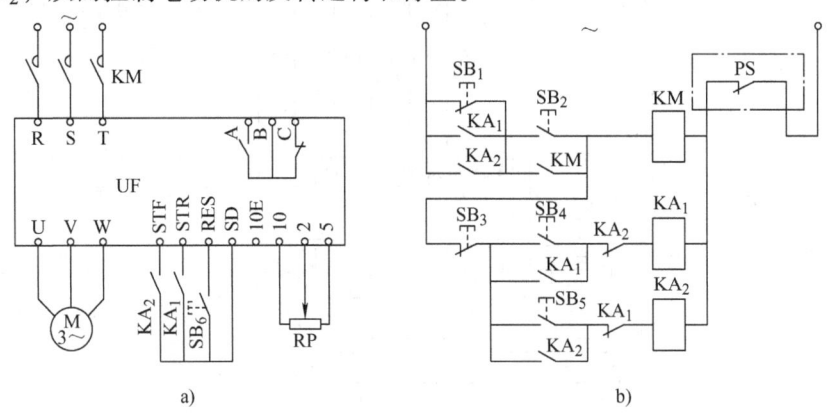

图 4-42 继电器控制的正、反转电路
a) 主电路　b) 控制电路

由图 4-42 可知，电动机的起动与停止是由继电器 KA_1 或 KA_2 来完成的。在接触器 KM 未吸合前，继电器 KA_1、KA_2 是不能接通的，从而防止了先接通 KA_1 或 KA_2 的误动作。而当 KA_1 或 KA_2 接通时，其常开触点使常闭按钮 SB_1 失去作用，只有先按下电动机停止按钮 SB_3，在 KA_1、KA_2 失电后，SB_1 才具有了切断 KM 的功能，从而保证了只有在电动机先停机的情况下，才能使变频器切断电源。

（2）多档转速的控制　采用变频器可以进行多档转速的自动变换控制。几乎所有的变频器都具有多档转速转换的功能。各档转速间的转换是由外接开关的通断组合来实现的,三个输入端子可切换8档转速(包括0速)。对三菱FR-A540系列变频器来说,三个输入端分别是RL、RM、RH。外接开关对于每档转速常常只有一对触点来控制。也可以采用PLC控制的方法来解决由一对触点控制多个控制端的问题。

假设一个焊接专机在焊接过程中需要有8档转速(0档转速为0)切换,由转换开关的8个位置来控制,每个位置只有一对触点,对应一个转速。现在选择三菱公司生产的FX_{ON}-40MR的PLC和三菱FR-A540系列变频器进行交流电动机多档转速。图4-43所示为采用PLC与变频器控制进行交流电动机多档转速切换的电路图。

在图4-43中,SA_1用于控制PLC的运行;SB_1和SB_2用于控制变频器的通电;SB_3和SB_4用于控制变频器的运行;SB_5用于变频器的复位;SA_2是用于控制8档转速的切换开关(见图4-43)。

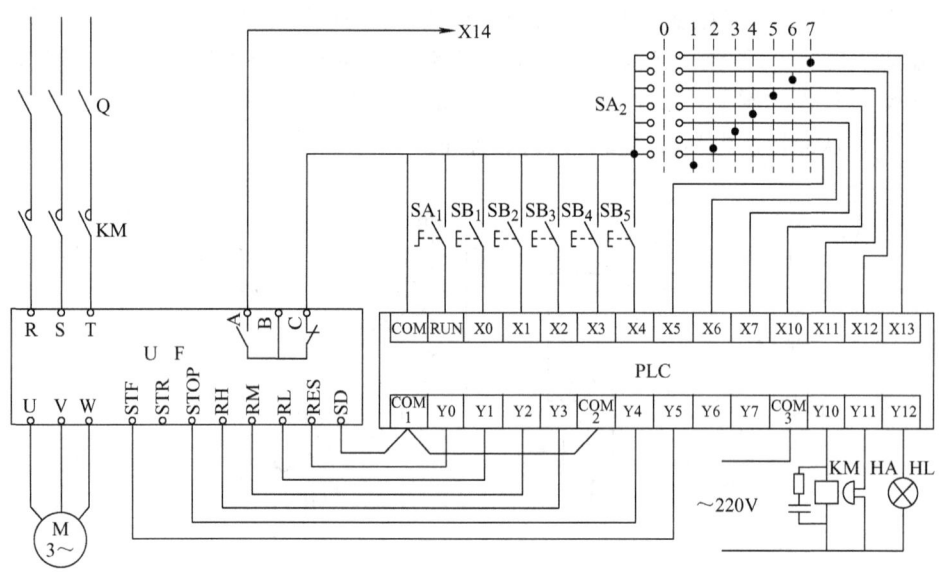

图4-43 多档转速控制电路图

在使用变频器前,首先进行功能预置,主要是预置与各档转速对应的频率。假设预置如下:

Pr.4——第1工作频率f_{x1} = 15Hz。

Pr.5——第2工作频率f_{x2} = 30Hz。

Pr.6——第3工作频率f_{x3} = 40Hz。

Pr.24——第4工作频率f_{x4} = 50Hz。

Pr.25——第5工作频率f_{x5} = 35Hz。

Pr.26——第6工作频率f_{x6} = 25Hz。

Pr.27——第7工作频率f_{x7} = 10Hz。

PLC 控制的梯形图如图 4-44 所示,其控制原理如下:

1) 变频器的通电控制（A 行）。按下 SB_1→X000 动作→Y010 动作→接触器 KM 通电动作→变频器接通电源。

按下 SB_2→X001 动作→X001 动断触点断开→Y010 释放→接触器 KM 断电→切断变频器电源。

2) 变频器的运行控制（B 段）。由于 X003 未动作,其动断触点处于闭合状态,故 Y004 动作,使 STOP 端与 SD 接通。由于变频器的 STOP 端接通,可以选择起动信号自保持,所以正转运行端（STF）具有自锁功能。

按下 SB_3→X002 动作→Y005 动作→STF 工作并自锁→系统开始加速并运行。

按下 SB_4→X003 动作→Y004 释放→STF 自锁失效→系统开始减速并停止。

3) 多档转速控制（C 段）。SA_2 旋至"1"位→X005动作→Y003 动作→变频器的 RH 端接通→系统以第 1 速运行。

SA_2 旋至"2"位→X006 动作→Y002 动作→变频器的 RM 端接通→系统以第 2 速运行。

SA_2 旋至"3"位→X007 动作→Y001 动作→变频器的 RL 端接通→系统以第 3 速运行。

SA_2 旋至"4"位→X010 动作→Y001 和 Y002 动作→变频器的 RL 端和 RM 端接通→系统以第 4 速运行。

SA_2 旋至"5"位→X011 动作→Y001 和 Y003 动作→变频器的 RL 端和 RH 端接通→系统以第 5 速运行。

SA_2 旋至"6"位→X012 动作→Y002 和 Y003 动作→变频器的 RM 端和 RH 端接通→系统以第 6 速运行。

SA_2 旋至"7"位→X013 动作→Y001、Y002 和 Y003 都动作→变频器的 RL 端、RM 端和 RH 端都接通→系统以第 7 速运行。

4) 变频器报警（E 段）。当变频器报警时,变频器的报警输出 A 和 C 接通→X014动作:一方面,Y010 释放（A 行）→接触器 KM 断电→切断变频器电

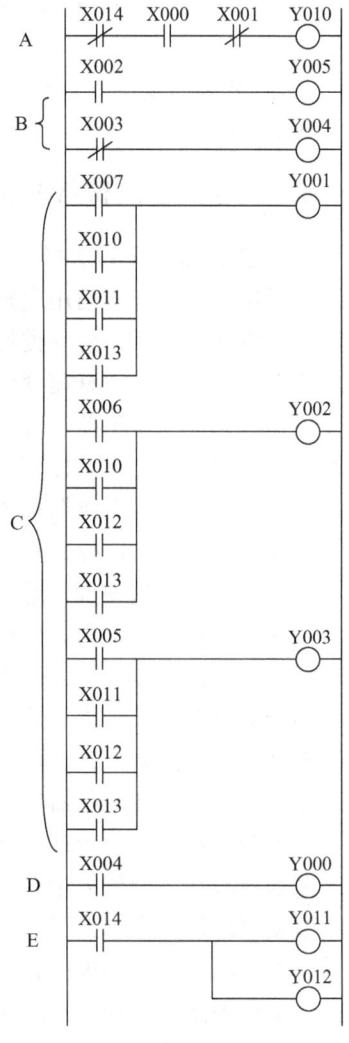

图 4-44 多档转速控制的梯形图

源；另一方面，Y011 和 Y012 动作→蜂鸣器 HA 发声，指示灯 HL 亮，进行声光报警。

5）变频器复位（D 行）。当变频器的故障已经排除，可以重新运行时，按下 SB_5→X004 动作→Y000 动作→变频器的 RES 端接通→变频器复位。

4.4.5 变频器的选择与使用

1. 变频器类型的选择

根据控制功能将通用变频器分为两种类型：一类是适用于一般负载的普通功能 U/f 控制变频器；另一类是适用于高精度控制的高性能通用变频器。高性能通用变频器又可以分为有速度传感器的矢量控制变频器、无速度传感器的矢量控制变频器和无速度传感器的直接具有转矩控制功能的 U/f 控制变频器。第一种高性能变频器控制精度高且性能好，但价格昂贵；第二、第三种高性能变频器控制精度和性能一般，但变频器系统简单，价格适中。

变频器类型的选择，要根据负载及控制要求来进行。如果低速下负载转矩较小，控制精度要求一般，通常可以选择普通功能型变频器。

对于恒转矩类负载，如传送带、焊枪或焊接工件平移机构、自动立焊机的焊接机头提升机构等，可以采用高性能型变频器实现恒转矩负载的调速运行。此类变频器具有低速转矩大、静态机械特性硬度大、不怕冲击负载等特点，控制效果比较理想。除此之外，也可以采用普通功能型变频器。为了实现恒转矩调速，常采用加大电动机和变频器容量的办法，以提高低速转矩。

恒转矩负载下的传动电动机，如果采用通用标准电动机，则应考虑低速下的强迫通风冷却。如果采用变频专用电动机则不需要考虑此问题，这是因为变频专用电动机的设计中加强了绝缘等级并考虑了低速强迫通风。

对于动态性能要求较高的焊接自动化机械，原来大多采用直流传动方式。目前，矢量控制型变频器已经通用化，加之笼型异步电动机具有坚固耐用、不用维护、价格便宜等优点，采用矢量控制高性能型通用变频器是一种很好的方案。

2. 变频器容量的计算

在变频器选择中，还需要选择变频器的容量。变频器的容量选择需要根据电动机工作情况、负载情况等进行计算。下面介绍连续恒载运转时所需变频器容量的计算，其计算公式为

$$P_{CN} \geq \frac{kP_M}{\eta\cos\varphi} \tag{4-19}$$

$$P_{CN} \geq \sqrt{3}\,kU_M I_M \times 10^{-3} \tag{4-20}$$

$$I_{CN} \geq kI_M \tag{4-21}$$

式中　P_M——负载所要求的电动机轴的输出功率（kV·A）；

η——电动机的效率，通常 $\eta \approx 0.85$；

$\cos\varphi$——电动机的功率因数，通常 $\cos\varphi \approx 0.75$；

U_M——电动机电压（V）；

I_M——电动机电流（A），工频电源时的电流；

k——电流波形的修正系数，PWM 方式时取 1.0~1.05；

P_{CN}——变频器的额定容量（kV·A）；

I_{CN}——变频器的额定电流（A）。

变频器与异步电动机组成不同的调速系统时，变频器容量的计算方法也不同。上述计算适用于单台变频器为单台电动机供电连续运行的情况。式(4-19)、式(4-20)和式(4-21)三者是统一的，选择变频器容量时应同时满足三个公式的关系，尤其变频器电流是一个较关键的量。

3. 使用变频器的注意事项

变频器必须根据有关要求进行安装。在安装使用中应注意以下几点：

1）在变频器接线中要采取必要的措施减少噪声的影响。例如，选用在输出侧最大电流时的电压降为额定电压 2%以下的电缆尺寸；弱电控制线距离电力电源线至少 100mm 以上；控制回路的配线应该采用屏蔽双绞线；连接地线不仅可以防止触电，而且可以抑制噪声。

2）虽然变频器有很多优点，但也可能引起一些问题，如产生高次谐波对电源的干扰、功率因数降低、无线电干扰、噪声、振动等。为了避免这些问题发生，必须在变频器的主电路中安装适当的电抗器。图 4-45 所示为变频器的电抗器选择连接图。

3）在变频器中使用电力晶体管或 IGBT 高速开关可能引起噪声，对附近 10MHz 以下频率的无线电测量及控制设备等无线电波产生影响，必要时选用无线电干扰（RFI）抑制电抗器，能降低这类噪声。

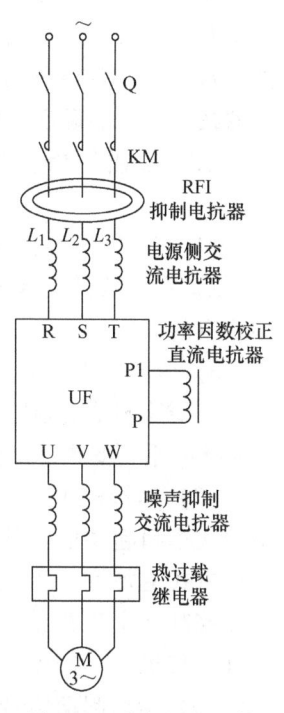

图 4-45 变频器的电抗器选择连接图

4）图 4-45 所示的电抗器中以电源侧交流电抗器最为重要。当电源容量大（即电源阻抗小）时，会使输入电流的高次谐波增高，使整流二极管或电解电容器的损耗增大而发生故障。为了减小外部干扰，在电源变压器容量为 500kV·A 以上，并且是变频器额定容量的 10 倍以上时，要连接变频器选购件电源侧交流电抗器（也称为电源协调用电抗器）。

5）功率因数校正直流电抗器用于校正功率因数，校正后的功率因数为 0.9~0.95。一般大于 75kW 的变频器都有匹配的可选标准件直流电抗器。

6）由变频器驱动的电动机的振动和噪声比用常规电网驱动的要大，这是因为变频器输出的谐波增加了电动机的振动和噪声。如在变频器和电动机之间加入降低噪声用电抗器，则具有缓和金属音质的效果，噪声可降低 5dB（A）左右。

4. 变频器的使用步骤

在变频器-电动机等组成的电力拖动系统安装完成后，其系统就要投入运行。在变频器应用中一般需要进行下列工作。

（1）参数预置　变频器运行时的基本参数和功能参数是通过功能预置得到的。基本参数是指变频器运行所必须具有的参数，主要包括转矩补偿，上、下限频率，基本频率，加、减速时间，电子热保护等。大多数变频器在其功能码表中都列有基本功能一栏，其中就包括了这些基本参数。功能参数是根据选用的功能而需要预置的参数，如 PID 调节的功能参数等。如果不预置参数，变频器按出厂时的设定选取，请参阅变频器的使用说明书。

功能参数的预置过程，总结起来大致有下面几个步骤：

1）查功能码表，找出需要预置参数的功能码。

2）在参数设定模式（编程模式）下，读出该功能码中原有的数据。

3）修改数据，写入新数据。

三菱等多数变频器的功能预置均采用此种方法。三菱 FR-A540 系列变频器功能预置流程如图 4-46 所示。

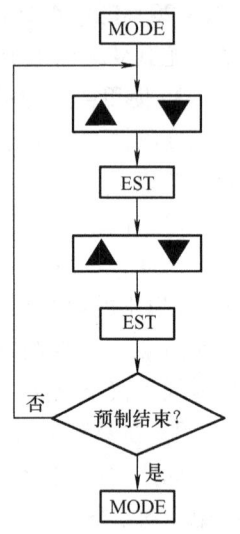

图 4-46　三菱 FR-A540 系列变频器功能预置流程

（2）运行模式的选择　运行模式是指变频器运行时，给定频率和起动信号从哪里给出。根据给出地方的不同，运行方式主要可分为面板操作、外部操作（端子操作）、通信控制（上位机给定）。采用通信控制方式，其给定信号来自变频器的控制机（上位机），如 PLC、单片机、PC 等。

（3）给出起动信号　经过以上两步，变频器已做好了运行的准备，只要起动信号一到，变频器就可按照预置的参数运转了。

4.5　伺服电动机控制技术

随着焊接自动化系统的广泛应用，焊接制造精细化要求不断提升，导致焊接自动化的控制要求越来越高，因此伺服电动机在焊接自动化系统，特别是在机器人焊接系统中的应用越来越普遍。

4.5.1 伺服电动机

1. 伺服电动机的概念

"伺服"是外来语,最初的意思是仆人按照主人的指示行事,并且忠实而快速地工作。现在被用于自动控制系统,其含义是指系统被控对象的输出量能够跟随系统输入量的任意变化而变化,相应的系统被称为"伺服系统"。

伺服电动机是用于伺服系统的专用电动机,它能够快速响应控制信号,按照控制信号的要求而动作,即在控制信号到来之前,电动机处于静止状态;控制信号一旦到来,电动机则按照控制信号进行旋转;控制信号消失,电动机能够立即自行停转。

与普通电动机不同,伺服电动机装有用于电动机输出轴位置检测的传感器,其中最常用的是光电编码器,可以是绝对编码器,也可以是增量编码器。伺服电动机通常只需要配一个编码器,内置于电动机后端(见图4-47),用于电动机转子位置和转速的检测,从而获得电动机输出轴位置和转速信息。

伺服电动机可以通过输入给定电压信号(即控制信号)控制电动机轴上的角位移或角速度输出。在自动化系统中常作为执行元件,亦称执行电动机,主要用于控制精准位置、速度或力矩输出的领域,如机器人焊接、焊接生产线等。

2. 伺服电动机系统的组成

伺服电动机实质上是一套伺服系统,通常由伺服电动机、传感器、伺服驱动器等组成。图4-48所示为伺服电动机与伺服驱动器。

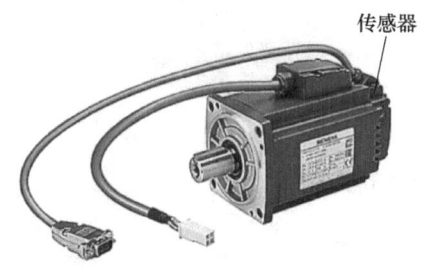

图 4-47 伺服电动机与传感器

图 4-48 伺服电动机与伺服驱动器

伺服驱动器又称"伺服放大器""伺服控制器",是用来控制伺服电动机运动与驱动装置,其作用类似于控制普通交流电动机运动的变频器。伺服驱动器主要包括功率变换电路、控制电路、驱动电路三部分。功率变换电路主要是根据控制电路的指令,将供电网络的工频交流电转换为电动机所需要的直流电或交流电,一般采用逆变器。控制电路主要包括控制信号的输入装置、运算电路、检测信号处理电路、控制信号输出电路等,控制电路是伺服电动机控制的核心部分,大多数伺服驱动器均采用数字信号处理器（DSP）作为控制电路的核心，从而可以应用比较复杂的控制算法，精准控制电动机输出轴的旋转位置和速度。通过输入装置设定的给定信号（输入信号）决定了伺服电动机的运动幅度和状态，给定信号可以是模拟信号，也可以是数字信号。驱动电路主要是将控制电路输出的控制信号进行功率放大，对功率变换电路中功率半导体开关器件进行驱动，得到所需要的电源电压或电流。也有人将驱动电路放到控制电路或功率变换电路中进行分析或研究。

图 4-49 所示为伺服电动机控制原理图。根据电动机输出轴位置、速度和转矩的控制要求，通过输入装置设定给定信号；给定信号通过控制器的运算得到控制信号并输送到驱动电路，将驱动信号进行功率放大，驱动功率变换电路（逆变器）中的功率半导体开关器件，提供给伺服电动机所需要的电源，使伺服电动机按照特定的规律运转。同时，伺服电动机内置编码器的检测信号反馈给控制器，控制器将反馈信号与给定信号进行比较、运算，实时调整电动机输出轴位置、转速和转矩的控制信号，对伺服电动机进行控制。以此过程循环进行，从而实现伺服电动机旋转的闭环控制。由此可见，伺服电动机是一个闭环系统，伺服电动机的输出轴可以达到普通电动机不具备的特定角度、位置和速度。

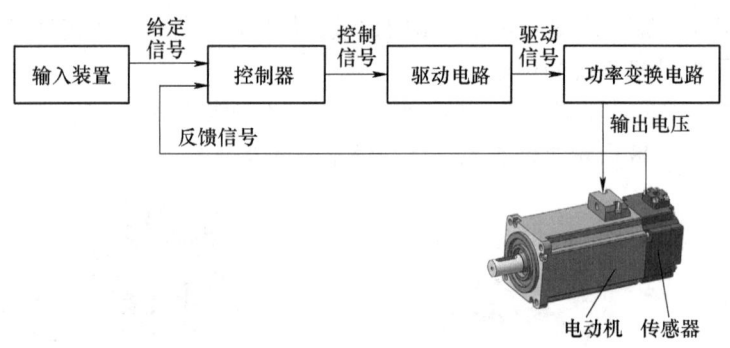

图 4-49　伺服电动机控制原理图

3. 伺服电动机的特点

1）可控性好。伺服电动机运动状态受控于控制信号。只要施加控制信号，伺服电动机的起动转矩大，能够立即起动旋转；一旦失去控制信号，正常旋转的伺服电动机将立即停止旋转，不会出现"自转"现象。伺服电动机输出轴的转向和转速可以由控制信号进行控制。

2）调速范围宽。通过调节给定信号，可以在很宽的范围内连续调节伺服电动机的转速。

3）响应速度快。伺服电动机能够迅速响应控制信号，实现快速起动、加速和减速，快速调整电动机的转速和位置，适用于需要快速动作和频繁变化速度的焊接自动化系统。

4）控制精度高。伺服电动机是一个闭环系统，能够精确控制电动机输出轴的位置、速度和加速度，其位置控制精度可达到 0.001mm，适用于对精度位置和运动控制要求高的焊接自动化系统。

5）超载能力强。伺服电动机具有较高的功率密度和过载能力，能够在短时间内承受较大的负载冲击，适用于需要瞬间爆发力或承受暂时超负载运行的场合。

6）体积小、功率大。伺服电动机能够在小型化设备中提供大的输出功率，适用于对体积有要求的焊接自动化装备应用场景。

7）应用广泛。伺服电动机具有可编程控制、多功能性等特点，可以广泛应用于各种焊接自动化系统中。

总的来说，伺服电动机具有高精度、快速响应、宽广适应能力和强超载能力等特点，适用于精度要求高、速度响应要求快和承受负载冲击大的焊接自动化系统，是现代焊接自动化领域不可或缺的重要组成部分。

4. 伺服电动机分类

伺服电动机可分为交流伺服电动机和直流伺服电动机；也可分为有刷和无刷伺服电动机；又可分为同步和异步伺服电动机。

交流、直流伺服电动机与普通的交流、直流电动机的基本结构、速度控制原理基本相同。直流伺服电动机的转速与电枢绕组的电压成正比，因此主要是通过控制电枢绕组供电电源的电压来控制电动机的转速；交流伺服电动机的转速与供电电源频率、幅值相关，因此主要是通过控制电动机供电电源电压频率、幅值来控制电动机的转速。与直流伺服电动机相比，交流伺服电动机可以承受更大的电流，在焊接制造等工业领域应用更为普遍。

有刷和无刷伺服电动机分别采用有刷的机械换向装置与无刷的电子换向装置。有刷伺服电动机结构简单、成本低、操作简单、控制容易，调速范围宽，但需要日常维护（更换电刷等），经常用于低成本焊接自动化系统中。无刷伺服电动机通过使用编码器或霍尔效应传感器实现换向的电子方式取代物理电刷和换向器，无刷伺服电动机设计更可靠、效率更高、噪声更小，且体积小、重量轻、惯量小、响应快、速度高、免维护，适用于要求转动惯量小、起动和停止响应迅速的焊接自动化系统。

交流伺服电动机是无刷伺服电动机，又分为同步或异步伺服电动机。同步伺服电动机是指电动机转子以与定子旋转磁场相同的速度旋转；而异步伺服电动机则是指电动机转子以与定子旋转磁场不同的速度旋转，转子转速要慢于定子旋转磁场。

4.5.2 伺服电动机控制原理

1. 直流伺服电动机控制原理

直流伺服电动机的基本结构与普通直流电动机基本相同，按励磁方式可分为电磁式和永磁式两种。电磁式直流伺服电动机的磁场由励磁绕组产生，一般采用他励式；永磁式直流伺服电动机的磁场由永磁铁产生，无需励磁绕组，可减小电动机的体积和损耗。

图4-50所示为电磁式直流伺服电动机的工作原理。该直流伺服电动机采用他励式励磁，电动机的励磁绕组和电枢绕组分别安装在电动机的定子和转子上，通过不同的直流电源给励磁绕组、电枢绕组供电。直流电 U_e 作用在励磁绕组上，产生电动机的恒定磁场；直流电 U_a 施加到电枢绕组上，当电流通过电枢绕组时，会产生一个与电动机恒定磁场方向垂直的电磁力矩，使转子转动。转子转动

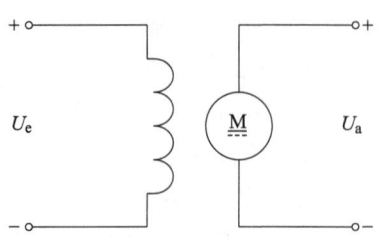

图4-50 电磁式直流伺服电动机的工作原理

时，电枢绕组中的电流方向会随之改变，以保持与磁场方向垂直，从而使电磁力矩持续存在，并推动转子持续转动。当励磁绕组与电枢绕组中的任意一个绕组断电，都会使电动机立即停转。一般采用控制电枢绕组的通电状态来控制伺服电动机的转动状态。

与普通直流电动机速度调节方法相同，改变电枢绕组电压或励磁绕组电压（流）都可以调节电动机的转速，因此有电枢控制和磁场控制两种调速方式。由于磁场控制调速方式的性能不如电枢控制调速方式，故一般都采用电枢绕组电压控制调速方式，而永磁式直流伺服电动机只有电枢绕组电压控制调速一种方式。

图4-51所示为直流伺服机电系统示意图。该伺服系统主要由直流伺服电动机、编码器、伺服驱动器，以及丝杠与滑台的机械组件等组成。伺服驱动器中的控制电路主要由控制信号的输入装置、控制器、驱动电路与功率变换电路组成。直流伺服电动机的输出轴直接与丝杠连接，也可以通过减速机连接丝杠。直流伺服电动机的转速取决于施加电动机电枢绕组上电压的大小。为了控制电动机转速，将控制信号输入装置设定的给定电压作为控制信号的一部分，输入控制器的误差放大器中，产生所需电动机转速的电压信号，经过功率放大与驱动电路对控制电压信号进行功率放大，控制伺服驱动器中功率变换电路的功率半导体器件的工作状态，得到所需要的电源电压并施加到电动机电枢绕组上，使电动机按照给定电压信号对应的转速进行旋转。

第4章 焊接自动化中的电动机控制技术

伺服电动机内置的编码器可以检测到与电动机输出轴位置角度相对应的脉冲信号，通过信号处理可以将其转化为电压信号，该信号就是电动机运动的反馈信号。将反馈信号引入控制器的误差放大器输入端，误差放大器将反馈电压信号与给定电压信号进行比较，得到误差电压，该误差电压就是电动机的控制信号。经过伺服驱动器控制施加到电动机电枢绕组上的电压大小，从而可以控制电动机的转速。误差电压增大，施加到电动机电枢绕组上的电压也会增大，电动机转速增加；反之，电动机转速减小。

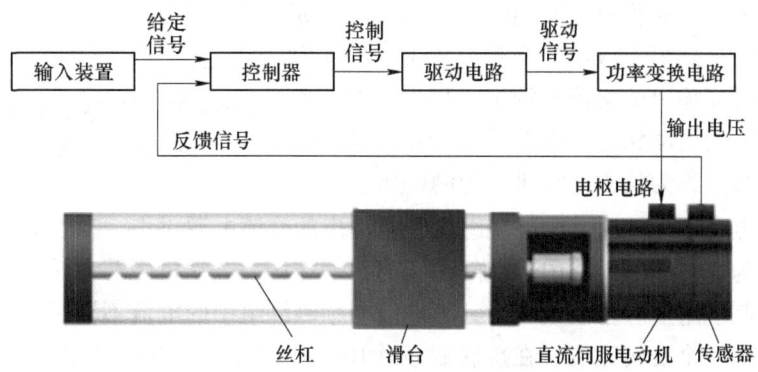

图 4-51 直流伺服机电系统示意图

图 4-52 所示为直流伺服电动机控制原理的方块图。其中，控制器包含误差放大器、信号转换与处理电路、各种控制运算电路等，伺服驱动器包含驱动电路与功率变换电路等。

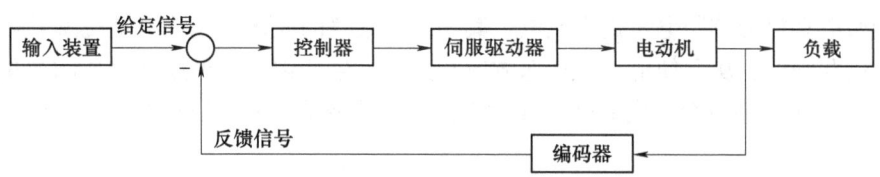

图 4-52 直流伺服电动机控制原理的方块图

采用数字控制技术可以实现更精确的直流伺服电动机运动控制。当伺服电动机接收到一个给定脉冲信号就会旋转一个脉冲对应的角度，从而实现位置的移动。如果脉冲信号不间断，电动机就会一直旋转。改变给定脉冲频率，可以调节电动机的转速。因为伺服电动机内置的编码器可以根据位置发出脉冲信号，所以伺服电动机每旋转一个角度，都会发出与之对应数量的脉冲，与接收到的给定脉冲信号形成呼应。由此可知，伺服系统能够准确记录接收和发出的脉冲数量，从而能够精准地控制伺服电动机的转动，实现精准的定位。

直流伺服电动机的控制一般采用 PWM 控制技术，可以采用 PLC、DSP 或其他的数字伺服控制器对直流伺服电动机进行控制。

2. 交流伺服电动机控制原理

交流伺服电动机分为单相和三相交流伺服电动机。单相交流异步伺服电动机与普通的单相交流异步电动机相似。图4-53所示为单相交流异步伺服电动机工作原理图，图中f为励磁绕组，c为控制绕组，励磁绕组与控制绕组都安装在电动机定子上，但它们在空间相差90°电角度。励磁绕组往往接到恒定输出的交流电源上，而控制绕组接到可变输出的交流电源上，用以控制交流伺服电动机的运动状态，因此控制绕组上的交流电源电压可以称为伺服电动机的控制电压。

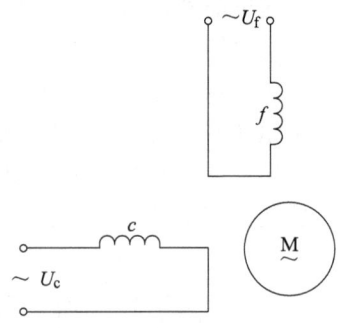

图4-53 单相交流异步伺服电动机工作原理图

伺服电动机运转时，励磁绕组由恒定输出的交流电源供电。当控制绕组上的控制电压为零时，电动机内部空间磁场为脉动磁场，电动机无转动转矩，转子不转。当控制绕组上有控制电压时，其电流与励磁绕组中的电流不同相，会在电动机内部建立一个旋转磁场，在旋转磁场作用下，就会产生电磁力矩使转子旋转；当控制电压为零，即控制信号消失后，转子能够自行停转。为了实现通过控制电压来控制交流伺服电动机的起停，交流伺服电动机在结构设计参数上不同于普通的交流电动机，否则就会出现"自转"现象。所谓"自转"是指电动机起动旋转后，当控制电压为零时，电动机转子继续转动的现象。

伺服电动机不仅需要起动和停止的控制，还需要转速大小和方向的控制。交流伺服电动机的控制电压是交流电，其相位、幅值的变化会影响电动机旋转磁场的方向和强弱，从而使电动机转速方向和大小发生变化。如果控制电压的相位改变180°，则电动机会反向旋转；而改变控制电压幅值，则可以调节电动机转速的快慢。

三相交流伺服电动机的供电电源是三相交流电，以三相交流永磁同步电动机为例，定子包括铁芯和三相对称电枢绕组，转子采用永磁铁。伺服电动机工作时，三相交流电源为定子绕组供电，根据三相绕组通电电流的相位不同，从而建立旋转磁场。旋转磁场与转子永磁铁磁场相互作用产生转矩，使电动机转子持续旋转。

与普通三相交流电动机控制原理相同，可以通过控制定子绕组供电电源的频率、幅值和相位控制三相交流伺服电动机的转速和转向。

交流伺服电动机系统的构成与直流伺服电动机系统相类似，运动控制原理也是相同的，但伺服驱动器内部的电路是不同的，电源输出也是不同的，交流伺服电动机伺服驱动器输出的是可变交流电。

4.5.3 伺服电动机控制模式

伺服电动机是一种高性能、高精度的电动机，可以在不同的控制模式下实现不同的控制目标，最常见的控制模式包括速度控制模式、位置控制模式和转矩控制模式。

1. 速度控制模式

速度控制模式下，控制器通过预设的目标转速和实际转速的差值（误差）来实施电动机转速的负反馈控制，保证电动机转速的恒定不变。当负载增大时，电动机输出转矩增大；当负载减小时，电动机输出转矩减小。

通过模拟量的输入或脉冲数字量的输入可以设定、调节伺服电动机转速的大小。模拟量可以选择电压或电流信号，选用电压信号时只需要在输入装置中施加一定大小的电压即可。电压信号输入装置简单，但在某些环境复杂的场景，电压信号容易被干扰，造成控制不稳定。选用电流信号时往往需要专用的电流输入模块，但电流信号抗干扰能力强，可以在环境复杂的场景下使用。

采用脉冲数字量输入信号设置电动机转速时，通过改变脉冲的频率就可以调节电动机转速的大小。脉冲数字量输入可以采用数字电路、PLC、计算机等。输入装置相对复杂，但数字信号抗干扰能力强。

在进行速度控制时，通常会使用电动机内置编码器（多采用增量编码器）进行反馈控制，适用于需要对电动机速度进行控制的焊接自动化系统，如机器人焊接、精密焊接中心等。

2. 位置控制模式

位置控制模式下，控制器通过预设的目标位置和实际位置的差值（误差）来控制电动机的运动，使电动机旋转到预设的位置。这种控制模式控制精度高，涉及位置测量、位置控制和误差控制，一般需要采用电动机内置编码器（多采用绝对编码器，也可以采用增量编码器）进行位置反馈。

伺服电动机采用位置控制模式时，一般是通过外部输入脉冲的频率来确定转动速度的大小，通过脉冲的个数来确定转动的角度，也有些控制器可以通过通信方式直接对速度和位移进行赋值。

由于位置控制模式可以对速度和位置进行很严格的控制，因此一般应用于焊接定位控制，适用于需要对位置要求较高的焊接自动化系统，如机器人焊接、自动切割、焊接自动化流水线等。

3. 转矩控制模式

转矩控制模式下，控制器通过控制电动机输出的转矩或电流来控制电动机的运动状态。当负载转矩小于电动机设定的输出转矩时，电动机正转；当负载转矩等于电动机设定的输出转矩时，电动机不转；当负载转矩大于电动机设定的输出转矩时，电动机反转。

转矩控制可以通过外部模拟量的输入或直接的地址赋值来设定电动机对外输出轴转矩的大小。通过改变模拟量的大小可以改变电动机转矩大小的设定，也可通过通信方式改变对应地址的数值来实现电动机转矩大小的设定。

转矩控制模式主要用于对受力有严格要求的装置，如焊丝自动化生产的绕线装置中。

4. 焊接自动化常用的控制模式

大多数的焊接自动化系统中采用伺服电动机作为执行元件驱动机械装置运动，对机械装置的运动速度和位置有一定精度的要求，而对于实时转矩没有太多要求。因此，焊接自动化系统中常用的控制模式是速度控制模式和位置控制模式。在一些特定的焊接自动化应用场合，若对电动机的速度、位置都没有要求，只要输出一个恒转矩，当然选用转矩控制模式。

如果考虑伺服驱动器的响应速度，转矩控制模式运算量最小，伺服驱动器对控制信号的响应速度最快；位置控制模式运算量最大，伺服驱动器对控制信号的响应速度最慢。

4.5.4 伺服驱动器

伺服驱动器是伺服电动机系统的重要组成部分，由于交流永磁同步电动机目前应用的比较多，因此控制交流永磁同步电动机的伺服驱动器是国内外应用的主流控制装置。伺服驱动器一般包含功率变换电路、控制电路、驱动电路。本节以交流电动机伺服控制器为例，分析其主要构成单元及作用。

1. 功率变换电路

伺服电动机中的功率变换电路主要是将供电网络工频交流电转换为频率、幅值可调的交流电，为伺服电动机提供所需的电能。图 4-54 所示为三相交流伺服系统中常用的功率变换主电路，其主要构成单元及作用如下：

（1）整流器 将工频交流电转换为直流电。通常采用二极管桥式整流电路，将三相交流电整流为脉动直流电。图 4-54 中的二极管 $VD_1 \sim VD_6$ 组成了三相桥式整流电路。

（2）滤波器 使整流获得的直流电波动部分变得平滑。通常采用电容滤波电路，图 4-54 中的电容 C_L 是一个大容量电容器，起到滤波作用。

（3）逆变器 将整流获得的直流电转换为频率、幅值可调的交流电。如图 4-54 所示，半导体开关器件 $VT_1 \sim VT_6$ 组成了三相桥式逆变电路，实现了直流转换为伺服电动机所需要的频率和幅值可调的三相交流电。目前，常用的功率半导体开关器件有绝缘栅极双极性晶体管、大功率晶体管，以及大功率场效应晶体管等。

图 4-54 所示电路中的 $VD_7 \sim VD_{12}$ 是续流二极管。

为了保证逆变电路的功率半导体开关器件能够安全可靠地工作，对于高压、大功率的交流电动机伺服系统，一般需要有抑制电压、电流尖峰的"缓冲电路"；对于频繁运行于快速正反转状态的伺服系统，还需要有消耗多余再生能量的"制动电路"。图 4-54 电路中的 R_B、功率半导体器件 VT_8 构成了制动电路。

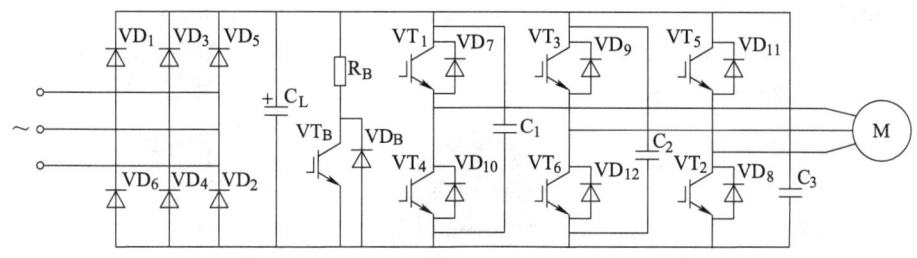

图 4-54 功率变换主电路

2. 控制电路

控制电路的主要作用是完成功率变换电路的控制和实现各种保护功能。

（1）运算电路 进行给定信号与反馈信号的比较，并根据要求进行各种控制运算得到控制信号。

（2）正弦脉宽调制（SPWM）电路 采用三角波作为载波、正弦波作为调制波，获得三相等效于正弦波的等幅不等宽矩形波脉冲信号。

（3）信号检测与处理电路 主要对伺服电动机传感器（编码器等）的反馈信号进行检测、滤波、放大、信号转换等。

（4）输入输出电路 给定信号的输入以及基于控制信号产生的 SPWM 信号输出。

（5）保护电路 实现过流、过压等各种保护。

需要说明的是，控制电路可以采用模拟与数字电路，而目前更多的是采用 DSP 控制，实施软硬结合方式的控制，可以实现比较复杂的控制算法，实现数字化、网络化和智能化。

3. 驱动电路

驱动电路的主要作用是根据控制电路输出的 SPWM 信号对功率半导体开关器件进行驱动。

功率器件普遍采用以智能功率模块（intelligent power module，IPM）为核心设计的驱动电路，IPM 内部集成了驱动电路，同时具有过电压、过电流、过热、欠压等故障检测保护电路，在功率变换主回路中还加入软起动电路，以减小起动过程对驱动器的冲击。

焊接自动化技术及其应用

4. 伺服驱动器的面板

通过伺服控制器的面板可以将电动机与伺服控制器相连接，并可以进行电动机的控制。下面以松下伺服驱动器为例，说明供电电源、伺服电动机、编码器等如何通过面板与伺服驱动器进行连接。图4-55所示为松下A6 SF系列A型伺服驱动器的面板接线示意图，该伺服驱动器适用于小功率伺服电动机。

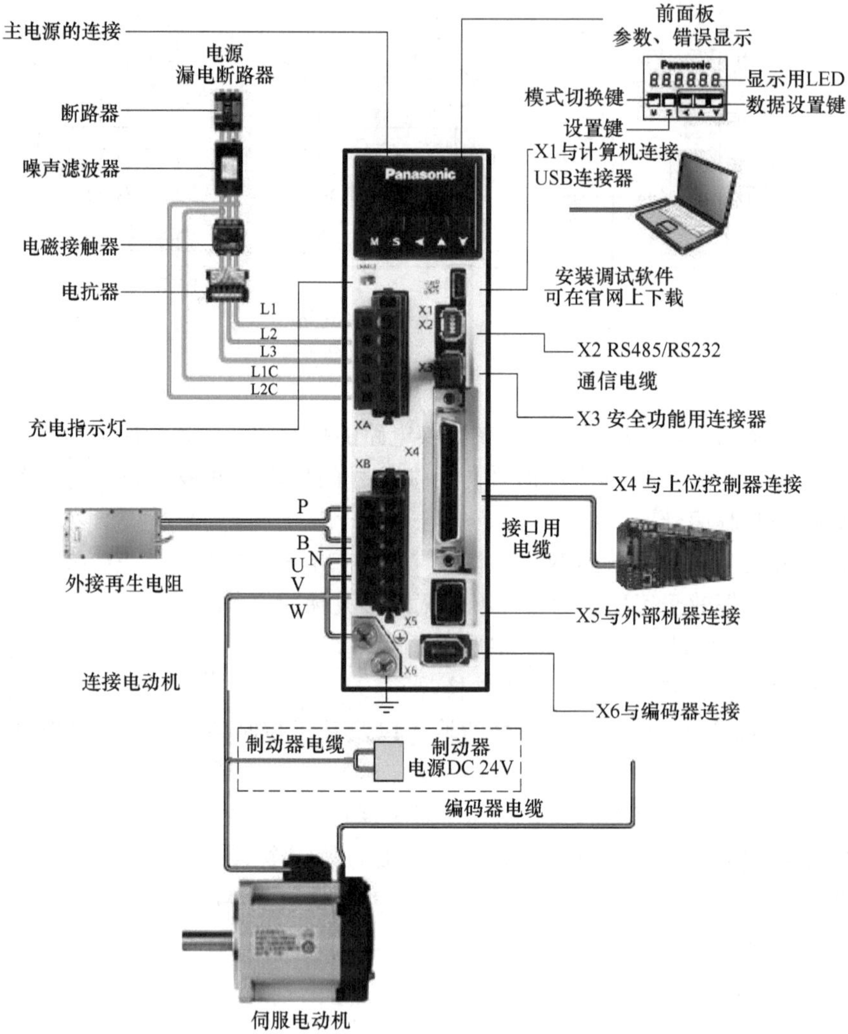

图4-55 松下A6 SF系列A型伺服驱动器面板接线示意图

如图4-55所示，外部三相供电电源通过电源输入连接器XA接入伺服驱动器，其中上端的L1、L2、L3是主电源输入端子，下端的L1C、L2C是控制电源输入端子。三相伺服电动机通过电动机连接器XB与伺服驱动器连接，其中下端

130

的U、V、W是电动机的连接端子,而上端的P、N、B是外接再生电阻连接端子。伺服电动机内的编码器通过连接器X6与伺服驱动器连接。X4是伺服驱动器控制信号连接器,包括电动机控制信号输入与输出接口。图4-56所示为伺服驱动器内部电路与外部连接的框图,通过图4-56可以进一步理解伺服驱动器外部连接器与内部电路之间的关系。

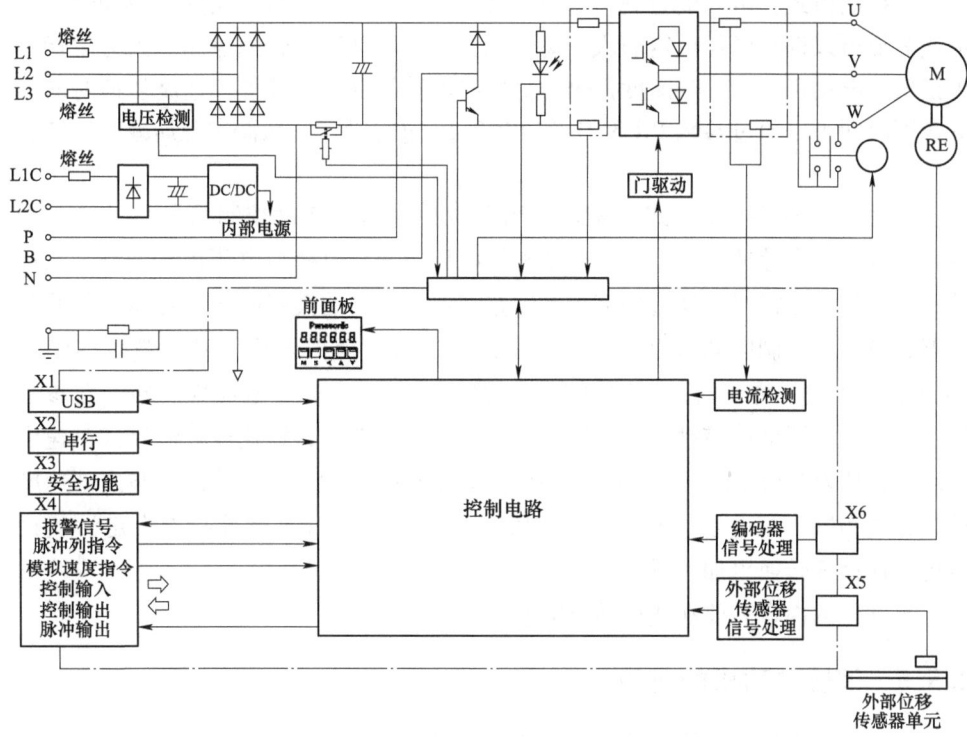

图4-56 伺服驱动器内部电路与外部连接框图

由图4-56可以看到,X4是用于伺服驱动器外部控制信号输入、输出的连接器。它可以向伺服驱动器输入数字信号(脉冲列指令)和模拟信号(模拟速度指令),实现对电动机的速度控制等;也可以连接外部控制信号,实现对伺服电动机起动与停止的控制;还可以根据需要输出脉冲信号,对外部设备实施控制。

PLC等控制器可以作为输入信号的外部给定装置,也可以利用直流电压源和电位器构成模拟电压信号的外部给定装置,实现伺服电动机旋转速度的设定与调节。通过外部的直流电压源与开关通过X4的控制信号输入端实现电动机的起停控制。

以速度控制模式为例,松下伺服A6 SF系列伺服驱动器有内部速度控制和外部速度控制两种方式，但外部控制方式仅在多功能型的伺服驱动器中可以应用。采用内部速度控制方式，需要应用内部速度指令设定值对速度大小等进行设定。首先要通过面板上模式切换与设置键将控制模式参数 PR0.01（PR0 为分类编号，后面两位数 01 为参数 No）设定为"1"，即设定为速度控制模式；然后将速度设定内外切换参数 PR3.00 设定为"1、2"或"3"，将速度指令输入设定为内部速度输入控制模式；可以通过速度设定参数 PR3.04~PR3.11 设定八个速度指令，根据需要可以选择已经设定的八个速度之一进行电动机的转速控制。当速度指令为正值时电动机正转，当速度指令为负值时电动机反转。此外，速度切换时的加减速度时间可以通过参数 PR 3.12 和 PR 3.13 进行设定，从而实现加减速度的过程控制。

采用外部速度控制方式，需要利用上位控制器将速度控制信号发送给驱动器，可以是数字脉冲信号，也可以是模拟电压信号。以模拟电压信号为例，采用外部速度控制方式时，通过外部控制装置将速度控制的模拟电压信号输入伺服驱动器，就可以控制电动机以一定的速度进行旋转。模拟电压信号一般为-10V~+10V，输入电压为正时，电动机正转；输入电压为负时，电动机反转。在参数设定方面，需要确认控制模式参数 PR0.01 设定是"1"，即速度控制模式；速度设定内外切换参数 PR3.00 设定为"0"，即外部模拟速度指令输入。与内部速度控制方式相同，通过参数 PR3.12、PR3.13 及 PR3.14（加减速拐点设定）的设定可以使速度转换更加平滑。

更详细的内容需要在使用前查阅使用说明书。

4.5.5 伺服电动机的应用

伺服电动机是一种能够精确控制位置并提供高速、高精度运动的电动机，因其高性能、高精度和稳定性，被广泛应用于焊接自动化领域。

1. 机器人焊接工作站

图 4-57 所示为一个盾构机零部件机器人焊接工作站，由机器人、机械臂、两轴变位机及焊接设备组成。机器人吊装在机械臂上，机械臂由可旋转的立柱和悬臂梁构成。两轴变位机可以实现回转和变位，用于被焊工件的夹持。在盾构机零部件焊接中，需要实现机器人与变位机上夹持的工件相对位置的精确控制，在焊接过程中要保证对焊接轨迹、焊接速度的精确控制。该机器人焊接工作站除了机器人采用伺服电动机外，两轴变位机及机械臂旋转也都采用了伺服电动机，利用 PLC、机器人控制系统，实现了机器人与机械装置的联动，通过伺服电动机的位置控制、速度控制，保证了机器人与变位机的协调控制，实现了焊接过程的稳定性。图 4-58 所示为机器人焊接场景。

第4章 焊接自动化中的电动机控制技术

图 4-57 盾构机零部件机器人焊接工作站

图 4-58 机器人焊接场景
a) 定位　b) 焊接

2. 伺服电阻点焊钳

电阻点焊技术是汽车制造领域中应用最为普遍的焊接技术,随着伺服技术的发展,伺服电阻点焊钳已经广泛应用于汽车电阻点焊中。伺服电阻点焊钳采用伺服电动机可以实现点焊电极的工作行程和焊接压力的精准控制,从而实现高质量的电阻点焊加工。

伺服电阻点焊钳是一种先进的自动化焊接设备,它结合了伺服控制系统与电阻点焊技术,实现了对电阻点焊过程的高度精确控制和自动化操作。伺服自动点焊钳主要由焊钳本体、伺服控制系统、焊接电源,以及相关的传感器和反馈装置组成。焊钳本体集成了电极、焊枪架、加压装置等关键部件,而伺服控制系统则通过伺服电动机驱动焊钳的运动,实现对工件的精确夹持、定位和压力控制。图4-59所示为伺服电阻点焊钳的结构示意图。

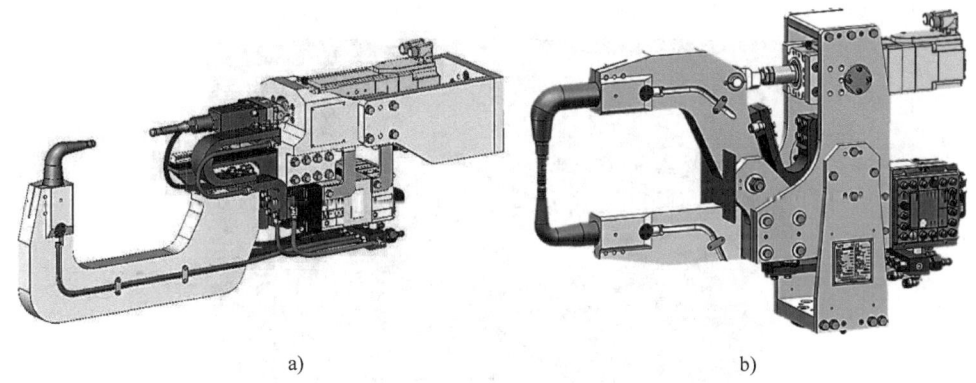

图 4-59 伺服电阻点焊钳的结构示意图
a) C 型伺服电阻点焊钳　b) X 型伺服电阻点焊钳

伺服电阻点焊钳的工作原理基于伺服电动机的精确控制。伺服电动机接收来自控制系统的指令，通过其快速响应和高精度的特点，驱动焊钳的夹持机构和移动机构，实现对工件的精确夹持和定位，实现对电极工作行程及工件焊接压力的精确控制。同时，焊接电源在控制系统的协调下，为焊接过程提供稳定的电流和电压，确保焊接质量。

电阻点焊钳中的伺服电动机控制，主要是在焊接过程中，伺服电动机内的编码器可以精准测量电动机转动角度或位置，并将这些信息反馈给控制器，控制器根据实际位置和目标位置之间的偏差，采取适当的控制策略来控制伺服电动机的运动，进行精确的位置和速度控制，产生最合理的电极压力，从而为整个焊接过程中需要的动态焊接压力提供保证，因此可以实现高精度、高质量的焊接。

伺服电阻点焊钳具有以下功能与特点：

1）高精度与稳定性。通过伺服电动机实现了对电阻点焊过程动态压力的高精度控制，避免了人为因素和环境因素对焊接质量的影响，提高了焊接的稳定性和一致性。

2）高效性。利用伺服电阻点焊钳可以实现焊接自动化生产，可以大大缩短焊接时间，提高生产率。同时，其精确的夹持和定位能力也减少了焊接过程中的废料和返工率。

3）灵活性与可调性。伺服电阻点焊钳可以根据不同的工件类型和焊接条件进行灵活调整。通过改变焊接参数和焊钳结构，可以适应各种大小、形状和材质的工件。

4）安全性与环保性：伺服电阻点焊钳在焊接过程中采用全自动化操作，减少了人工干预和接触有害物质的机会，提高了工作安全性。同时，其低噪声、低能耗的特点也符合环保要求。

图 4-60 所示为伺服电阻点焊钳在汽车点焊加工中应用的场景。

图 4-60　伺服电阻点焊钳在汽车点焊加工中应用的场景

4.6 步进电动机及其控制原理

步进电动机是数字控制电动机,是将电脉冲信号转变成角位移的电动机,即给一个脉冲信号,步进电动机就转动一个角度。随着焊接自动化技术的发展,步进电动机在焊接自动化中的应用越来越多。本节主要介绍步进电动机的基本结构及其控制技术。

4.6.1 步进电动机的结构与工作原理

每当输入一个电脉冲,电动机就转动一个角度,前进一步。脉冲一个一个地输入,电动机便一步一步地转动,因此这种电动机称为步进电动机。步进电动机输出的角位移与输入的脉冲数成正比,其转速与输入脉冲频率成正比。控制输入脉冲数量、频率及电动机各相线圈的通电顺序,就可以得到各种需要的运行特性。

1. 步进电动机的基本结构与分类

和一般旋转电动机一样,步进电动机包括定子和转子两大部分。定子由硅钢片叠成,装上一定相数的控制线圈,输入电脉冲对多相定子线圈轮流进行励磁;转子用硅钢片叠成或用软磁性材料做成凸极结构。

步进电动机种类繁多,通常使用的有永磁(permanent magnet,PM)式步进电动机、反应(variable reluctance,VR)式步进电动机、混合(hybrid,HB)式步进电动机三种。图4-61所示为三种步进电动机的基本结构。

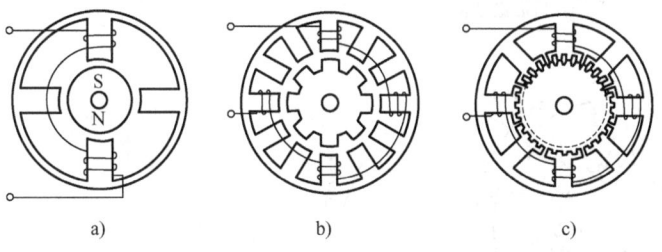

图4-61 步进电动机的基本结构
a) PM式步进电动机 b) VR式步进电动机 c) HB式步进电动机

(1)永磁式步进电动机 永磁式步进电动机的转子是用永磁材料制成的,转子本身就是一个磁源。它的输出转矩大,动态性能好。转子的极数与定子的极数相同,所以步距角(步进电动机每步转过的角度称为步距角)一般较大(90°或45°)。需供给正负脉冲信号。

(2)反应式步进电动机 反应式步进电动机的转子是由软磁材料制成的,

转子中没有线圈。它的结构简单、成本低，步距角可以做得很小，通常使用的步距角为0.9°、1.8°及3.6°，但动态性能较差。

(3) 混合式步进电动机　混合式步进电动机综合了反应式和永磁式两者的优点，它的输出转矩大、动态性能好、步距角小，但结构复杂、成本较高。

2. 步进电动机的工作原理

反应式步进电动机是应用最广的步进电动机，下面以该类电动机为例，分析步进电动机的工作原理。

图4-62所示为一台三相反应式步进电动机的结构。该电动机定子上有六个磁极（大极），每两个相对的磁极（N、S极）组成一对，共有三对。每对磁极都绕有同一线圈，形成一相。三对磁极有三个线圈，形成三相。四相步进电动机有四对磁极、四相线圈；五相步进电动机有五对磁极、五相线圈；依此类推。

在定子磁极的极弧上开有许多小齿，它们大小相同、间距相同。转子沿圆周上也有均布的小齿，这些小齿与定子磁极上小齿的齿距相同，形状相似。

由于小齿的齿距相同，所以不管是定子还是转子，齿距角 θ_z 的计算公式均为

$$\theta_z = \frac{360°}{z} \tag{4-22}$$

式中　z——转子的齿数。

反应式步进电动机运动的动力来自于电磁力。在电磁力的作用下，转子被强行推动到最大磁导率（或者最小磁阻）的位置（见图4-63a，定子小齿与转子小齿对齐的位置），并处于平衡状态。对于三相步进电动机来说，当某一相的磁极处于最大磁导位置时，另外两相必须处于非最大磁导位置（见图4-63b，定子小齿与转子小齿不对齐的位置）。

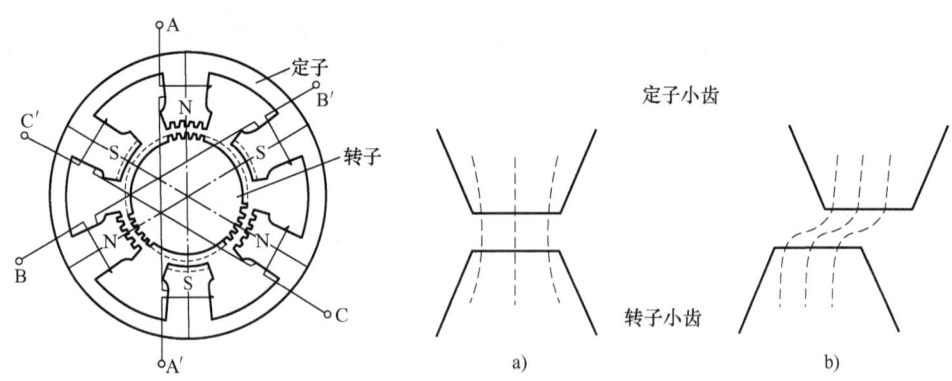

图4-62　三相反应式步进电动机的结构

图4-63　定子齿与转子齿间的磁导现象
a）对齿　b）错齿

把定子小齿与转子小齿对齐的状态称为对齿；把定子小齿与转子小齿不对齐的状态称为错齿。错齿的存在是步进电动机能够旋转的前提条件。因此，在步进

电动机的结构中必须保证有错齿存在。也就是说,当某一相处于对齿状态时,其他相必须处于错齿状态。错齿的距离与步进电动机的相数有关。对于三相步进电动机来说,当 A 相的定子齿和转子齿对齐时,B 相的定子齿相对于转子齿顺时针方向错开 1/3 齿距(即 3°),而 C 相的定子齿应相对于转子齿顺时针方向错开 2/3 齿距,即当一相磁极下定子与转子的齿相对时,下一相磁极下定子与转子齿的位置应错开转子齿距的 $1/m$(m 为相数)。

定子的齿距角与转子相同,所不同的是,转子的齿是圆周分布的,而定子的齿只分布在磁极上,属于不完全齿。当某一相处于对齿状态时,该相磁极上定子的所有小齿都与转子上的小齿对齐。

如果给处于错齿状态的相通电,则转子在电磁力的作用下,将向磁导率最大(或磁阻最小)的位置转动,即向趋于对齿的状态转动。步进电动机就是基于这一原理转动的。

图 4-64 所示为步进电动机的工作原理,当开关 SA 合上时,步进电动机 A 相线圈通电,使 A 相磁场建立。A 相定子磁极上的齿与转子的齿形成对齿;同时,B 相、C 相上的齿与转子形成错齿。将 A 相断电,同时将 SB 合上,使处于错 1/3 个齿距角的 B 相通电,并建立 B 相磁场。转子在电磁力的作用下,向与 B 相成对齿的位置转动。其结果是:转子转动

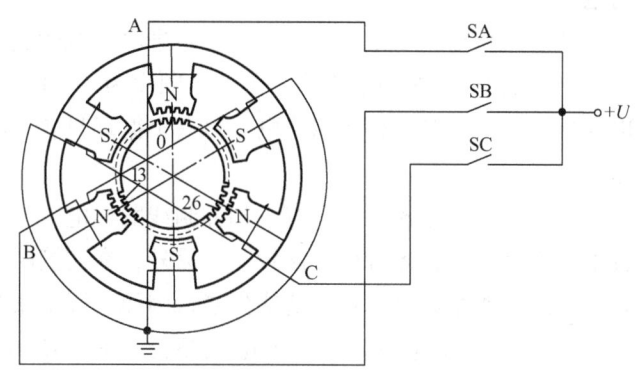

图 4-64 步进电动机的工作原理

了 1/3 个齿距角;B 相与转子形成对齿;C 相与转子错 1/3 个齿距角;A 相与转子错 2/3 个齿距角。

同理,在 B 相断电的同时,合上开关 SC 给 C 相通电,建立 C 相磁场,转子又转动了 1/3 个齿距角,与 C 相形成对齿,并且 A 相与转子错 1/3 个齿距角,B 相与转子错 2/3 个齿距角。

当 C 相断电,再给 A 相通电时,转子又转动了 1/3 个齿距角,与 A 相形成对齿,与 B、C 两相形成错齿。至此,所有的状态与最初时一样,只不过转子累计转过了一个齿距。

可见,由于按 A—B—C—A 顺序轮流给步进电动机的各相线圈通电,磁场按 A—B—C 方向转过了 360°,转子则沿相同方向转过一个齿距角。

同样,如果改变通电顺序,即按与上面相反的方向(A—C—B—A 的顺序)

通电，则转子的转向也改变。

如果将线圈通电一次的操作称为一拍，那么前面所述的三相反应式步进电动机的三相轮流通电就需要三拍。转子每一拍走一步，转一个齿距角需要三步。

转子走一步所转过的角度称为步距角 θ_b，可用式（4-23）计算：

$$\theta_b = \frac{齿数}{拍数} = \frac{齿距}{Km} = \frac{360°}{Kmz} \tag{4-23}$$

式中 K——状态系数，相邻两次通电的相的数目相同时，$K=1$；相邻两次通电的相的数目不同时，$K=2$。

3. 步进电动机的通电方式

步进电动机有单相轮流通电、双相轮流通电和单双相轮流通电等方式。定子控制线圈每改变一次通电方式，称为一拍。"单"是指每次通电方式的切换前后，只有一相线圈通电；"双"就是指每次通电方式的切换前后，有两相线圈通电。

现以三相步进电动机为例，说明步进电动机的通电方式。

1) 三相单三拍通电方式。其通电顺序为 A—B—C—A。"三相"即三相步进电动机。每次只有一相线圈通电，每一个循环只有三次通电，故称为三相单三拍通电。

单三拍通电方式每次只有一相控制线圈通电吸引转子，容易使转子在平衡位置附近产生振荡，运行稳定性较差。另外，在切换时，一相控制线圈断电而另一相控制线圈开始通电，容易造成失步，因而实际上很少采用这种通电方式。

2) 双三拍通电方式。其通电顺序为 AB—BC—CA—AB。这种通电方式中，两相线圈同时通电，转子受到的感应力矩大，静态误差小，定位精度高。另外，转换时，始终有一相控制线圈通电，所以工作稳定，不易失步。

3) 三相六拍通电方式。其通电顺序为 A—AB—B—BC—C—CA—A。这种通电方式是单、双相轮流通电。它具有双三拍的特点，且通电状态增加一倍，而使步距角减少一半。

实际上步进电动机转子、定子的齿数很多，因为齿数越多步距角越小，电动机运行越平稳。所以，实际的步进电动机是一种小步距角的步进电动机。

若步进电动机的转子齿数 $z=40$，按三相单三拍运行时，根据式（4-23）计算，$\theta_b=3°$；若按五相十拍运行，则 $\theta_b=0.9°$。

可见，步进电动机的相数和转子齿数越多，步距角就越小，控制越精确，所以步进电动机可以做成三相，也可做成二相、四相、五相、六相或更多相数。

若步进电动机通电的脉冲频率为 f，步距角用弧度表示，则步进电动机的转速 n 为

第4章 焊接自动化中的电动机控制技术

$$n = \frac{60\theta_b f}{2\pi} = \frac{60 \frac{2\pi}{Kmz} f}{2\pi} = \frac{60f}{Kmz} \tag{4-24}$$

式中 f——脉冲频率（p/s）；

n——转速（r/min）。

由此可知，步进电动机在一定脉冲频率下，电动机的相数 m 和转子齿数 z 越多，转速 n 就越低，而且相数越多，驱动电源也越复杂，成本也就越高。

4. 步进电动机的主要技术指标与运行特性

（1）步距角和静态步距误差 步距角也称为步距，它的大小可由式（4-23）决定，即步距的大小与定子控制线圈的相数、转子的齿数和通电的方式有关。目前我国步进电动机的步距角为 0.36°~90°。最常用的为 7.5°/15°、3°/6°、1.5°/3°、0.9°/1.8°、0.75°/1.5°、0.6°/1.2°、0.36°/0.72°等几种。

从理论上讲，每一个脉冲信号应使电动机转子转过相同的步距角。但实际上，由于定、转子的齿距分度不均匀，定、转子之间的气隙不均匀或铁心分段时的错位误差等，实际步距角和理论步距角之间会存在偏差，这个偏差称为静态步距角（步距）误差。

（2）最大静转矩 步进电动机的静特性是指步进电动机在稳定状态（即步进电动机处于通电状态不变，转子保持不动的定位状态）时的特性，包括静转矩、矩角特性及静态稳定区。

静转矩是指步进电动机处于稳定状态下的电磁转矩。在稳定状态下，如果在转子轴上加一负载转矩使转子转过一个角度 θ，并能稳定下来，这时转子受到的电磁转矩与负载转矩相等，该电磁转矩即为静转矩，而角度 θ 即为失调角。对应于某个失调角时，静转矩最大，称为最大静转矩。

（3）矩频特性 当步进电动机控制线圈的电脉冲时间间隔大于电动机机电过渡过程（指由于机械惯性及电磁惯性而形成的过渡过程）所需的时间时，步进电动机进入连续运行状态，这时电动机产生的转矩称为动态转矩。步进电动机的动态转矩和脉冲频率的关系为矩频特性。由矩频特性可知，步进电动机的动态转矩随着脉冲频率的升高而降低。

（4）起动频率和连续运行频率 步进电动机的工作频率一般包括起动频率、制动频率和连续运行频率。对同样的负载转矩来说，正、反向的起动频率和制动频率是一样的，所以一般技术数据中只给出起动频率和连续运行频率。

所谓失步包括丢步和越步。丢步是指转子前进的步距数少于脉冲数；越步是指转子前进的步距数多于脉冲数。丢步严重时，转子将停留在一个位置上或围绕一个位置振动。

步进电动机的起动频率 f_{st} 是指在一定负载转矩下能够不失步地起动的最高脉

冲频率。f_{st} 的大小与驱动电路和负载大小有关。步距角 θ_b 越小，负载（包括负载转矩和转动惯量）越小，起动频率越高。

步进电动机的连续运行频率 f 是指步进电动机起动后，当控制脉冲频率连续上升时，能不失步运行的最高频率，它的值也与负载有关。步进电动机的运行频率比起动频率高得多。

5. 步进电动机的特点

1) 步进电动机的角位移与输入脉冲数严格地成正比，因此当它转一转后，没有累计误差，具有良好的跟随性。

2) 由步进电动机与驱动电路组成的开环数控系统，既简单、廉价，又比较可靠。同时，它也可与角度反馈环节组成高性能的闭环数控系统。

3) 步进电动机的动态响应快，易于起停、正反转及变速。

4) 速度可在相当宽的范围内平滑调节，低速下仍能保证获得大转矩。因此，一般可以不用减速器而直接驱动负载。

5) 步进电动机只能通过脉冲电源供电才能运行，它不能直接使用交流电源和直流电源。

6) 步进电动机存在振荡和失步现象，必须对控制系统和机械负载采取相应的措施。

7) 步进电动机自身的噪声和振动较大，带惯性负载的能力较差。

4.6.2　步进电动机的驱动方法

步进电动机不能直接接到工频交流或直流电源上工作，而必须使用专用的步进电动机驱动器，如图4-65所示，它由控制指令环节（给定环节）、脉冲发生器及控制环节、功率驱动环节以及反馈与保护环节等组成。控制指令环节、脉冲发生器及控制环节可以用单片机或DSP来实现。

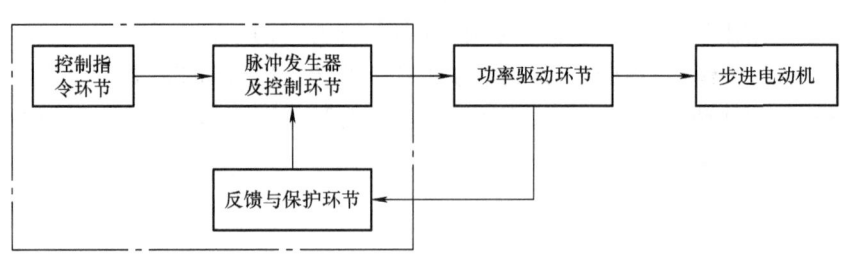

图4-65　步进电动机驱动控制电路框图

从脉冲发生器及控制环节输出的脉冲控制信号的电流只有几毫安，而步进电动机的定子线圈需要几安培的电流，因此需要对脉冲控制信号进行功率放大。由于功率放大中的负载为步进电动机的线圈，是感性负载，与一般功率放大不同点就由此产生,主要包括较大电感影响快速性、感应电动势带来的功率管保护等问题。

功率驱动器最早采用单电压驱动电路,后来出现了双电压(高低电压)驱动电路、斩波恒流功率放大电路、调频调压和细分电路等。

1. 单电压驱动电路

单电压驱动电路的工作原理如图 4-66 所示。L 为步进电动机励磁线圈的电感,R_a 为线圈的等效电阻,R_c 为外部串接的电阻,用以减小回路的时间常数 $L/(R_a+R_c)$。电阻 R_c 两端并联一电容 C,可提高负载瞬间电流的上升率,从而提高电动机的快速响应能力和起动性能。续流二极管 VD 和阻容吸收回路 RC,是功率管 VT 的保护电路。

单电压驱动电路的优点是电路简单,缺点是电流上升不够快,高频时负载能力低。

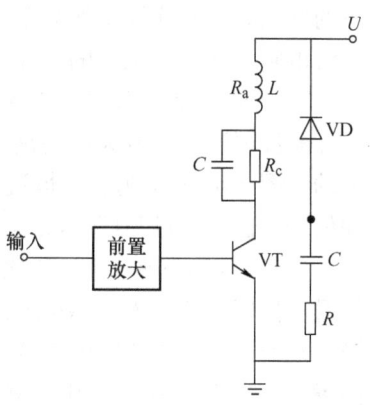

图 4-66 单电压驱动电路

2. 高低电压驱动电路

高低电压驱动电路的特点是给步进电动机线圈的供电有高低两种电压,高压由电动机参数和晶体管的特性决定,一般为 80V 或更高;低压即步进电动机的额定电压。

图 4-67 所示为高低电压驱动电路。该电路由功率放大级、前置放大器和单稳延时电路组成。二极管 VD_1 起高低压隔离的作用,VD_2 和 R_g 构成高压放电回路。前置放大电路则起到将低电平信号放大到可以驱动功率管导通的电流的作用。高压导通时间由单稳延时电路整定,通常为 $100\sim600\mu s$,对功率步进电动机可达到几千微秒。

当脉冲发生器及控制环节输出为高电平时,两只功率管 VT_1、VT_2 同时导通,步进电动机线圈以 u_g(即+80V)的电压供电,线圈电流以 $L/(R_d+r)$ 的时间常数向稳定值上升。当达到单稳短暂延时时间 t_g 时,VT_1 功率管截止,改为由 u_d(即+12V)供电,维持线圈的额定电流。若高低压之比为 u_g/u_d,则电

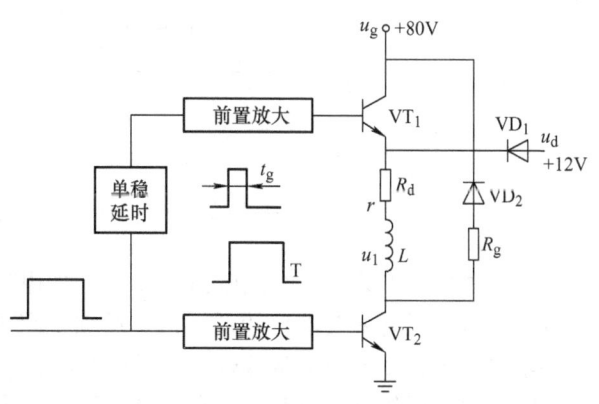

图 4-67 高低电压驱动电路

流上升率将提高 u_g/u_d 倍，上升时间缩短。图 4-67 中的 R_g、VD_2 构成了线圈的放电回路，它并联在线圈和高压电源上，当低压断开（VT_2 截止）时，在线圈中的放电回路中增加了阻挡电动势（u_g-u_d），因此使放电电流下降加快。

高低压供电电路由于缩短了电流的上升和下降时间，故有利于提高步进电动机的起动频率和连续工作频率。另外，由于额定电流由低电压维持，只需较小的限流电阻，减小了系统的功耗。

3. 斩波恒流功率放大电路

斩波恒流动率放大电路是利用直流斩波器将步进电动机的电流设定在给定值上的，图 4-68 所示为斩波恒流功率放大电路。U_{in} 为原步进电动机的线圈驱动脉冲信号，这是通过与门 A_2 和比较器 A_1 的输出信号相与后，作为线圈的驱动信号 U_b。当 U_{in} 为高电平"1"和比较器 A_1 输出高电平"1"时，U_b 为高电平，线圈导通。比较器 A_1 正输入端的输入信号为参考电压 U_{ref}，由电阻 R_1 和 R_2 设定；负输入端输入信号为线圈电流通过 R_3 反馈获得的电压信号 U_f，它反映了线圈电流的大小。当 $U_{ref}>U_f$ 时，比较器 A_1 输出高电平"1"，与门 A_2 输出高电平 U_b，线圈通电，电流增加。当电流达到一定时，$U_{ref}<U_f$，比较器 A_1 输出低电平"0"，与门 A_2 输出低电平 U_b，线圈断电，通过二极管 VD 续流工作。而 VT 截止后，又有 $U_{ref}>U_f$，重复上述的工作过程。这样，在一个 U_{in} 脉冲内，功率管 VT 多次通断，将线圈电流控制在给定值上下波动（见图 4-68）。

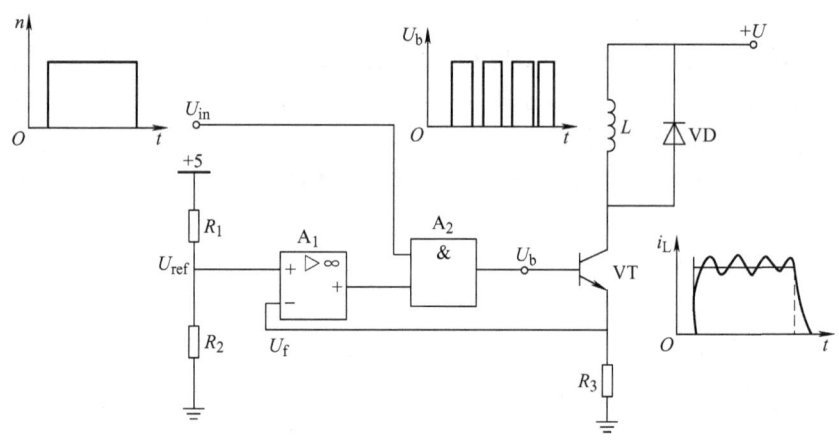

图 4-68 斩波恒流功率放大电路

在这种控制方式下，线圈电流大小与外加电压 $+U$ 大小无关，是一种恒流驱动方案，所以对电源要求比较低。由于反馈电阻 R_3 较小（一般为 1Ω），因此主回路电阻较小，系统时间常数较小，反应速度快。

除上述常用的驱动电路，还有双电压驱动电路、升频升压功率驱动电路以及集成功率驱动电路等。

4.6.3 步进电动机的环形分配器

步进电动机的控制线圈是按一定的通电方式工作的,为了实现这种轮流通电,需要将控制步进电动机旋转的电脉冲按照规定的通电方式分配给步进电动机的每个线圈,以控制励磁线圈电流的通断和步进电动机的运行及换向。这种分配既可以用硬件电路来实现,也可以用软件来完成,分别称为硬件环形分配器和软件环形分配器。

1. 硬件环形分配器

硬件环形分配器是根据步进电动机的相数和要求通电的方式来设计的,可以由门电路和集成触发器构成,也可以选用专用的环形分配器集成芯片。

(1)集成触发器型环形分配器 图 4-69 所示为步进电动机三相六拍环形分配器的电路。该电路中包含着三个 J-K 触发器和 12 个与非门。三个 J-K 触发器的输出端 Q 分别经各自的功放电路与

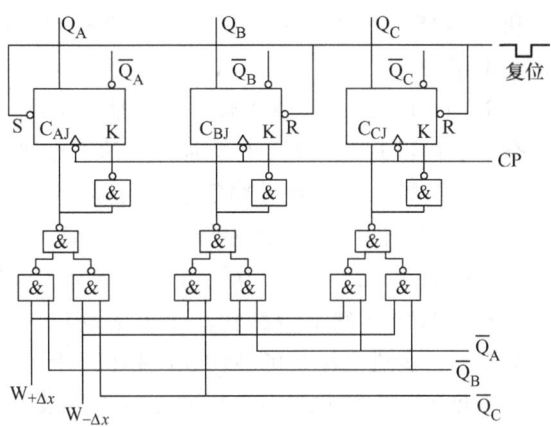

图 4-69 步进电动机三相六拍环形分配器的电路

步进电动机的 A、B、C 三相线圈相连。当 $Q_A = 1$ 时,A 相线圈通电;当 $Q_B = 1$ 时,B 相线圈通电;当 $Q_C = 1$ 时,C 相线圈通电。

$W_{+\Delta x}$、$W_{-\Delta x}$ 是步进电动机正反转控制信号。正转时,$W_{+\Delta x} = 1$,$W_{-\Delta x} = 0$;反转时,$W_{+\Delta x} = 0$,$W_{-\Delta x} = 1$。

正转时各相通电顺序为 A—AB—B—BC—C—CA。

反转时各相通电顺序为 A—AC—C—CB—B—BA。

正向环形工作状态表见表 4-1。

表 4-1 正向环形工作状态表

移位脉冲	控制信号状态			输出状态			导电线圈
	J_A	J_B	J_C	Q_A	Q_B	Q_C	
0	1	1	0	1	0	0	A
1	0	1	0	1	1	0	AB
2	0	1	1	0	1	0	B
3	0	0	1	0	1	1	BC
4	1	0	1	0	0	1	C
5	1	0	0	1	0	1	CA
6	1	1	0	1	0	0	A

这类分配器种类很多，也可以由 D 触发器组成。

（2）专用的环形分配器集成芯片　步进电动机环形分配器的专用集成芯片种类很多，功能也十分齐全。例如，CH250 是专为三相反应式步进电动机设计的环形分配器。

CH250 由三个 D 型触发器和一些门电路组成，有 16 个引出端。其中，J_{br}（1 脚）、J_{bl}（2 脚）、J_{ar}（14 脚）、J_{al}（15 脚）分别是 CH250 工作方式控制端。CH250 的工作状态与各个输入端电平的关系见表 4-2。通过设置引脚（1、2 脚和 14、15 脚）的电平，可使 CH250 按双三拍、单六拍以及相应的正、反转等状态工作。

RV（10 脚）和 R（9 脚）分别是复位端，当 RV 为 "1" 电平时，三拍工作状态复零；当 R 为 "1" 电平时，六拍工作状态复零。

CL（7 脚）为时钟脉冲信号输入端，E_B（6 脚）为时钟脉冲信号允许端。当 E_B 为 "1" 电平时，从 CL 端输入的时钟脉冲信号上升沿使 CH250 内部的 D 触发器翻转；如果 E_B 端为 "0" 电平，则从 CL 端输入的时钟脉冲信号下降沿使 CH250 内部的 D 触发器翻转。步进电动机的转动速度取决于时钟脉冲的频率，频率越高，步进电动机的转动速度越快，但频率过高，步进电动机会出现失步现象（根据步进电动机的有关极限参数确定最高时钟脉冲频率）。

表 4-2　CH250 的工作状态与各个输入端电平的关系

CL	E_B	J_{br}	J_{bl}	J_{ar}	J_{al}	功能
⎾	1	1	0	0	0	双三拍正转
⎾	1	0	1	0	0	双三拍反转
⎾	1	0	0	1	0	单六拍正转
⎾	1	0	0	0	1	单六拍反转
0	⏋	1	0	0	0	双三拍正转
0	⏋	0	1	0	0	双三拍反转
0	⏋	0	0	1	0	单六拍正转
0	⏋	0	0	0	1	单六拍反转
Φ	1	Φ	Φ	Φ	Φ	不变
⏋	0	Φ	Φ	Φ	Φ	不变
0	⎾	Φ	Φ	Φ	Φ	不变
1	Φ	Φ	Φ	Φ	Φ	不变

图 4-70 所示为 CH250 工作于三相单六拍状态的接线情况及脉冲分配。J_{ar}、J_{al} 接 "地" 为 "0" 电平；RV 接 "1" 电平；R 接 "地" 为 "0" 电平；E_B 接电源为 "1" 电平；CL 接时钟脉冲（走步脉冲）；方向控制信号连接到 J_{br}，并通过

一个与非门连到 J_{bl}，从而可以有效地控制步进电动机转动的方向；V_{DD}、V_{SS} 分别接电源和"地"。

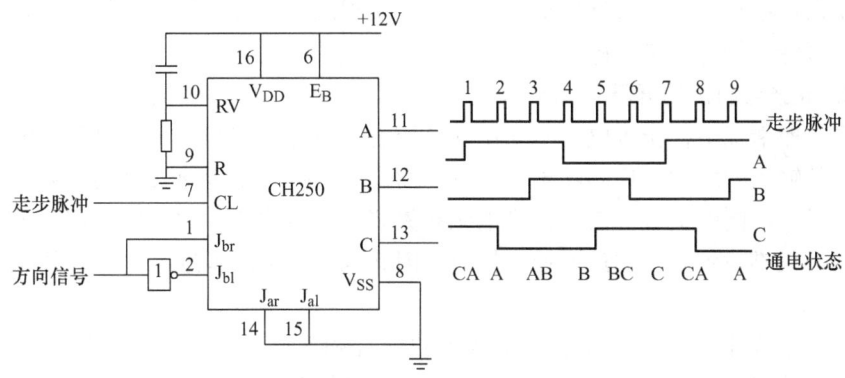

图 4-70　CH250 工作于三相单六拍状态的接线情况及脉冲分配

A（11 脚）、B（12 脚）、C（13 脚）为脉冲输出端，其输出脉冲控制步进电动机的转动。由于 CH250 同所有的 CMOS 集成电路一样，其输出的驱动电流较小（0.3~1mA），不能直接带动电动机负载，所以要增加功率接口电路。功率接口电路可以采用晶体管功率放大电路等。

2. 软件环形分配器

由于不同种类、不同相数、不同分配方式的步进电动机都必须有不同的环形分配器。如果采用软件环形分配器，只需要编制不同的程序（环形分配程序），就可以满足不同步进电动机控制的需要，因而可以使硬件电路大大简化，成本下降，并具有柔性控制的特点，可以灵活地改变步进电动机的控制方案。

软件环形分配器的设计方法很多，如查表法、比较法、移位寄存器法等。最常用的是查表法。

在步进电动机的单片机控制系统或 DSP 控制系统中，往往采用软件进行环形分配，具体的可以参考相关的书籍。

4.6.4　步进电动机的传动与控制

1. 步进电动机的升降速控制

反应式步进电动机的转速取决于脉冲频率、转子齿数和相数，与电压、负载、温度等因素无关。当步进电动机的通电方式选定后，由式（4-27）可知，其转速只与输入脉冲频率成正比。改变脉冲频率就可以改变转速，实现无级调速，并且调速范围很宽。因此，它可以使用在不同速度的场合。

由步进电动机的矩频特性可知，转矩 T 是频率 f 的函数。当起动时，起动频率越高，起动转矩越小，带负载能力越差。低速工作时，步进电动机可以直接起动,并采用恒速工作方式了;高速工作时,就不能采用恒速工作方式了。因为在步进电动机起动时,脉冲频率过高会出现失步现象,因此高速运行的步进电动机必须用低速起动,然后再慢慢加速到高速,实现高速运行。同样,停止时也要从高速慢慢降到低速,最后停止下来。

2. 步进电动机的开环与闭环控制

在一般情况下,步进电动机采用开环控制。在开环控制的步进电动机驱动系统中,其输入的脉冲不依赖转子的位置,而是事先按一定规律安排的。对于不同的电动机、不同的负载,或者励磁电流和失调角发生改变,输出转矩都会随之发生改变,很难找到通用的速度控制规律,因此也难以提高步进电动机的技术性能指标。

闭环系统能直接或间接地检测转子的位置和速度,然后通过反馈和适当处理,自动给出驱动脉冲串,因此可以获得更加精确的位置控制及高而平稳的转速,步进电动机的性能指标也提高了。闭环系统可采用光电编码器作为位置检测器件。

3. 步进电动机的步距角细分

在步进电动机控制高精度焊接工作台系统中,为了提高控制精度,应减小脉冲当量δ(脉冲当量表示每一个脉冲,步进电动机转过一个固定角度,经过传动机构驱动工作台走过的距离)。可采用如下方法来实现:

1)减小步进电动机的步距角。
2)加大步进电动机与传动丝杠间齿轮的传动比和减小传动丝杠的螺距。
3)将步进电动机的步距角θ_b进行细分。

前两种方法受机械结构及制造工艺的限制实现困难,当系统构成后就难以改变,一般可考虑步距角细分的方法。

(1)细分的基本原理 以三相六拍步进电动机为例,如图4-71所示,当步进电动机A相通电时,转子停在A-A位置。当由A相通电转为A、B两相通电时,转子转过30°,停在AB之间的Ⅰ位置。若由A相通电转为A、B两相线圈通电时,B相线圈中的电流不是由零一次上升到额定值,而是先达1/2额定值。由于转矩T与流过线圈的电流I呈线性关系,转子将不是顺时针转过30°,而是转过15°停在Ⅱ位置。同理,当由A、B两相通电变为只有B通电时,A相电流也不是突然一次下降为零,而是先降到额定值的1/2,则转子将不是停在B而是停在Ⅲ的位置,这就将精度提高了1倍。分级越多,精度越高。

(2)细分驱动电路 所谓细分电路,就是在控制电

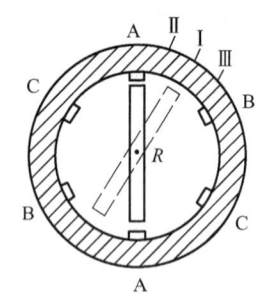

图4-71 三相六拍步进电动机

路上采取一定措施把步进电动机的每一步分得细一些。可以用硬件来实现这种分配，也可由微机通过软件来进行。细分的主要部件是移位式分配器。

用逻辑电路实现的细分电路，可以采用D触发器实现。用集成化的步进电动机环形分配器也可构成细分驱动电路。采用细分电路后，电动机线圈中的电流不是由零跃升到额定值，而是经过若干小步的变化才能达到额定值，所以线圈中的电流变化比较均匀。细分技术，使步进电动机步距角变小，使转子到达新的稳定点所具有的动能变小，从而振动可显著减小。细分电路不但可以实现微量进给，而且可以保持系统原有的快速性，提高步进电动机在低频段运行的平稳性。

（3）步进电动机计算机控制的步距角细分　用计算机实施细分，关键是设计一个软件的移位分配器。对于三相步进电动机，形成三相六拍的驱动信号，就要从三个I/O口周期地输出信号。要实现细分，这时的接口电路I/O口必须增加。

细分技术的采用，提高了步进电动机运行的平滑性，提高了效率和矩频特性，克服了传统的驱动电路存在的低频振荡、噪声大、分辨力不高等不足之处，拓宽了步进电动机的应用范围。

4.6.5　步进电动机在焊接中的应用

步进电动机在数字控制焊接工作台系统、焊枪摆动机构以及焊缝自动跟踪系统中得到广泛的应用。

在步进电动机驱动的焊接平移工作台系统中，步进电动机通过滚珠丝杠带动工作台，按指令要求进退；每接收一个脉冲，步进电动机就转过一个固定的角度，经过传动机构驱动工作台，使之按规定方向移动一个脉动当量的位移。指令脉冲总数决定了工作台的总位移量，而指令脉冲的频率决定了工作台的移动速度。每台步进电动机可驱动一个坐标的伺服机构，利用一个、两个或三个坐标轴联动能够对直线、平面和空间几何形状的焊缝进行焊接。

图4-72所示为一个二维数控焊接工作台。将事先编制的系统软件固化在单

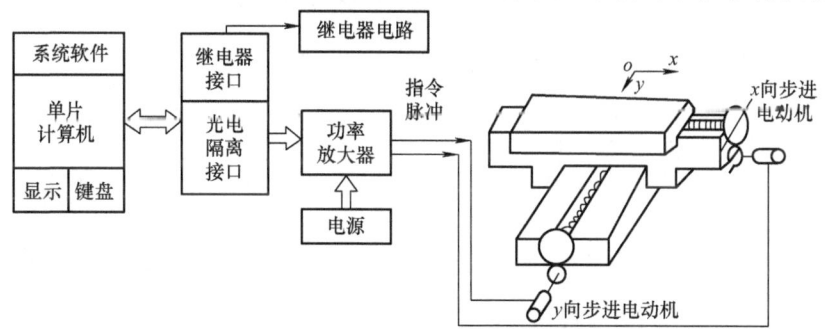

图4-72　二维数控焊接工作台

片计算机的存储器中。利用软件程序控制，输出系列脉冲，再经光电隔离、功率放大后驱动各坐标轴（x、y方向）的步进电动机，完成对焊接位置、轨迹和速度的控制。

复习思考题

1. 直流电动机调速的基本原理是什么？常用的调速方法有哪些？
2. 在直流电动机的电枢电压一定的条件下，电磁转矩与电动机转速有什么关系？
3. 直流电动机稳定工作时，电磁转矩与负载转矩之间是什么关系？由于某种原因，负载转矩增大，电磁转矩及电动机转速将如何变化？要保证恒定转速，需要采取什么措施？
4. 在直流电动机调速中常采用电枢电压调节方法，也可以采用励磁电压调节方法，哪种调节方法中不能使电压调节电路发生断路现象？
5. 如何改变直流电动机旋转的方向？请画出其控制电路的原理图。
6. 各种反馈控制中需要采用哪些传感器？其检测、控制原理是什么？
7. 在各种电动机调速电路中如何实现各种反馈的更换或增加？请画出电路图。
8. 根据电动机工作或控制要求，选择合理的反馈方法，说明其原理，绘出系统结构图或补充电路图。
9. 电动机调速系统中电流正反馈与电流截止负反馈的概念和应用有什么区别？
10. 电动机转速控制系统中速度负反馈与电压负反馈有哪些相同点和不同点？
11. 电动机速度负反馈中可以采用哪些传感器？其控制框图有哪些不同？
12. 在电动机速度调速系统中，给定信号的改变使电动机的什么特性发生变化？
13. 电动机控制中什么是PWM控制？什么是SPWM控制？
14. PWM控制直流斩波器式直流电动机调速系统的组成及工作原理是什么？
15. PWM控制直流电动机调速系统经常采用哪些反馈？与晶闸管调速控制系统的反馈电路有何相同点和不同点？
16. 请分析典型电动机调速系统，画出其控制系统框图，叙述其工作原理。
17. 试述交流电动机变频调速的工作原理。
18. 什么是伺服电动机？伺服电动机工作原理是什么？
19. 举例说明伺服电动机可以应用在哪些焊接自动化领域。

第 5 章
焊接自动化中的PLC控制技术

可编程序控制器是以微处理器为核心，综合计算机技术、自动控制技术和通信技术发展起来的一种新型工业自动控制装置。它采用可编程序存储器作为内部指令记忆装置，具有逻辑、排序、定时、计数及算术运算等功能，并通过数字或模拟输入/输出模块控制各种形式的机器及过程。因为早期的可编程序控制器（programmable controller，PC），只是用于基于逻辑的顺序控制，所以称为可编程序逻辑控制器（programmable logic controller，PLC）。随着现代科学技术的迅猛发展，可编程序控制器不仅只作为逻辑的顺序控制，而且可以接收各种数字信号、模拟信号，进行逻辑运算、函数运算和浮点运算等。更高级的可编程序控制器还能进行模拟输出，甚至可以作为 PID 控制器使用，但习惯上还是简称可编程序控制器为PLC。

目前，PLC 广泛应用于石油、化工、冶金、采矿、汽车、电力等行业，在焊接自动化领域的应用越来越普遍。PLC 与数控机床、工业机器人并称为加工业的三大支柱。

本章重点介绍 PLC 控制的基本概念、焊接自动化中的 PLC 控制技术及其基本应用。

5.1 可编程序控制器

5.1.1 概述

1. 可编程序控制器的产生及发展

可编程序控制器是生产发展的需要与技术进步结合的产物。20 世纪 60 年代，生产过程及各种设备的控制主要由继电器和接触器等器件来完成。继电器和接触器控制简单、实用，但存在着固有缺陷。由于它是靠布线组成各种逻辑来实现控制的，需要使用大量的机械触点，因此可靠性不高；当改变生产流程时要改变大量的硬件接线，甚至要重新设计系统。继电器控制的功能只限于一般布线逻辑、定时等，它的体积一般比较庞大，而且整个控制系统的加工周期也长。随着经济的发展、生产产品的多样化及生产流程的不断改善，迫切需要一种使用方便灵活、性能完善、工作可靠的新一代生产过程自动控制系统。1969 年，美国数字设备公司（DEC）首先研制成功第一台可编程序控制器，用它取代传统的继电器控制系统，成功地应用于美国通用汽车公司的汽车自动装配线上。从此，这种新型的工业控制装置很快就在美国其他工业领域得到了推广应用。1971年，日本从美国引进了这项新技术，开始生产可编程序控制器。1973年，西欧国家也开始研制生产可编程序控制器。我国从1974年开始研制可编程序控制器，1977年开始应用于工业生产。

2. 可编程序控制器的特点

1）可靠性高，抗干扰能力强。工业生产对控制设备的可靠性提出很高的要求，即要有很强的抗干扰能力，能在恶劣环境中可靠地工作，平均故障间隔时间长，故障修复时间短。由于PLC本身不仅具有较强的自诊断功能，而且在硬件、软件上均采取了一系列措施以提高其可靠性，因此PLC控制优于一般的计算机控制。

2）控制程序可变，具有很好的柔性。在生产工艺流程改变或生产线设备更新的情况下，一般不必更改PLC的硬件设备，只需修改"软件程序"就可以满足要求。因此，PLC在柔性制造单元（FMC）、柔性制造系统（FMS），以及工厂自动化（FA）中被大量采用。

3）编程简单，使用方便。目前，大多数PLC均采用继电器控制形式的"梯形图编程方式"，既继承了传统控制电路的清晰直观，又考虑了大多数工矿企业电气技术人员的读图习惯和计算机应用水平，所以PLC控制易于接受，使用方便。

4）功能完善。现代PLC具有数字和模拟量输入/输出、逻辑和算术运算、定时、计数、顺序控制、功率驱动、通信、人机对话、自检、记录和显示等功能，使设备控制水平大大提高，在很多场合可以替代计算机控制。

5）扩展方便，组合灵活。PLC产品具有各种扩展单元，可以方便地根据控制要求进行组合，以适应控制系统对输入/输出点数、输入/输出方式以及控制模式的需要。

6）减少了控制系统设计及施工的工作量。由于PLC主要是采用软件编程来实现控制功能，因此其硬件电路及布线非常简单，从而大大减少了设计及施工的工作量。PLC又能事先进行模拟调试，减少了现场的工作量。PLC监视功能很强，又采用模块功能化，从而减少了系统维修的工作量。

7）体积小、质量轻、节能。一台收录机大小的PLC具有相当于三个高1.8m继电器柜的功能，两者相比，PLC可以节电50%以上。

3. 可编程序控制器的基本类型

（1）按结构分类　按结构不同，PLC可以分为整体箱式PLC和模块组合式PLC两种。

第5章 焊接自动化中的 PLC 控制技术

整体箱式 PLC 是把各组成部分安装在少数几块印制电路板上并连同电源一起装配在一个壳体内形成一个整体。这种 PLC 结构简单、节省材料、体积小，通常为小型 PLC 或低档 PLC。由于该类 PLC 的输入/输出（I/O）点数固定且较少，因此使用的灵活性较差。

模块式 PLC 是把 PLC 划分为相对独立的几部分并制成标准尺寸的模块，主要有 CPU 模块（包括存储器）、输入模块、输出模块、电源模块等，然后把各模块组装到一个机架内构成一个 PLC 系统。这种结构形式可根据用户需要方便地组合，对现场的应变能力强，还便于维修。目前，模块式 PLC 应用较多。

（2）按控制规模分类　PLC 的控制规模主要指 PLC 中控制开关量的 I/O 点数。按控制规模不同，PLC 可分为小型 PLC、中型 PLC 及大型 PLC 三类。

1) 小型 PLC，其 I/O 点数小于 256 点。

2) 中型 PLC，其 I/O 点数为 256~2048 点。

3) 大型 PLC，其 I/O 点数大于 2048 点。

I/O 点数也称为 PLC 的容量。容量的大小不仅表示了 I/O 点数，而且也反映了 PLC 的运算能力、编程语言等方面功能的强弱。一般情况下，容量越大的 PLC 在运算能力、编程语言等方面的功能越强。

4. 可编程序控制器的应用

PLC 通常应用于以下几个方面：

（1）顺序控制　这是目前 PLC 应用最广泛的领域，它取代了传统的继电器顺序控制。PLC 可以应用于单机控制、多机群控制、生产自动线控制等。在焊接变位机、自动焊机、焊接生产线等方面都有 PLC 应用成功的例子。

（2）运动控制　PLC 制造商目前已提供了拖动步进电动机或伺服电动机的单轴或多轴位置控制模块。利用这些模块，不仅可以控制电动机的起动、停止，而且可以进行电动机速度和加速度的控制，使电动机运动平稳，运动位置控制准确。

（3）过程控制　PLC 能控制大量的物理参数，如温度、压力、速度和流量等。PID 模块使 PLC 具有了闭环控制的功能。当由于控制过程中某个变量出现偏差时，采用 PID 模块，通过控制算法能计算出正确的输出，把变量控制在设定值上。

（4）数据处理　在机械加工中，出现了把支持顺序控制的 PLC 和计算机控制（CNC）设备紧密结合的趋势，可以利用 PLC 的数据处理结果进行控制。提高 PLC 数据处理功能是将来 PLC 发展的趋势之一。

（5）群控　由于 PLC 联网、通信能力很强，并不断有新的联网结构出现。利用 PLC 强大的通信能力，可以实现几个、几十个、甚至几百个 PLC 的通信，也可以进行 PLC 和计算机之间的通信，可用计算机参与编程及对 PLC 进行控制管理、交换数据和相互操作等，从而实现群控。

5.1.2 可编程序控制器的硬件构成

1. 可编程序控制器的系统配置

PLC 是为工业生产过程控制而设计的，实际上就是一种工业控制专用计算机，它包括硬件和软件两大部分。PLC 的硬件构成（系统配置）主要有以下几种：

（1）基本配置 这种配置控制规模小，所用的模块也少。对于箱体式 PLC，则仅用一个箱体，箱体内含有电源、内装 CPU 板、I/O 板及接线器、显示面板、内存块等；对于模块式 PLC，则有 CPU 模块、内存模块、电源模块、I/O 模块，以及底板或机架等。

（2）扩展配置 扩展配置主要指 I/O 扩展。将 I/O 模块接入基本配置后形成的 PLC 系统，提高其控制规模。

（3）特殊配置 主要指除进行常规的开关量控制之外，还能进行有关模拟量控制或其他作特殊使用的开关量控制的配置。这种配置要使用特殊的 I/O 模块，也称功能模块。模拟量可以是标准电流或电压信号，也可以是温度信号或其他信号；可以是只能读或写上述模拟量的模块，也可以是能按一定算法（如 P、I、D 算法）实现控制的模块，这种模块一般配有自身的 CPU，能实现智能控制，故也称为智能模块。

（4）冗余配置 指除了工业控制中所需的基本配置与扩展模块之外，还附加的多余模块配置。采用冗余配置的系统故障率比无冗余配置的系统低得多。冗余配置多用于非常重要的场合。

目前，网络控制成为控制的发展趋势，当应用 PLC 构建控制网络时，需要在配置方面考虑与 PLC 或其他控制器、计算机等进行数据交换的配置。

2. 可编程序控制器基本配置的硬件构成

图 5-1 所示为 PLC 的硬件系统简化框图。PLC 的基本单元主要由中央处理器（CPU）、存储器、输入单元、输出单元、电源单元、I/O 扩展接口、存储器接口及外部设备接口等组成。

（1）中央处理器 中央处理器是整个 PLC 的核心，是 PLC 的运算和控制中心，在系统程序的控制下，通过运行用户程序实现所需要的控制、处理、通信等功能，实现系统控制功能，并协调系统内部各部分的工作。

（2）存储器 存储器用来存储数据或程序。它包括系统存储器和用户存储器。前者用于存放系统的各种管理、监控程序，后者用于存放用户编制的应用程序。

（3）输入/输出（I/O）单元 输入/输出单元是 PLC 与外部设备连接的接口。所谓 I/O 接口电路就是用于 PLC 与外部设备连接的一些电路，用于信号的

第5章 焊接自动化中的 PLC 控制技术

电平转换、数据缓冲、信号隔离等。因为 CPU 能够处理的信号只能是标准电平信号，所以对于实际工程的现场信号、按钮信号、行程开关、限位开关以及传感器输出信号都需要通过输入接口的转换和处理才能传送给 CPU。CPU 输出的控制信号，也必须通过输出接口的转换和处理，才能驱动被控制的外部负载，如电磁阀、继电器、接触器等。

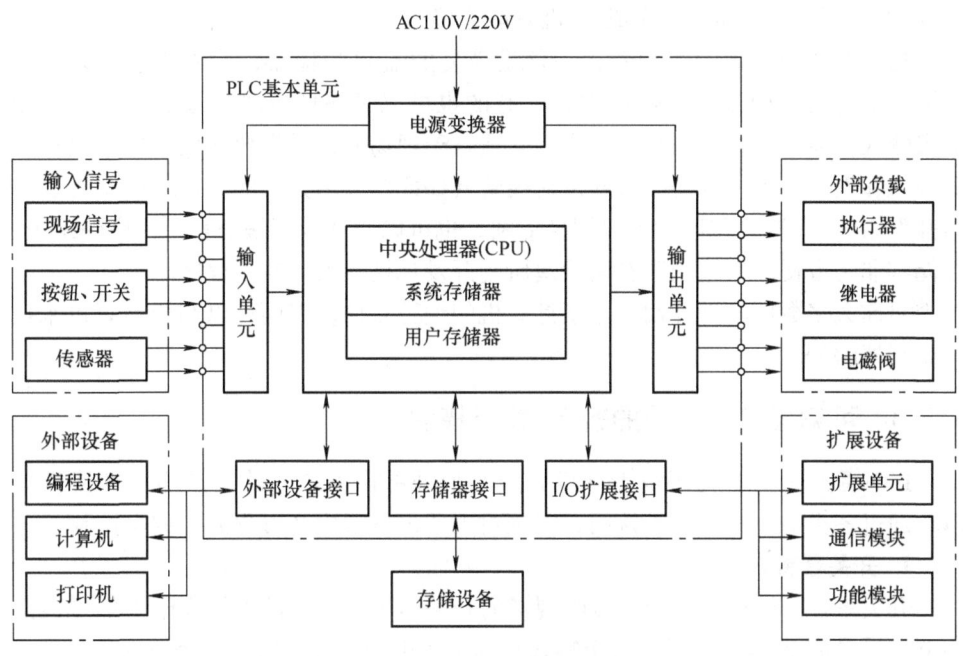

图 5-1　PLC 的硬件系统简化框图

市场上提供了各种操作电平和输出驱动能力的 I/O 模块以及各种用途的 I/O 功能模块，供 PLC 用户选用。

（4）电源单元　PLC 供电电源一般是市电，也有用低压直流电的，如 DC24V 电源等。PLC 的内部含有一个开关式稳压电源，用于为 PLC 内部电路供电。有些 PLC 还有 DC24V 输出，可用于外部器件的供电，但输出电流往往只是毫安级。

（5）I/O 扩展接口　扩展接口往往采用总线形式，可以连接输入/输出扩展单元或者模块，也可以连接模拟量处理、位置控制等功能模块以及通信模块。

（6）存储器接口　为了存储用户程序以及扩展用户程序的存储区、数据存储区，PLC 还设有存储器接口，可以根据需要扩展存储空间，其连接也是应用总线技术。

（7）外部设备接口　外部设备接口可以用于连接计算机、编程器及打印机等。PLC基本单元一般不带编程器。为了对PLC进行编程及监控，PLC设置了专门的接口，可以通过这个接口连接各种编程装置，还可以利用此接口进行控制过程的监控。

3. 编程器

编程器是专门用于用户程序编制的装置。它可用于用户程序的编制、编辑、调试和监视，还可通过其键盘去调用和显示PLC的一些内部状态和系统参数。它经过接口与CPU连接，完成人-机对话连接。

通常有两种形式的编程器：一种是简易的盒式编程器，输入程序时以PLC的汇编语言（助记符语句表）方式（有的也可以是图形方式）通过有限的专用键来输入，显示方式采用小液晶屏，它适合于现场调试或规模比较小的应用程序的输入和调试；另一种是具有阴极射线管（CRT）显示方式的台式编程器（也称为开发系统），输入程序时可以用梯形图，也可以用其他汇编语言，程序的编辑、存储都非常方便，它适用于在实验室研制开发规模较大的应用程序。

目前大多数厂商都开发了用于计算机的编程软件，因而可以利用计算机来代替编程器编程。

5.1.3 可编程序控制器的输入/输出模块

I/O模块是CPU与现场I/O设备或其他外部设备之间的连接部件（接口），PLC通过各类I/O模块的外接线，实现对工业设备或生产过程的检测与控制。

1. 开关量输入模块

开关量输入模块的作用是接收现场的开关信号，并将输入的高电平信号转换为PLC内部的低电平信号。每个输入点的输入电路可以等效成一个输入继电器。

开关量输入模块按照使用的电源不同，分别为直流输入模块、交流输入模块和交直流输入模块。某种PLC的开关量输入模块的品种及基本规格见表5-1。

表5-1 某种PLC的开关量输入模块的品种及基本规格

模块规格	操作电平/V	每块的输入点数
直流输入模块	5，TTL	16/32/48
	10~50	32
直流和交流输入模块	12	8/16/32
直流或交流输入模块	24/48/115/220	8/16/32

2. 开关量输出模块

开关量输出模块的作用是将PLC的输出信息传给外部负载（即用户输出设备），并将PLC内部的低电平信号转换为外部所需电平的输出信号。每个输出点的输出电路可以等效成一个输出继电器。

第5章 焊接自动化中的 PLC 控制技术

开关量输出模块按照负载使用的电源（即用户电源）不同，分为直流输出模块、交流输出模块和交直流输出模块。

按照输出开关器件的种类不同，又分为晶体管输出方式的模块、晶闸管输出方式的模块及继电器输出方式的模块。晶体管输出方式的模块只能带直流负载，属于直流输出模块；晶闸管输出方式的模块只能带交流负载，属于交流输出模块；继电器输出方式的模块既可带直流负载，也可带交流负载，属于交直流输出模块。某种 PLC 的开关量输出模块的品种及基本规格见表 5-2。

表 5-2　某种 PLC 的开关量输出模块的品种及基本规格

模块规格	操作电平/V	每点最大输出电流/mA	每块的输入点数
直流输出模块	5　TTL	50	16/32
	10~50	250	16/32
	12/24/48	500~2000	8/16/32
交流输出模块	115（220）	2000	8/16
继电器输出模块	24/48/115/220	阻性负载 4000，感性负载 500	5/6/8

3. 模拟量输入/输出模块

在工业控制中，经常遇到一些连续变化的物理量（称为模拟量），如电流、电压、温度、压力、流量、位移、速度等。若要将这些量送入 PLC，必须先将这些模拟量变成数字量才能为 PLC 所接收，然后才能进行运算或处理。这种把模拟量转换成数字量的过程称为模-数转换（analog to digit），简称 A-D 转换。

在工业控制中，还经常遇到要对电磁阀、液压电磁铁等一类执行机构进行连续控制，必须把 PLC 输出的数字量变换成模拟量才能满足这类执行机构的动作要求。这种把数字量转换成模拟量的过程称为数-模转换（digit to analog），简称 D-A 转换。

在 PLC 中，实现 A-D 转换和 D-A 转换的模块称为模拟量 I/O 模块。

每块模拟量 I/O 模块有 2/4/8 路输入或输出通道，每路通道的 I/O 信号电平为 1~5V/0~10V/-10~+10V，电流为 2~10mA。

4. 其他输入/输出模块

PLC 除提供以上所述的接口模块，还提供其他用于特殊用途的接口模块，如通信接口模块、动态显示模块、步进电动机驱动模块、拨码开关模块等。

5.1.4　可编程序控制器的编程语言

PLC 是专为工业生产过程的自动控制而开发的通用控制器，其控制主要通过 PLC 特有的语言进行"软件编程"来实现。如同普通计算机一样，PLC 也有其编译系统，它可以把 PLC 编程语言中的文字符号和图形符号编译成机器代码。

PLC 的主要使用对象是广大工程技术人员及操作维护人员，为了符合他们的传统习惯，PLC 通常不采用计算机的编程语言，而常常采用面向控制过程、面向对象的"自然语言"编程。PLC 常用的编程语言有梯形图（ladder diagram，LAD）、利用助记符编写的语句表（statement list，STL）、顺序功能图（sequential function chart，SFC）、逻辑方程式或布尔代数式等，也有的 PLC 用高级语言，如 BASIC 语言、C 语言等。各厂家的编程语言一般只能在本厂的 PLC 上使用。

1. 梯形图

梯形图在形式上类似于继电器控制电路，如图 5-2 所示。它是用各种图形符号连接而成的。其图形符号分别表示常开触点、常闭触点、线圈和功能块等。梯形图中的每一个触点和线圈均对应一个编号。不同机型的 PLC，其编号方法不同。

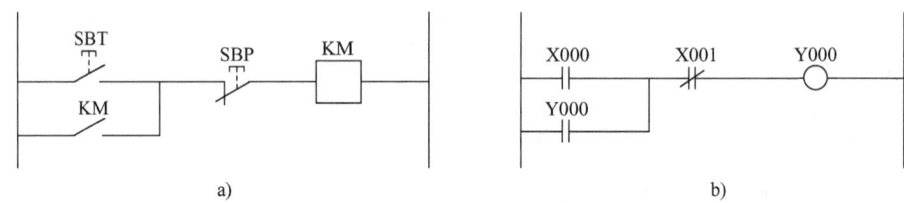

图 5-2　电路图与梯形图比较
a）电路图　b）梯形图

对于同一控制电路，继电器控制原理和 PLC 梯形图的输入/输出信号基本相同，控制过程等效，两者的区别在于：继电器控制原理图使用的是硬件继电器和定时器，靠硬件连接组成控制电路，而 PLC 梯形图使用的是内部继电器、定时器和计数器，靠软件实现控制。由此可见，PLC 的使用具有很高的灵活性，程序修改过程非常方便。图 5-2 所示为一个继电器电路图和与其等效的 PLC 梯形图。在图 5-2a 中，SBT 为常开按钮，SBP 为常闭按钮，KM 为继电器线圈。按下起动按钮 SBT，继电器 KM 的线圈通电，其常开触点 KM 闭合。因为常开触点 KM 与起动按钮 SBT 并联，所以即使松开起动按钮 SBT，已经闭合的常开触点 KM 仍然能使继电器 KM 的线圈通电。这个常开触点称为"自锁"触点。停止时，按下停止按钮 SBP，继电器 KM 的线圈失电。图 5-2b 中 X000 为常开输入触点，X001 为常闭输入触点，Y000 表示输出，其输出 Y000 的工作状态受 X000、X001 信号控制，逻辑上与图 5-2a 相同。图 5-2a 中的开关 SBT、SBP 均为物理实体，而图 5-2b 中的 X000、X001 表示的可能是外部开关（或硬开关），也可能是内部软开关或触点（内部软继电器触点）。

梯形图是各种 PLC 通用的编程语言。尽管各厂家所生产的 PLC 所使用的符号及编程元件的编号方法不尽相同，但梯形图的设计与编程方法基本上大同小

第5章 焊接自动化中的PLC控制技术

异。这种语言形式所表达的逻辑关系简明、直接，是从继电器控制系统的电路图演变而来的。PLC的梯形图编程语言隐含了很多功能强而使用灵活的指令。它是融逻辑操作、控制于一体，是一种面向对象的、实时的、图形化的编程语言。由于这种语言可完成全部控制功能，因此梯形图是PLC控制中应用最多的一种编程语言。

PLC梯形图有如下特点：

1）在编程时，应对所使用的元件进行编号，PLC是按编号来区别操作元件的，而且同一个继电器的线圈和触点要使用同一编号。

2）梯形图左、右两条垂直线分别称为起始母线、终止母线。梯形图按自上而下、从左到右的顺序排列。每一个继电器线圈为一个逻辑行，称为一个梯形。每个逻辑行必须从起始母线开始画起，结束于终止母线（终止母线可以省略）。两母线之间为触点的各种连接。

3）梯形图的最右侧必须连接输出元素或功能块。输出元素包括输出继电器、计数器、定时器、辅助继电器等，一般用圆圈表示，相当于继电器的线圈。

4）梯形图中，一般情况下（除有跳转指令和前进指令的程序段外），某个编号的继电器线圈只能出现一次，而触点可无限次使用。

5）图形中的继电器往往不是继电器控制电路中的物理继电器，它实际上是存储器中的位触发器，因而称为"软继电器"。相应某位触发器为1时，表示该继电器的线圈得电，其常开触点闭合，常闭触点断开。

6）输入继电器用于接收来自PLC外部的信号，由此信号决定其状态，而不能由其内部其他继电器的触点驱动，故梯形图中只出现输入继电器的触点，而不出现其线圈。

7）输出继电器是PLC作为输出控制用的，它只是输出状态寄存表中的相应位，不能直接驱动现场执行部件。现场执行部件由输出模块去驱动。当梯形图中的输出继电器得电闭合时，输出模块中的功率开关闭合。由于每个输出继电器只有一个功率开关，因此只能驱动一个外部设备。

8）PLC中的内部继电器不能作输出用，它们只是一些逻辑运算过程中的中间存储单元的状态，其触点可供PLC内部编程使用。

9）梯形图中的触点可以任意串、并联，但输出线圈只能并联，不能串联。

2. 助记符语言

助记符语言是PLC命令的语句表达式，类似于计算机汇编语言的形式。它是用指令的助记符来编程的。PLC的助记符语言比一般的汇编语言通俗易懂。

PLC控制中用梯形图编程虽然直观、简便，但它要求PLC配置具有CRT显示方式的台式编程器或采用计算机系统以及专用的编程与通信软件方可输入图形符号。这在有些小型机上常难以满足，或者受控制系统现场条件的限制，系统调试不方便。因此，常需要借助助记符语言进行编程，然后通过简易的盒式编程器将助记符语言的程序输入 PLC 中，进行现场调试、完善程序。简易的盒式编程器一般只能采用助记符语言进行编程。

不同型号的 PLC，其助记符语言不同，但其基本原理是相近的。

助记符语言的指令与梯形图指令有严格的对应关系，两者之间可以相互转化。编程时，一般先根据要求编制梯形图，然后再根据梯形图转换成助记符语言。

以日本三菱公司生产的 FX_{1N} 系列 PLC 为例，对应于图 5-2b 的助记符语句表如下：

LD　　　　　X000（表示逻辑操作开始，常开触点与母线连接）
OR　　　　　Y000（表示常开触点并联）
ANI　　　　 X001（表示常闭触点串联）
OUT　　　　Y000（表示输出）

由此可见，助记符语言编写的 PLC 控制程序是由若干条语句组成的，因而又称其为助记符语句表。在一般情况下，助记符语言中的每条指令由操作码和操作数两部分组成。操作码用助记符表示，又称编程指令，表示 CPU 要完成某种操作，而操作码指定某种操作对象或所需数据，通常是编程元件的编号或常数。

语句是程序中的最小独立单元，每个操作功能由一条或几条语句来执行。每条语句表示给 CPU 一条指令，规定 CPU 如何操作。

3. 顺序功能图

顺序功能图（SFC）是一种描述顺序控制系统功能的图解表示法，主要由"步""转移"及"有向线段"等元素组成。如果适当运用组成元素，就可得到控制系统的静态表示方法，再根据转移触发规则进行模拟系统的运行，就可得到控制系统的动态过程，并可以从运动中发现潜在的故障。顺序功能图用约定的几何图形、有向线和简单的文字说明来描述 PLC 的处理过程和程序的执行步骤。本书对此语言不做重点介绍，如果需要请参考其他书籍或 PLC 说明书。

5.1.5　可编程序控制器的工作过程

1. PLC 的工作机制

PLC 采取扫描工作机制，就是根据软件程序设计，连续和重复地检测系统输入，求解目前的控制逻辑，修正系统的输出。在典型的 PLC 扫描机制中，I/O 服务处于扫描周期的末尾，也是扫描计时的组成部分，这种扫描称为同步扫描。扫描循环一周所用的时间为扫描时间。PLC 的扫描时间一般为 10~100ms。PLC 中一般都设有一个"看门狗"计时器，它测量每一扫描循环的长度，当扫描时间超过预设的长度（如 150~200ms）时，它便激发临界警报。在同步扫描周期内，除 I/O 扫描，还有服务程序、通信窗口、内部执行程序等。

第5章 焊接自动化中的 PLC 控制技术

扫描工作机制是 PLC 与通用微处理机的基本区别之一。

2. PLC 的工作过程

图 5-3 所示为 PLC 与外部设备连接的原理图。端子 L、N 连接外部电源给 PLC 供电；X 是输入信号端子；Y 是输出信号端子；COM 端子是公共端，一般接系统的参考"地"。输入信号由按钮开关 SB、限位开关 SQ、继电器触点 KR、传感器等各种开关装置产生，通过输入端子 X 进入 PLC，它们经 PLC 处理产生控制信号，通过输出端子 Y 控制外部电气装置，如电磁气阀 YV、接触器线圈 KM 以及指示灯 VL 等。

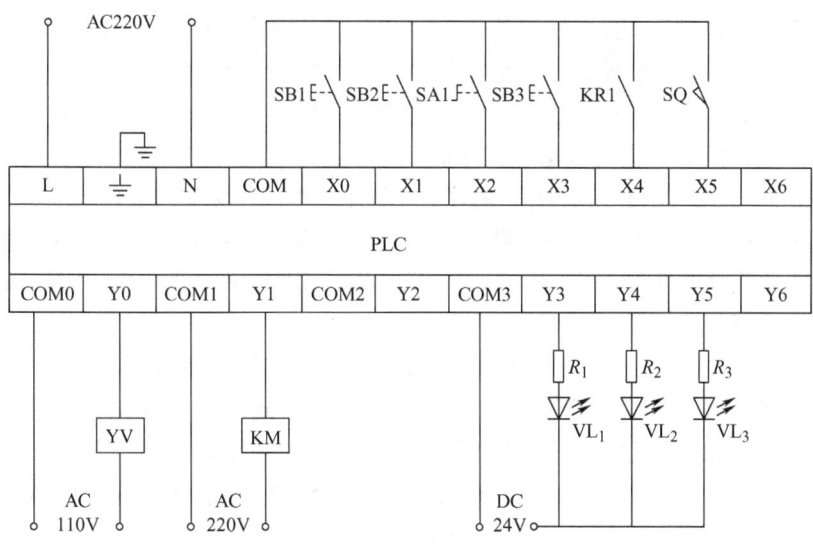

图 5-3 PLC 与外部设备连接的原理图

PLC 的工作过程基本上就是用户程序的执行过程，是在系统软件的控制下顺次扫描各输入接口的状态，按用户程序解算控制逻辑，然后顺序向输出接口发出相应的控制信号。为提高工作的可靠性和及时接收外来控制信号，在每个扫描周期还要进行故障自诊断和处理、接收编程器或计算机的通信请求等。

PLC 的一般工作过程：上电初始化→与外设通信→输入现场状态→解算用户逻辑→输出结果→自诊断。该过程循环往复。

（1）自诊断　自诊断功能可使 PLC 防患于未然。PLC 每次扫描用户程序以前，都对 CPU、存储器、输入/输出模块进行故障诊断。若自诊断正常，便继续扫描；而一旦发现故障或异常现象，则转入处理程序，保留现行工作状态，关闭全部输出，然后停机并显示出错误信息。

（2）与外设通信　自诊断正常后，PLC 即扫描编程器、上位机等通信接口，如果有通信请求，便进行响应处理。

在与编程器通信过程中，编程器把编程指令和修改参数发送给主机，主机把要显示的状态、数据、错误码等返回给编程器进行相应指示。编程器还可以向主机发送运行、停止、读内存等监控命令。

在与上位机通信过程中，PLC 将接收上位机发来的指令进行相应操作，如把现场的 I/O 状态、PLC 的内部工作状态、各种数据参数发送给上位机以及执行启动、停机、修改参数等命令。

（3）输入现场状态　PLC 扫描各输入接口，读入各个输入接口的状态和数据，如开关的通/断状态、A-D 转换值、二进制编码的十进制（BCD）数据等，并把这些状态值和数据写入输入状态表和数据存储器中的暂存单元中，形成现场输入的"内存映像"，这一过程称为输入采样或输入刷新。在一个扫描周期内，"内存映像"中的内容不变，即使外部实际开关状态已发生了变化，也只能在下一个扫描周期中刷新。PLC 在解算用户逻辑时所用的输入值是该输入的"内存映像"中的值，而不是当时现场的实际值，所以 PLC 的输出总是略有滞后。

（4）解算用户逻辑（执行用户程序）　从用户程序存储器的最低地址（0000H）存放的第一条程序开始，按用户程序进行逻辑运算和算术运算。在解算过程中所用的特殊功能继电器的值为相应存储单元的值，而输入继电器、输出继电器则用其内存映像值。

（5）输出结果（输出刷新）　将扫描过程中解算逻辑的最新结果送到输出模块，取代前一次扫描解算的结果。解算用户逻辑到用户程序结束为止，每一步所得到的输出信号被存入输出状态寄存表并未送到输出模块。待全部解算完成后，打开输出门一并输出，所有输出信号由输出状态表送到输出模块，其相应开关动作，驱动用户输出设备，即 PLC 的实际输出。

在依次完成上述五步操作后，PLC 又从自诊断开始下一次扫描，循环往复，实现对过程及设备的连续控制，直到收到停止命令，或遇到其他（如停电、故障等）现象时才停止工作。

5.2　日本三菱 FX_{0N} 系列可编程序控制器

不同生产厂家、不同型号 PLC 的基本功能和指令系统大同小异。这里以日本三菱公司生产的 FX 系列 PLC 为例，介绍其系统构成、指令系统和编程方法。

FX 系列 PLC 是日本三菱公司从 FX_0 系列、FX_1 系列、FX_2 系列发展起来的小型 PLC 系列产品。FX_{0N} 系列 PLC 的基本单元既可以独立使用，又可以与扩展单元、扩展模块组合使用。基本单元内置电源、输入/输出电路以及 CPU 与存储器。扩展单元主要是为扩展基本单元的输入/输出点数的单元，内置电源。扩展模块也是为了扩展输入/输出点数的，所不同的是电源是由基本单元或扩展单元提供。通过基本单元加上不同扩展单元、扩展模块组合使用，可以方便地构成

24~128点输入/输出的PLC控制系统。为了适应不同工业控制的需要，还可以选用一些特殊功能模块，如模拟量输入/输出模块等。

5.2.1 型号说明

FX_{0N}系列PLC是三菱FX系列PLC中体积最小、功能最精简的微型PLC系列产品，其型号为：FX_{0N}-□□□-○。

型号各部分含义如下：

1) FX_{0N}是系列名称。

2) 第一个"□"是指输入/输出的总点数。例如，24：输入14点，输出10点。

3) 第二个"□"是指单元类型。例如，M：基本单元；E：扩展单元；EX：输入扩展模块；EY：输出扩展模块。

4) 第三个"□"是指输出形式。例如，R：继电器输出；T：晶体管输出。

5) ○是指电源形式。例如，D：DC电源；省略（不注）：AC电源。

例如，FX_{0N}-24MR表示：FX_{0N}系列PLC，它是基本单元，输入/输出总点数为24点，采用继电器输出方式，供电电源为交流电源。

5.2.2 系统配置

FX_{0N}系列PLC的型号规格见表5-3，其主要性能指标见表5-4。

表5-3 FX_{0N}系列PLC的型号规格

类型	型号	输入点数	输出点数	电源电压	输出类型（备注）
基本单元	FX_{0N}-24M(R、T)	14	10	AC100~240V	R：继电器输出 T：晶体管输出
	FX_{0N}-40M(R、T)	24	16		
	FX_{0N}-60M(R、T)	36	24		
	FX_{0N}-24MR-D	14	10	DC24V	
	FX_{0N}-40MR-D	24	16		
	FX_{0N}-60MR-D	36	24		
扩展单元	FX_{0N}-40ER	24	16	AC100~240V	继电器输出
扩展模块	FX_{0N}-8EX	8	—	不需要	
	FX_{0N}-8EYR	—	8		继电器输出
	FX_{0N}-8EYT	—	8		晶体管输出
特殊功能模块	FX_{0N}-16NT	8	8		
	FX_{0N}-3A	—	—		2路模拟量输入 1路模拟量输出

表 5-4 FX$_{0N}$ 系列 PLC 的主要性能指标

项 目		性 能 指 标	备 注
编程语言		指令表、梯形图、步进梯形图（SFC）	
用户存储器容量		内置电可擦编程只读存储器（EEPROM）；可存储2000步程序	
指令种类		顺控指令：20种；步进指令：2种；应用指令36种51条	
指令处理速度		基本指令：1.6μs；应用指令：几十至几百微秒	
I/O控制方式		批处理方式（执行END指令时）	另有刷新指令
辅助继电器 M	通用	M0~M383，共384点	
	保持用	M384~M511，共128点	
	特殊用	M8000~M82554，共57点	
状态寄存器 S	初始化状态	S0~S9，共10点	
	通用	S10~S127，共118点	
	保持用	所有点均有掉电保持（S0~S127）	
定时器 T	100ms	T0~T62，共63点	
	10ms	T32~T62，共31点	M8028置1时
	1ms	T63，共1点	
计数器 C	16位通用	C0~C15，共16点，加计数	
	16位保持	C16~C199，共184点，加计数	
	高速计数器	C235~C254，共13点	
数据寄存器 D、V、Z	16位通用	D0~D127，共128点	
	16位保持	D128~D255，共128点	
	文件寄存器	D1000~D2499，共28点	
	特殊用	D8000~D8255，共28点	
	变址用	V、Z，共2点	
指针	跳转用	P0~P63，共64点	
	中断用	I00~I30，共4点	
嵌套	主控用	N0~N7，共8点	
常数	K 十进制	16bit：-32768~32768；32bit：-2147483648~2147483647	
	H 十六进制	16bit：0~FFFF；32bit：0~FFFFFFFF	

5.2.3 FX$_{0N}$ 系列 PLC 内软继电器的功能及编号

1. 输入继电器 X

PLC 的输入端子是从外部设备接收信号的窗口，与输入端子连接的输入继电器是光电隔离的继电器，输入继电器的编号与接线端子的编号一致。输入继电器

第5章 焊接自动化中的PLC控制技术

是虚拟继电器,只能由外部信号驱动,而不能由程序内部的信号驱动。因此,在程序中输入继电器只有触点,不可能有线圈。其常开和常闭触点(软接点)在PLC程序中可以重复使用,且使用次数不限。一般情况下,输入电路的时间常数小于10ms。

输入继电器编号取决于PLC的型号,FX_{0N}系列PLC的输入继电器的编号如下:

1) 24型:X000~X007,X010~X015。
2) 40型:X000~X007,X010~X017,X020~X027。

输入性能指标见表5-5。

表5-5 输入性能指标

输入电流/mA	X000~X007 DC24V,7	X010~X027 DC24V,5
输入ON电流/mA	≥4.5	≥3.5
输入OFF电流/mA	<1.5	<1.5
响应时间/ms	0~15	≈10
电路隔离	光电隔离	

2. 输出继电器Y

PLC的输出端子是向外部负载输出信号的窗口。输出继电器只有一个主触点。该主触点连接到PLC的输出端子上,用于控制用户的输出设备。其余的常开和常闭触点供内部程序使用,且使用次数不限。外部信号不能直接驱动输出继电器,而只能在程序内部用指令驱动。

PLC主要有三种输出形式:继电器输出、晶体管输出和晶闸管输出。

(1) 继电器输出 继电器输出是最常用的一种PLC输出形式。采用固态继电器作为继电器输出元件。当PLC有输出时,接通或断开输出电路中的继电器线圈,继电器的接点闭合或断开,通过该接点控制外部负载电路的通断。

继电器输出式PLC在AC250V以下的电路中可驱动的负载:纯电阻负载2A/点;感性负载80V·A以下。它耐受电压范围宽,导通压降小,价格便宜,既可以控制交流负载,也可控制直流负载,但其触点寿命短,转换频率低,响应时间平均为10ms。

(2) 晶体管输出 晶体管输出是无触点输出,它通过光耦合器使晶体管截止或饱和以控制外部负载电路,并同时对PLC内部电路和输出电路进行光电隔离。晶体管输出型每个点可以输出0.5A电流,但有温度上升限制,每4点输出总电流不得大于0.8A(0.2A/点)。它寿命长,噪声小,可靠性高,频率响应快,响应时间为0.2ms,可以高速通断,但其价格高,过载能力差。

(3) 晶闸管输出 晶闸管输出也是无触点输出,它采用光触发型双向晶闸管,每个点可以输出 0.5A 电流。它寿命长,响应速度快,响应时间为 1ms,但过载能力差。

FX_{0N} 系列输出继电器的编号如下:

1) 24 型:Y000~Y007,Y010~Y011。
2) 40 型:Y000~Y007,Y010~Y017。

FX_{0N} 系列 PLC 常用的继电器输出和晶体管输出的性能指标见表 5-6。

表 5-6 输出性能指标

继电器输出性能指标		晶体管输出性能指标	
额定电流	2A/点(8A/4 点)	额定电流	0.5A/点(0.8A/4 点)
负载电压	交流 240V,直流<30V	负载电压	直流:5~30V
最大负载	80V·A(感性)、100W(灯)	最大负载	12W(感性)、15W(灯)
响应时间	≈10ms	响应时间	<1ms
电路隔离	机械隔离	电路隔离	光电隔离

3. 辅助(中间)继电器 M

PLC 中有许多辅助继电器,由程序驱动。每个辅助继电器有无数对常开和常闭触点,专供 PLC 编程使用。与输出继电器相同,辅助继电器只能由程序驱动,不能直接驱动外部负载。

辅助继电器有以下两种类型:

1) 普通(一般型)继电器,其编号为 M000~M383(384 点)。
2) 掉电保护继电器(电池保持),其编号为 M384~M511(128 点)。

在实际的工业控制中常常会发生电源突然掉电的情况。为了能在电源恢复供电时继续电源中断前的控制,要求系统在掉电瞬间将某些状态和数据存储起来。在 PLC 设计时,已考虑了这一重要因素,PLC 采用电池作为 PLC 掉电保持重要数据与状态的备用电源。

4. 特殊型继电器

特殊型继电器是一些完成特殊功能的专用辅助继电器,其编号为 M8000~M8254(57 点),具体用途及对应继电器查 PLC 的使用手册。

5. 定时器 T

FX_{0N} 系列 PLC 内设软件定时器,根据时钟脉冲累计定时。定时器在预置时间内进行计时,计时完成时控制其常开、常闭触点工作。由此可见,PLC 中定时器的作用相当于继电器控制系统中通电延时工作方式的时间继电器。它可以提供无限对常开、常闭延时触点供编程使用。定时器的延时时间由编程时设定的时间常数值决定。PLC 的程序执行是以扫描方式,从"0"步到"END"步,不断地重复执行。一旦定时器满足条件开始定时工作,就从 0 值开始,每隔单位时

第5章 焊接自动化中的 PLC 控制技术

间（如 100ms）自动增 1，而与程序运行无关。当定时器的值增至设定值 K 时，其常开、常闭触点动作。

FX_{0N} 系列 PLC 的定时器有三种类型，其时钟脉冲分别为 100ms、10ms、1ms。以 100ms 为单位的定时器为 T0~T62，共 63 点，其中 T32~T62 由特殊辅助继电器 M8028 控制，当 M8028 置 0 时，以 100ms 为单位定时；当 M8028 置 1 时，以 10ms 为单位定时。以 1ms 为单位的定时器只有 T63。

6. 计数器 C

计数器的计数次数由编程时设定的常数值决定。计数器有通用型和高速型两类，通用型又分为通用功能型和掉电保持功能型两种。掉电保持功能是指在中断电源的情况下，计数器当前的值仍然保持不变。

通用型计数器由于受系统扫描周期长短的影响，要求计数脉冲具有一定的宽度，否则频率太高，脉冲太窄，计数器将无法响应。高速型计数器是按中断原则计数的，因而它独立于扫描周期。FX_{0N} 系列的 PLC 有 4 个高速型计数器输入端 X0~X3，即最多同时用 4 个高速计数器。

FX_{0N} 系列 PLC 的通用型计数器为 C0~C31（32 点），其中 C16~C31 为掉电保持功能计数器；高速型计数器为 C235~C254（13 点）。

7. 寄存器

一个复杂的 PLC 控制系统中需要大量的工作参数和数据，这些参数和数据需要存储在数据存储器中。FX_{0N} 系列 PLC 中有通用寄存器、特殊用寄存器、文件寄存器、变址寄存器等。FX_{0N} 系列 PLC 还有各种状态寄存器，包括初始化用寄存器、通用寄存器、保持用寄存器等。状态寄存器是重要的状态元件，它与步进指令 STL 组合使用，可以用于步进顺控指令。

5.2.4 PLC 的外部接线

PLC 控制系统是软硬结合的控制系统。尽管其硬件电路比较简单，但设计合理的硬件电路以及正确的 PLC 外部接线也是非常重要的。

以 AC 电源供电、继电器输出形式的 PLC 为例，典型 PLC 控制系统的外接电源及输入/输出电路连接方法如图 5-4 所示。

由图 5-4 可见，外接电源通过 L、N 脚输入 PLC；系统内部的+24V 直流电源可供外部输入/输出设备使用。X0、X1 等为输入端口，COM 为公共端。输入端可以连接开关 SB1 和 SB2 以及接近开关等传感器。其输入器件都利用了 PLC 系统内部的+24V 直流电源供电（也可以由外部电源供电）。PLC 的输入端主要用于连接用户的操作按钮、传感器检测信号等系统控制的输入信号。

图 5-4 中的 Y0、Y1、Y2 等为输出端口，COM 为公共端。与输入端不同的是，输出端口分组共享公共端 COM0、COM1 等。输出端口主要用于控制系统控

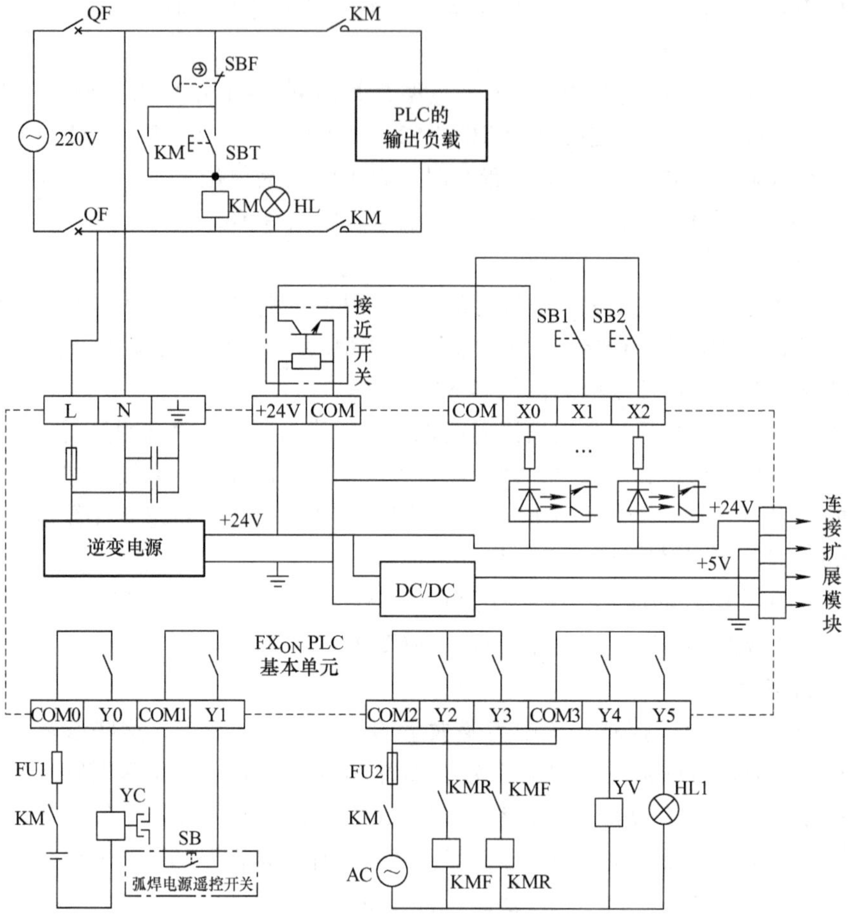

图 5-4 典型 PLC 控制系统的外接电源及输入/输出电路连接方法

制的对象,实现所需要的控制动作。图 5-4 中的控制对象有电磁离合器 YC、指示灯 HL1、控制电动机正反转的接触器 KMF 和 KMR、电磁气阀 YV(用于气动夹具或保护气体的控制)以及弧焊电源的遥控开关 SB 等。控制对象也就是输出设备的供电一般需要外加电源供电。外加电源可以是交流电源也可以是直流电源。

如果采用晶体管输出形式的 PLC,可以通过输出接点输出脉冲。当 Y0 用作脉冲列输出、Y1 用作 PWM 输出时,应连接上拉电阻,并使负载电流$\geqslant 0.2$A,否则会延长接通—断开时间,并无法获得高频脉冲。

采用何种形式的输出形式,则要根据控制要求和负载特点来选择。

在 PLC 安装、连接外部控制器件时,还应考虑其抗干扰措施,有关此方面的问题请参考其他相关文献资料。

第5章 焊接自动化中的 PLC 控制技术

5.3 可编程序控制器的指令及其应用

不同机型的 PLC 有不同的指令系统,但其指令的基本功能大同小异。这里仍以日本三菱公司生产的 FX_{0N} 系列可编程序控制器为例介绍 PLC 的指令。

PLC 的指令按功能可分为基本指令和特殊功能指令。基本指令是指直接对输入/输出进行简单操作的指令,包括输入/输出、逻辑"与"、逻辑"或"、逻辑"非"等;特殊功能指令是指完成一些特定动作的指令,如程序的跳转,程序的循环、中断,数据传送与比较等。本节主要介绍 FX_{0N} 系列的各种基本指令的功能和用法。

5.3.1 基本指令

FX_{0N} 系列 PLC 有 20 条基本指令见表 5-7。

表 5-7 FX_{0N} 系列 PLC 的基本指令

指令	功　能	梯　形　图	目标软元件	步数	执行时间/μs ON	执行时间/μs OFF
LD	取指令 常开触点与左母线连接		X、Y、M、T、C、S、特殊 M	1	3.4	3.4
LDI	取反指令 常闭触点与左母线连接		X、Y、M、T、C、S、特殊 M	1	3.4	3.4
AND	逻辑"与"指令 单个常开触点的串联		X、Y、M、T、C、S、特殊 M	1	3.2	3.2
ANI	逻辑"与非"指令 单个常闭触点的串联		X、Y、M、T、C、S、特殊 M	1	3.2	3.2
OR	逻辑"或"指令 单个常开触点的并联		无	1	3.2	3.2
ORI	逻辑"或非"指令 单个常闭触点的并联		无	1	3.2	3.2
ANB	电路块"与"指令 若干个先并联后串联触点的连接		无	1	2.2	2.2

(续)

指令	功 能	梯 形 图	目标软元件	步数	执行时间/μs ON	执行时间/μs OFF
ORB	电路块"或"指令 若干个先串联后并联触点的连接		无	1	2.2	2.2
PLS	脉冲输出指令 脉冲上升沿触发线圈	PLS YM	Y、M	2	21.8	21.8
PLF	脉冲输出指令 脉冲下降沿触发线圈	PLF YM	Y、M	2	21.8	21.8
MC	主控指令 公共串联触点线圈联通	MC N0 M或Y	N-Y、M	3	19.2	20.4
MCR	主控复位指令 公共串联触点线圈断开	MCR N0	N	2	6.2	6.2
MPS	进栈指令 运算记忆,用于储存结果		无	1	2.0	2.0
MRD	读栈指令 读出记忆,用于读出结果		无	1	2.0	2.0
MPP	出栈指令 读出记忆并复位,用于读出并消除结果		无	1	2.0	2.0
SET	置位指令 驱动输出置位,线圈保持通电	SET YMS	Y、M、	1	3.6	2.0
			S	2	7.0	2.8
			特殊 M	2	7.8	2.6
RST	复位指令 驱动输出复位,线圈保持断电	RST YMSCDVZ	Y、M、	1	3.6	1.8
			S	2	6.2	2.8
			特殊 M	2	7.8	2.6
			C、T	2	22.4	19.6
			D、V、Z	3	9.2	3.0

第5章 焊接自动化中的 PLC 控制技术

(续)

指令	功能	梯形图	目标软元件	步数	执行时间/μs ON	执行时间/μs OFF
OUT	输出指令 将逻辑运算的结果驱动指定线圈	─┤├──────○─	Y、M	1	3.2	3.2
			S	2	7.0	7.2
			特殊 M	2	8.2	7.8
			T-K	3	25.2	21.0
			C-K(16位)	3	17.8	15.6
			C-K(32位)	5	16.0	8.6
NOP	空操作	无	无	1	1.6	1.6
END	结束指令 程序结束	─┤ END ├─	无	1		

1. 输入/输出性指令（LD、LDI、OUT）

1) LD 为取指令，用于提取常开触点的状态。梯形图中常开触点与左母线连接。

2) LDI 为取反指令，用于提取常闭触点的状态。梯形图中常闭触点与左母线连接。

LD、LDI 用于提取 PLC 输入继电器常开触点和常闭触点的信号，也可用于提取 PLC 内部计数器、定时器、辅助继电器以及输出继电器的常开触点和常闭触点的信号。

3) OUT 为输出指令，用于将逻辑运算的结果驱动一个指定线圈，如输出继电器、辅助继电器、定时器、计数器、状态寄存器等线圈，但不能用于控制连接可编程序控制器输入接点上的检测结果。梯形图中 OUT 控制的线圈与右母线连接。

OUT 指令可以连续使用若干次，相当于线圈并联，但不能串联使用。

在对定时器、计数器使用 OUT 指令时，必须设置常数 K。

2. 逻辑"与"、逻辑"与非"指令（AND、ANI）

1) AND 为逻辑"与"指令，用于单个常开触点的串联，完成逻辑"与"运算。

2) ANI 为逻辑"与非"指令，用于单个常闭触点的串联，完成逻辑"与非"运算。

AND、ANI 指令串联触点时，是从该指令的当前步开始，对前面的 LD、LDI 指令串联连接的。AND、ANI 指令均用于单个触点的串联，串联触点数目没有限制，指令可以重复使用。它们的适用范围与 LD、LDI 相同。

3. 逻辑"或"、逻辑"或非"指令（OR、ORI）

1）OR 为逻辑"或"指令，用于单个常开触点的并联，完成逻辑"或"运算。

2）ORI 为逻辑"或非"指令，用于单个常闭触点的并联，完成逻辑"或非"运算。

OR、ORI 指令并联触点时，是从该指令的当前步开始，对前面的 LD、LDI 指令的触点进行并联连接。该指令并联连接次数不限，其适应范围与 LD、LDI 相同。

4. 结束指令（END）

END 为结束指令，用于程序的结束，无目标元素。一般表示程序的结束。

PLC 在运行时，CPU 读取输入信号，执行梯形图电路并输出驱动信号。当执行到 END 指令时，END 指令后面的程序跳过不执行，然后回到程序开始端，如此反复扫描执行。由此可见，具有 END 指令时，不必扫描全部 PLC 内的程序内容，从而具有缩短扫描时间的功能。

例如，焊接小车往返控制的梯形图如图 5-5 所示，对应的助记符语句表见表 5-8。

程序中的 X001、X002、X003、X004 作为输入端子分别连接在外部开关触点上，其中 X002、X001 分别连接焊接小车行走起动、停止开关，X003、X004 分别连接焊接小车行走往返位置的限位开关。

Y001、Y002 作为输出端子分别连接控制小车行走电动机正、反转的接触器，控制小车的行走和行走方向；Y003、Y004 分别连接显示小车行走方向的指示灯，用来显示小车行走的方向。

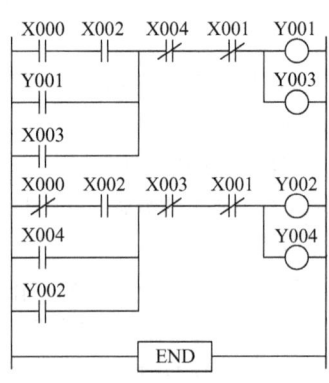

图 5-5 焊接小车往返控制的梯形图

表 5-8 图 5-5 对应的助记符语句表

步　序	语　句		备　注
0	LD	X000	输入 X000 连通（状态转换开关连通）
1	AND	X002	并且输入 X002 连通（小车起动开关闭合）
2	OR	Y001	或者输出 Y001 连通（自锁）
3	OR	X003	或者输入 X003 连通（限位开关 1 闭合）
4	ANI	X004	并且输入 X004 关断（限位开关 2 断开）
5	ANI	X001	并且输入 X001 关断（小车停止开关断开）
6	OUT	Y001	驱动输出线圈 Y001（行走接触器 1 通电）

第5章 焊接自动化中的PLC控制技术

(续)

步　序	语　　句	备　　注
7	OUT　Y003	驱动输出线圈Y003（指示灯1亮）
8	LDI　X000	输入X000关断（状态转换开关断开）
9	AND　X002	并且输入X002连通（小车起动开关闭合）
10	OR　X004	或者输入X004连通（限位开关2闭合）
11	OR　Y002	或者输出Y002连通（自锁）
12	ANI　X003	并且输入X003关断（限位开关1断开）
13	ANI　X001	并且输入X001关断（小车停止开关关断）
14	OUT　Y002	驱动输出线圈Y002（行走接触器2通电）
15	OUT　Y004	驱动输出线圈Y004（指示灯2亮）
16	END	程序结束

X001、X002连接点动控制开关，X003、X004连接行程开关。编程中使用输入继电器X的常开触点，是指外部开关连通时，输入继电器X常开触点连通，梯形图中使用LD或AND指令；使用其常闭触点，相当于外部开关断开时，输入继电器X常闭触点连通，在梯形图中需要其输入状态求反后再存入PLC中，即使用LDI或ANI指令。驱动输出Y001、Y002等，相当于给输出所连接的外部设备控制信号，如果外部设备是指示灯，当驱动输出时，指示灯接通电源发光；如果外部设备是接触器，当驱动输出时，接触器线圈接通电源工作。

X000连接的是一个选择开关，用于方向控制，对应选择开关的两个位置，输入继电器X000为连通与关断。连通时，其常开触点连通，起动小车，则Y001控制的接触器通电动作，小车电动机正转；X000关断时，其常闭触点连通，起动小车，则Y002控制的接触器通电动作，小车电动机反转。

5. 电路块并联、串联连接指令（ORB、ANB）

1）ORB为电路块"或"指令。当梯形图的控制电路中出现若干个先串联后并联触点结构时，可将每组串联的触点看成一个块，与左母线相连的最上面的块按照触点串联方式编写语句。下面依次并联的块称为子块，每个子块左边第一个触点用LD或LDI指令，其余与其串联的触点用AND或ANI指令。每个子块的语句编写完后，加一条ORB指令，表示该子块与上面的块并联。

图5-6与表5-9所示为ORB指令用法的例子。在图5-6中，X000与X001串联构成块，而X002与X003串联、X004与X005串联分别构成子块。每个子块中至少有两个串联的触点。

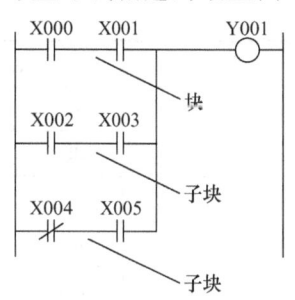

图5-6　ORB指令用法

由此可见，两个以上的触点串联连接构成串联电路块，若干个串联电路块并联时，各个子块后面加 ORB 指令。并联子块数没有限制，即 ORB 指令使用次数无限制。

表 5-9　图 5-6 对应的助记符语句表

步　序	语　　　句	备　　　注
0	LD　　X000	输入 X000 连通
1	AND　　X001	并且输入 X001 连通
2	LD　　X002	输入 X002 连通
3	AND　　X003	并且输入 X003 连通
4	ORB	上述两条件满足其一
5	LDI　　X004	输入 X004 连通
6	AND　　X005	并且输入 X005 连通
7	ORB	上述两条件满足其一
8	OUT　　Y001	驱动输出线圈 Y001

2）ANB 为电路块"与"指令。当一个梯形图的控制电路由若干个先并联、后串联的触点组成时，可将每组并联看成一个块。与左母线相连的块按照触点并联方式编写语句，下面依次串联的块称为子块。每个子块最上面的触点用 LD 或 LDI 指令，其余与其并联的触点用 OR 或 ORI 指令。每个子块的语句编写完后，加一条 ANB 指令，表示该子块与左面的块串联。串联子块数没有限制，即 ANB 指令使用次数无限制。

图 5-7 与表 5-10 所示为 ANB 指令用法的例子。在图 5-7 中，X000 与 X001 并联构成块，X002 与 X003 并联构成子块。

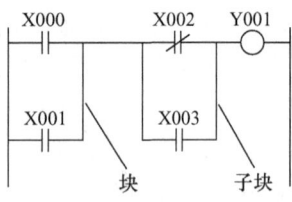

图 5-7　ANB 指令用法

表 5-10　图 5-7 对应的助记符语句表

步　序	语　　　句	备　　　注
0	LD　　X000	输入 X000 连通
1	OR　　X001	或者输入 X001 连通
2	LDI　　X002	输入 X002 断开
3	OR　　X003	或者输入 X003 连通
4	ANB	上述两条件同时满足
5	OUT　　Y001	驱动输出线圈 Y001

第 5 章 焊接自动化中的 PLC 控制技术

图 5-8 与表 5-11 所示为一个多重输入电路的例子。

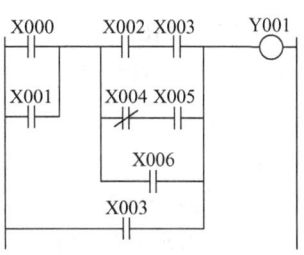

图 5-8 多重输入电路

在图 5-8 中,输出 Y001 受输入 X000、X001、X002、X003、X004、X005 及 X006 的控制。这些输入既可以是电器开关的控制量,也可以是经过信号处理后的传感器检测量。该电路中应用了 ANB 和 ORB 指令。其中,X002 和 X003 的常开触点串联构成一个块,X004 的常闭触点和 X005 的常开触点串联构成一个子块,这两个块与 X006 的常开触点并联又构成一个子块与 X000 和 X001 常开触点并联构成的块相串联。

表 5-11 图 5-8 对应的助记符语句表

步 序	语 句		备 注
0	LD	X000	输入 X000 连通
1	OR	X001	或者输入 X001 连通
2	LD	X002	输入 X002 连通
3	AND	X003	并且输入 X003 连通
4	LDI	X004	输入 X004 断开
5	AND	X005	并且输入 X005 连通
6	ORB		上述两条件满足其一
7	OR	X006	或者输入 X006 连通
8	ANB		上述两条件同时满足
9	OR	X003	或者输入 X003 连通
10	OUT	Y001	驱动输出线圈 Y001

6. 置位与复位指令(SET、RST)

1) SET 为置位指令,驱动输出置位,输出线圈保持通电。SET 指令可用于输出继电器(Y)、辅助继电器 M 和状态寄存器的置位控制。

2) RST 为复位指令,驱动输出复位,输出线圈保持断电。RST 指令可用于输出继电器(Y)、辅助继电器 M 和状态寄存器的复位操作;对数据寄存器 D 和变址寄存器 V、Z 进行清零。当 RST 指令用于移位寄存器复位时,将清除所有位的信息。RST 指令还可用于定时器 T 和计数器 C 逻辑线圈的复位,使定时器 T 和计数器 C 的接点断开,当前定时值和计数值为零,定时器 T 和计数器 C 回到设定值,这时 RST 指令优先执行。

使用 SET 和 RST 指令可以方便地在 PLC 程序的任何地方对某个状态或事件设置标志和清除标志。使用 SET 和 RST 指令时没有顺序的限制。

SET 和 RST 指令具有自保持功能。如图 5-9 所示，只要 M0 一接通，Y000 置位，即输出 Y000 接通；即使 M0 再断开，Y000 仍保持接通状态。同理，只要 M1 一接通，Y000 复位，即输出 Y000 断开；即使 M1 再断开，Y000 仍保持断开状态。

7. 脉冲指令（PLS、PLF）

1）PLS 为脉冲指令，上升沿微分输出。

2）PLF 为脉冲指令，下降沿微分输出。

PLS、PLF 指令用于对 Y、M 进行短时间的脉冲控制。使用 PLS 指令，Y、M 仅在驱动输入接通后的一个扫描周期内动作；使用 PLF 指令，Y、M 仅在驱动输入断开后的一个扫描周期内动作。

图 5-9 所示为 RST、SET、PLS 和 PLF 指令使用方法和动作时序图，对应的助记符语句表见表 5-12。

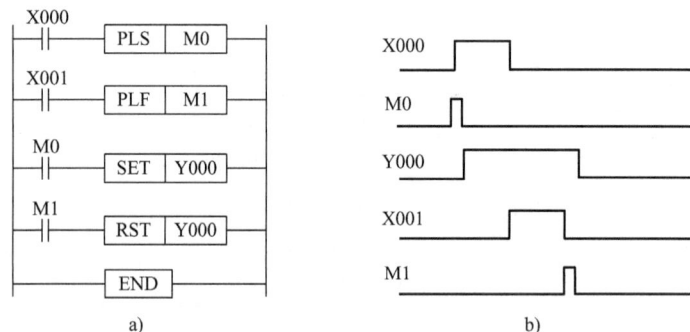

图 5-9　RST、SET、PLS 和 PLF 指令使用方法和动作时序图

a）梯形图　b）动作时序图

表 5-12　图 5-9 对应的助记符语句表

步　序	语　句		备　注
0	LD	X000	输入 X000 连通
1	PLS	M0	在 X000 的连通的上升沿，M0 输出一个短脉冲
3	LD	X001	输入 X001 连通
4	PLF	M1	在 X001 的连通的下降沿，M1 输出一个短脉冲
6	LD	M0	辅助继电器 M0 连通
7	SET	Y000	输出 Y000 置位（驱动输出）
8	LD	M1	辅助继电器 M1 连通
9	RST	Y000	输出 Y000 复位（停止驱动输出）
10	END		程序结束

第5章 焊接自动化中的PLC控制技术

由此可见，一般情况下，使用RST、SET指令时，输入往往是脉冲输入，如果是开关通断控制，往往采用可以自动复位的电器开关。在此例中，将Y000的置位认为是有驱动输出，将Y000的复位认为是无驱动输出。

用输入X000的上升沿微分输出来驱动辅助继电器M0，M0导通一个脉冲（PLC的1个扫描周期），使Y000置位输出。Y000置位输出后，即使M0关断，只要没有使Y000复位的信号，输出Y000将保持连通。

用输入X001的下降沿微分输出来驱动辅助继电器M1，M1导通（1个扫描周期），使输出Y000复位、Y000断开。

图5-10所示为采用脉冲指令设计的脉冲分频电路。将脉冲信号加入X001端，在第一个脉冲到来时，利用PLS指令在X001输入脉冲的上升沿使M0产生一个扫描周期的单脉冲，即使M0的常开触点连通一个扫描周期。由于此时的Y000还未被驱动，其常闭触点连通，故驱动输出Y000线圈在下一个扫描周期连通。在第二个扫描周期中，M0处于断开状态，故其常开触点断开、常闭触点连通，而此时的输出Y000线圈处于连通状态，其常开触点连通、常闭触点断开，因此Y000将继续保持连通状态，直到X001输入第二个脉冲；当X001的第二个脉冲到来时，由于PLS指令的作用，因而在X001输入脉冲的上升沿使M0又产生一个扫描周期的单脉冲。在此扫描周期内，M0的常开触点连通、常闭触点断开。由于此扫描周期中Y000仍然处于连通状态，故其常闭触点处于断开状态，因此驱动Y000线圈在下一个扫描周期断开。从下一个扫描周期开始，Y000将保持断开状态，相当于控制的初始状态。当X001的第三个脉冲到来时，重复上述过程，循环往复，Y000输出的脉冲为X001输入脉冲的二分频。

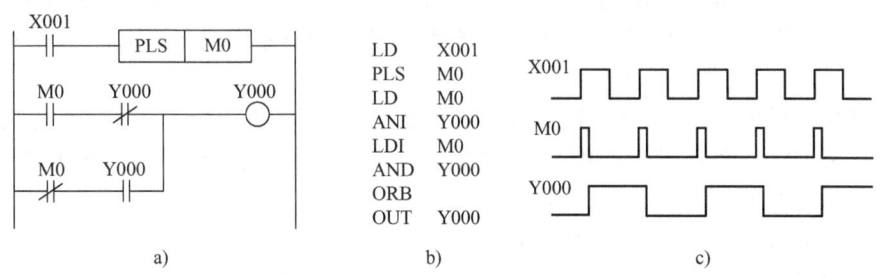

图5-10 脉冲分频电路
a）梯形图　b）助记符语句表　c）动作时序图

8. 主控指令（MC、MCR）

1）MC为主控指令（公共串联触点连接）。

2）MCR为主控复位指令（公共串联触点断开）。

其目的操作数的选择范围为Y、M。n为嵌套数，选择范围为N0~N7。下面举一例，其应用如图5-11所示，对应的助记符语句表见表5-13。

175

表 5-13　图 5-11 对应的助记符语句表

步　序	语　句	备　注
0	LD　X000	输入 X000 连通
1	MC　N0　M0	公共串联连接点 M0 接通
4	LD　X001	输入 X001 连通
5	OUT　Y001	驱动输出 Y001
6	MCR　N0	公共串联连接点 M0 断开
8	LD　X002	输入 X002 接通
9	OUT　Y002	驱动输出 Y002
10	END	程序结束

MC、MCR 是一触点（称为主控触头）控制多条支路连通的指令，必须成对使用。如图 5-11 所示，当输入 X000 连通，公共串联连接点 M0 连通时，将执行 MC 与 MCR 之间的指令，即 MC 与 MCR 之间的程序段中的输出都可能连通。如果此时输入 X001 连通，则驱动输出 Y001；如果输入 X000 未连通，即公共串联连接点 M0 未连通，则由 MC 与 MCR 之间的程序段中的输出都不可能连通。如果此时输入 X001 连通，也不能驱动输出 Y001。对于 MC 与 MCR 以外的程序，则不受其控制，即无论公共串联连接点 M0 是否连通，当输入 X002 常开触点连通时，都将驱动输出 Y002。

图 5-11　主控指令应用

当公共串联连接点 M0 断开时，MC 与 MCR 指令之间的计数器、失电保护定时器和用 SET/RST 指令驱动的元件将保持当前的状态；而普通定时器、各个辅助继电器以及输出线圈将处于断电状态。在图 5-11 所示的电路中，无论输出 Y001 在输入 X000 断开前是什么状态，当输入 X000 断开后，Y000 都将处于断电状态。

使用不同的 Y、M 元件号，可以多次使用 MC、MCR 指令。在 MC 指令内使用 MC 指令时，嵌套级 *n* 的编号顺次增大，从 N0 到 N7。返回时用 MCR 指令，从大的嵌套级开始解除，即从 N7 到 N0。

9. 堆栈指令（MPS、MRD、MPP）

1）MPS 为进栈指令，用于储存结果，记忆到 MPS 指令为止的状态，并将其储存。

2）MRD 为读栈指令，用于读出记忆结果，即读出用 MPS 指令记忆的状态。

3）MPP 为出栈指令，读出并复位，即读出用 MPS 指令记忆的结果，并清除这些结果。

下面列举一例，其应用如图 5-12 所示，对应的助记符语句表见表 5-14。

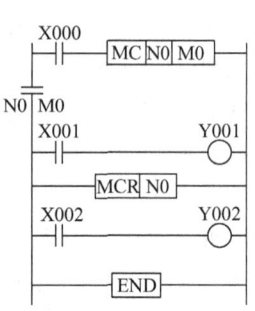

图 5-12　堆栈指令应用

第5章 焊接自动化中的PLC控制技术

表 5-14 图 5-12 对应的助记符语句表

步 序	语 句		备 注
0	LD	X000	输入 X000 接通
1	MPS		进栈记忆
2	AND	X001	并且输入 X001 接通
3	OUT	Y000	驱动输出 Y001
4	MRD		读栈即读出记忆结果
5	AND	X002	并且输入 X002 接通
6	OUT	Y001	驱动输出 Y001
7	MPP		出栈即读出记忆结果并清除记忆结果
8	OUT	Y002	驱动输出 Y002
9	END		程序结束

输入 X000 接通,将 X000 的状态记忆。在 X000 接通的条件下,当输入 X001 接通时,驱动输出 Y000。扫描到读栈指令时,读出记忆情况,如果记忆中 X000 接通,当输入 X002 接通时驱动输出 Y001。扫描到出栈指令时,读出记忆情况,并清除记忆情况。当记忆中输入 X000 接通时,则驱动输出 Y002,也就是只要 X000 接通,输出 Y002 就被驱动。

采用 MPS、MRD、MPP 指令可以简化梯形图和减少编程的语句而实现同样的控制功能。

10. 空操作指令(NOP)

NOP 为空操作(无操作)指令。

执行该指令时,不完成任何操作,只是占用一步的步序。可以预先在程序中插入适量的 NOP 指令,以备修改或增加指令用,也可以用 NOP 指令取代已写入的指令,从而有利于程序的修改。

5.3.2 定时器及计数器的应用

1. 定时器的应用

在焊接自动化系统中,延时控制应用广泛。在 PLC 中有不同的定时器,利用定时器很容易实施延时控制。

(1) 通电延时型时间继电器 通电延时型时间继电器控制梯形图及动作时序如图 5-13 所示,对应的助记符语句表见表 5-15。

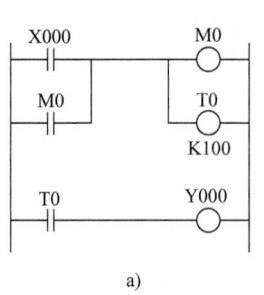 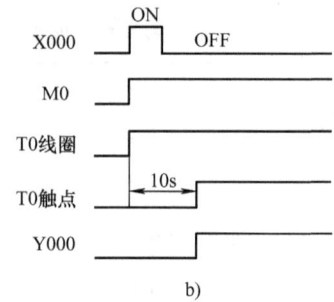

图 5-13 通电延时型时间继电器
a) 梯形图　b) 动作时序图

表 5-15　图 5-13 对应的助记符语句表

步　序	语　句		备　注
0	LD	X000	输入 X000 接通
1	OR	M0	或者 M0 接通
2	OUT	M0	驱动辅助继电器 M0
3	OUT	T0　K100	定时器 T0 计时，计时 10s 时，T0 输出
6	LD	T0	T0 接通
7	OUT	Y000	输出 Y000

由图 5-13 可知，当输入 X000 接通时，辅助继电器 M0 通电，M0 常开触点与 X000 常开触点并联起自锁作用；定时器 T0 线圈通电，但 T0 触点不动作，当定时器定时到预定值 K100（10s）时，T0 触点才动作；T0 常开触点连通，则驱动输出 Y000。由此可见，在输入 X000 连通以后，延时 10s，Y000 才连通。T0 的常开触点相当于通电延时型继电器的延时连通的常开触点。

（2）断电延时型时间继电器　断电延时型时间继电器控制梯形图、助记符语句表及动作时序图如图 5-14 所示。

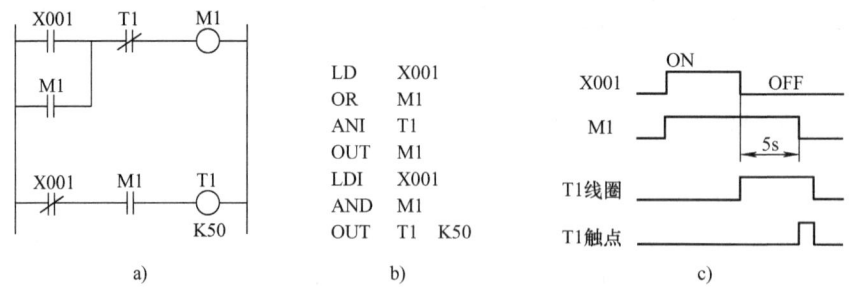

图 5-14 断电延时型时间继电器
a) 梯形图　b) 助记符语句表　c) 动作时序图

第5章 焊接自动化中的PLC控制技术

由图 5-14 可见，当输入 X001 接通时，辅助继电器 M1 通电，M1 常开触点立即连通。当输入 X001 断开后，M1 常开触点没有立即断开，而是在定时器 T1 线圈通电延时 5s 以后才断开，相当于断电延时型继电器的延时断开的常开触点。

2. 计数器的应用

在焊接自动化中，计数器的应用也是比较多的。例如，采用增量编码器作为传感器进行焊接位移、焊接位置控制时，利用计数器对编码器输出脉冲进行计数，对焊接过程加以控制。此外，计数器还可以用于延时控制、脉冲控制等。

图 5-15 所示为计数器基本计数功能应用的梯形图、动作时序图，对应的助记符语句表见表 5-16。

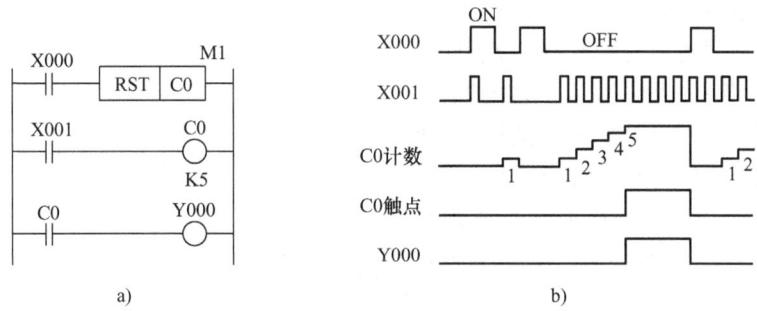

图 5-15 计数器基本计数功能应用
a）梯形图　b）动作时序图

表 5-16 图 5-15 对应的助记符语句表

步　序	语　句	备　注
0	LD　X000	输入 X000 接通
1	RST　C0	计数器复位（计数器清零）
3	LD　X001	输入 X001 接通
4	OUT　C0　K5	计数器 C0 计数，计数计到 5 时 C0 输出
7	LD　C0	计数器 C0 常开触点接通
8	OUT　Y000	驱动输出 Y001

定时器、计数器可用程序举例中的方法直接设定定时器或计数器的设定值。

5.3.3　功能指令

FX_{0N} 系列可编程序控制器还具有一些功能指令，可以完成一些特定的动作，如程序的跳转、某段程序的循环、程序的中断、数据的传送与比较、算术与逻辑运算等。本节仅介绍跳转指令、循环指令，其他指令请参考有关书籍及 PLC 说明书。

1. 跳转指令

CJ 是条件跳转指令。该指令用于程序跳过顺序程序的一部分，执行下面的程序。操作码 CJ 后面加操作元件，表示当控制电路由"断开"到"连通"时，才执行该指令。操作元件为指针 P0~P63，其中 P63 为 END，无须再标号。

CJ 指令的用法如图 5-16 所示。当输入 X000 连通时执行 CJ 指令，程序跳转到与 CJ 指令指定的指针同一编号的标号处，如图 5-16 中的 P10 处。CJ 指令与标号 P10 之间的程序就不再执行，即此时再连通 X001 的常开触点，输出 Y001 不会被驱动。当输入 X000 断开时，不执行 CJ 指令，程序恢复正常的顺序，即 CJ 指令与标号 P10 之间的程序正常执行。此时再连通 X001 的常开触点，将驱动输出 Y001。此指令在编程中非常有

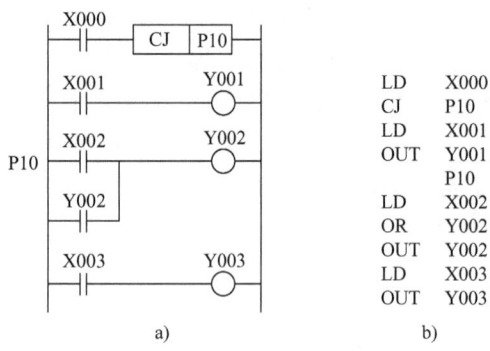

图 5-16　跳转指令的用法
a）梯形图　b）助记符语句表

用，如在焊接自动化设备中的手动与自动控制程序的切换，就可以采用跳转指令去执行不同的程序段。

在一个程序中，指针 P 的一个标号只能出现一次；在同一程序中，不同跳转指令可以使用相同的指针标号，指针允许重复使用。应该注意的是，在编程时，不同的跳转指令要分别实现跳转。

在程序执行过程中，一旦 Y、M 被 OUT、SET、RST 指令驱动，即使跳转过程中输入发生变化，也仍保持跳转前的状态。例如，通过 X001 驱动输出 Y001 后发生跳转，在跳转过程中，即使 X001 变为"OFF"，输出 Y001 也仍然有效。

如果跳转发生时，定时器或计数器正在工作，则会立即中断计数或定时，直到跳转结束后，继续进行定时或计数。但是，正在工作的 T63 或高速型计数器，无论有无跳转仍旧连续工作。

一般的功能指令在跳转时不执行。

该指令在采用盒式编程器编程时，需要使用其功能指令（FNC），编号为 00，程序步数为 3。

2. 循环指令

循环指令的循环区起点为 FOR，目标元件可以是常数 K 或 H，也可以是定时器、计数器、寄存器等。

功能指令（FNC）编号为 08，程序步数为 3。

采用目标元件为常数，其次数 n 可以设定为 1~32767；若设定为 -32767~0，则视为 $n=1$。

循环指令的循环区终点为 NEXT，无目标元件。功能指令（FNC）编号为 09，程序步数为 1。

循环指令的用法如图 5-17 所示。

FOR 和 NEXT 之间的循环处理可重复执行几次，由源数据指定次数。图 5-17 中 A 循环中的目标元件为常数 K4，即 A 循环要执行 4 次。执行完循环，程序就转到紧跟在 NEXT 后面的程序。B 循环中的目标元件为数据寄存器 D0。如果 D0 内寄存的数据为 5，则每执行一次 A 循环，B 循环就要执行 5 次。由于 A 循环要执行 4 次，因此 B 循环总共要执行 20 次。

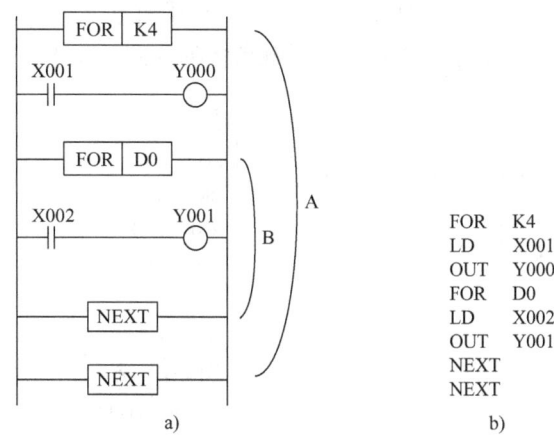

图 5-17 循环指令的用法
a）梯形图 b）助记符语句表

在 FOR-NEXT 指令中，可嵌套 5 层。

当 NEXT 指令写在 FOR 前面、缺少 NEXT 指令、NEXT 与 FOR 指令数目不一致时，程序会出错。

5.4 梯形图的编程方法与规则

梯形图直观易懂，是 PLC 控制中应用最多的一种编程语言，往往可以与助记符语句表联合使用，完成 PLC 控制的软件设计。

5.4.1 梯形图编程的规则

1）在梯形图的某个逻辑行中有多个串联支路并联时，串联触点多的支路应放在上面。如果将串联触点多的支路放在下方，则语句增多，程序变长，如图 5-18 所示。

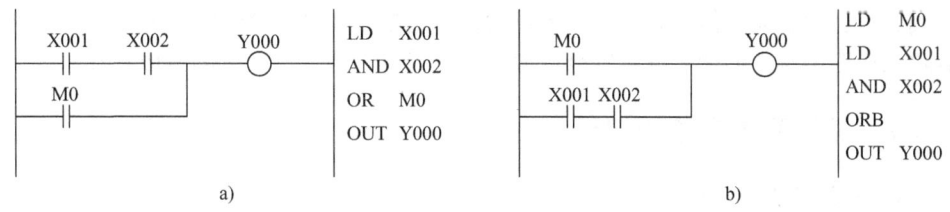

图 5-18 梯形图编程规则一
a）合理 b）不合理

2）在梯形图的某个逻辑行中有多个并联支路串联时，并联触点多的支路应放在左方。如果将并联触点多的支路放在右方，则语句增多，程序变长，如图5-19所示。

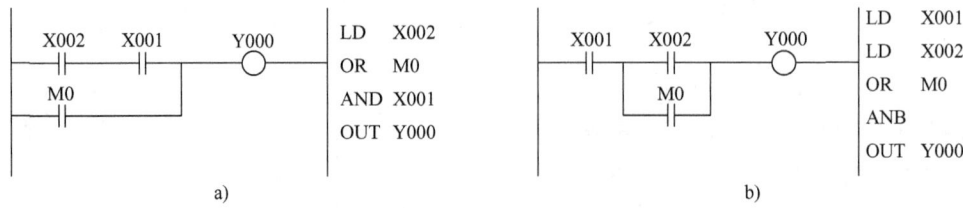

图5-19　梯形图编程规则二
a）合理　b）不合理

3）在梯形图中没有实际电流流动（所谓"电流流动"是虚拟的），其"电流"只能从上到下、从左到右单向"流动"，不允许一个触点上有双向"电流"通过。

在图5-20a中，触点5上有双向"电流"通过，这是不允许的。对于这样的梯形图，应根据其逻辑功能进行适当的等效变换，如图5-20b所示，再将其简化成如图5-20c所示的梯形图。

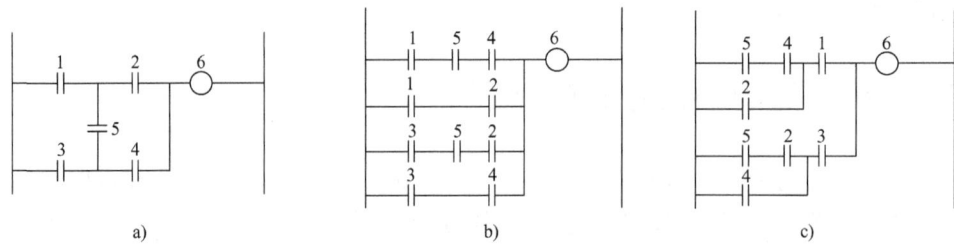

图5-20　梯形图编程规则三
a）不允许　b）等效变换　c）合理

4）设计梯形图时，输入继电器的触点状态全部按相应的输入设备为常开进行设计更为合适，不易出错。因此，也建议尽可能用输入设备的常开触点与PLC输入端连接。如果某些信号只能用常闭输入，可先按输入设备全部为常开来设计，然后将梯形图中对应的输入继电器触点取反（即常开改成常闭、常闭改成常开）。

5.4.2　常用基本电路的编程

1. 按钮起动、停止程序

如图5-21所示，将具有自动复位功能的电器开关与输入接口X000、X001、X002连接，焊接电源、电动机或其他用电设备作为负载由输出Y000控制。

X000 与起动开关相连。当 X000 接通时,驱动输出 Y000 控制负载工作,Y000 的常开触点与 X000 常开触点并联起自锁作用。X001 与停止开关相连。当 X001 连通时,X001 常闭触点断开,输出 Y000 关断,控制负载停止工作。X002 与点动开关相连。当 X002 常开触点连通与关断时,输出 Y000 也相应地接通与关断。

2. 电动机异地控制

在两个地方共同控制一台电动机的起动与停止的 PLC 控制程序如图 5-22 所示,其输入都采用具有自动复位功能的开关。一个地方的起动、停止开关分别与 X000 和 X001 输入连接;另一个地方的起动、停止按钮分别与 X002 和 X003 连接,驱动输出 Y000 控制电动机。

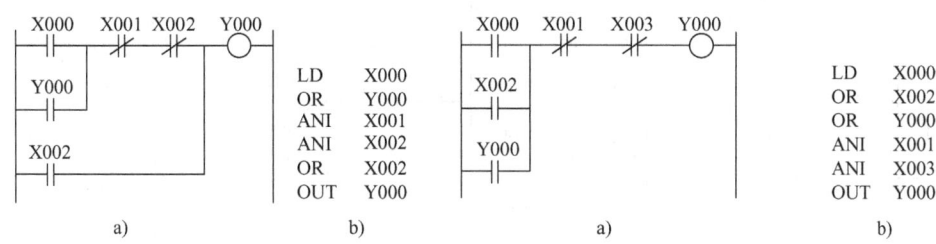

图 5-21 按钮起动程序　　　　　图 5-22 电动机异地控制程序
a) 梯形图　b) 助记符语句表　　　a) 梯形图　b) 助记符语句表

X000 与 X002 并联,用于起动电动机,Y000 常开触点与之并联起自锁作用;X001、X003 串联用于电动机停止控制。

该控制也可以用于弧焊电源等用电设备的面板与遥控开关的异地控制。

3. 延时起动与延时停止控制

在焊接自动控制中,往往需要对某个控制对象的起动、停止进行延时控制。例如,在气体保护焊中,起动时,提前送气,延时引弧;停止时,熄弧后延时断保护气。在自动焊接中,往往先接通弧焊电源,延时起动带动焊枪行走的机构;停止时先切断弧焊电源,延时切断带动焊枪行走的机构。

图 5-23 所示为一种延时起动与延时停止控制电动机的 PLC 控制程序。在图 5-23 中,X000、X001 分别连接

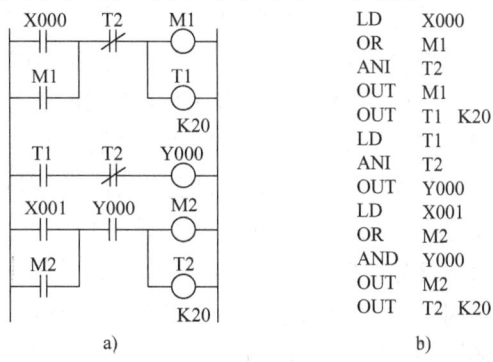

图 5-23 延时起动、停止电动机 PLC 控制程序
a) 梯形图　b) 助记符语句表

起动、停止按钮,通过 T1 输出 Y000 延时控制电动机的起动,通过 T2 输出 Y000 延时控制电动机停止。延时时间分别由程序中 T1 和 T2 的定时时间 K 值来决定。改变延时时间只需要改变 K 值,而不必改变其硬件电路。

4. 长延时程序（定时器、计数器的扩展）

FX_{0N}系列的PLC中定时器最大定时时间为3276.7s，在自动控制中，如果需要更长的定时时间，可以将多个定时器或计数器联合使用。

图5-24所示为利用双定时器进行长延时控制的程序。图5-25所示为利用定时器、计数器进行长延时控制的程序。

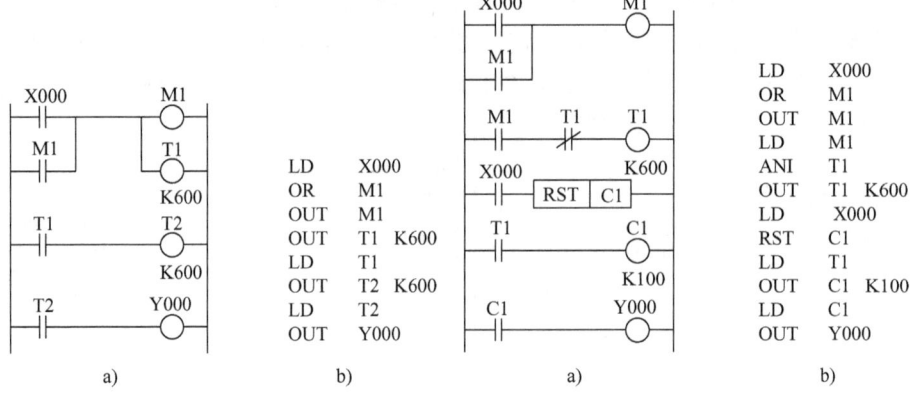

图5-24 双定时器长延时控制程序
a) 梯形图 b) 助记符语句表

图5-25 定时器、计数器长延时控制程序
a) 梯形图 b) 助记符语句表

如图5-24所示，当X000连通时，M1导通，T1定时器开始计时。当计时到设定值60s时，T1常开触点连通，T2定时器开始计时；当计时到设定值60s时，T2常开触点连通，驱动输出Y000。该延时电路的延时时间为120s。由此可见，采用两个定时器进行延时控制，其延时时间是两个定时器延时时间之和。

如图5-25所示，当X000连通时，M1导通，C1清零。M1自锁维持M1导通。当M1导通时，T1定时器开始计时。当计时到设定值60s时，T1常开触点连通，T1常闭触点断开，T1定时器（线圈）断开、复位。待下一次扫描时，T1常闭触点又闭合，T1定时器（线圈）再重新接通。T1的常开触点每60s接通一次，每次接通时间为一个扫描周期。计数器C1对这个脉冲信号进行计数。计到100次时，C1常开触点连通，驱动输出Y000。该延时时间为定时器和计数器设定值的乘积，即6000s。采用该方法可以成倍增加延时时间。如果需要更长的延时时间，可以再增加定时器和计数器的数量。

5. 单稳态电路

图5-26所示为一个由两个定时器构成的单稳态控制程序。在输入X000的上升沿和下降沿，输出Y000分别导通t_1和t_2。t_1、t_2分别由定时器T1和T2的设定值来决定。

该系统既可以用于对输入状态的检测，也可以用于控制电路的切换。

第5章 焊接自动化中的PLC控制技术

图 5-27 所示为利用单稳态电路进行引弧及熄弧控制的程序。在 CO_2 气体保护焊中,为了保证引弧可靠和避免熄弧时产生弧坑缺陷,往往在引弧和熄弧时采用慢送丝控制,而在正常焊接时采用较快的送丝速度。众所周知,送丝速度可以利用调节送丝电动机的给定电压来控制。假设引弧和熄弧采用一个送丝速度,正常焊接采用另一个送丝速度,那么利用图 5-27 中的 Y000 和 Y001 对送丝电动机的给定值进行切换就可以实现送丝速度的切换。

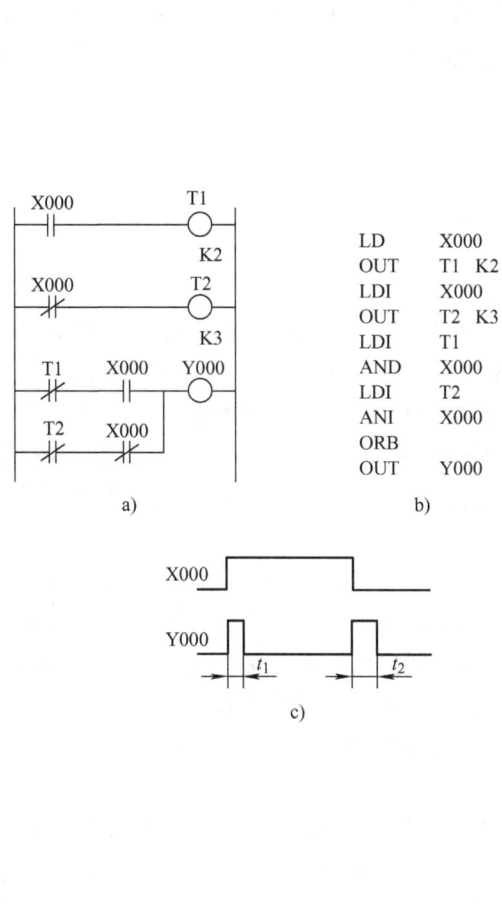

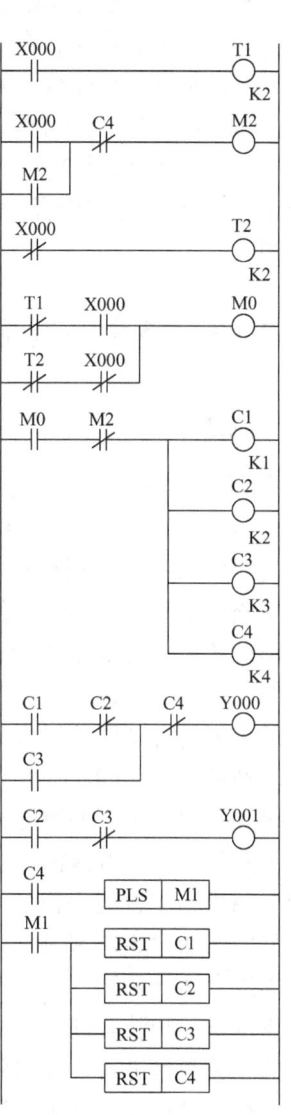

图 5-26 单稳态控制程序
a) 梯形图 b) 助记符语句表 c) 时序图

图 5-27 焊接中的单稳态控制程序

在PLC控制中，焊接开始时按下焊炬开关，X000连通，利用单稳态电路，在M0上出现第一个脉冲，C1、C2、C3、C4开始计数。C1计数到设定值，C1常开触点闭合，Y000连通输出，实施慢速送丝引弧。当电弧引燃并稳定后，松开焊炬开关，X000关断。由于单稳态电路的作用，在M0上出现第二个脉冲，C2计数到设定值，C2常闭触点断开，常开触点闭合，Y000关断，Y001连通输出，以Y001控制的送丝速度进行焊接。当焊接结束时，按下焊炬开关，X000再次连通，利用单稳态电路，在M0上出现第三个脉冲，C3计数到设定值，C3常闭触点断开，常开触点闭合，Y001关断，Y000连通输出，实施慢速送丝熄弧填弧坑。当弧坑填满后，松开焊炬开关，X000关断。由于单稳态电路的作用，导致在M0上出现第四个脉冲，C4计数到设定值，C4常闭触点断开，Y000关断，停止焊接，C4常开触点闭合，产生复位脉冲使C1~C4计数器复位，以便下一次焊接控制。

5.5 触摸屏技术及其应用

5.5.1 概述

触摸屏（touch screen）是一种用于取代传统机械式按钮面板的人机交互设备，其全称为触摸式图形显示终端，又常被称为"触控屏"和"触控面板"，当操作人员使用触头（手指或胶笔头等）接触屏幕上的图形按钮时，屏幕上的触觉反馈系统可根据预先编制的程序驱动各相关连接设备，并借助显示画面制造出生动的影音效果。与其他传统人机交互设备相比，触摸屏交互方式是目前最简单、方便、自然的一种人机交互方式。

从最常见的自动取款机（automated teller machine，ATM）、智能手机（smart-phone）、平板电脑（tablet personal computer）到工业用触控计算机、触摸屏-PLC控制系统等，均使用了触摸屏技术。目前，触摸屏技术已被广泛应用在公共信息查询、工业控制、军事指挥、航空航天、电子游戏、多媒体教学、车载显示等诸多领域。触摸屏在智能手机、多媒体教学中的"黑板"以及工业控制系统的面板等典型应用如图5-28所示。

在焊接自动化领域，触摸屏主要的功能是提供可视化界面，方便操作人员对相关的焊接设备和装置进行控制和检测。通过触摸屏，操作人员可以非常方便地对设备的相关参数进行设置和调整，并能够非常直观地查看设备的运行状态。触摸屏技术在焊接自动化领域扮演着越来越重要的角色，触摸屏的结构、功能和特点对系统设计师和操作人员来说都至关重要。

1. 触摸屏工作原理

触摸屏由触摸检测部件和触摸控制器组成。触摸检测部件安装在显示器屏幕

第5章 焊接自动化中的 PLC 控制技术

前面,当操作人员用手指或其他类型触头触摸屏幕时,触摸检测部件能够检测到相应的触摸位置信息并将其传送至触摸屏控制器。当触摸控制器接收到触摸检测部件发出的触摸位置信息后,会将其转换成触点坐标,之后通过通信接口(如 RS-32 串行口、USB 等)将触点坐标信息传送到中央处理器(CPU),CPU 接收到这些信息后,会根据所编写的程序进行相应的操作;同时,触摸控制器能够接收 CPU 发来的命令并加以执行,如动态地显示开关量和模拟量。

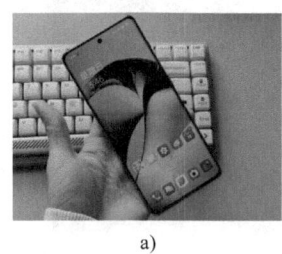
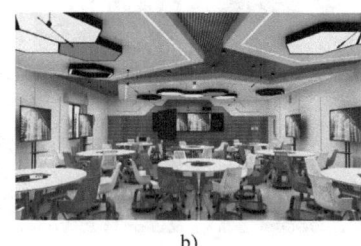
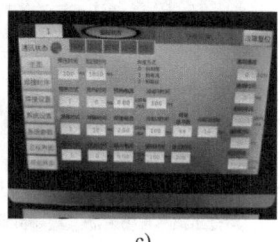

a)   b)   c)

图 5-28 触摸屏的典型应用
a)智能手机 b)多媒体教学 c)工业控制系统

由此可见,触摸屏的工作过程是一个复杂且高效的过程,主要包括触摸检测、坐标转换、CPU 接收和发送指令等多个环节。通过这些环节,触摸屏能够准确地识别操作人员的触摸操作,并将其转换为相应的指令,实现对相关设备的控制和监测。

2. 焊接自动化中 PLC 和触摸屏的联合应用

在焊接自动化过程中,PLC 和触摸屏的联合应用对于提高生产率、保证产品质量以及实现生产过程的自动化至关重要。PLC 通过编程实现精确的控制逻辑,而触摸屏则提供了直观的操作界面,使操作人员可以方便地调整参数、监控生产状态以及进行故障诊断。

采用触摸屏作为操作界面的 PLC 控制系统,往往包括故障、复位、自动、手动等多个功能模块,可以通过触摸控制调用相应的 PLC 程序实施相应的控制,完成各种焊接自动化任务。图 5-29 所示为采用触摸屏的自动焊接设备。

3. 基于触摸屏技术的控制系统特点

在焊接自动化技术中,基于触摸屏技术的 PLC 控制系统具有以下显著特点。

1)界面友好、操作简单。触摸屏通过直观的图形界面为操作人员提供简洁明了的菜单、图标和按钮,使操作人员能够方便地进行相关的操作。与传统的机械按键相比,触摸屏的操作更加直观,操作人员只需要通过触头在屏幕上进行简单的单击、滑动等工作即可完成相关操作,而且操作人员无须具有计算机相关专业知识也可以轻松使用。

2)反应速度快、灵敏度高。传统的机械按键或按钮在操作时,操作人员需要用力按下按键或按钮才能完成操作。此外，系统中按键或按钮的数量和位置也会受到一定限制，而触摸屏通过感应电阻或电容等变化来识别操作人员的相关操作，系统能够实现更加快速、灵敏的响应；同时，触摸屏所具有的多点触控功能使操作人员可以进行更加复杂的操作。

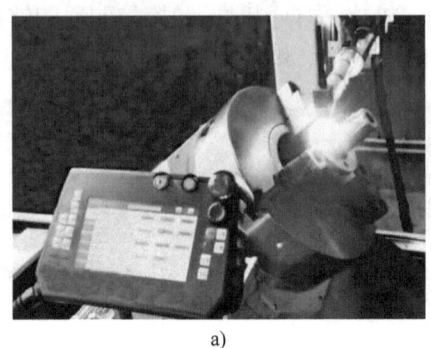

图 5-29 采用触摸屏的自动焊接设备
a）自动焊接转台 b）管道自动焊接设备

3）可靠性高、耐用性强。传统的机械按键很容易受到磨损和污染，影响其使用，而触摸屏通常采用封闭设计，表面还会覆盖特殊材料来实现防水、防尘和抵抗刮擦等机械损伤，使其能够在较为恶劣的焊接环境中稳定工作。此外，触摸屏的控制器和电路也经过特殊设计和制造，具有较长的使用寿命、较高的可靠性和稳定性，因此能够长时间连续运行。

4）扩展性好、可维护性高。触摸屏可以通过不同的通信接口和协议与其他设备或系统进行连接和集成，从而可以实现多样化的控制和监测；同时，可以通过增加触摸屏系统中的内容和数据，为控制系统的改造升级等提供更好的可视化和人性化操作。当触摸屏出现故障时，维护或更换方便，不会对整个控制系统造成太大的影响。

5.5.2 触摸屏类型

根据触摸检测部件的工作原理，触摸屏主要可以分为电阻式触摸屏、电容式触摸屏、表面声波式触摸屏和红外线式触摸屏四种类型，每种触摸屏都有各自的特点。

1. 电阻式触摸屏

电阻式触摸屏是通过压力感应来实现对屏幕内容的操作和控制的，其主要由触摸屏屏体和触摸屏控制器两部分组成，其中触摸屏屏体部分是一块与显示器表面配合密切的电阻薄膜屏。电阻薄膜屏是一种多层复合薄膜，它以一层玻璃或硬塑料基板作为基层，表面涂有一层透明的铟锡氧化物（indium tin oxide，ITO）

导电层,上表面再盖有一层表面经硬化处理、光滑防刮的塑料层。该塑料层的内表面也涂有一层导电层,两层导电层之间有许多细小的透明隔离点把两层导电层绝缘隔开。

电阻式触摸屏基本结构如图 5-30 所示,当手指触摸屏幕时,两层导电层会在触摸点位置形成接触,使得电阻发生变化,从而在横向和纵向方向上产生信号,并将该触摸位置信号传送至触摸屏控制器;控制器接收到触摸位置信息后会将其转换为触点坐标信息,之后该信息被传送至 CPU 中,从而触发相应的操作。

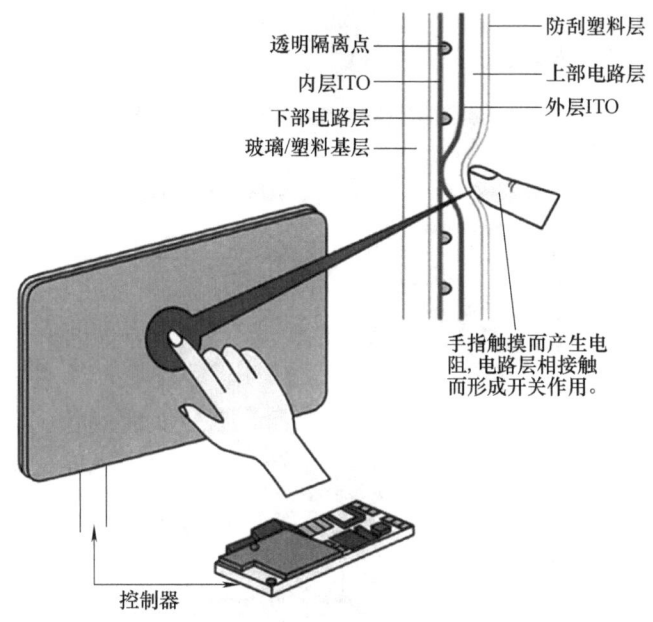

图 5-30 电阻式触摸屏基本结构

根据薄膜屏引出线数的多少,电阻式触摸屏可以分为四线、五线、七线和八线等类型,其中四线和八线触摸屏由两层具有相同表面电阻的透明阻性材料组成,五线和七线触摸屏由一个阻性层和一个导电层组成,通常还要用一种弹性材料将两层隔开。电阻式触摸屏引出的线数越多,代表触摸屏可以检测的精度越高,但其成本也会相对提高。

电阻式触摸屏结构简单、成本较低、误触概率较低。此外,电阻式触摸屏具有较强的抗干扰能力,即使在强光、高湿等恶劣环境下,也能保持稳定的性能。但电阻式触摸屏的外层薄膜容易被划伤,从而导致触摸屏不可用。同时,电阻式触摸屏的功耗较大,且一般不支持多点触控。

2. 电容式触摸屏

电容式触摸屏是通过电流感应的方式检测屏幕表面的触摸行为。电容式触摸屏的感应屏是一块四层复合玻璃屏：最外层是玻璃保护层，第二层是 ITO 导电层，第三层是不导电的玻璃屏，最内的第四层也是导电层。其中，最内的导电层是屏蔽层，起到屏蔽内部电气信号的作用；而中间的导电层是整个触摸屏的关键部分，负责触控点位置的检测。根据触摸屏结构与原理的差异，电容式触摸屏可以分为表面电容式触摸屏和投射式电容触摸屏，两种电容式触摸屏的示意图如图 5-31 所示。

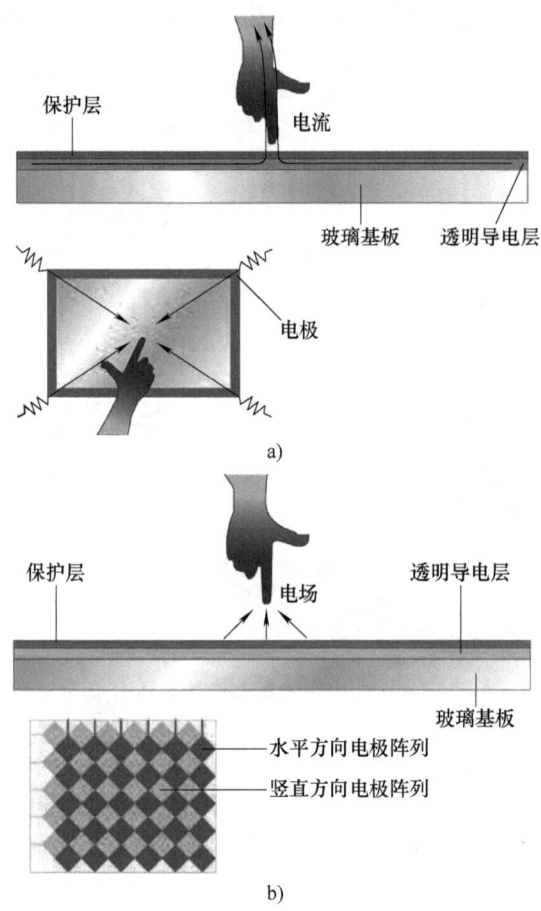

图 5-31　电容式触摸屏的示意图
a) 表面电容式触摸屏　b) 投射式电容触摸屏

（1）表面电容式触摸屏　表面电容式触摸屏的中间导电层四个角上会引出四个电极，且与控制器相连。当手指（或电容笔）触摸到电容式触摸屏时，手指与触摸屏工作面形成一个耦合电容。由于工作面接有高频信号，因此耦合电容的容抗较小，于是手指从接触点吸走一个微小电流。这个微小电流分别从四个角上的电极中流出，并且流经这四个电极的电流与手指到四个角的直线距离成正

第5章 焊接自动化中的PLC控制技术

比,触摸屏控制器通过对这四个电流比例进行精确计算,从而能够得到触点的坐标信息。

(2) 投射式电容触摸屏　投射式电容触摸屏是在两层ITO导电玻璃涂层上分别蚀刻出水平和竖直电极阵列,可以将其看作是水平和竖直方向连续变化的滑条,其中一个滑条可以当成驱动线,另一个则可以当成感测线。由于水平和竖直电极阵列在不同平面,因此其相交处就会形成一个电容节点。触摸屏工作时,控制器会供电给驱动线,从而使得各节点与导线间形成一特定电场。当手指触摸屏幕时,控制器能够迅速检测出触控节点间的电容值变化,从而计算出触控点的坐标信息。

电容式触摸屏具有较高的灵敏度和响应速度;同时,电容式触摸屏还支持多点触控,可以实现诸如缩放、旋转等高级触控操作。此外,电容式触摸屏具有较好的防刮、防尘性能。然而,电容式触摸屏最显著的缺点是误触概率较高,尤其是在潮湿环境下,可能导致误操作。

3. 表面声波式触摸屏

表面声波式触摸屏是利用声波可以在刚体表面传播的特性设计而成的,其主要由玻璃屏体(表面声波传播介质)、换能器(声波发生器和接收器)、反射器和控制器组成。

表面声波式触摸屏如图5-32所示,触摸屏的左上角和右下角分别固定安装有竖直方向和水平方向的声波发生换能器,而右上角则固定安装有两个相应的声波接收换能器。通电后,触摸屏控制电路产电信号,该电信号经玻璃屏上的水平方向声波发生换能器转换成厚度方向振动的超声波,超声波经换能器下的楔形座折射产生沿玻璃表面传播的分量。超声波在前进途中通过反射器中45°倾斜的反

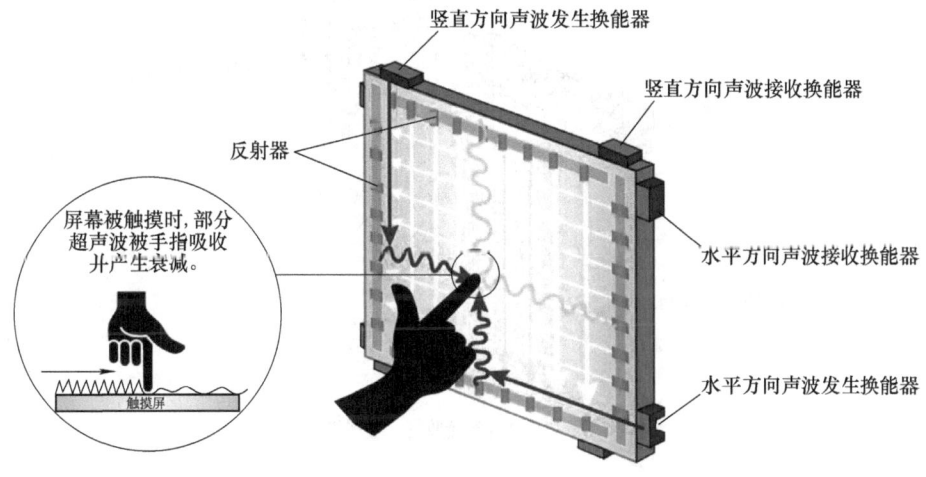

图5-32　表面声波式触摸屏

射条纹后产生反射，从而产生和入射波成90°（平行于竖直方向）的分量，该分量传至玻璃屏水平方向的另一边也遇到45°倾斜的反射条纹，经反射后沿着和发射方向相反的方向传至水平方向声波接收换能器。水平方向声波接收换能器将回收到的声波转换成电信号；控制器对该电信号进行处理从而得到表征玻璃屏声波能量分布的波形。当手指触摸屏幕时，手指会吸收部分声波能量，回收到的信号会产生衰减，控制器通过分析衰减情况即可以确定触点在水平方向上的坐标；同理，控制器也可以判断出触点在竖直方向上的坐标。

与其他类型的触摸屏相比，表面声波式触摸屏不易受温度、湿度等环境因素影响；分辨力高、使用寿命很长（维护良好情况下可达5000万次）；有极好的防刮性，即使表面有轻微的划伤，也可以正常工作。无镀膜屏体能保持清晰透亮的图像质量，清晰度和透光率高。不受电磁信号干扰，没有漂移，只需安装时一次校正。具有第三轴（压力轴）响应。但是，表面声波式触摸屏表面的灰尘和水滴会阻挡表面声波的传递，虽然控制器能分辨出，但当尘土积累到一定程度后，会阻塞触摸屏表面的导波槽，使信号衰减厉害，导致触摸屏变得迟钝甚至不工作，因此要注意使用环境的清洁。

4. 红外线式触摸屏

红外线式触摸屏是通过检测被触摸区域中红外线的变化来确定触摸的位置，其原理与表面声波式触摸屏相似。红外线式触摸屏如图5-33所示，在显示器的前面安装一个电路板外框，电路板在屏幕四边排布红外线发射管和红外线接收管，从而形成红外线探测网，通过不停扫描是否有红外线被物体阻挡便可以检测

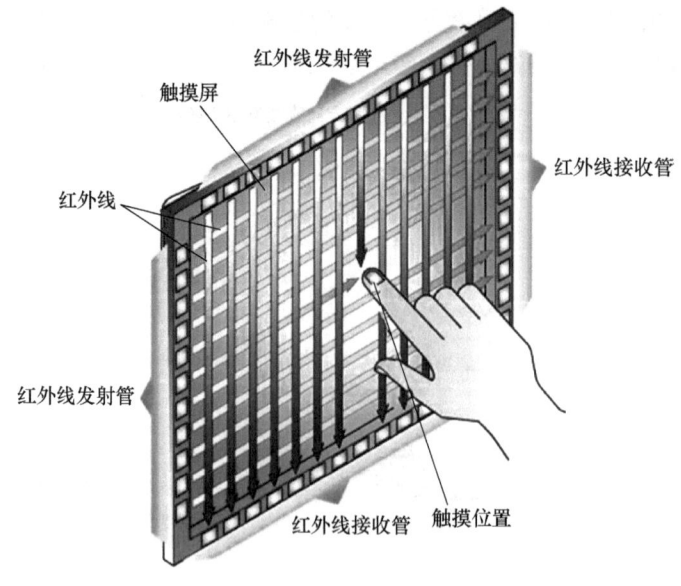

图5-33 红外线式触摸屏

并定位触点位置。当操作人员触摸屏幕时,手指会挡住经过触点位置的水平方向和竖直方向红外线,控制器据此便可判断出触点在屏幕上的坐标。

红外线式触摸屏具有透光率高、不受电流、电压和静电干扰、触控稳定性高等优点。但是红外线式触摸屏会受到遥控器、高温物体、阳光或白炽灯等红外线源所发出强红外线干扰,同时还会收到变压器等强电磁性物体的干扰,从而降低其准确度。

触摸屏技术在工业控制领域的应用越来越广泛,利用触摸屏技术可以通过指针图形、数字等将被监控的参数更加人性化地显示出来,同时利用触摸屏技术还可以对例如 PID 整定参数等输入参数进行修改。随着科学技术的不断发展进步,触摸屏技术正逐步向智能化、网络化和个性化的方向发展。

5.5.3 三菱触摸屏

日本三菱公司的触摸屏(人机界面)主要有三大系列:GOTSIMPLE 系列、GOT1000 系列和 GOT2000 系列。GOT2000 系列又分为 GT21、GT23、GT25 和 GT27 四个型号系列。

GOT2000 系列触摸屏型号为:GT□□□-□□□□,型号的各部分含义如下:

1)第一个"□"是指具体的 GOT2000 系列触摸屏型号。例如,21:GT21;23:GT23;25:GT25;27:GT27。

2)第二个"□"是指屏幕尺寸。例如,15:15in(1in = 0.0254m);12:12.1in/12.1in 宽屏;10:10.4in/10.1in 宽屏/10in 宽屏;08:8.4in;07:7in 宽屏;06:6.5in;05:5.7in;04:4.3in;03:3.8in。

3)第三个"□"是指触摸屏结构。例如,省略(不注):标准结构;F:开放式框架结构;HS:手持式结构;T:耐环境加强结构。

4)第四个"□"是指屏幕分辨力。例如,WX:WXGA(1280×800);X:XGA(1024×768);S:SVGA(800×600);W:WVGA(800×480);V:VGA(640×480);R:480×272;P:320×128。

5)第五个"□"是指屏幕的显示颜色。例如,T:薄膜晶体管(TFT)彩色;M:TFT 单色。

6)第六个"□"是指面板的颜色。例如,B:黑色;W:白色;S:银色;N:无。

7)第七个"□"是指触摸屏的供电类型。例如,A:AC(交流)100~240V;D:DC(直流)24V;L:DC(直流)5V。

例如,GT2715-XTBD 表示:GT27 型触摸屏,屏幕尺寸为 15in,标准结构形式,屏幕分辨力为 1024×768,屏幕显示颜色为彩色,面板颜色为黑色,触摸屏供电类型为直流 24V 供电。

GOT2000 系列触摸屏具有以太网、RS-232、RS-422/485 通信接口等丰富的标准配置，能够方便连接计算机、USB 存储器以及各种自动化设备。图 5-34 所示为 GT25 型触摸屏（标准款、白色款）的接口示意。

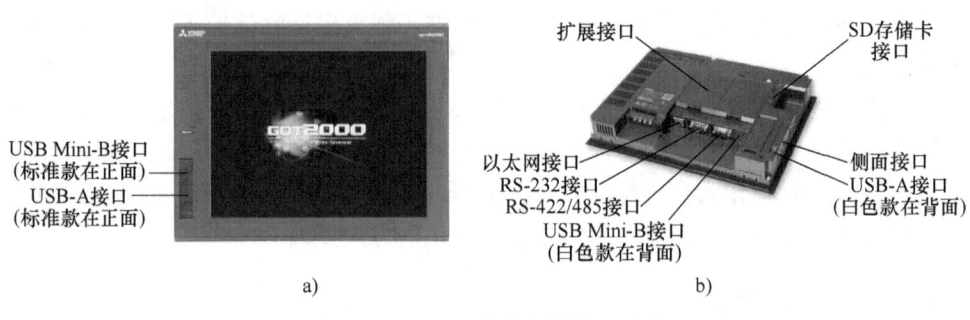

图 5-34　GT25 型触摸屏的接口示意
a) 正面　b) 背面

GT Designer3 是 GOT2000 系列和 GOT1000 系列触摸屏所使用的画面创建软件（见图 5-35），利用该软件可以进行触摸屏画面的工程创建与模拟，以及与 GOT 系列触摸屏的数据传输。

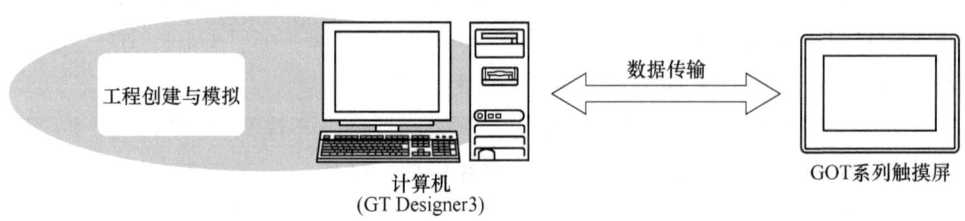

图 5-35　GT Designer3 软件租用

如图 5-36 所示，GT Designer3 软件的基本画面结构主要由标题栏、菜单栏、工具栏、折叠窗口、工作窗口、画面编辑器、编辑器页和状态栏八个部分构成。

（1）标题栏　标题栏会根据编辑中的工程的保存格式，显示出工程名（工作区格式）或带完整路径的文件名（单文件格式）。

（2）菜单栏　菜单栏包括工程、编辑、搜索/替换、视图、画面、公共设置、图形、对象、通信、诊断、工具、窗口和帮助 13 个下拉菜单，开发人员可以通过各个下拉菜单进行相应的操作。

（3）工具栏　操作人员可以通过视图下拉菜单中的工具栏选项选择想要显示/隐藏的各种工具栏，并可以通过已显示工具栏中的按钮等进行相应的操作。

第5章 焊接自动化中的PLC控制技术

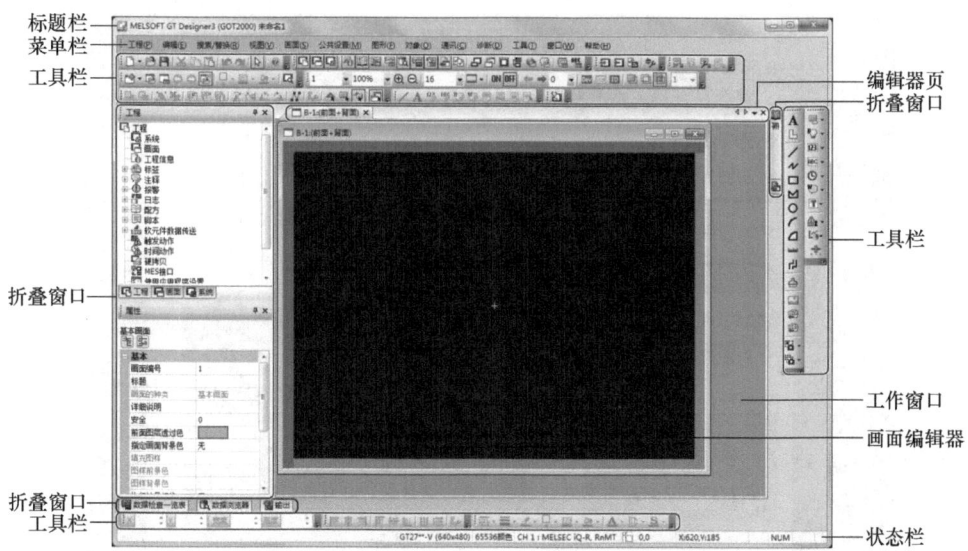

图 5-36 GT Designer3 软件的基本画面结构

(4) 折叠窗口　折叠窗口是可以折叠于 GT Designer3 窗口上的窗口，开发人员可以自己设定折叠窗口的位置。

(5) 工作窗口　工作窗口会显示画面编辑器、环境设置窗口和 GOT 设置窗口、连接机器设置窗口、注释一览表窗口、软元件使用一览表窗口和字符串使用一览表窗口等。

(6) 画面编辑器　操作人员通过画面编辑器配置图像和对象，创建要在 GOT 触摸屏上显示的画面。

(7) 编辑器页　编辑器页是显示工作窗口中显示的画面编辑器或窗口的页，当选择页后，将在工作窗口的最前方显示该窗口。

(8) 状态栏　根据鼠标光标的位置、图形、对象的选择，状态栏会显示出鼠标光标所指项目的说明；正在编辑的工程的 GOT 机种、颜色设置、连接机器的设置（机种）；所选图形、对象的坐标等内容。

图 5-37 所示为利用 GT Designer3 软件所设计开发的触摸屏操作界面示例。读者可以参考三菱触摸屏 GT Designer3 画面设计手册并根据实际需求，进行相应触摸屏程序的设计与开发。

5.5.4　触摸屏在焊接自动化中的应用

直管弯头自动焊机主要用于完成管-弯头和管-管对接的自动焊接，主要用于船舶制造、石油石化和海洋工程等行业的管道预制。由于管系品种较多，预制过

焊接自动化技术及其应用

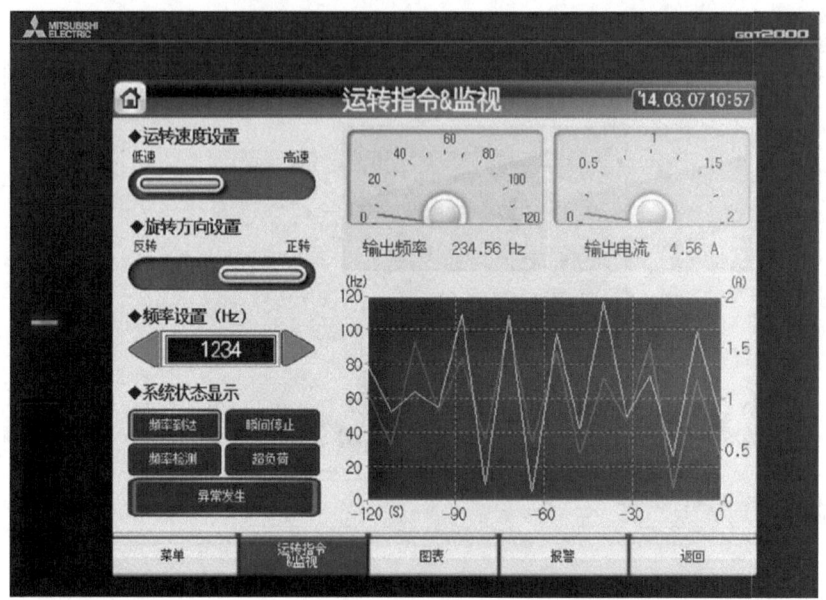

图 5-37 利用 GT Designer3 软件设计开发的触摸屏操作界面示例

程中工件种类频繁更换,因此应用了触摸屏技术,实现了参数数字预制、存储和调用等功能,方便不同管道规格更换时的调整。唐山开元自动焊接装备有限公司研制的直管弯头自动焊接系统如图 5-38 所示。

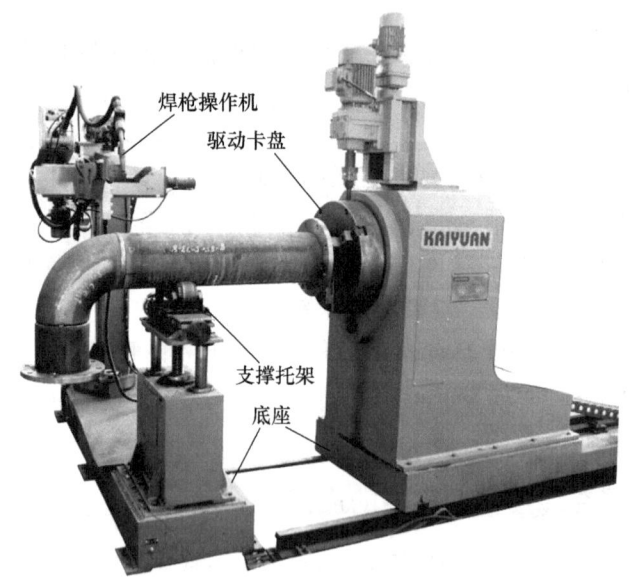

图 5-38 直管弯头自动焊接系统

第5章 焊接自动化中的 PLC 控制技术

直管弯头自动焊接系统主要由驱动卡盘、工件支撑托架、焊枪操作机、底座四部分组成。电气控制包括：驱动卡盘旋转的变频交流电动机、驱动焊枪升降的步进电动机、控制焊枪摆动的步进电动机、弧焊设备等。

直管弯头自动焊接系统工作原理是：以电动机驱动卡盘带动工件旋转，焊枪固定在操作机架上，焊枪可以实现左右摆动实施环焊缝的焊接。

焊接的基本流程：圆管工件在支撑托架上放好后，其中一端推入卡盘，卡盘夹紧后，圆管工件即可在卡盘驱动回转机构的带动下按程序设定的速度旋转，同时启动焊接设备，实施环缝焊接。当圆管环缝焊接完成后，系统会自动改变焊接参数进入环缝搭焊及收弧（熄弧）程序，环缝搭焊及熄弧完成后卡盘会自动回转到起点并停止旋转，此时，操作者将焊好的工件取下，完成圆管工件焊接流程。

该自动焊接系统采用了 PLC 控制以及触摸屏技术。采用的是欧姆龙 CP1H-X40DT-D 型 PLC，选择欧姆龙 NP5-MQ001B 型触摸屏。根据焊接自动化要求进行了触摸屏功能规划和触摸屏程序设计，主要包括参数存储调用、数据计算、手动程序、自动程序等。

（1）触摸屏界面设计　根据功能要求，设计触摸屏显示界面的首页如图 5-39 所示，其中的"参数画面"和"自动画面"为切换画面按钮，"MM/DD/YY"和"HH：MM：SS"为日期和时间的显示。

图 5-40 所示为触摸屏参数设定界面，其中"###"为数值输入框，"参数存储"为功能按钮，用于触发 PLC 的指定地址，"自动画面"和"下页"为切换画面按钮，其余为文字标签。

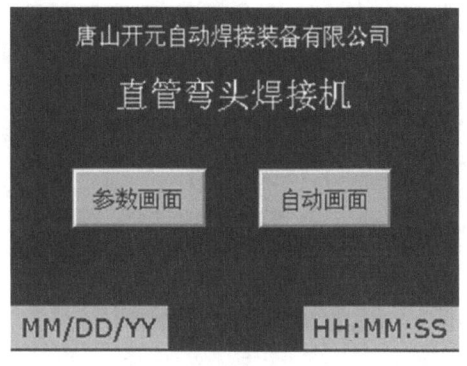

图 5-39　触摸屏显示界面的首页

由于直管壁厚较厚时需要采用多层多道焊，而且还需要焊枪摆动才能得到满意的焊接质量，因此在参数设置中，要根据工件尺寸设定不同的焊接工艺参数，每套参数分为基本参数和层参数。基本参数主要包括工件直径、工件壁厚、焊接层数、引弧时间、收弧时间、搭接时间等；层参数主要指每层的焊接参数，包括：焊接电流、焊接电压、焊接速度、摆动速度、摆动幅度、摆动两端停留时间等，与参数存储、调用相关的参数为设定的程序号和层号。

当完成圆管装卡及焊前准备工作后，就可进入触摸屏的自动控制界面调用程序实施自动焊接了。图 5-41 所示为触摸屏自动控制界面，其中"123"形式的为数值显示框，"+""-"为功能按钮，用于触发 PLC 的指定地址。在自动焊接过程中,操作者可以实时观察焊接情况,并根据需要通过相应的"+""-"功能按钮对焊接参数进行微调。可见,触摸屏控制界面有参数显示与调整功能。

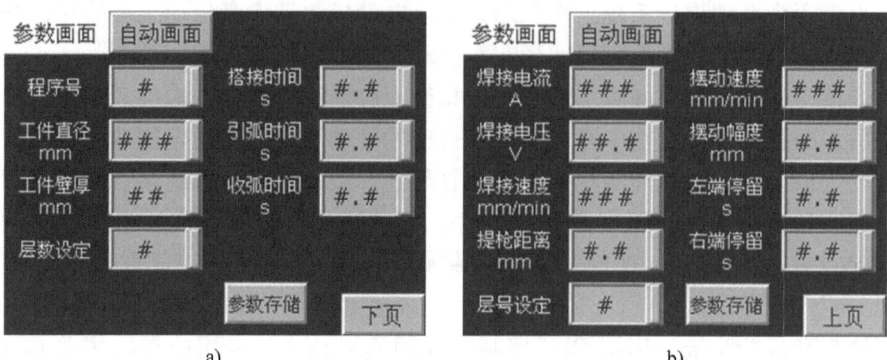

图 5-40 触摸屏参数设定界面
a) 参数画面 1　b) 参数画面 2

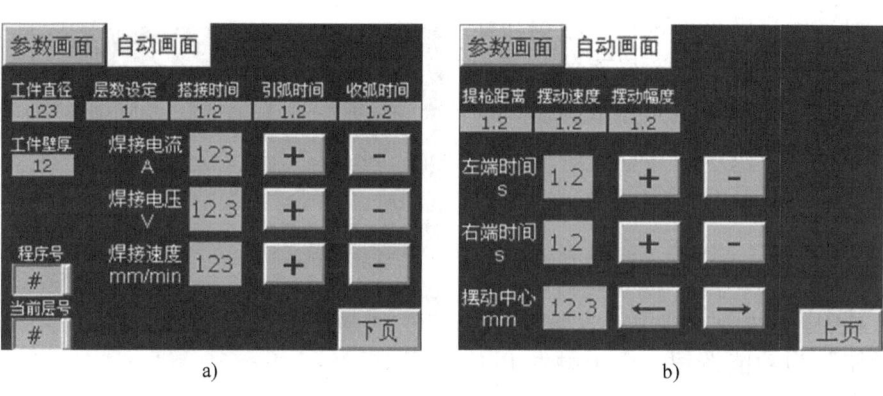

图 5-41 触摸屏自动控制界面
a) 自动画面 1　b) 自动画面 2

(2) 参数存储调用　要实现参数存储调用功能,首先确定每套参数所占内存地址的数量,然后在 PLC 数据存储区中规划出相应的存储区域,最后确定存储与调用的规则。

(3) 数模转换　该系统中焊接参数全部由触摸屏设定,但执行机构需要接收模拟量和脉冲信号,所以需要进行数模转换。焊接自动化系统中的模拟量包括:焊接电流、焊接电压、焊接速度;脉冲信号包括:摆动速度、摆动幅度等。本系统中焊接电流 I 的范围是 30~500A,焊接电压 U 的范围是 12.0~48.0V,卡盘交流电动机由变频器控制,变频器频率 f 调整范围是 0~100Hz。因此,需要选

第5章 焊接自动化中的 PLC 控制技术

用 PLC 的数模转换单元模块，并编制相应的数据计算程序。

在编制好触摸屏人机界面的 PLC 控制程序后，就可以通过触摸屏参数设定界面进行焊接参数设置，通过自动画面调用程序进行焊接，并可以实时进行焊接参数的微调。

5.6 可编程序控制器控制系统设计

5.6.1 PLC 控制系统设计的基本原则

1. 基本原则

任何一种电气控制系统都是为了实现被控对象（生产设备或生产过程）的工艺要求，以提高生产率和产品质量。因此，在设计 PLC 控制系统时，应遵循以下基本原则：

1）最大限度地满足被控对象的控制要求。

2）在满足控制要求的前提下，力求使控制系统简单、经济，使用及维修方便。

3）保证控制系统的安全、可靠。

4）考虑生产的发展和工艺的改进，在选择 PLC 容量时，应适当留有余量。

2. 基本内容

PLC 控制系统是由 PLC 与用户输入/输出设备连接而成的。其设计的基本内容包括以下几点：

1）选择用户输入设备（操作开关、限位开关、传感器等）、输出设备（继电器、接触器、信号灯、电磁阀等执行元件）以及由输出设备驱动的控制对象，如电动机等。

2）PLC 的选择。PLC 是控制系统的核心部件。正确选择 PLC 对于保证整个控制系统的技术性能和经济指标起着重要的作用。选择 PLC，应包括选择机型、容量、I/O 模块和电源模块等。

3）分配 I/O，绘制 I/O 连接图。

4）设计控制程序。包括设计梯形图、助记符语句表或控制系统流程图。

控制程序是控制整个系统工作的软件，是保证系统工作正常、安全、可靠的关键。控制系统的设计必须经过反复调试、修改，直到满足要求为止。

5）必要时还需设计控制台（柜）。

6）编制控制系统的技术文件。包括说明书、电气图及电气元件明细表等。

传统的电气图，一般包括电气原理图、电器布置图及电气安装图。在 PLC 控制系统中，这一部分图可以统称为"硬件图"。在传统电气图的基础上，再增加 PLC 的 I/O 连接图。

此外,在 PLC 控制系统中的电气图中还包括程序图(梯形图),可以称它为"软件图"。向用户提供"软件图",可便于用户在生产发展或工艺改进时修改程序,并有利于用户在维修时分析和排除故障。

3. 设计步骤

设计 PLC 控制系统的一般步骤如图 5-42 所示。

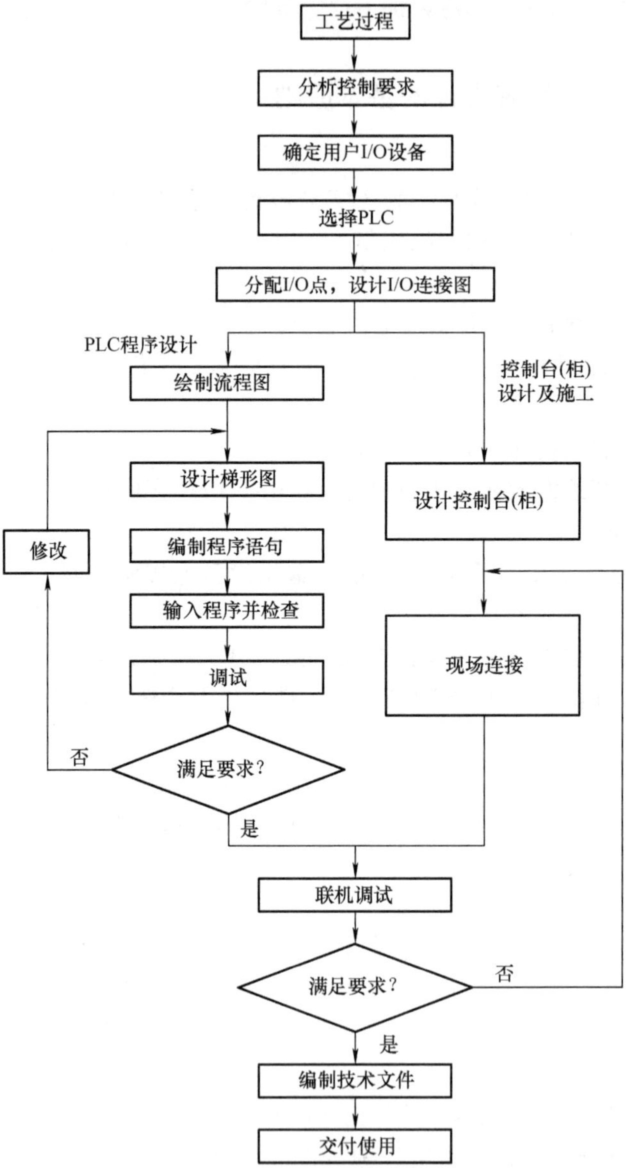

图 5-42 设计 PLC 控制系统的一般步骤

第 5 章 焊接自动化中的 PLC 控制技术

1）根据生产的工艺过程分析控制要求，如需要完成的动作（动作顺序、动作条件、必需的保护等）、操作方式（手动、自动、连续、单周期、单步等）。

2）根据控制要求确定用户所需的输入/输出设备。据此确定 PLC 的 I/O 点数。

3）选择 PLC。

4）分配 PLC 的 I/O 点，设计 I/O 连接图，这一步也可以结合第 2）步进行。

5）进行 PLC 程序设计，同时可进行控制台（柜）的设计和施工。

必须在控制电路（接线）设计完后，才能进行控制台（柜）的设计和现场施工。

5.6.2 电弧焊的程序自动控制

目前电弧焊的程序自动控制的主要目的是使焊接过程中的弧焊电源、送丝机构、焊接小车或焊接转胎，以及自动控制的工装夹具等装置按照特定的顺序运行、停止。在某些焊接自动控制中，如全位置自动焊机中，则还要根据焊接进程调节焊接参数。所有这些都可以通过 PLC 系统自动完成。

1. 程序自动控制的对象和要求

程序自动控制的目标是以合理的次序使自动焊接系统的各个被控对象进入特定的工作状态。

这些合理的动作次序也就是电弧焊程序自动控制的基本要求。不同的焊接对象、不同的电弧焊方法、不同的焊接条件以及不同的焊接要求，其程序控制会有所不同。

（1）程序自动控制对象 在自动电弧焊程序控制过程中，主要的控制对象包括以下几种：

1）弧焊电源。

2）送丝机构的电动机。

3）焊接小车行走或工件移动装置的拖动电动机。

4）气体保护弧焊机中控制保护气体的电磁阀。

5）非熔化极电弧焊机中的引弧器。

6）工件或焊枪采用气动或液压装置进行自动定位或夹紧的控制阀。

7）焊枪或工件调整定位装置的拖动电动机等。

（2）程序控制要求 为了保证自动电弧焊的顺利实施，不同的焊接方法有不同的程序控制要求，如在采用气体保护电弧焊进行自动焊接时，有以下基本要求：

1）提前和滞后送气。气体保护电弧焊机一般均有这一控制要求。

2）可靠地一次引燃电弧，这是电弧焊中最值得研究的一个程序控制环节。目前采用的引弧方法有以下几种：

① 爆裂引弧。引弧时先接通电源，然后送进焊丝，使其与焊件发生短路。焊丝与焊件间的短路处因高电流密度的局部加热作用，造成焊丝迅速熔化爆裂，从而引燃电弧。此种引弧方法适用于细焊丝熔化极气体保护焊。

② 慢送丝引弧。以低于正常焊接时的送丝速度爆裂引弧后，再转换为正常送丝速度。此方法适用于粗焊丝熔化极气保护焊。自动焊接中，在慢送丝的同时，使焊接小车也缓慢行走，使焊丝端部与焊件表面滑动摩擦，引燃电弧。电弧引燃后，送丝速度及焊接小车行走均变为正常速度。此方法适用于埋弧焊。

③ 回抽引弧。引弧前使焊丝与焊件相接触，引弧时先接通弧焊电源，然后回抽焊丝，从而引燃电弧。电弧引燃后，迅速使送丝电动机改变转向，送进焊丝，进入正常焊接。

④ 高频或高压脉冲引弧。同时接通焊接主电源和高频（或高压脉冲）引弧器，引弧后再切断高频（或高压脉冲）引弧器。此方法在国内仅用于引燃非熔化极电弧焊，国外也有用于埋弧焊等熔化极电弧焊方法的。

转移型等离子弧焊的引弧过程需要在高频引燃非转移弧后，再进行非转移弧到转移弧的转换控制。

3）熄弧控制。熄弧时要保证填满弧坑，并防止焊丝粘在焊缝上。有些焊机还能控制焊丝端部不结球，以保证在下一次焊接引弧时，无须剪焊丝端部就能可靠地引弧。其常用的控制方法有以下两种：

① 焊丝返烧熄弧。先停止送丝，经一定时间后再切断焊接电源使电弧熄灭。这是一般熔化极电弧焊中最常用的方法。

② 电流衰减熄弧。先使焊接电流逐渐减少到一定数值，然后再切断焊接电源，使电弧完全熄灭。

4）焊接过程参数的程序控制。在全位置环缝、厚板多层焊等专用焊机中，为保证不同空间位置上焊缝的均匀成形要求，应根据焊接的空间位置，变更焊接过程的焊接参数（焊接电流、电弧电压、焊接速度等），这就需要对焊接参数进行必要的切换。

上述程控要求，可以用受控对象某些特征参数的时间函数——程序循环图表示。图 5-43a、b、c 所示分别为自动钨极氩弧焊、熔化极气体保护自动焊、脉冲钨极氩弧焊自动控制的程序循环图，图中的 U_H、U、V_f、V_W、I、Q_L、t 分别表示高频引弧电压、焊接电压、送丝速度、焊接速度、保护气流、焊接电流和时间。图 5-43 所示的焊接程序控制循环是上述基本程控要求的组合，它既表示了一台焊机的程序自动控制原理，也是自动焊机程序控制系统的设计依据。

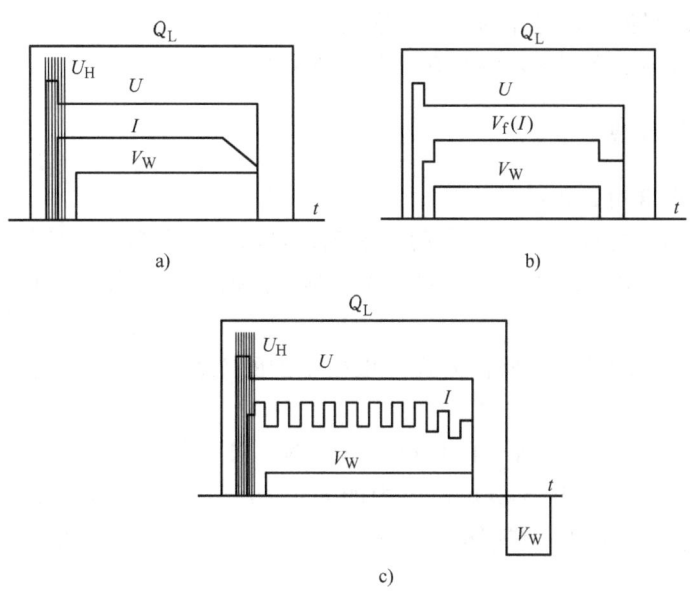

图 5-43　焊接过程程序循环图
a）自动钨极氩弧焊　b）熔化极气体保护焊　c）脉冲钨极氩弧焊

除满足电弧焊接过程中的程序控制要求，还应包含必要的指示环节和保护环节。指示环节除电流、电压，一般都采用指示灯，也可以采用数显或液晶显示屏等先进设备。保护环节常用的有水流或水压开关、气压开关、过电流及过电压保护等。

还应指出，图 5-43 所示的是弧焊电源的程序控制，而自动焊接系统包括弧焊电源、焊接的工装夹具、拖动电路等，因此焊接自动化系统的程序循环图还应包括这些部分的时序控制。

2. 焊接程序控制的原则

同其他生产过程的程序控制系统一样，电弧焊的程序控制系统除了接受必要的外部人工操作指令（起动、停止、急停），其余程序转换都是自动进行的。实现转换的原则有以下三种：

1）时间转换，即按照时间间隔进行程序转换。例如，气体保护焊中的提前送保护气和滞后断保护气控制等，在 PLC 中需要采用定时器进行程序转换。

2）行程转换，即按工作行程进行程序转换。例如，全位置环缝焊接过程中焊接参数的分段转换；自动焊接过程焊接起始点、终点控制等，可采用行程（限位）开关、接近开关、编码器等各种位置传感器作为程序转换控制元件。

3）条件转换，以系统达到某种特定条件进行程序转换。例如，以电弧引燃、熄灭、焊件装夹定位、焊枪到位作为程序转换条件。这里必须采用电弧电压、电流传感器或位置传感器等作为程序转换控制元件。

实际工程中很多程序控制包含以上几种转换的组合。

5.6.3 设计实例

1. 环形焊缝的自动焊

图 5-44 所示为环形焊缝的自动焊系统，要求人工上料，实现气动装夹、焊件的旋转、焊接电源起动与停止的自动控制。根据控制要求进行 PLC 控制系统的设计。

（1）确定控制要求和操作方式　根据生产的工艺过程，分析控制要求，确定需要完成的动作和操作方式。

1）动作顺序。假设焊件的材料是不锈钢，采用直流 TIG 焊接，无须填丝，其焊接程序循环如图 5-45 所示，图中的 Q_j、Q_L、U_H、I、V_W 分别表示控制气动夹具的气体、焊接保护气体、高频引弧电压、焊接电流、焊接转胎旋转速度等。

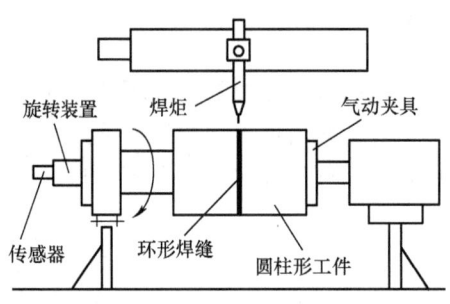

图 5-44　环形焊缝的自动焊系统

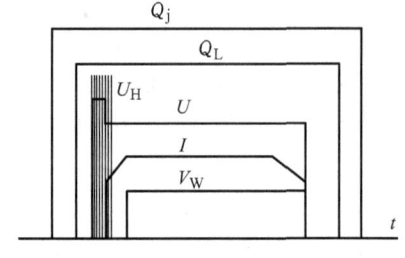

图 5-45　环缝焊接程序循环

2）操作方式分为自动控制和手动控制。

① 自动控制，即实现气动夹具、焊接电源、转胎的自动控制。工件自动夹紧，接通焊接电源（由弧焊电源完成提前送保护气、高频引弧、电流递增至正常焊接电流的控制）和接通焊接转胎电动机，转胎旋转，进入正常焊接；焊件焊接一圈后，向弧焊电源发出停止焊接信号，由弧焊电源控制焊接电流衰减，停保护气，最终切断焊接电源，在弧焊电源切断焊接电流时切断焊接转胎电动机电源，当保护气滞后切断后，焊件自动松夹。

第5章 焊接自动化中的PLC控制技术

② 手动控制,可以手动控制装夹,实现焊接电源、焊接转胎的程序自动控制。在焊接停止时,需要采用人工监控。手动控制可以用于焊接工艺试验或补焊。

3) 其他要求指需要一些必要的指示灯,如焊接指示灯、工件旋转位置指示灯等。

(2) 系统硬件设计　根据控制要求确定所需的用户输入/输出设备。据此确定PLC的I/O点数,选择PLC,设计I/O连接图。

在该系统中需要起动按钮SB1、停止按钮SB2、气动夹具控制按钮SB3、弧焊电源通断控制按钮SB4、转胎电动机旋转控制按钮SB5、均采用无锁按钮开关;自动/手动控制选择开关SA1,采用一刀两位的主令开关。气动夹具是通过电磁气阀YV进行控制,转胎电动机通过接触器KM控制,弧焊电源可以与焊接电源的遥控开关SB连接。

为了实现自动控制,该系统中采用E6A2-CS5C型编码器作为传感器,其电源电压为直流24V,每旋转一周,编码器输出360个脉冲。将编码器安装在减速器的输出轴上,便可以检测焊件旋转的角度。编码器输出的脉冲通过PLC的X0口输入。此外,采用三个光敏二极管作为指示灯分别显示焊接电源工作、转胎开始旋转、转胎旋转一周的状态。在手动控制过程中,焊接的停止是通过人工观测、人工进行控制的;编码器的作用只是用来检测、显示焊接过程,而不能进行自动控制。

其I/O安排一览表见表5-17,系统至少需要7个输入端口,6个输出端口,分别接外部设备。外部设备包括控制焊接转胎电动机旋转的接触器KM、气动夹具控制电磁气阀YV、弧焊电源遥控开关SB以及一些指示灯。根据需要的输入/输出端口数量,可以选用FX_{0N}-24M型的PLC。其硬件的接线如图5-46所示。

表5-17　I/O安排一览表

输入		输出	
X0	编码器信号输入	Y0	气动夹具电磁气阀YV
X1	起动按钮SB1	Y1	转胎电动机接触器KM
X2	停止按钮SB2	Y2	弧焊电源控制SB
X3	自动/手动控制选择开关SA1	Y3	焊接指示灯VL1
X4	气动夹具SB3	Y4	焊件旋转指示VL2
X5	弧焊电源SB4	Y5	焊件旋转指示VL3
X6	转胎电动机SB5		

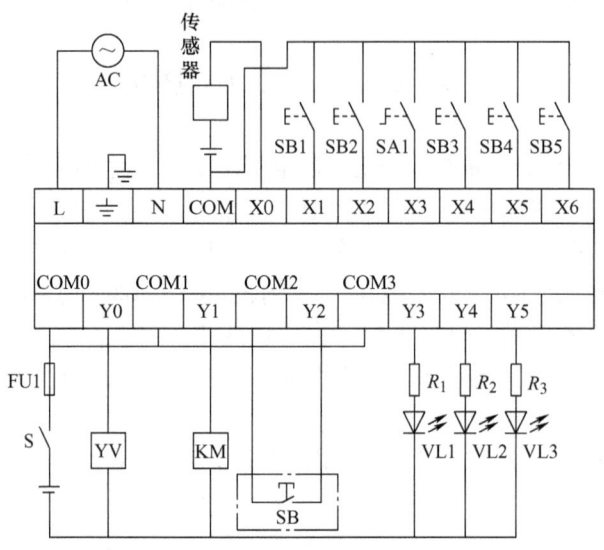

图 5-46　环缝自动焊 PLC 系统接线图

（3）**系统软件设计**　根据控制要求和硬件系统，进行 PLC 程序设计。

根据焊接工艺及控制要求，可以采用一般的计算机软件编程所采用的软件流程图绘制方法，绘制自动控制程序流程（见图 5-47）。由于 TIG 焊要求引弧前先送保护气，因此在气动夹具夹紧工件后，弧焊电源应该先接通。当提前送气、电弧引燃后，开始焊接时，再驱动焊接转胎电动机工作。

由于焊接停止时需要有电流衰减过程，因此应该先发出弧焊电源断电信号，电流衰减，电弧熄灭，此时再停止焊件旋转。假设电流衰减时间为 2s，则在发出停止焊接信号后 2s，再发出转胎停转信号。为了保护焊接熔池和刚焊完的焊缝金属不被氧化，保护气不能立即关断，需要延时一段时间再关断。待保护气延时关断后，再断开气动夹具的电磁气阀，使焊件松夹。

在焊接过程中，当编码器输入计数器中的脉冲达到 360 个时，说明环缝自动焊接一圈，此时首先向弧焊电源发出焊接停止信号，2s 后再发出转胎停转信号，延时 3s 用于保护气体延时关断，再发出夹具松夹信号。这些都需要 PLC 自动完成。

如果是手动，则人为控制焊接过程，当需要焊接停止时，按动停止开关来代替计数器发出的焊接停止信号。

第 5 章 焊接自动化中的 PLC 控制技术

根据工艺和控制流程可以绘制其梯形图。该系统控制的参考梯形图如图 5-48 所示。根据梯形图可以编写助记符语句表，见表 5-18。

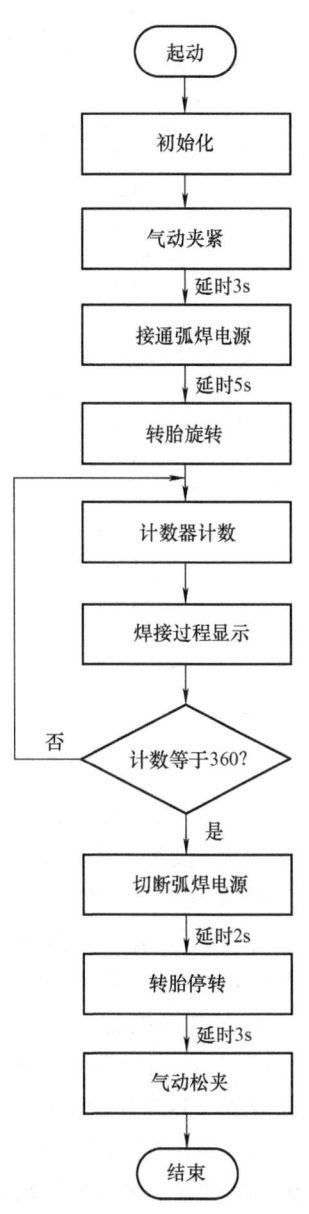

图 5-47 环缝焊接自动控制流程

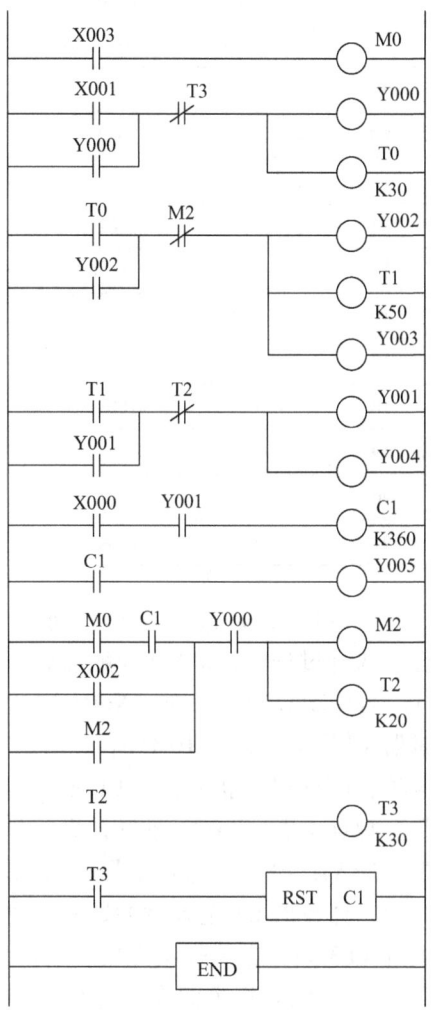

图 5-48 环缝焊接自动控制参考梯形图

焊接自动化技术及其应用

表 5-18　环缝焊接自动控制助记符语句表

步　序	指　令		步　序	指　令	
0	LD	X003	22	LD	X000
1	OUT	M0	23	AND	Y001
2	LD	X001	24	OUT	C1　K360
3	OR	Y000	27	LD	C1
4	ANI	T3	28	OUT	Y005
5	OUT	Y000	29	LD	M0
6	OUT	T0　K30	30	AND	C1
9	LD	T0	31	OR	X002
10	OR	Y002	32	OR	M2
11	ANI	M2	33	AND	Y000
12	OUT	Y002	34	OUT	M2
13	OUT	T1　K50	35	OUT	T2　K20
16	OUT	Y003	38	LD	T2
17	LD	T1	39	OUT	T3　K30
18	OR	Y001	42	LD	T3
19	ANI	T2	43	RST	C1
20	OUT	Y001	45	END	
21	OUT	Y004			

如图 5-48 所示，如果选择自动焊接，则 X003 常开触点始终处于连通状态，在程序执行过程中，M0 常开触点始终闭合（也可以将 X003 代替 M0，而不要 M0）。当按动起动按钮时，X001 连通，Y000 通电，气动夹具夹紧焊件，同时定时器 T0 开始计时。T0 延时 3s 后，T0 的常开触点连通，Y002 通电，接通弧焊电源，而且焊接指示灯 VL1 亮，同时定时器 T1 开始计时。T1 延时 5s，T1 的常开触点连通，Y001 通电，焊接转胎电动机通电转动，焊件旋转，并且旋转指示灯 VL2 亮，进入正常焊接状态。此时，编码器检测脉冲通过 X000 输入 PLC 中，计数器 C1 记录脉冲数。焊件旋转一圈后，计数器 C1 常开触点闭合，指示灯 VL3 亮，表示焊接完成。与此同时，M2 线圈连通，M2 常闭触点断开，Y002 断电，向弧焊电源发出停止信号，焊接电流衰减，此时定时器 T2 开始计时，延时 2s 后，电弧熄灭。这时定时器 T2 常闭触点断开，Y001 断电，焊件停止旋转。在 Y001 断电时，定时器 T3 开始计时，延时 3s，保护气体关断，定时器 T3 常闭触点断开，Y000 断电，气动夹具松开焊件，完成了整个焊接过

第 5 章　焊接自动化中的 PLC 控制技术

程，而且此时 T3 常开触点连通，定时器 C1 复位。如果选择手动控制，则 X003 和 M0 常开触点始终断开，在程序执行过程中，即使 C1 常开触点连通，M2 也不会导通，焊接过程不能停止，只有在按动停止键 SB2，输入 X002 连通，才可以结束焊接过程。

2. 变压器铁心焊接

在变压器、电动机、电抗器等制造中，经常采用焊接方法对其铁心进行固定。图 5-49 所示为一个变压器铁心纵缝自动焊接系统。假设变压器铁心形状是圆筒形，采用 4 条焊缝进行固定，每条焊缝相隔 90°。

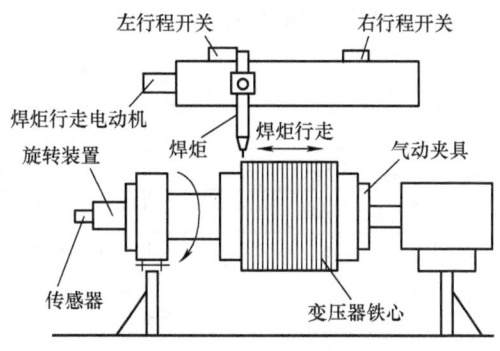

图 5-49　变压器铁心纵缝自动焊接系统

焊接时，首先将变压器铁心安装在焊接转胎上，利用气动夹具夹紧焊件，然后进行自动焊接。焊接时，焊件不动，焊炬行走。当焊完一条焊缝后，焊件旋转 90°，焊接另一条焊缝，待 4 条焊缝全部焊完后，松开夹具，操作者将变压器铁心取下。其自动控制流程图如图 5-50 所示。

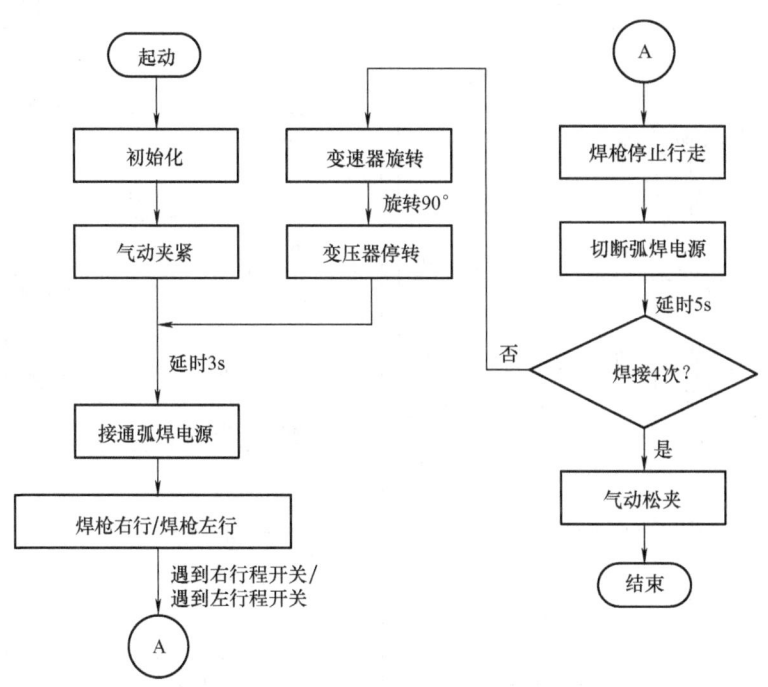

图 5-50　变压器铁心焊接自动控制流程图

在进行PLC控制系统设计时，根据控制要求，确定PLC的输入/输出点数，选取PLC。输入点包括2个行程开关、1个旋转编码器、7个操作按钮、1个工作方式转换开关，共需要11个输入点；输出点包括1个电磁阀、1个指示灯、3个控制电动机通断的接触器，1个弧焊电源控制开关，共6个输出点。因此，可以选取FX_{0N}-24MR型（14点输入，10点输出）PLC，其I/O安排一览表见表5-19。

表5-19　I/O安排一览表

输	入			输	出
X0	起动按钮SB1	X6	焊接电源控制SB	Y0	气动夹具电磁阀
X1	停止按钮SB2	X7	焊枪右行控制SB3	Y1	弧焊电源控制
X2	右行程开关	X10	焊枪左行控制SB4	Y2	焊枪右行控制接触器
X3	左行程开关	X11	焊件旋转控制SB5	Y3	焊枪左行控制接触器
X4	编码器信号输入	X12	气动夹具控制SB6	Y4	焊接指示
X5	自动/手动控制选择开关SA1			Y5	焊件旋转控制接触器

根据控制要求绘制PLC控制的梯形图。图5-51所示为变压器铁心焊接自动控制的参考梯形图，根据参考梯形图编写助记符语句表见表5-20。

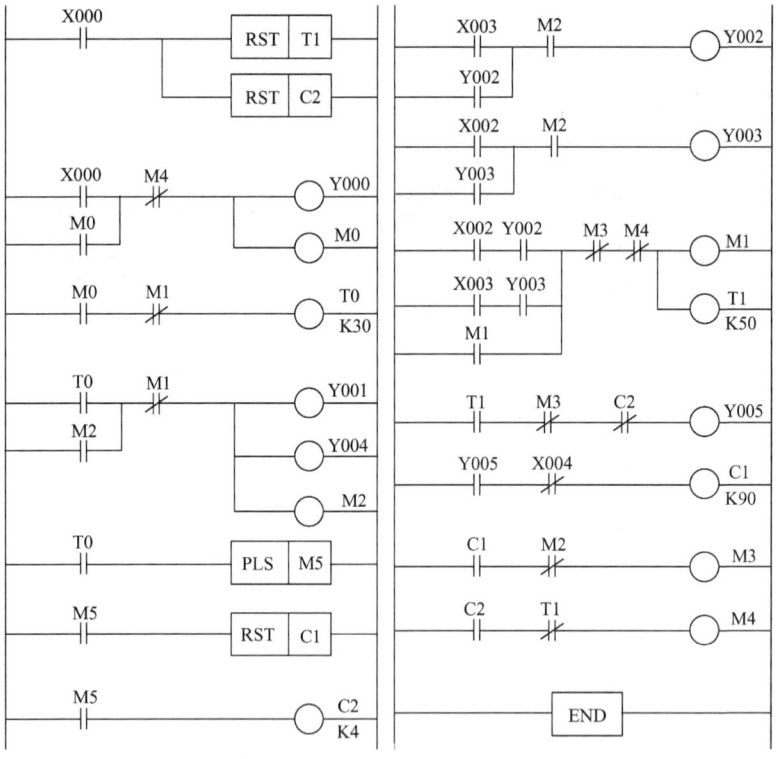

图5-51　变压器铁心焊接自动控制的参考梯形图

第5章 焊接自动化中的PLC控制技术

表5-20 变压器铁心焊接自动控制助记符语句表

步序	指令		步序	指令	
0	LD	X000	36	OR	Y003
1	RST	T1	37	AND	M2
3	RST	C2	38	OUT	Y003
5	LD	X000	39	LD	X002
6	OR	M0	40	AND	Y002
7	ANI	M4	41	LD	X003
8	OUT	Y000	42	AND	Y003
9	OUT	M0	43	ORB	
10	LD	M0	44	OR	M1
11	ANI	M1	45	ANI	M3
12	OUT	T0 K30	46	ANI	M4
15	LD	T0	47	OUT	M1
16	OR	M2	48	OUT	T1 K50
17	ANI	M1	51	LD	T1
18	OUT	Y001	52	ANI	M3
19	OUT	Y004	53	ANI	C2
20	OUT	M2	54	OUT	Y005
21	LD	T0	55	LD	Y005
22	PLS	M5	56	AND	X004
24	LD	M5	57	OUT	C1 K90
25	RST	C1	60	LD	C1
27	LD	M5	61	ANI	M2
28	OUT	C2 K4	62	OUT	M3
31	LD	X003	63	LD	C2
32	OR	Y002	64	AND	T1
33	AND	M2	65	OUT	M4
34	OUT	Y002	66	END	
35	LD	X002			

　　根据要求,变压器铁心焊接的PLC控制过程如下。将变压器的铁心安装在焊接转胎上。按动起动按钮,X000连通,驱动Y000使气动夹具焊作,夹紧焊件。通过T0延时3s,驱动Y001和Y004接通弧焊电源和焊接指示灯。与此同时,通过辅助继电器M2驱动Y002使焊炬行走装置右行,焊接开始(此时连接左边行程开关的X003常开触点处于连通状态,当焊炬右行后,X003常开触点断

211

开)。此时，通过辅助继电器 M5 产生单脉冲，将 C1 计数器复位。当焊炬行走装置碰到右边的行程开关 X002 时，辅助继电器线圈 M1 连通，M1 常闭触点断开，Y001、Y004、M2 线圈断电，焊接电源停止工作；Y002 线圈断电，焊炬停止行走。通过 T1 延时 5s，驱动 Y005 使转胎旋转，并使 C2 记数 1 次。转胎旋转时，检测转胎旋转角度的编码器脉冲由 X004 输入，C1 计数。变压器铁心旋转 90°，C1 计数到设定值，使辅助继电器 M3 线圈连通，M3 常闭触点断开，Y005 断电，转胎停止旋转。此外，M3 还使 M1、T1 线圈断电，M1 常闭触点闭合，T0 线圈连通，延时 3s，T0 驱动 Y001 和 Y004 再次接通弧焊电源和焊接指示灯。由于此时 X002 常开触点处于连通状态，M2 驱动 Y003 使焊炬行走装置左行焊接。M5 产生单脉冲，将 C1 计数器复位。当焊炬行走装置碰到左边的行程开关使 X003 连通时，焊炬停止行走，同时切断弧焊电源，焊接停止。延时 5s，变压器铁心再旋转 90°，同时 C2 又计数 1 次。重复上述控制过程，直至 4 条焊缝焊接完毕，即 C2 计数第 4 次时，通过 M4 控制焊接转胎不再旋转，而使 Y000 断电，使气动夹具松夹，焊接过程结束，人工取下焊好的变压器铁心。

由以上分析可知，图 5-51 是正常焊接、自动控制模式的梯形图。程序中没有使用 X001、X005、X006、X007、X010、X011、X012 等输入继电器。这些继电器或者用于手动控制模式，或者用于焊前调节。可以编写相应的程序，并应用跳转指令实现程序的切换。该部分程序读者可以自己动手进行编制。

3. 双工位环缝自动焊接

图 5-52 所示为一个双工位环缝钨极氩弧焊自动焊接工作台。在工位 2 采用人工上料及焊件夹紧。焊件夹紧后，两工位在旋转工作台带动下旋转 180°，进行工位转换。工位转换的位置控制采用了接近开关（也可以采用编码器）。工位 1 是焊接工位。工位自动转换完成后，延时 1s，焊枪在气动装置带动下自动伸出到位。延时 2s，起动 TIG 弧焊电源。再延时 3s，起动焊接转胎电动机，焊件旋转。环缝焊接位置的控制选用 360p/s 的增量编码器，即环缝焊接过程中，焊

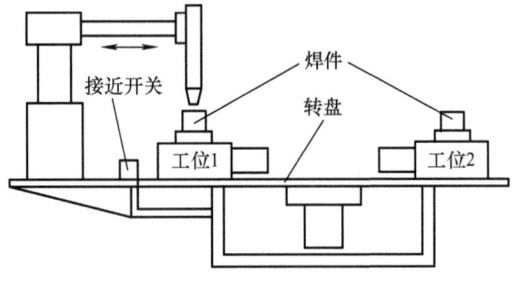

图 5-52 双工位环缝钨极氩弧焊自动焊接工作台

件旋转位置可以通过编码器的输出脉冲来检测。环缝焊接完成（即编码器输出 360 个脉冲）后切断弧焊电源；延时 3s 停止环缝焊接，转胎旋转。再延时 3s 焊枪在气动装置带动下自动回位。延时 1s 工作台旋转 180°，进行工位自动转换，完成一个焊接循环。

图 5-53 所示为双工位环缝焊接的自动控制参考梯形图。所采用 PLC 控制的

第5章 焊接自动化中的PLC控制技术

I/O安排一览表见表5-21。

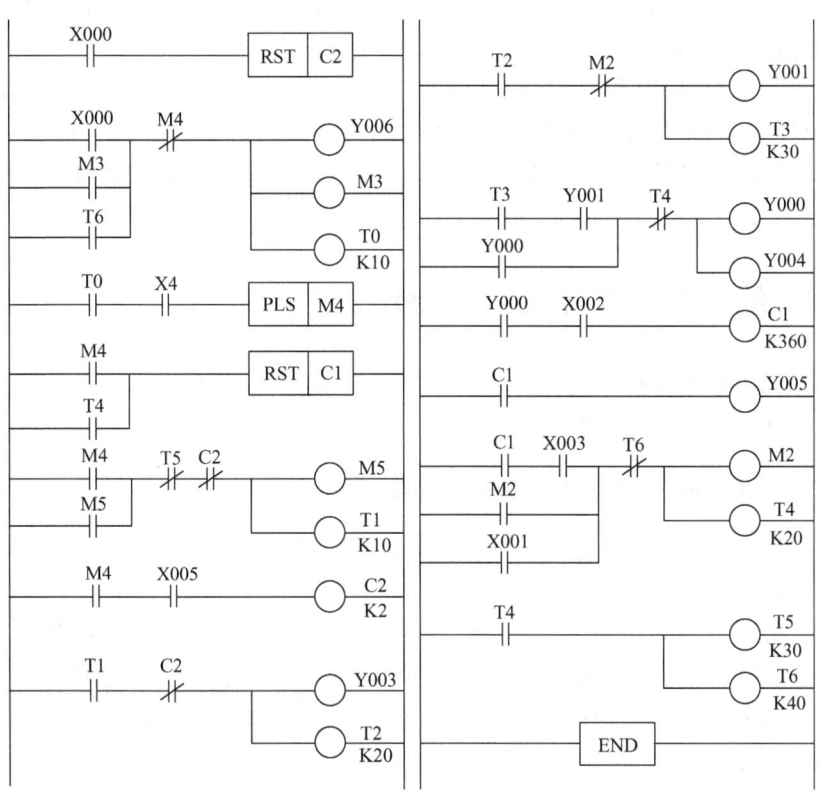

图5-53 双工位环缝焊接的自动控制参考梯形图

表5-21 I/O安排一览表

输 入		输 出	
X0	起动按钮SB1	Y0	焊接转胎电动机控制接触器
X1	停止按钮SB2	Y1	弧焊电源控制开关SB
X2	编码器信号输入	Y2	焊接指示灯
X3	自动/手动控制选择开关SA1	Y3	(焊枪)气缸电磁气阀
X4	接近开关	Y4	焊件旋转指示
X5	单循环/多循环SA2	Y5	焊件旋转指示
		Y6	工位转换转台电动机接触器

在图5-53中,Y004控制焊接开始的指示灯,Y005控制焊件旋转一周的指示

213

灯。接近开关用来检测旋转工作台旋转是否到位。X003、X005 分别连接自动/手动控制选择开关 SA1 和单循环/多循环选择开关 SA2。当选择自动控制功能时，X003 常开触点处于连通状态；当选择单循环控制时，X005 常开触点处于连通状态。单循环表示只完成一个焊件的自动焊接，即首先进行工位转换，然后自动焊接，最后再进行工位转换，将焊好的焊件送回到工位 2，完成一个焊件的焊接循环。多循环表示在连续焊接生产中，进行连续自动焊接和工位转换的情形。

5.7 可编程序控制器在焊接自动化中的应用

可编程序控制器在焊接自动化领域中的应用越来越普遍，本节介绍两个产品焊接自动化 PLC 控制的方案设计。

5.7.1 PLC 在不锈钢浮球焊接自动化中的应用

不锈钢浮球是不锈钢浮球液位控制器中的主要部件，主要用于冶金、化工、矿山、石油、纺织等企业，地下工程，污水处理，液压油站，以及含黏液物、废水池、含酸碱和含油的地下排水液位控制和报警。不锈钢浮球一般由两个半圆空心球采用钨极氩弧焊焊接而成，如图 5-54 所示。

图 5-54　不锈钢浮球

1. 系统构成

图 5-55 所示为不锈钢浮球自动焊接机床。该机床主要由机床底座、主轴箱、控制面板、焊枪支架、焊枪支架气动装置、模板工装、模板工装气动装置、滑道、尾座、尾座气动装置和工件夹持装置等构成，其中主轴箱中包含伺服电动机、减速机构以及工件夹持装置，可以带动工件旋转。模板工装用于两个空心半球形被焊工件的安装，在气动装置带动下将工件送入焊接位置。尾座上也装有工件夹持装置，利用尾座气动装置将尾座送进，从而使工件夹持装置夹紧工件。焊枪支架在气动装置作用下到达焊接位置，保证焊枪与被焊工件的相对距离，确保电弧引燃实施焊接。除机械电气装置，还需要钨极氩弧焊设备。该系统采用 PLC 控制，气动装置是通过电磁阀进行控制的，不锈钢浮球自动焊接的电气控制系统如图 5-56 所示。

2. 不锈钢浮球自动焊接过程

图 5-57 所示为不锈钢浮球自动焊接过程。其中，图 5-57a 所示为利用人工将两个半球工件安装在模板工装上。图 5-57b 所示为模板气动装置将带有被焊工件

第5章 焊接自动化中的 PLC 控制技术

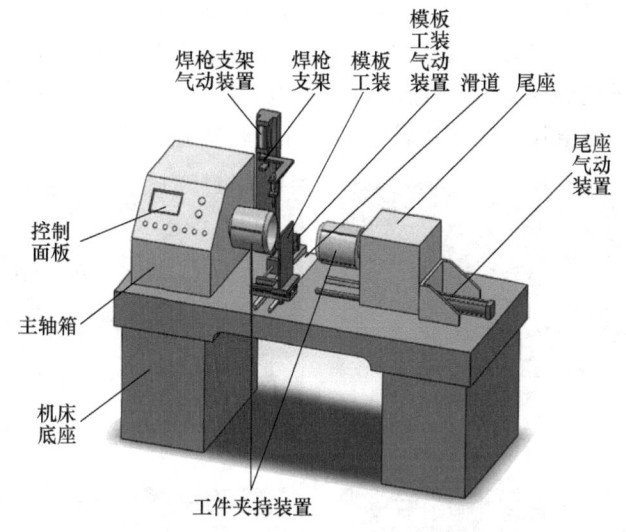

图 5-55 不锈钢浮球自动焊接机床

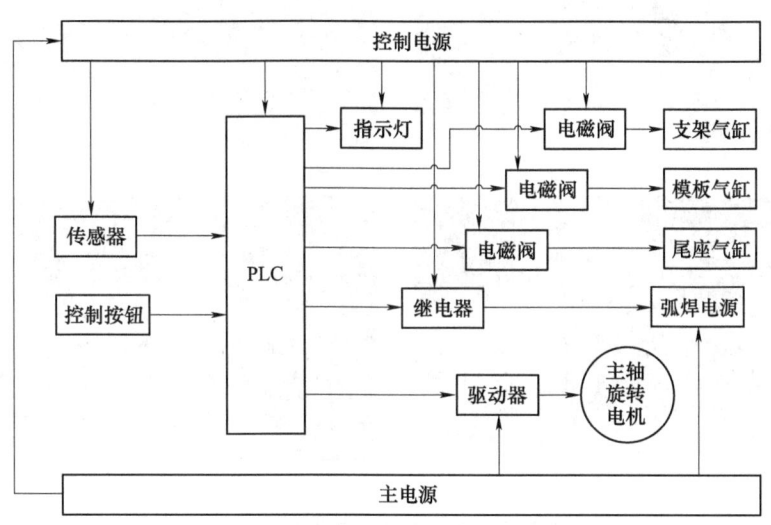

图 5-56 不锈钢浮球自动焊接的电气控制系统

的模板工装送到焊接工位。图 5-57c 所示为机床尾座送进气缸将尾座送进,使两个半球工件在焊接位置上夹紧,保证两个半球工件分别进入主轴箱和尾座的工件夹持装置中。在图 5-57c 中可以看到模板工装底部有一个平行的滑道,模板工装在尾座送进时受力移动到滑道的左侧。图 5-57d 所示为机床尾座送进气缸带动尾座退回到初始位置,此时两个半球分别在主轴箱和尾座的工件夹持装置中,模板工装在气缸带动下退出焊接工位,回到起始工件安装的位置。从图 5-57d 中可以看到，模板工装退出焊接位置时，在弹簧力作用下回到自身底部滑道的右侧。图 5-57e 所示为机床尾座送进气缸将尾座再次送进并夹紧工件，同时焊枪通过焊枪支架气动装置送进到达焊接位置，准备实施焊接。图 5-57f 所示为焊枪到位后，接通弧焊电源引燃电弧，机床主轴带动工件旋转实施焊接。

a)

b)

c)

d)

e)

f)

图 5-57 不锈钢浮球自动焊接过程

a) 工件安装 b) 工件到位 c) 夹紧工件 d) 模板退出 e) 夹紧工件且焊枪到位 f) 燃弧焊接

当机床主轴旋转 360°后，根据传感器（增量编码器）检测信号，若浮球环缝焊接完成，则控制弧焊电源进入熄弧程序，此时机床主轴继续旋转保证浮球环缝搭接一段，从而保证焊缝连续；然后熄灭电弧且主轴停止旋转，焊枪支架及尾座退回，工件松卡掉落在工作台面上的滑道里，通过滑道滑落到机床后面的成品筐里，完成一个浮球的自动焊接。

3. PLC 硬件系统设计

根据不锈钢浮球自动焊接过程，天津大学本科生在课程设计中进行了包括 PLC 控制系统的自动焊接系统方案设计。

在 PLC 控制系统硬件设计中，首先要明确自动焊接程序设计要求，确定所需要的用户输入/输出设备，据此确定 PLC 的输入/输出点数，选择 PLC，设计 PLC 的 I/O 连接图。

（1）系统控制要求　不锈钢浮球环缝自动焊接的要求为：人工上料，气动装卡，工件的旋转和弧焊电源起动与停止的自动控制；还需要一些手动控制，用于系统调试与补焊或工艺试验。同时，还需要一些指示灯表示焊接过程状态。

由于采用的钨极氩弧焊设备自身具有提前送保护气、自动引弧、焊接停止时焊接电流衰减熄弧以及滞后断保护气等功能，因此只需将 PLC 控制与焊接设备各项功能实施的时间长度相匹配就可以实现相关的程序控制。

（2）输入装置　包括按钮设置、传感器（本系统采用增量编码器检测工件旋转位置）设置等。

1）按钮设置。本系统中需要起动按钮 SB1、停止按钮 SB2，送料、夹紧等工装的气动控制按钮 SB3、SB4、SB5，弧焊电源控制按钮 SB6，以及自动焊接机床主轴伺服电动机旋转控制按钮 SB7，这些按钮均采用无锁按钮开关。还需要自动/手动控制选择开关 SA1，是一刀两位的主令开关。这些按钮除了起动、停止按钮与选择开关外，大多是在调试、维修及补焊时使用。按钮合计需要 PLC 的八个输入点。

2）传感器设置。本系统只需要一个传感器用以检测主轴旋转角度，判断是否完成环缝焊接。本系统选用欧姆龙 E6B2-CWZ6C 型增量编码器为传感器，其电源电压为直流 24V，每旋转一周，编码器输出 1000 个脉冲。传感器需要 PLC 的一个输入点。

综上，合计需要 PLC 的输入点九个。

（3）输出装置　包括自动焊机床主轴伺服电动机控制、气动元件控制、弧焊电源控制等。

1）伺服电动机控制。机床主轴旋转采用伺服电动机驱动，伺服电动机的控制参数可以事先通过伺服控制器进行设置，采用继电器控制伺服控制器的控制信号输入端，实现伺服电动机的起动与停止。只需要 PLC 的一个输出点。

2）气动元件控制。系统中需要三个气缸，用于模板工装进退、机床尾座进退和焊枪支架上下运动的驱动。气缸采用电磁阀进行控制，因此 PLC 只要控制对应电磁阀的通断即可控制气动装置的运动。因此，需要 PLC 的三个输出点。

3）弧焊电源控制。系统中通过控制焊枪开关 SB 来控制焊接电源的闭合，采用继电器实施控制。因此，需要 PLC 的一个输出点。

4)指示灯。该系统采用指示灯表示焊接、主轴旋转状态等,一共设置了三个指示灯。需要 PLC 的三个输出点。

综上,合计需要 PLC 的八个输出点。

(4) PLC 选定 根据系统所需的输入/输出口数量,选用三菱 FX_{ON}-24M 型的 PLC。

根据选用的 PLC 和系统需要,I/O 安排一览表见表 5-22,PLC 系统连线图如图 5-58 所示。

表 5-22 不锈钢浮球自动焊接 PLC 系统 I/O 安排一览表

输 入		输 出	
X0	编码器信号输入	Y0	模板工装气动控制电磁阀 YV0
X1	起动按钮 SB1	Y1	尾座气动控制电磁阀 YV1
X2	停止按钮 SB2	Y2	枪架气动控制电磁阀 YV2
X3	自动/手动控制选择开关 SA1	Y3	主轴伺服电动机控制继电器 KA
X4	模板工装气动装置 SB3	Y4	弧焊电源控制开关 SB
X5	尾座气动装置 SB4	Y5	焊接指示灯 HL1
X6	枪架移动气动装置 SB5	Y6	主轴旋转指示灯 HL2
X7	弧焊电源 SB4	Y7	熄弧程序指示灯 HL3
X10	主轴伺服电动机控制按钮 SB5		

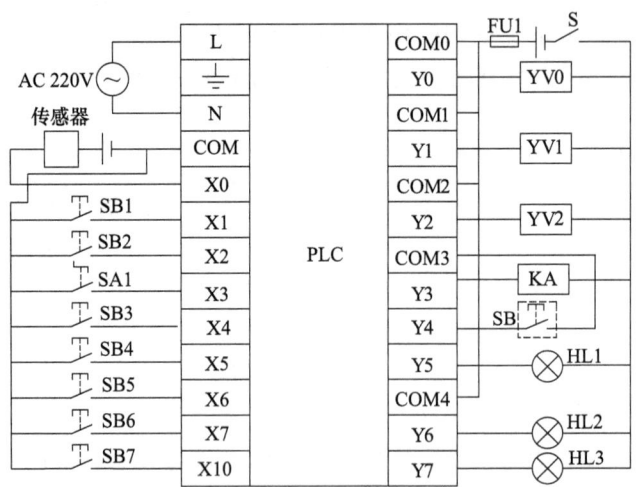

图 5-58 不锈钢浮球自动焊接 PLC 系统接线图

第 5 章 焊接自动化中的 PLC 控制技术

4. PLC 软件系统设计

根据不锈钢浮球自动焊接程序要求，绘出图 5-59 所示的系统控制流程图。根据控制流程图设计的 PLC 控制程序梯形图如图 5-60 所示。

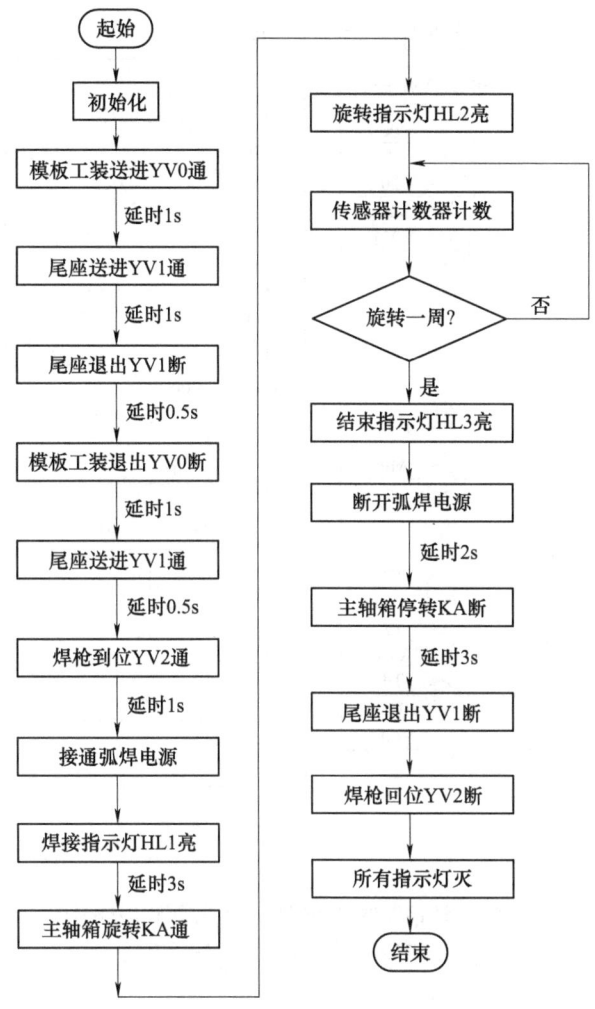

图 5-59　不锈钢浮球自动焊接系统控制流程图

焊前准备程序如图 5-60a 所示，在焊接前先通过选择开关 SA1 选择自动焊接，程序中即 X003 闭合，辅助继电器 M1 通电，使用于自动焊接过程控制的、能够记录编码器输出脉冲数的计数器 C1 能够按照要求工作。按下起动按钮 SB1（X001），首先是程序初始化，让计数器 C1 和计时器 T8 清零；然后控制电磁阀 YV0 接通（Y000 通），装有工件的模板工装运动，带着工件到达焊接工位；同时，定时器 T0 开始计时，并延时 1s 动作，T0 的常开触点闭合，电磁阀 YV1

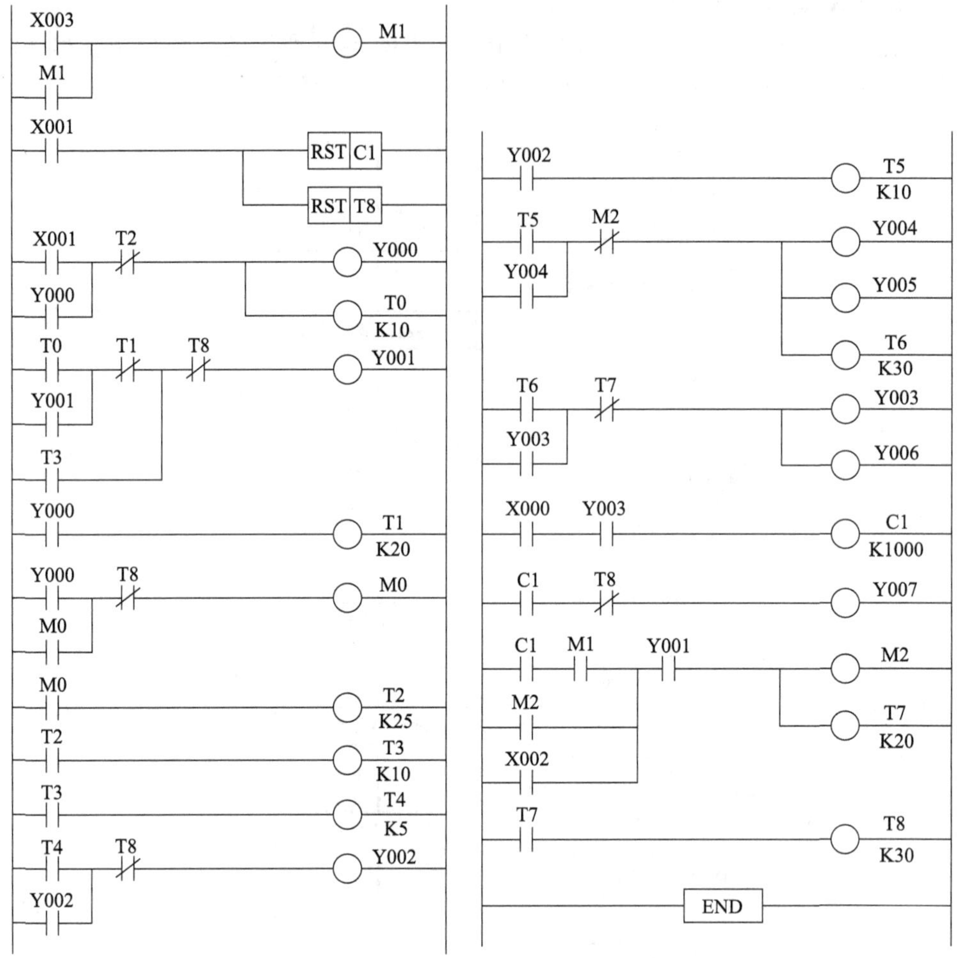

图 5-60　不锈钢浮球自动焊接 PLC 控制程序梯形图
a）焊前准备程序　b）焊接过程程序

接通（Y001 通），机床尾座在气动装置带动下送进，加紧工件，也就是让两个半球工件分别进入机床主轴箱和尾座的夹持装置内。随着电磁阀 YV0 通电，定时器 T1 开始计时，延时 2s（从电磁阀 YV0 接通算起 2s）动作，其常闭触点打开，电磁阀 YV1（Y001）断开，机床尾座在气动装置带动下退回。当按下起动按钮 SB1（X001），输出口 Y000 连通电磁阀 YV0 接通时，辅助继电器 M0 连通，M0 的常开触点闭合，定时器 T2 开始计时，延时 2.5s 动作，其常闭触点断开，使电磁阀 YV0 断电，在气动装置带动下，没有被焊工件的模板工装退回到原始位置。定时器 T2 的常开触点闭合，定时器 T3 延时 1s 动作，其常开触点闭合电磁阀

第5章 焊接自动化中的PLC控制技术

YV1（Y001）再次通电，相应的气动装置将机床尾座送进，夹紧工件。同时，定时器T4开始计时延时0.5s动作，其常开触点闭合，电磁阀YV2（Y002）接通，气动装置将焊枪送到焊接位置。到此，焊前准备完成，将进入焊接过程。

焊接过程程序如图5-60b所示，在控制焊枪到位气动装置运动的同时，定时器T5开始计时延时1s动作，其常开触点闭合使输出Y005连通，焊接指示灯HL1亮，表示焊接开始，并且Y004连通起动弧焊电源，弧焊电源开始按照自身的控制程序工作，先送保护气，延时高频引弧实施焊接，引弧过程可以设置在3s内完成。因此，定时器T6随着起动弧焊电源开始计时，并延时3s动作，其常开触点闭合，控制机床主轴伺服电动机旋转（Y003连通），同时Y006连通，指示灯HL2亮表示开始环缝焊接，此时连接在机床主轴箱与工件同步旋转的编码器通过X000将脉冲信号输入PLC，计数器C1开始记录脉冲数。当C1记录到1000个脉冲数时，说明机床主轴已经旋转一周，环缝焊接已经完成，C1的常开触点闭合，Y007连通，指示灯HL3亮表示环缝焊接完成，同时辅助继电器M2动作，M2常闭触点断开，Y005关断，焊接指示灯HL1也随之关断，表明环缝焊接过程结束，而且随着M2常闭触点的断开，Y004关断，弧焊电源进入自身的熄弧程序，电流开始衰减，衰减时间假设设定为2s，此时机床主轴仍然处于旋转状态；随着C1常开触点的闭合，定时器T7开始计时，延时2s动作，T7的常闭触点断开，则Y003断开，控制机床主轴的伺服电动机停止运转，同时指示灯HL2关断，表示机床主轴停止旋转，此时电弧熄灭，弧焊电源进入滞后断保护气及关断弧焊电源的程序。当定时器T7常开触点闭合时，定时器T8开始计时，并延时3s动作，此时弧焊电源与机床主轴都已停止工作；当T8延时动作，其常闭触点断开，使Y002断电，电磁阀YV2断电，焊枪支架在气动装置带动下复位，同时Y001断电，电磁阀YV1断电，机床尾座在气动装置带动下复位，工件松卡，且Y007断电，指示灯HL3关断，表示整个焊接程序结束。

若选择手动，则X003和M1常开触点始终断开，在程序执行过程中，即使C1常开触点连通，辅助继电器M2也不会导通，焊接过程不能自动停止。只有按下停止键SB2，输入X002才可接通M2，进入停止焊接的程序。

读者可以对该系统的焊接自动控制程序进行进一步的优化，编写系统的全部控制程序。

5.7.2 PLC在热水器水箱管路焊接自动化中的应用

燃气热水器是指以燃气作为燃料，通过燃烧加热方式，将热量传递到流经热交换器的冷水中，以达到制备热水目的的一种燃气用具。燃气热水器主要由燃烧器、热交换器、水箱、各种安全阀门、控制装置等组成。热水器安装时还需要有进水管、出水管、燃气管等。燃气热水器中的热交换器与水箱往往是制作在一起的，所以人们习惯上将其统称为"水箱"。图 5-61 所示是燃气热水器中的无氧铜水箱。由图可见，水箱加工中需要采用焊接的方法加长连接水管。图 5-62 所示是铜管的高频钎焊。在此介绍采用高频感应钎焊工艺进行热水器水箱连接铜水管自动焊接的 PLC 控制系统。该系统是天津大学本科生在课程设计中，进行焊接自动化方案设计的案例。

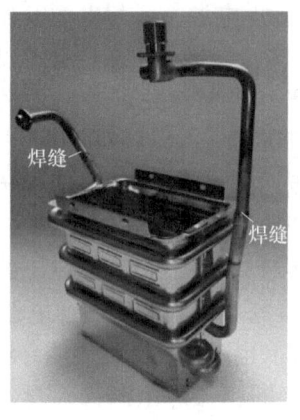

图 5-61　无氧铜水箱

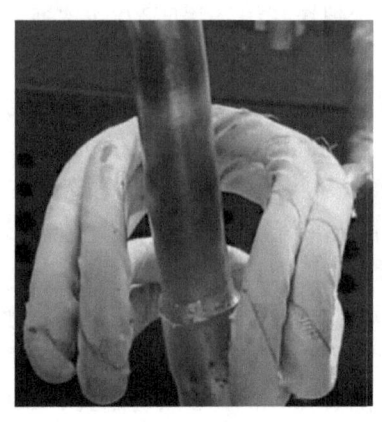

图 5-62　铜管的高频钎焊

1. 系统构成

图 5-63 所示为无氧铜水箱连接管自动焊接系统。

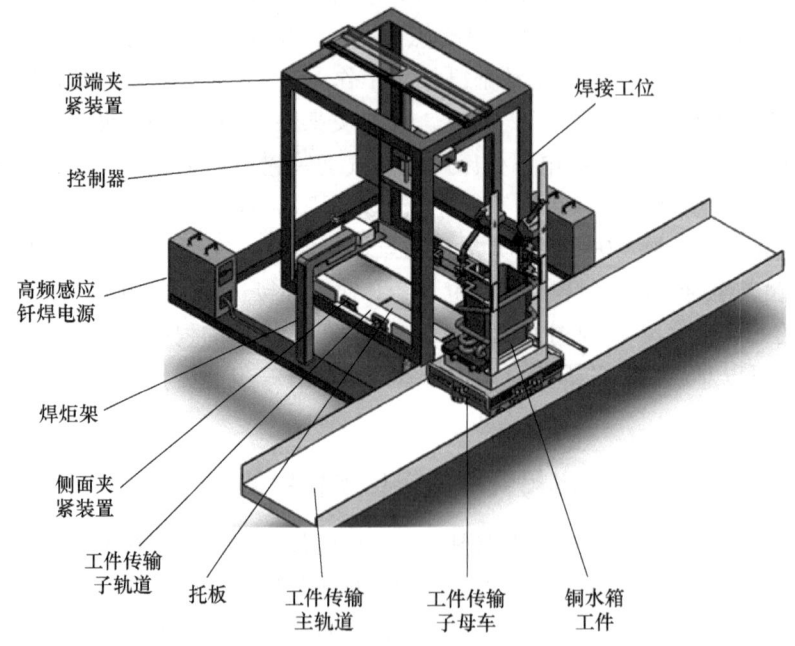

图 5-63　无氧铜水箱连接管自动焊接系统

第5章 焊接自动化中的 PLC 控制技术

由图 5-63 可知，该系统主要包括机械系统、高频感应钎焊系统、电气系统和 PLC 控制系统。机械系统主要包括工件传输轨道（相互垂直的主轨道和子轨道）、工件传输子母车、焊接工位机械装置等。焊接工位机械装置包括子车的托板装置、子车侧面与工件顶端的夹紧装置、双工位高频钎焊焊炬架等。高频感应钎焊系统包括两台高频感应钎焊电源和焊炬。电气系统包括子母车驱动、子车侧面与工件顶端的气动夹紧驱动、托板及焊炬架上下运动的气动装置驱动等。工件传输子母车驱动采用交流伺服电动机，气动装置中的气缸运动控制采用电磁阀，其中子车侧面气动夹紧装置和焊炬架气动装置都是两套。PLC 控制系统包括硬件及软件系统。铜水箱连接管焊接电气系统如图 5-64 所示。

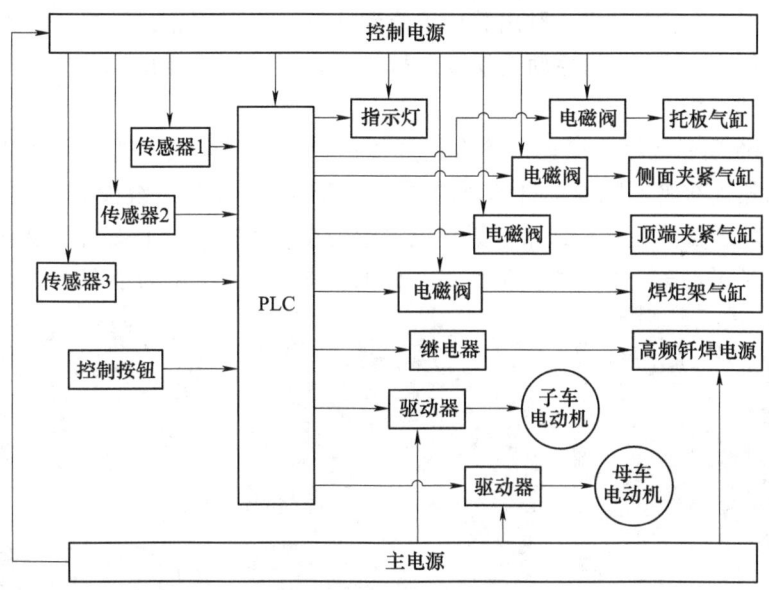

图 5-64 铜水箱连接管焊接电气系统

2. 铜水箱连接管自动焊接过程

无氧铜水箱加长连接管（简化为铜水箱连接管）的自动焊接流程如下：

首先将配有钎料的工件（包括水箱与安装好的连接管）放置在工件传输的子母车上，母车在伺服电动机 1 的驱动下沿主轨道前行，当到达焊接工位附近时，位置传感器 1 发出信号，母车停止；然后子车在伺服电动机 2 的驱动下，从母车上驶出并沿垂直于主轨道的子轨道驶入焊接工位，到达焊接工位后子车停止；随后焊接工位下面的托板通过气动装置上升，将子车顶起，子车侧面被焊接工位的气动夹具夹紧，安装在子车上的工件也被焊接工位的顶端气动夹具压紧。此时，托板在气动装置作用下下降并复位。

接着进入焊接流程，由于需要焊接水箱左右两侧的连接管，因此采用了双工位分步焊接的方案。首先是将分别固定在焊炬架上的两把高频钎焊焊炬,通过气动装置送到水箱与连接管焊接的位置;然后起动高频感应钎焊电源1,对水箱左侧的连接管进行高频感应钎焊,到达设定的钎焊加热时间(一般为2~10s)后,切断高频钎焊电源1,工件自然冷却;接着起动另一台高频感应钎焊电源2,对水箱右侧的连接管实施焊接,达到设定好的钎焊时间后,切断高频钎焊电源2,完成焊接。

当焊接完成后,水箱两侧的焊炬在气动装置带动下完成复位,焊接工位的托板再次上升支撑子车,焊接工位顶端与子车侧面的气动夹紧装置松卡,支撑子车的托板在气动装置作用下下降并复位,子车回到子轨道上;然后反向起动子车的伺服电动机2,子车后退,驶出焊接工位到达母车上后停止;接着,起动母车的伺服电动机1,子母车沿主轨道继续前行,直到指定位置停止,完成一个水箱连接管的自动焊接。

图5-65所示为铜水箱连接管自动焊接过程的典型节点。这些图片是某生产厂家铜水箱连接管实际焊接自动化的情景,该焊接自动化系统没有采用子母车,小车的主轨道是滚轮式传送带。天津大学学生在该系统基础上提出了改进型设计方案,除了子母车,其他焊接流程是一样的。图5-65a所示为小车在滚轮传送带

图5-65 铜水箱连接管自动焊接过程的典型节点
a)小车沿主轨道行进 b)小车进入焊接工位 c)托板升起 d)顶端与侧面夹紧
e)左侧焊接 f)退出焊接工位

第 5 章 焊接自动化中的 PLC 控制技术

上行进,相当于子母车在主轨道上行进的情况;图 5-65b 所示为小车沿垂直于主轨道的子轨道进入焊接工位;图 5-65c 所示为小车在焊接工位被托板托起的状态;图 5-65d 所示为小车侧面和工件顶端被气动装置夹紧的形态,此时可以看到托板已经复位了;图 5-65e 所示为铜水箱左侧铜管钎焊的情况;图 5-65f 所示为小车驶出焊接工位准备进入滚轮传送带的情况。

3. PLC 硬件系统设计

在 PLC 控制系统硬件设计中,首先要明确自动焊接程序设计要求,确定所需要的用户输入/输出设备,据此确定 PLC 的输入/输出点数,选择 PLC,设计 PLC 的 I/O 连接图。

(1) 系统控制要求 水箱连接管自动焊接要求,人工将铜水箱的铜管及钎料等装配好,然后安置在子母车上,水箱与连接管,即焊接工件与子车相对位置是固定的;工件传输和焊接采用自动控制,即自动焊,并需要指示灯表示自动焊接状态。此外,还需要手动控制功能,用于设备调试或焊接工艺试验等。

(2) 输入装置 包括按钮、传感器(本系统采用三个霍尔式接近开关检测子母车的位置)信号输入等。

1) 按钮设置。需要焊接自动化系统的起动按钮 SB1、停止按钮 SB2,子母车运动的两个伺服电动机控制按钮 SB3、SB4;焊接工位托板、焊接工位侧面与顶端夹紧装置以及焊炬架运动等的气动控制按钮 SB5~SB10,两个高频钎焊电源控制按钮 SB11、SB12,这些按钮均采用无锁按钮开关;还需要自动/手动控制选择开关 SA1,在子轨道上子车需要前进与后退,可采用伺服电动机正反转控制,需要一个正反转手动控制时的选择开关,两个选择开关都选用一刀三位的主令开关(其中一位是空挡)。这些按钮除了起动按钮与自动/手动控制选择开关外,大多是在调试、维修时使用。合计需要 PLC 的 14 个输入点。

2) 传感器设置。本系统需要三个检测子母车到位的接近开关,第一个通过检测子车位置,可用于判断子母车是否到达子轨道附近,给出母车停车信号,又可检测子车是否返回母车的位置,从而给出可以驱动母车继续前行的信号;第二个装在焊接工位,用来检测子车是否到达焊接工位;第三个用来检测焊后子母车是否将工件传输到指定的停车位置。本系统选用霍尔接近开关为传感器,其电源电压为直流 24V,检测距离为 10mm。传感器需要 PLC 的三个输入点。

综上,合计需要 PLC 的输入点 17 个。

(3) 输出装置 包括子母车的伺服电动机控制、气动元件控制、高频钎焊电源控制等。

1) 伺服电动机控制。子母车的驱动采用了两个伺服电动机,伺服电动机的控制参数可以事先通过伺服控制器进行设置,采用继电器控制伺服控制器的控制信号输入端,实现伺服电动机的启动与停止,需要两个 PLC 的输出点。因为子车沿子轨道运行时,需要进入和退出焊接工位,所以要求对子车的伺服电动机 2 进行正反转切换,本系统采用继电器变换伺服驱动器外部给定模拟电压的极性来控制伺服电动机 2 的正反转,需要两个 PLC 输出,实现模拟电压极性的切换。因此,伺服电动机控制一共需要 PLC 的四个输出点。

2) 气动元件控制。系统中需要六个气缸,用于焊接工位的托板、子车侧面、工件顶端夹具及焊炬架的驱动。气缸采用电磁阀进行控制,PLC 只要控制对应电磁阀的通断即可控制气动装置的运动。因此,需要 PLC 的六个输出点。

3) 高频钎焊电源控制。系统中通过控制电源开关来控制高频钎焊电源的闭合,采用继电器实施控制。因此,两台高频钎焊电源需要 PLC 的两个输出点。

4) 指示灯。该系统采用指示灯表示焊接状态,一共设置了两个指示灯,表明在进行哪一侧铜管的焊接。需要 PLC 的两个输出点。

综上,合计需要 PLC 的 14 个输出点。

(4) PLC 选定 根据系统所需的输入、输出点数量,选用三菱 FX_{ON}-40M 型的 PLC。该 PLC 具有 24 个输入点、16 个输出点,可以满足需要。

根据选用的 PLC 和系统需要,铜水箱连接管自动焊接的 PLC 系统 I/O 安排一览表见表 5-23,其 PLC 系统接线图如图 5-66 所示。

表 5-23 铜水箱连接管自动焊接的 PLC 系统 I/O 安排一览表

输	入	输	出
X0	位置传感器 1	Y0	母车运动控制继电器 KA0
X1	位置传感器 2	Y1	子车运动控制继电器 KA1
X2	位置传感器 3	Y2	子车向前运动继电器 KA2
X3	起动按钮 SB1	Y3	子车向后运动继电器 KA3
X4	停止按钮 SB2	Y4	托板运动控制电磁气阀 YV0
X5	自动/手动控制选择开关 SA1	Y5	侧面夹具气动电磁阀 YV1
X6	母车控制按钮 SB3	Y6	侧面夹具气动电磁阀 YV2
X7	子车控制按钮 SB4	Y7	顶端夹具气动电磁阀 YV3
X10	子车正反转选择按钮 SA2	Y10	左端焊枪气动电磁气阀 YV4
X11	托板运动控制按钮 SB5	Y11	右端焊枪气动电磁气阀 YV5
X12	侧面夹具 1 运动控制按钮 SB6	Y12	左端焊接电源控制 SB
X13	侧面夹具 2 运动控制按钮 SB7	Y13	右端焊接电源控制 SB
X14	顶端夹具运动控制按钮 SB8	Y14	左端焊接指示 HL0
X15	左端焊枪运动控制按钮 SB9	Y15	右端焊接指示 HL1
X16	右端焊枪运动控制按钮 SB10		
X17	左端焊接电源控制 SB11		
X20	右端焊接电源控制 SB12		

第5章 焊接自动化中的 PLC 控制技术

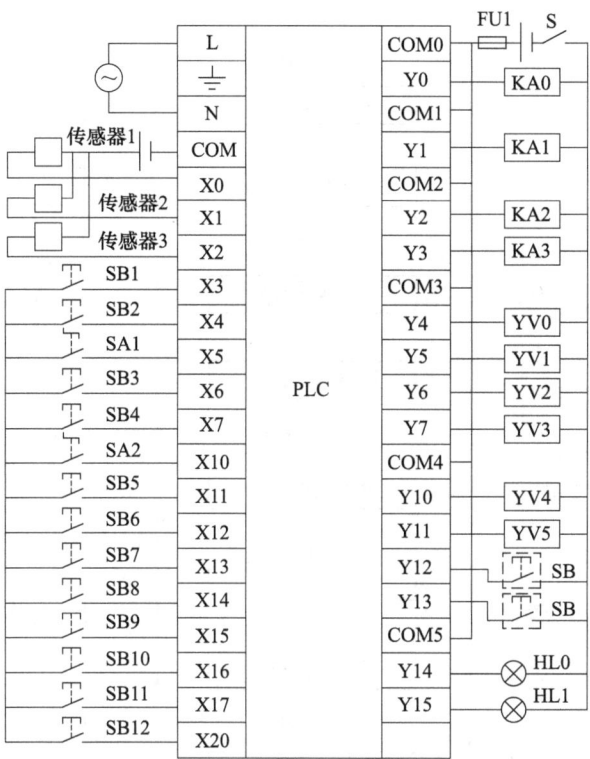

图 5-66　铜水箱连接管自动焊接的 PLC 系统接线图

4. PLC 软件系统设计

根据铜水箱连接管自动焊接流程，绘出图 5-67 所示的自动焊接流程图。根据流程图设计的软件程序梯形图如图 5-68 所示。

由图 5-68a 可见，在焊接时，首先要将选择按钮设置在自动挡位，输入 X005 常开触点闭合，辅助继电器 M1 连通，M1 常开触点闭合，为接通高频钎焊电源做好准备，否则 M1 常开触点保持断开状态，不能接通高频钎焊电源进行水箱连接管钎焊；然后按下自动焊接的起动按钮 SB1，X003 常开触点闭合，计数器 C1 清零，为焊接做好准备，X003 常开触点闭合，Y000 接通，继电器 KA0 通电，常开触点闭合起动伺服电动机 1，装载着被焊工件的子母车向前行走，当子母车到达位置传感器 1 附近时，位置传感器 1 发出信号，即 X000 常开触点闭合，计数器 C1 计数 1 次，且辅助继电器 M2 接通，M2 常闭触点断开，Y000 断开，继电器 KA0 断电，常开触点打开，伺服电动机 1 停止旋转，子母车停止行走；同时，由于 M2 常开触点闭合，Y002 接通，继电器 KA2 通电，常开触点闭合，设置好子车前行控制的模拟电压极性；延时 1s 定时器 T0 常开触点闭合，Y001 接通，继电器 KA1 通电，常开触点闭合，起动伺服电动机 2，装载被焊工件的子车从母车

227

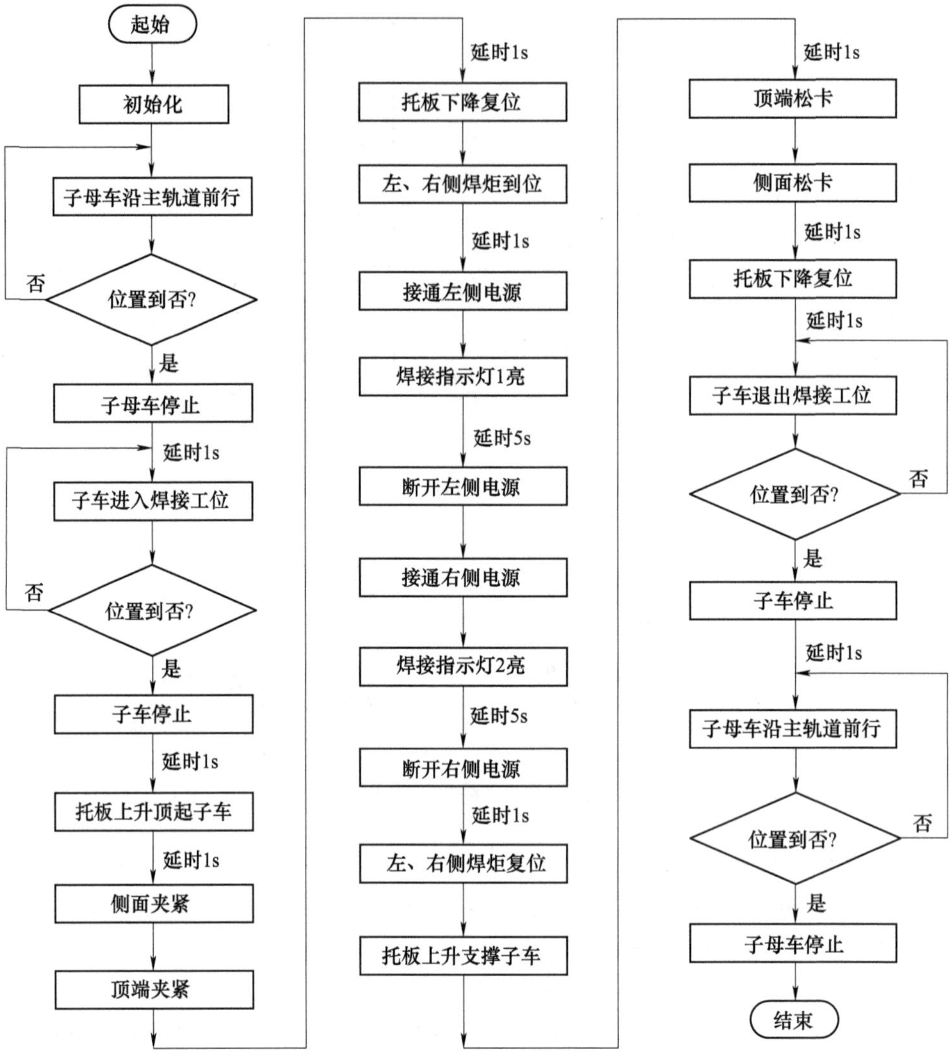

焊接自动化技术及其应用

图 5-67 铜水箱连接管自动焊接流程图

上驶出并沿着垂直于主轨道的子轨道前行。当位置传感器 2 检测子车到达焊接工位时，发出信号，X001 常开触点闭合，辅助继电器 M3 的常闭触点断开，Y001 断开，继电器 KA1 断电，常开触点打开，伺服电动机 2 停止旋转，子车停止行走，M3 常闭触点断开，使 Y002 断开，也切断了子车前进的模拟电压。延时 1s 后定时器 T1 的常开触点闭合，Y004 接通，电磁阀 YV0 通电，在气动装置带动下焊接工位下端的托板升起，将子车托举到焊接位置；延时 1s 后，定时器 T2 常开触点闭合，Y005、Y006 和 Y007 接通，对应的电磁阀 YV1、YV2、YV3 通电，相应的气动装置从侧面夹紧固定子车位置，从焊接工位顶端压紧被焊水箱；延时 1s

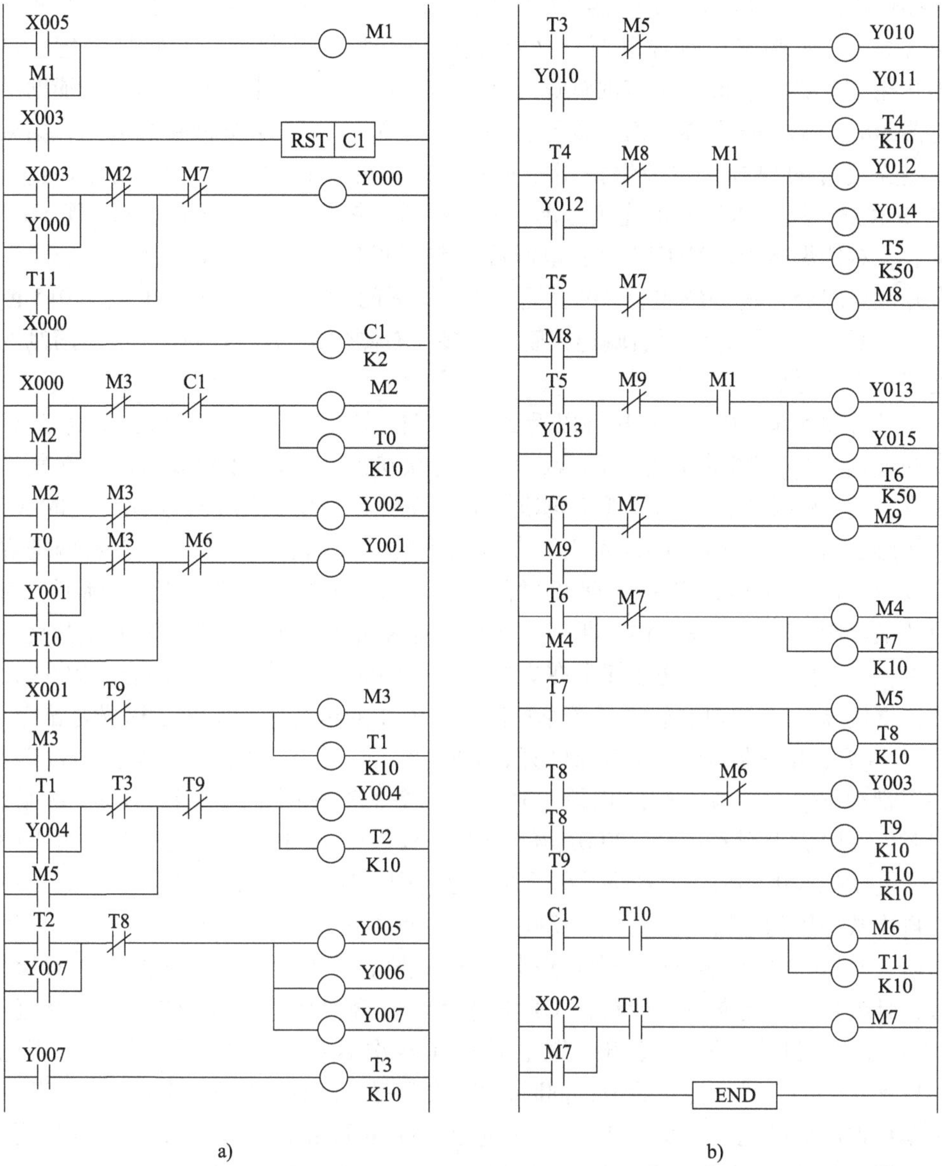

第5章 焊接自动化中的 PLC 控制技术

图 5-68 铜水箱连接管自动焊接软件程序梯形图
a) 焊前准备程序 b) 焊接过程程序

后，定时器 T3 常闭触点断开，Y004 断电，电磁阀 YA0 断电，托举子车的托板在气动装置带动下下降复位。到此，已经完成了焊前准备工作。

由图 5-68b 可见，当被焊工件位置固定后，定时器 T3 常开触点闭合，Y010、Y011 接通，对应的电磁阀 YV4、YV5 通电，左右两把焊炬分别由气缸驱动到达焊接位置；延时1s后，定时器T4常开触点闭合，Y012接通，接通水箱左侧连接管焊接的高频感应钎焊电源，开始焊接，同时Y014接通，左侧焊接指示灯HL0亮；电源接通5s（设定的钎焊时间）后，定时器T5常开触点闭合，辅助继电器M8接通，M8的常闭触点断开，使Y012、Y014断开，切断钎焊电源，结束左侧连接管的焊接，左端焊接指示灯关闭。同时，定时器T5常开触点闭合，Y013接通，接通水箱右侧连接管焊接的高频感应钎焊电源，开始焊接，且Y015接通，右侧焊接指示灯HL1亮；电源接通5s（设定的钎焊时间）后，定时器T6常开触点闭合，辅助继电器M9接通，M9的常闭触点断开，使Y013、Y015断开，切断钎焊电源，结束右端连接管的焊接，右侧焊接指示灯关闭，水箱两侧的连接管焊接完成。

结合图5-68a和图5-68b可以看到，当焊接完成后，延时1s后，定时器T7常开触点闭合，M5常开触点闭合，Y004再次接通，电磁阀YV0通电，在气动装置带动下焊接工位下端的托板再次升起，在焊接位置上托举住子车，同时M5常闭触点断开，Y010、Y011断开，对应的电磁阀YV4、YV5断电，左右两把焊炬复位。延时1s后，定时器T8的常闭触点断开，Y005、Y006、Y007断开，对应的电磁阀YV1、YV2、YV3断电，子车侧面的气动夹具和水箱上端的压紧夹具松卡，子车此时只是由托板托举在焊接工位。同时，T8常开触点闭合，Y003接通，继电器KA3通电，转换了子车控制模拟电压的极性，为子车后退做好准备；延时1s后，定时器T9常闭触点断开，Y004断开，电磁气阀YV0断电，在气动装置带动下焊接工位下端的托板下降复位，将子车放回子轨道上。延时1s后，定时器T10常开触点闭合，Y001再次接通，继电器KA1再次通电，常开触点闭合，起动伺服电动机2，驱动子车后退，退出焊接工位并驶入母车；子车驶入母车再次被位置传感器1检测到，X000常开触点再次连通（前面当子车驶出母车上时，X000的常开触点已经恢复到常开状态了），计数器C1再次接收到X000信号，计数达到设定数2，计数器C1常开触点闭合，辅助继电器连通M6接通，M6常闭触点断开，Y001断开，继电器KA1再次断开，常开触点断开，伺服电动机停止转动，子车停止后退；同时，M6常开触点断开，使Y003断开，切断了子车后退的模拟电压。延时1s后，定时器T11常开触点闭合，Y000再次导通，继电器KA0常开触点闭合，起动伺服电动机1，带着工件的子车随母车向前行走，直至到达指定停车位置，位置传感器3发出信号，X002常开触点闭合，辅助继电器M7常闭触点断开，Y000断开，继电器KA0断电，常开触点打开，伺服电动机1停止旋转，子母车停止行走，自动焊程序结束。

读者可以对该系统的焊接自动控制程序进行优化，也可以编写系统的全部控制程序。

第 5 章 焊接自动化中的 PLC 控制技术

复习思考题

1. 什么是可编程序控制器？可编程序控制器在焊接自动化系统中的作用是什么？
2. PLC 系统的基本硬件由几部分组成？各部分的作用是什么？
3. PLC 常用的编程语言有哪几种？什么是 PLC 的梯形图？
4. 结合某一具体自动化焊接系统的例子，绘制其 PLC 控制系统硬件电路。
5. 应用 PLC 编程语言，编写一延时导通、延时关断控制程序。
6. 梯形图的编程规则有哪些？
7. 参考图 5-27，编写一利用单稳态电路进行引弧与熄弧的控制程序。
8. PLC 控制系统设计的基本原则是什么？基本内容有哪些？设计步骤是什么？
9. 焊接自动控制的基本原则有哪些？举例说明哪些是时间转换？哪些是条件转换？
10. 结合焊接实例设计——环缝自动焊接 PLC 控制系统，说明系统的构成，绘制其硬件电路图，说明自动控制要求，编写程序，画出梯形图。
11. 触摸屏在焊接自动化系统中的功能与作用。

第6章 机器人焊接技术

随着先进制造技术的发展,实现焊接产品制造的自动化、柔性化与智能化已成为必然趋势。目前,采用机器人焊接已成为焊接自动化技术现代化的重要标志。由于焊接机器人具有通用性强、工作可靠的优点,因此越来越受到人们的重视。在焊接生产中采用机器人技术,可以提高生产率,改善劳动条件,稳定和保证焊接质量。

本章将简要介绍有关工业机器人、机器人焊接的基本概念及其应用。

6.1 工业机器人概论

6.1.1 工业机器人的定义

1920年,捷克作家卡雷尔·查培克在其剧本《罗萨姆的万能机器人》中最早使用机器人一词,剧中机器人"Robot"这个词的本义是苦力,即剧作家笔下的一个具有人的外表、特征和功能的机器,是一种人造的劳力,它是最早的工业机器人的设想。

1954年,美国戴沃尔最早提出了工业机器人的概念,并申请了专利。该专利的要点是借助伺服技术控制机器人的关节,利用人手对机器人进行动作示教,机器人能实现动作的记录和再现,这就是所谓的示教再现机器人,现阶段的工业机器人大多仍采用这种控制方式。1959年,第一台工业机器人在美国诞生,开创了机器人发展的新纪元。图6-1所示为早期工业机器人与现代工业机器人。

a)

b)

图6-1 工业机器人
a) 早期工业机器人 b) 现代工业机器人

第6章 机器人焊接技术

1987年，国际标准化组织（ISO）对工业机器人术语做了如下定义：工业机器人是一种具有自动控制的操作和移动功能，能够完成各种作业的可编程操作机（manipulator）。

ISO 8373：1994对工业机器人给出了更详细、具体的定义：机器人具备自动控制及可再编程、多用途功能，机器人操作机具有三个或更多可编程的轴，在工业自动化应用中，机器人的底座可固定也可移动。

我国科学家对工业机器人的定义：一种自动化的机器，所不同的是这种机器具有一些与人或生物相似的智力能力，如感知能力、规划能力、动作能力和协同能力，是一种具有高度灵活性的自动化机器。

在研究和开发未知及不确定环境下的工业机器人的过程中，人们探索的范围逐步地向人类活动的各种领域渗透。结合这些领域的应用特点，人们开发了各式各样的具有感知、决策、行动和交互能力的工业机器人。

根据工业机器人的发展可以将机器人分为三代。

第一代机器人，也称"示教再现"型机器人，是目前在工业现场应用最多的机器人。所谓"示教"，即由人"教"机器人运动的轨迹、停留点位、停留时间等，然后机器人依照人教给的行为、顺序和速度重复运动。实质上，它是采用计算机来控制一个多自由度的机械机构，通过人的示教，存储程序和信息，当需要机器人工作时，把存储的信息读取出来，然后发出指令，重复示教的结果，再现示教动作。例如，用于汽车制造的点焊机器人，操作者只须把点焊过程示教一遍，点焊机器人即可重复这种工作。

第二代机器人，即带感觉的机器人。在20世纪70年代后期，人们开始研究第二代机器人。这类机器人具有类似人的某种感知功能，如力觉、触觉、滑觉、视觉、听觉等，通过反馈控制，使机器人能在一定程度上适应变化的环境。例如，当机器人抓某一个物体的时候，它不仅能感觉出实际作用力的大小，而且能够通过视觉识别物体的形状、大小和颜色。当利用机器人焊接时，通过焊缝跟踪传感器可以检测机器人行走轨迹与焊件实际焊缝位置的偏差，利用反馈控制，机器人会更改"示教"得到的轨迹，自动跟踪焊缝，从而保证焊缝的质量。

第三代机器人，也是机器人学中所追求理想的最高级的阶段，称为智能机器人。人们只需告诉机器人去做什么，而不需要告诉它怎样去做，机器人就能完成相应的工作。目前开发的机器人只是在局部具有这种智能的概念和含义。随着科学技术的发展，智能的概念越来越丰富，内涵越来越宽广，真正的智能机器人最终是可以实现的。

6.1.2 工业机器人的构成与分类

1. 工业机器人的构成

工业机器人的机械、电气和控制结构千差万别，但大多数工业机器人主要由四部分组成：机械结构、传感器、控制器、驱动源。

机械结构部分是由关节连在一起的若干机械连杆的集合体，形成开环运动学链系。连杆类似于人类的小臂、大臂等，关节通常为移动关节和转动关节。移动关节允许连杆做直线移动，转动关节允许连杆之间发生旋转运动。

传感器用于检测机器人内部状态或机器人外部环境信息，并将有用信息传递给机器人的控制器。

控制器是机器人系统的指挥中枢，负责信息处理和人机交互。控制器接收传感信息并对其进行数据处理，然后按照预存的信息，包括机器人状态及其环境情况等输出控制信号，以驱动机械部件，使其按照正确的运行轨迹、速度和位置进行动作。

驱动源可以是气动、液压或电动，主要用于驱动机械机构的运动。假设采用电动机作为驱动源，它可以直接与机器人的臂、腕或手的机械连杆或关节连接在一起，也可以通过齿轮、齿带、链条等与其相连。

机器人组成部分之间的相互关系如图6-2所示。机器人将要完成的任务通过计算机语言编程传递给机器人控制器（计算机）；通过控制器的一系列计算、规划生成机器人控制指令，驱动机械结构部分按照规定的程序进行运动；内、外传感器实时检测有关信息并传输给控制器，根据有关信息，控制器随时修正机器人的工作状态，直到任务完成。

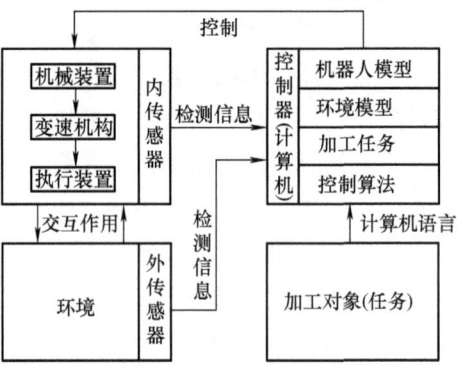

图6-2 机器人组成部分之间的相互关系

2. 机器人的机械结构

工业机器人主要模仿了人类的胳膊和手的某些功能来代替人进行操作，所以工业机器人也称作机器人手臂或机械手，一般简称为机器人。工业机器人的机械机构大多是一种杆件机构，是将杆件与运动副相互连接而构成的。在机器人中，臂杆（两个关节之间的连杆）称为手臂，运动副又称为关节，相应的移动副和转动副称为平移关节和转动关节，其实际结构则是由直线机构（导轨）和旋转机构（枢轴）构成。机器人的末端称为手腕，它一般由几个转动关节（枢轴）组成。手臂决定机器人达到的位置，而手腕则决定机器人的姿态。

机器人的基本运动方式有平移、旋转和摆动,其基本运动功能的符号见表 6-1。

表 6-1 机器人基本运动功能的符号

名 称	符 号	名 称	符 号
平移	⊤ ↔	摆动 1	◇
旋转	○	摆动 2	▯

3. 工业机器人的分类

工业机器人分类方法有很多,可以根据机器人的结构、运动与控制方式等进行分类。

(1) 按结构坐标系分类 按照结构坐标系特点不同,工业机器人可以分为直角坐标机器人、圆柱坐标机器人、极坐标机器人和关节机器人。图 6-3 所示为不同结构坐标系的机器人。

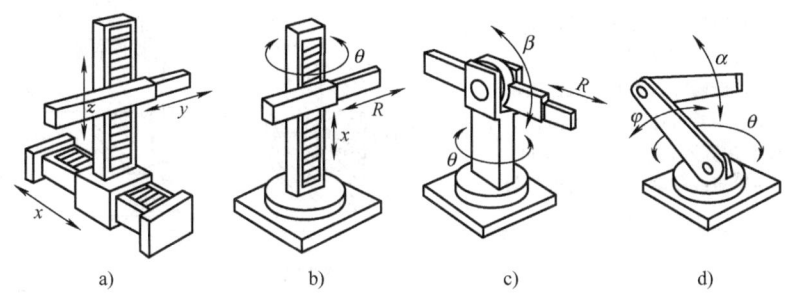

图 6-3 不同结构坐标系的机器人
a) 直角坐标 b) 圆柱坐标 c) 极坐标 d) 关节

1) 直角坐标机器人。所有运动都是由直线运动机构实现的机器人称为直角坐标机器人,其结构如图 6-3a 所示,机器人在 x、y、z 轴上的运动是独立的。

2) 圆柱坐标机器人。由一个旋转运动和两个方向直线运动(铅垂方向和水平方向)的三种运动机构组合成的机器人称为圆柱坐标机器人,其结构如图 6-3b 所示。R、θ 和 x 为柱坐标系的三个坐标。其中,R 是机器人手臂的径向长度,θ 是手臂的角位置,x 是垂直方向上手臂的位置。如果机器人手臂的径向坐标 R 保持不变,机器人手臂的运动将形成一个圆柱面。

3) 极坐标机器人。由旋转、摆动、直线运动机构组合而成的机器人称为极坐标机器人,又称为球坐标机器人,其结构如图 6-3c 所示。R、θ 和 β 为极坐标系的坐标。其中,θ 是绕机器人手臂支撑底座垂直轴的转动角,β 是手臂在铅垂面内的摆动角。极坐标机器人运动所形成的轨迹表面是半球面。

4) 关节机器人。由多个旋转、摆动机构组合而成的机器人称为关节机器人，其结构如图 6-3d 所示。它是以其各相邻运动部件之间的相对角位移作为坐标系的 θ、φ 和 α，其中 θ 是绕底座铅垂轴的转角，φ 是过底座的水平线与第一臂之间的夹角，α 是第二臂相对于第一臂的转角。关节机器人手臂可以达到球形体积内绝大部分位置，所能达到区域的形状取决于两个臂的长度比例。

不同结构坐标系机器人的特点见表 6-2。

表 6-2 不同结构坐标系机器人的特点

类别	特 点	工作范围
直角坐标	1) 三个直线方向上移动 2) 可以两端支撑，刚度最大 3) 占用空间较大 4) 滑动部件表面容易被污染	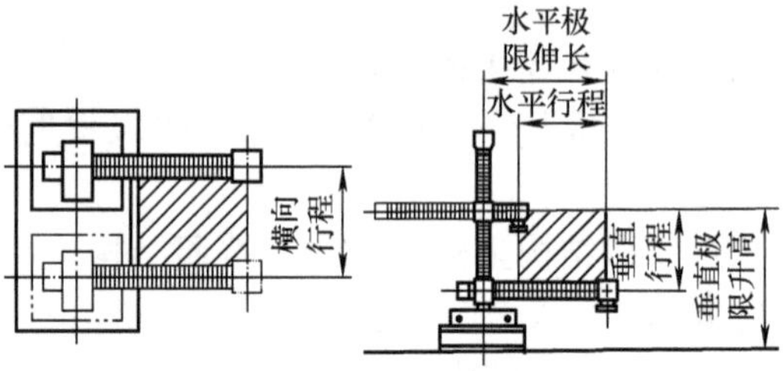
圆柱坐标	1) 直线驱动部分若采用液压驱动，则可输出较大的动力 2) 能够伸入型腔式机器内部 3) 手臂可达的空间受限制，不能到达靠近立柱或地面的空间 4) 直线驱动部分容易被污染	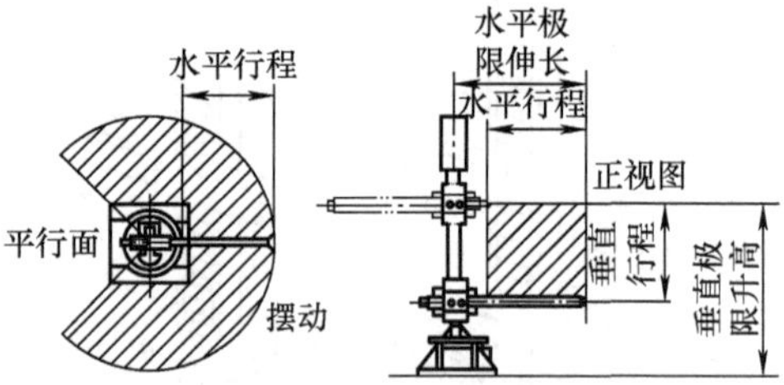
极坐标	1) 中心支架附近工作范围较大 2) 坐标系较复杂，较难控制 3) 存在工作死区 4) 直线驱动部分容易被污染	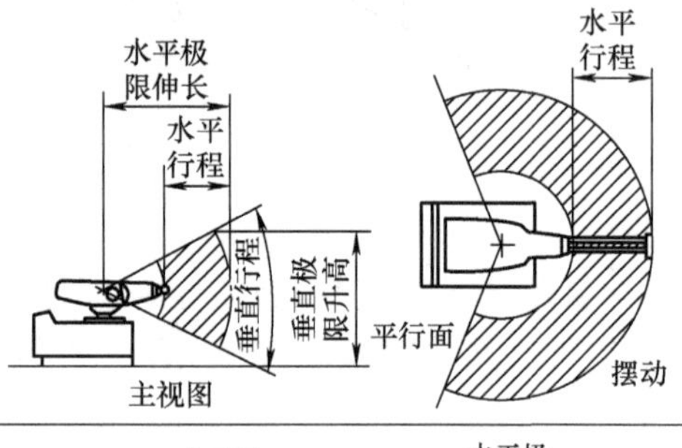
关节	1) 动作较灵活，工作空间大 2) 适合于电动机驱动 3) 工作条件要求低，可在水下等环境中工作 4) 运动控制较难，计算量较大	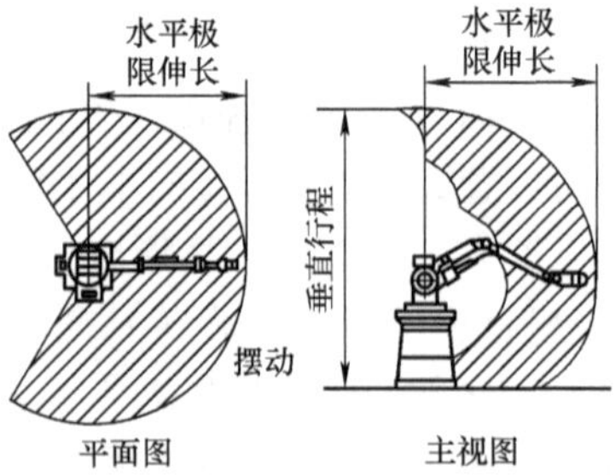

（2）按受控运动方式分类　按照机器人受控运动方式的不同，工业机器人可分为点位控制型机器人和连续轨迹控制型机器人。

1）点位（PTP）控制型机器人。机器人受控运动方式为从一个点运动到另一个点，只在目标点上完成操作。要求机器人在目标点上有足够的定位精度，相邻目标点间的运动方式之一是各个关节以最快的速度趋近目标点，各个关节视其转角大小不同而达到目标点有先后顺序；另一种运动方式是各个关节同时趋近目标点，由于各个关节运动时间相同，因此角位移大的运动速度快。点焊机器人就是典型的点位控制型机器人。

2）连续轨迹（CP）控制型机器人。机器人各个关节同时受控运动，使机器人末端按预期的轨迹和速度运动。因此，其各个关节控制系统需要实时获取驱动电动机的角位移和角速度信号。弧焊机器人就是典型的连续轨迹控制型机器人。

（3）按移动方式分类　按照机器人移动方式的不同，工业机器人可分为固定式机器人、移动式机器人。

1）固定式机器人。固定在某个底座上，只能够通过移动关节完成机器人操作。

2）移动式机器人。可沿着某个方向或任意方向移动，这种机器人又可以分为有轨式机器人、履带式机器人和步行式机器人。有轨式和履带式（小车）焊接机器人应用较多。

4. 工业机器人的主要技术参数

工业机器人的技术参数有很多，本节主要介绍机器人的自由度、额定速度、额定负载、工作空间、定位精度、重复精度、分辨力等。

（1）机器人的自由度　自由度是表示机器人运动灵活的尺度，意味着独立的单独运动的个数。图 6-4a 所示为刚体的六个自由度，沿坐标轴 Ox、Oy 和 Oz 的三个平移运动 T_1、T_2 和 T_3；绕坐标轴 Ox、Oy 和 Oz 的三个旋转运动 R_1、R_2 和 R_3。一般机器人可以看成是由相互关联的刚体组成，如果要求机器人能够达到空

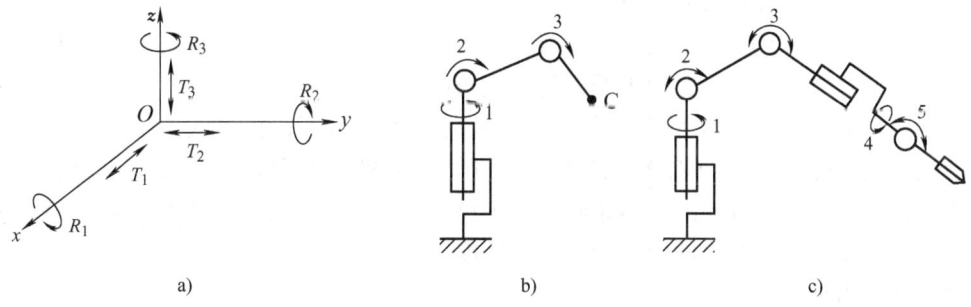

图 6-4　机器人自由度举例
a）刚体的六个自由度　b）球体定位自由度　c）旋转钻头定位自由度

间任意位姿，则机器人应当具有六个以上的自由度。一般的通用关节型焊接机器人都具有六个以上的自由度。

对于机器人夹持的某些特殊结构的工具，其自由度不一定需要六个。如图 6-4b 所示，要把一个球 C 放到空间的某一个位置，机器人有三个自由度就满足要求了。如图 6-4c 所示，机器人手臂末端夹持一个旋转的钻头，旋转钻头的定向和定位仅需要五个自由度，因为钻头可表示为某个绕着它主轴旋转的圆柱体。

（2）机器人的额定速度　机器人在保持运动平稳性和位置精度条件下所能达到的最大速度称为机器人的额定速度。机器人某一关节运动的速度称为单轴速度，由各个轴速度分量合成的速度称为合成速度。

（3）机器人的额定负载　机器人末端执行器所能承受负载的最大允许值称为机器人的额定负载。对于弧焊机器人，一般为 5~20kg；点焊机器人为 50~200kg。

（4）机器人的工作空间　机器人末端参考点能达到的所有空间区域称为机器人的工作空间。通常，工业机器人的工作空间用其在垂直面内和水平面内的投影表示，如图 6-5 所示。

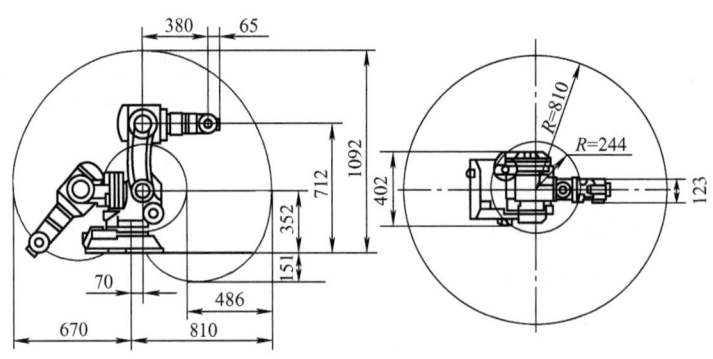

图 6-5　工业机器人工作空间示例

（5）机器人的分辨力　机器人各个关节运动能够实现的最小移动距离或最小转动角度称为机器人的分辨力。

（6）机器人的定位精度　机器人手臂（末端）实际到达位置与所需要到达的理想位置之间的差距称为机器人的位置精度。

（7）机器人的重复精度　在相同的运动位置指令下，机器人连续若干次运动轨迹之间的误差称为机器人的重复精度。如果机器人重复执行某位置给定指令，机器人每次走过的距离不相同，其距离值是在一个平均值附近变化时，该平均值代表精度，而变化的幅度代表重复精度。由此可见，机器人焊接中，重复精度指标更为重要。

（8）末端操作器　位于机器人腕部末端，直接执行工作要求的装置称为机器人的末端操作器，如焊枪等。

(9) 位姿　机器人末端工具的位置和姿态称为机器人的位姿,焊接机器人的位姿就是指焊枪的位置和姿态。

6.1.3　机器人的相关技术研究与发展趋势

机器人技术是集机械工程学、计算机科学、控制工程、电子技术、传感器技术、人工智能、仿生学等学科为一体的综合技术。每一台机器人,都是一个知识密集和技术密集的高科技机电一体化产品。

(1) 机器人的相关技术　机器人技术研究的基础内容主要有以下几方面:

1) 空间机构学。空间机构在机器人中的应用,体现在机器人机身和臂部机构的设计、机器人手部机构的设计、机器人行走机构的设计、机器人关节机构的设计等。

2) 机器人运动学。机器人的机械机构是一个多刚体系统,涉及系统的各杆件之间以及系统与对象之间的相互关系,为此需要用相关的数学方法来描述机器人的运动。

3) 机器人静力学。机器人与环境之间的接触会在机器人与环境之间引起相互的作用力和力矩,而机器人的输入关节力矩由各个关节的驱动装置提供,通过手臂传至手部,使力和力矩作用在环境的接触面上。这种力和力矩的输入和输出关系在机器人控制中是十分重要的,机器人静力学主要讨论机器人手部端点力与驱动器输入力矩的关系。

4) 机器人动力学。机器人是一个复杂的动力学系统,要进行机器人的控制,必须建立它的动力学方程。机器人动力学方程是指作用于机器人各机构的力或力矩与其位置、速度、加速度关系的数学方程。

5) 机器人控制技术。机器人控制技术是在传统机械系统控制技术的基础上发展起来的,其控制技术不仅要考虑机械机构的运动学关系,还要考虑动力学因素等,主要研究机器人控制方式和控制策略。

6) 机器人传感器。机器人传感器主要有视觉、听觉、触觉、力觉等外部传感器,加速度、速度、位置、姿态等内部传感器。外部传感器是为了适应环境产生机器人动作而获取的环境信息;内部传感器是根据指令进行动作,同时检测相应的机器人各部状态。

7) 机器人语言。机器人语言有通用语言和专用语言之分。常用的通用机器人语言有汇编语言、FORTRAN、PASCAL、FORTH、BASIC 等。随着作业内容的复杂化,利用一般的程序来控制机器人显得越来越困难,为了寻求用简单的方法描述作业,控制机器人动作,人们开发了一些专用机器人语言,如 AL、VAL、IML、PART、AUTOPASS 等。这些专用的机器人语言,首先必须具有机器人作业内容的描述性,不管作业内容如何复杂,都能准确加以描述;其次必须具有环境模型的描述性，能用简单的模型描述复杂的环境，能适应机器人操作情况的变化改变环境模型的内容；再次必须具有人机对话的功能，以便及时描述新的机器人作业及修改机器人作业内容；最后要求在出现危险情况时，能及时报警并停止机器人动作。

（2）机器人技术的发展趋势　科学技术水平是机器人技术的基础，科学技术的发展将促进机器人技术的发展。目前，工业机器人技术的主要研究集中在以下几个方面：

1）工业机器人操作机结构的优化设计技术。探索新的高强度轻质材料，进一步提高负载-自重比，同时机构向着模块化、可重构方向发展。

2）机器人控制技术。开放式、模块化控制系统，人机界面更加友好，语言、图形编程界面是目前机器人领域重点研究内容。机器人控制器的标准化、网络化以及基于 PC 网络式控制器已成为研究热点。

3）多传感系统。为进一步提高机器人的智能和适应性，多种传感器的使用是其问题解决的关键。其研究集中在多传感器融合算法，特别是在非线性及非平稳、非正态分布的情形下的多传感器融合算法。

4）机器人遥控及监控技术，机器人半自主和自主技术。多机器人和操作者之间的协调控制，通过网络建立机器人遥控系统，在有时延的情况下建立预先显示进行遥控等。

5）虚拟机器人技术。基于多传感器、多媒体和虚拟现实以及临场感应技术，实现机器人的虚拟遥控操作和人机交互。

6）多智能体控制技术。主要对多智能体的群体体系结构、相互间的通信与磋商机理、感知与学习方法、建模和规划、群体行为控制等方面进行研究。

另外，微型和微小机器人技术、软机器人技术、仿人和仿生机器人技术也是目前机器人研究和发展的重要领域。

6.2　焊接机器人基础

6.2.1　机器人焊接的特点

目前，机器人在工业中应用最多的是机器人焊接。采用机器人焊接具有以下特点：

1）易于实现焊接产品质量的稳定和提高，保证焊接质量的一致性。

2）机器人能够 24h 连续生产，可以应用高速、高效焊接技术，从而提高焊接生产率。

3）可以降低焊接操作者的劳动强度，降低对操作者的焊接技术水平的要求。

4）严酷环境下，操作人员的安全性提高、焊工工作环境得到改善。

5）易于实现焊接生产的自动化，并具有一定的柔性。

6）可实现小批量产品焊接自动化，可作为数字化制造的一个环节。

7）缩短了焊接产品改型换代的准备周期，减少了硬件设备投资。

8）可以完成人类不能完成的焊接（如狭小管道机器人焊接）。

9）与一般的焊接自动化设备相比，机器人焊接不仅可以进行平面焊缝的焊接，也可以完成空间曲线焊缝的焊接。

10）焊接前期制备要求高，机器人与焊件相对位置要准确。

11）操作人员需要具有一定的知识和技术水平，如示教编程知识与技术。

6.2.2 焊接工艺对机器人的要求

焊接机器人是典型的工业机器人，它远不是简单地在一台通用机器人上安装一个焊枪。在实际焊接中，弧焊机器人一方面要能高精度地移动焊枪沿着焊缝运动并保证焊枪的姿态，另一方面在运动中不断协调各个焊接参数，如焊接电流、电压、速度、气体流量、焊枪高度和送丝速度等。焊接机器人是一个能实现焊接最佳轨迹运动和工艺参数控制的综合系统，它比一般通用机器人要复杂得多。

焊接工艺对焊接机器人的基本要求如下：

1）具有高度灵活的运动系统。要能保证焊枪实现各种空间轨迹的运动，并能在运动中不断调整焊枪的空间姿态。因此，机器人的机械系统至少具有 5~6 个自由度。

2）具有较高的定位精度和重复精度。点到点重复精度是焊接机器人性能的最重要指标之一。对于电阻点焊机器人，从工艺要求出发，其精度应达到焊钳电极直径的 1/2，即 1~2mm。对弧焊机器人，则应小于焊丝直径的 1/2，即 0.2~0.4mm。轨迹重复精度对于弧焊机器人和切割机器人十分重要，对于弧焊和切割机器人，其轨迹重复精度应小于焊丝直径或割炬切孔直径的 1/2，一般需要达到 0.3~0.5mm。

3）具有足够的内存容量。目前，焊接机器人大多还属于示教再现机器人，机器人示教记忆的容量至少要保证机器人能连续工作 1h。对点焊机器人，应至少存储 200~1000 个点位置；对弧焊机器人，应至少能存储 5000~10000 个点位。

4）具有焊接点的示教功能。在示教时，先示教焊缝上某一点的位置，然后调整其焊枪或焊钳姿态。在调整姿态时，原示教点的位置完全不变，实际是机器人能自动补偿由于调整姿态所引起点位置的变化，确保该点坐标，以方便示教操作者。

5）可设置和再现与运动相联系的焊接参数，并能和焊接辅助设备（如夹具、转台等）交换到位信息。

6）示教系统中应具有较强的插补功能。对弧焊、切割和点焊机器人，都应具有直线插补和圆弧插补功能。

7) 具有足够的工作空间。机器人可到位的工作空间应达到4~6m。

8) 弧焊机器人末端应具有摆动功能。现在弧焊机器人的摆动功能差别很大，有的机器人只有固定的几种摆动方式，有的机器人只能在 x-y 平面内任意设定摆动方式和参数，最佳的选择是能在空间（x-y，z）范围内任意设定摆动方式和参数。

9) 具有引弧和收弧功能。为确保焊接质量，在机器人焊接过程中，需要进行焊接参数的修改。在示教时应能设定和修改某些焊接参数，这是弧焊机器人必不可少的功能。

10) 机器人控制和驱动系统具有较强的抗干扰能力。现在一般弧焊机器人多采用熔化极气体保护焊方法，因为这些焊接方法不须采用高频引弧，机器人控制和驱动系统没有特殊的抗干扰措施。能进行钨极氩弧焊的弧焊机器人近几年越来越多，它有一套特殊的抗干扰措施。这一点在选用机器人时要加以注意。

11) 具有焊接工艺故障自检和自处理功能。这是指常见的焊接工艺故障，如弧焊的粘丝、断丝、点焊的粘电极等，这些故障发生后，如果不及时采取措施，则会发生损坏机器人或报废焊件等大事故。因此，机器人必须具有检出这类故障并实时自动停车报警的功能。

6.2.3 焊接机器人的分类及特点

根据常用的焊接方法，通常将焊接机器人分成两类：电阻点焊机器人和弧焊机器人。

1. 电阻点焊机器人

图6-6所示为电阻点焊机器人。电阻点焊机器人不仅要有足够的负载能力，而且在点与点之间移位时，速度要快捷，动作要平稳，定位要准确，以减少移位的时间，提高工作效率。

电阻点焊机器人一般只需点位控制，而焊钳在点与点之间的移动轨迹没有严格要求。

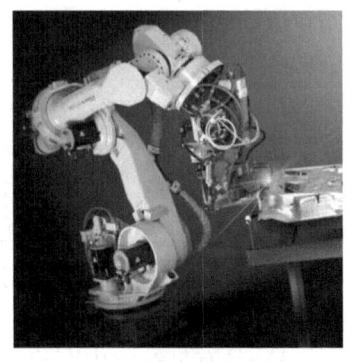

图6-6 电阻点焊机器人

电阻点焊机器人需要的负载能力，取决于所用的焊钳形式。对于用与变压器分离的焊钳，30~45kg负载的机器人就足够了。但是，这种焊钳有以下缺点：一方面由于二次电缆线长，电能损耗大；另一方面电缆线随机器人运动而不停地摆动，电缆的损坏较快，也不利于机器人将焊钳伸入焊件内部焊接。目前，机器人点焊更多的是采用一体式焊钳，即焊接变压器装在焊钳后面，其整体质量在70kg左右。考虑机器人要有足够的负载能力，才能以较大的加速度将焊钳送到所需的位置进行焊接，一般都选用100~150kg负载的重型机器人。为了适应连续点焊时焊钳短距离快速移位的要求，新的重型机器人增加了可在 0.3s 内完成 50mm 位移的功能，这对驱动电动机的性能、计算机的运算速度和算法都提出更高的要求。

2. 弧焊机器人

图 6-7 所示为弧焊机器人。弧焊过程比电阻点焊过程要复杂得多，对工具中心点（TCP），即焊枪焊丝端头的运动轨迹、焊枪姿态、焊接参数都要求精确控制。因此，弧焊机器人除了具有机器人的一般常用功能，还必须具备一些适合弧焊要求的功能。虽然从理论上讲，有五个轴的机器人就可以用于电弧焊，但对复杂形状的焊缝，用五个轴的机器人会有困难。因此，除非焊缝比较简单，否则应尽量选用六轴机器人。

弧焊机器人除在做"之"字形拐角焊或小直径圆焊缝焊接时，其轨迹应能贴近示教轨迹，还应具备焊枪不同摆动

图 6-7 弧焊机器人

样式的软件功能，供编程时选用，以便进行摆动焊，而且焊枪摆动在每一周期中的停顿点处，机器人也应自动停止向前运动，以满足工艺要求。此外，弧焊机器人还应有接触寻位、自动寻找焊缝起点位置、电弧跟踪及自动再引弧功能等。

弧焊机器人多采用气体保护焊方法（MAG、MIG、TIG），通常的晶闸管式、逆变式、波形控制式、脉冲或非脉冲式等高性能弧焊电源都可以用于机器人焊接。由于机器人的控制柜采用数字控制，当采用模拟控制的弧焊电源时，需要在弧焊电源与控制柜之间加一个接口，进行数-模转换。应该指出，在弧焊机器人工作周期中，由于电弧时间所占的比例较大，因此在选择弧焊电源时，一般应按 100%负载持续率来确定电源的容量。

焊机中的送丝机构可以装在机器人的手臂上，也可以放在机器人之外。前者焊枪到送丝机之间的软管较短，有利于保持送丝的稳定性；而后者软管较长，当机器人把焊枪送到某些位置时，会使软管处于多弯曲状态，严重影响送丝的质量。所以，送丝机的安装方式一定要考虑保证送丝稳定性的问题。

随着现代焊接技术的发展，除了电阻点焊机器人、弧焊机器人，目前还有激光焊接机器人、搅拌摩擦焊机器人等。

目前，通用机器人的品牌很多，如日本的 Motoman、FANUC、OTC、Panasonic，奥地利的 IGM，德国的 KUKA、CLOOS、REIS，瑞典的 ABB，美国的 Adept，以及韩国的 HYUNDAI 等。

6.2.4 机器人焊接系统

图6-8所示为机器人焊接系统的基本构成。

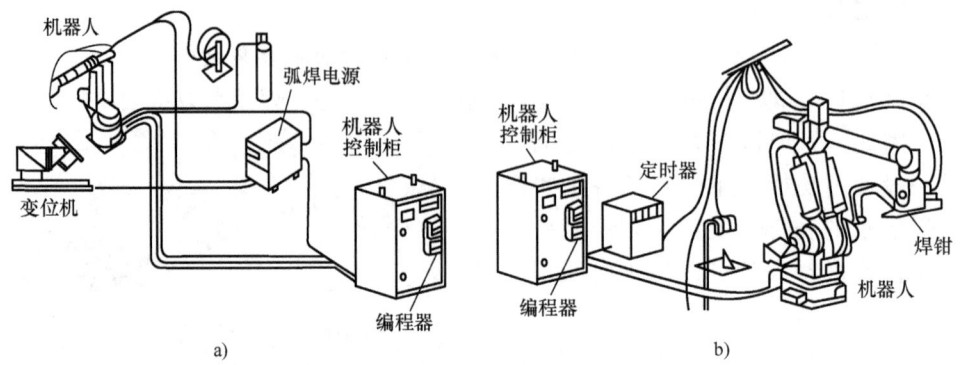

图6-8 机器人焊接系统的基本构成
a) 弧焊机器人焊接系统 b) 点焊机器人焊接系统

图6-8a所示为弧焊机器人焊接系统，主要由机器人、机器人控制器（柜）、变位机以及弧焊电源组成。机器人与变位机协调完成焊件的焊接，即代替人来进行焊接；机器人控制器主要完成信息的获取、处理、焊接操作的编程、轨迹规划和控制，以及整个机器人焊接系统的管理等。在机械人手臂末端安装上焊枪，同时根据需要也可以安装各种传感器，如视觉传感器和温度传感器等。焊接过程中，可以利用传感器将有关信息反馈到机器人控制器。机器人控制器根据这些信息，通过调整预先存储在控制器中的程序修改机械人的运动，或通过调整弧焊电源系统的输出参数来控制焊接质量，实现整个系统的闭环控制。

图6-8b所示为电阻点焊机器人焊接系统，主要由机器人、机器人控制器（柜）、定时器及焊钳等组成。在机械人手臂末端安装着一体式的电阻点焊钳，通过预先设定的程序，利用机器人代替人的操作，实现焊件的电阻点焊连接。

6.2.5 焊接机器人控制的基本原理

应用机器人进行焊接，就是控制机器人，使机器人及其焊接装置（如弧焊电源）按照预先设定好的程序进行运动和工作。要使机器人按照人们的要求去完成特定的焊接工作，就要让机器人知道干什么和怎样干，也就是焊接机器人控制的基本原理和程序。

1) 通过人机交互系统，告诉机器人要做什么，也就是机器人接受任务。

2) 机器人控制器接受任务，通过一定的运算，形成机器人运动的控制策略和指令。

3) 机器人控制器发出指令, 控制相应的执行机构工作, 去完成规定的运动及焊接任务。

4) 焊接过程中, 不断修正控制, 保证正确完成焊接任务, 焊接完成后通报给控制者。

第一个过程称为机器人示教, 或者称为机器人编程。机器人示教内容通常存储在机器人的控制计算机内, 也就是通过计算机可以接受的方式告诉机器人去做什么, 给机器人提出焊接任务指令, 包括焊接轨迹和焊接姿态、焊接参数等。

机器人的示教方式有多种形式, 但目前应用最多的仍然是示教再现方式, 也可以采用离线仿真编程来代替示教再现方式。机器人示教内容主要由两部分组成, 一是机器人运动轨迹的示教, 二是机器人焊接条件的示教。机器人运动轨迹的示教主要是为了完成某一焊缝的焊接, 焊枪端部所要运动的轨迹, 包括运动类型和运动速度的示教。机器人焊接条件的示教主要是为了获得高质量的焊接, 对焊接条件进行示教, 包括被焊金属的材质、板厚、对应焊缝形状的焊枪姿态、焊接参数、焊接电源控制方法等。

第二个过程则是机器人控制器中计算机部分承担的工作, 主要包括整个机器人系统的管理、信息获取及处理、控制策略的制订、机器人行走轨迹的规划、焊接参数规划等。

第三个过程是机器人控制器将控制策略等转化为控制指令信号, 驱动伺服电动机实现机器人高速度、高精度运动, 控制焊接电源输出所需要的焊接电流、电压等, 去完成指定的焊接任务。

最后一个过程则是机器人控制中传感器承担的工作, 通过传感器的反馈, 保证机器人去正确地完成焊接作业, 同时将各种信息反馈到控制器中, 以便控制器实时监控整个系统工作的情况。

6.3 焊接机器人运动控制

机器人运动控制涉及数学、自动控制理论、伺服运动控制等理论与技术, 本节主要从焊接技术人员使用机器人的角度对其内容做一般性的介绍。

6.3.1 焊接机器人运动控制系统

1. 焊接机器人运动控制系统（硬件）的组成

焊接机器人运动控制系统中的硬件构成如图6-9所示。

（1）控制计算机 它是控制系统的核心, 一般是具有32位或64位微处理器的微型计算机。

（2）示教盒 示教盒是用来完成各种人机交互操作的基本装置, 用于示教

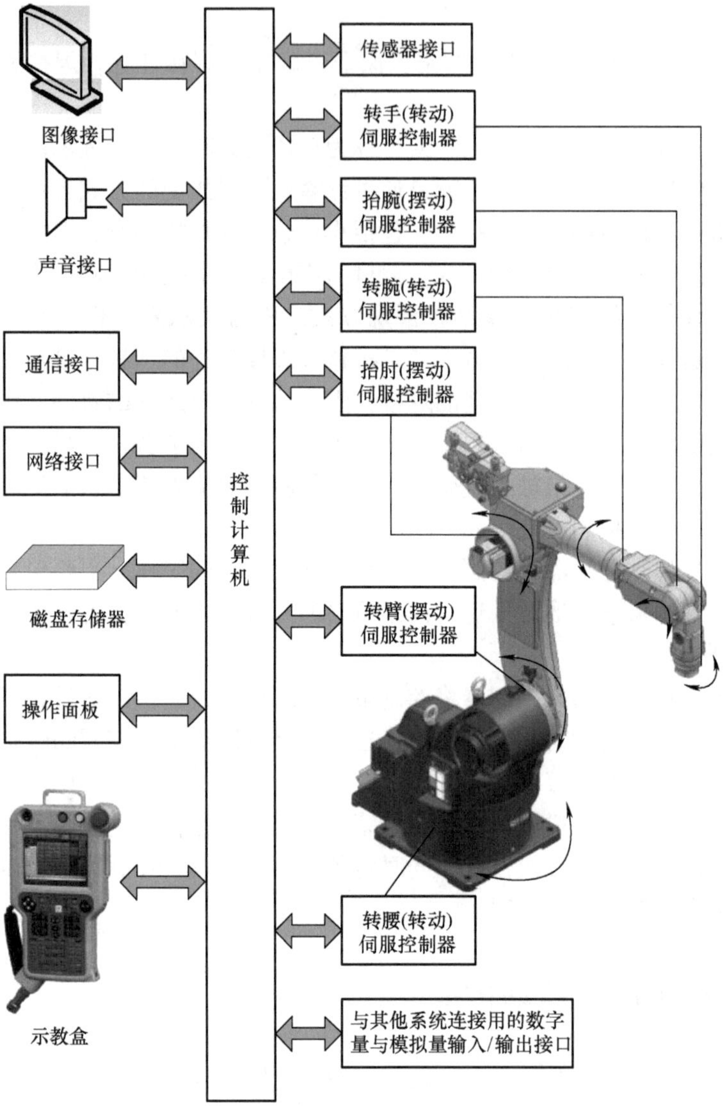

焊接自动化技术及其应用

图 6-9 焊接机器人运动控制系统中的硬件构成

焊接机器人运动轨迹和参数的设定。它拥有自己独立的 CPU 及存储单元,与机器人控制计算机(主计算机)之间采用串行通信方式,实现人机交互。

(3)操作面板 操作面板由各种操作按键、指示灯构成,一般只能完成机器人控制的基本操作。

(4)磁盘存储器 它可以用来存储焊接机器人工作程序以及各种焊接参数数据库的外部存储器,可以是软盘或硬盘存储器。

（5）传感器接口　它用于信息监测，如在弧焊机器人中增加焊缝跟踪视觉传感器进行焊缝跟踪控制，也可以根据控制需要连接其他力学传感器等。

（6）轴控制器　它用来完成机器人各个轴（图6-9所示机器人为六轴）的运动位置、速度和加速度的控制。

（7）输入/输出接口　它用于各种状态和控制命令的输入/输出，包括外部输入信号、外部设备控制信号的输出等。例如，用于各种变位机、弧焊电源系统、焊钳等和焊接机器人配合的辅助设备的控制。

（8）通信接口　它实现机器人和其他设备的信息交换，一般具有串行接口、并行接口等。

（9）网络接口　它可以通过以太网或总线模式实现多台机器人的控制。

2. 焊接机器人轴伺服控制系统

图6-10所示为焊接机器人的轴伺服控制系统原理图。其中，点画线框内的部分是实现轴驱动电动机伺服控制的伺服单元，一般称为电动机伺服系统，用来控制电动机速度、加速度的控制。

图6-10所示的焊接机器人轴伺服控制系统为主从控制方式，主计算机负责轴伺服控制系统的管理、坐标变换、轨迹生成和系统的自诊断等；从计算机负责所有关节运动的协调控制。

图6-10所示的电动机伺服单元硬件是由以下五部分组成：

（1）伺服控制单片机　实现伺服电动机的PID控制、模糊控制或其他规则的控制。该部分也可以由计算机代替单片机直接进行控制。

（2）伺服控制模板　实现控制单片机或计算机输出数字量的D-A转换与输入到单片机或计算机模拟量的A-D转换。

（3）伺服驱动功率放大电路　一般机器人的驱动电动机的功率大多为100～1000W，所以伺服控制模板给出的控制

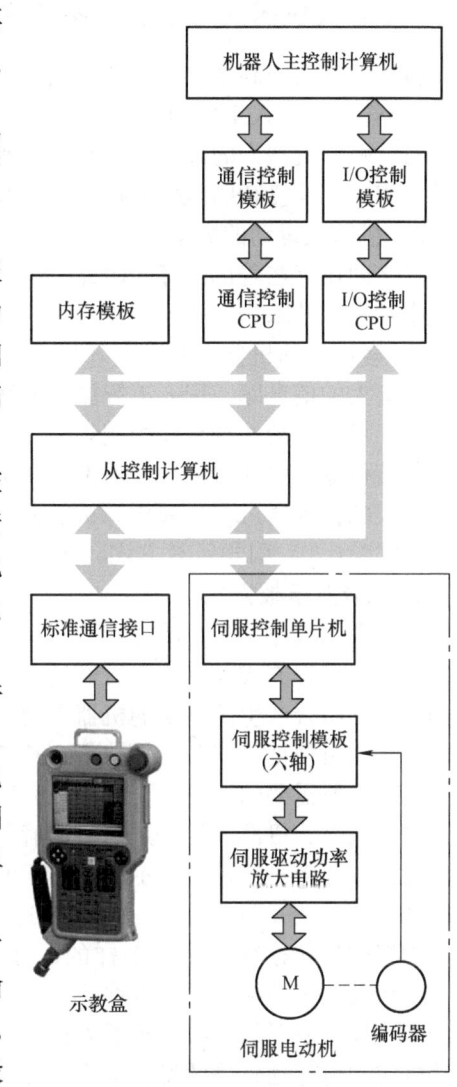

图6-10　焊接机器人的轴伺服控制系统原理图

信号必须经过功率放大才能驱动电动机旋转。

（4）伺服电动机　机器人各个轴的驱动一般采用伺服电动机，可采用直流伺服电动机或交流伺服电动机。

（5）编码器　机器人伺服电动机的转速和位置检测传感器一般采用绝对编码器。采用绝对编码器实时检测伺服电动机的转速和角位移，并将实时检测到的信息反馈给电动机伺服系统，进行闭环控制，即使是采用开环控制模式，也需要电动机转速和角位移量的实时检测参数。

6.3.2　焊接机器人运动控制系统软件

机器人运动控制系统软件的特点如下：

1）焊接机器人工作的主要任务是要求机器人末端执行器（电阻点焊机器人的焊钳、弧焊机器人的焊枪）进行空间点位运动或轨迹运动。机器人运动控制的软件，需要完成复杂的坐标变换运算以及矩阵函数的逆运算等。

2）机器人运动的数学模型是一个多变量、非线性和变参数的复杂模型，各个变量之间还存在着耦合等，因此机器人控制中经常采用前馈、补偿、解耦等各种复杂的控制技术。

3）较高级的机器人要求对环境条件、控制指令进行测定和分析，采用计算机建立宏大的信息库，用人工智能的方法进行控制、决策、管理和操作。按照给定要求，可以自动选择最佳控制规则。

焊接机器人的任何一个操作都是在机器人控制器的控制下实现的，而控制器是按照人的命令通过程序来指挥机器人运动的。机器人编程的方式通常有示教盒示教方式、（人）引导示教方式和离线编程方式。

1. 示教盒示教方式

示教盒示教方式是目前焊接机器人中应用最多的，也是最简单、方便的一种方式。这种编程方式是操作人员通过操纵示教盒，移动机器人的每个轴，直至所有轴的运动组合产生所需要的机器人动作为止。当操作机器人到达所需要的位置时，操作人员便把该点各个轴位置对应坐标值存储到机器人控制器的存储器中，直至机器人所需要的运动点全部示教完毕。示教完成后，当需要机器人进行焊接时，通过指令，机器人将按照示教时存储在控制器中的位置点进行运动。因此，示教点位置与数量的选取，示教点之间的插补计算是机器人能否实现所需要轨迹运动的关键。图6-11所示为操作者在通过示教盒对机器人进行示教。

焊缝的形状往往是多种多样的，有直线，有圆弧，也有可能是空间任意曲线。在机器人末端夹持的焊枪往往不能严格地按照实际要求的曲线运动，只能用折线轨迹逼近所要的曲线。机器人运动控制系统结合示教点的信息，依照一定的算法确定焊枪运动轨迹的过程称为插补。也就是说，机器人控制系统根据示教点的某些数据，按照一定的算法计算已知点之间的中间点的过程称为"插补"，也称为"数据点的密化"。

第6章 机器人焊接技术

图 6-11 机器人示教操作

通用的焊接机器人一般只提供直线插补和圆弧插补两种方式。直线插补（line interpolation）是机器人运动常用的一种插补方式，在此方式中，两点间的插补沿着直线的点群来逼近，沿此直线控制焊枪的运动。圆弧插补（circular interpolation）是根据示教点间的插补数字信息，计算出逼近实际圆弧的点群，控制焊枪沿这些点运动，完成圆弧曲线的焊接。对于非直线和非圆弧曲线，则采用直线和圆弧分段拟合的方法进行插补，这种方法在处理复杂曲线时会导致数据量大、精度差、运动速度不均匀、编程复杂等一系列问题，必然对焊接质量造成较大的影响。近年来，国内外的学者对此进行了大量的深入研究，由此也产生了很多新的插补方法。由于版面所限，本节不再详述。

示教盒是实现机器人人机交互的工具，它具有键盘操作、人机通信、显示等功能，采用 LED 液晶显示。示教盒一般采用扫描方式定时查询，应用键盘操作时，可处理单键、双键或多建操作。示教盒一般采用 RS232/RS422 串行通信。

示教盒一般采用英文文字显示，但通过固化汉字库，有的机器人示教盒也可实现汉字显示。现在越来越多的示教盒具有了图形编辑功能，使其示教更加方便。图 6-12 所示为几种机器人示教盒及其界面。

 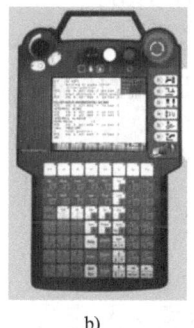 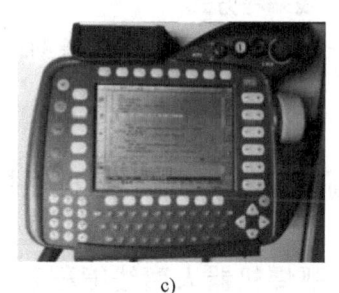

a)　　　　　　　　　b)　　　　　　　　　c)

图 6-12 机器人示教盒及其界面

a) MOTOMAN 机器人的示教盒　b) REIS 机械人的示教盒　c) KUKA 机器人的示教盒

示教盒上的按键主要有以下三类：

（1）示教功能键　包括示教/再现、存入、删除、修改、检查、回零、直线插补、圆弧插补等功能键，为示教编程用。

（2）运动功能键　包括 X 方向运动、Y 方向运动、Z 方向运动、正/反方向运动、各个关节转动等功能键，为操纵机器人示教用。

（3）参数设定键　包括各轴速度设定、焊接参数设定、焊枪摆动参数设定等功能键。

示教盒示教是目前常用的方法，但这种方法难以获得高的控制精度，也难以与其他设备同步，并且不易与传感器信息相配合。

2. 引导示教方式

引导示教方式是借助机器人控制系统进行程序设计的示教方式。为了设计机器人运动控制程序，操作人员首先要释放机器人各个轴的制动器，然后再握住机器人末端执行机构，如弧焊机器人的焊枪，引导它按照所需的速度通过所要求的焊枪运动轨迹。在引导过程中，控制器将每个轴运动的连续位置记录下来。示教完成后，机器人焊接时，将从控制器存储器中提取记录的位置数据，为各个轴电动机驱动器计算所需要的运动参数，重新再现引导示教的轨迹。

引导示教方式的特点如下：

1）方便，灵活，实用。
2）位置控制精度较低。
3）只能在人所能达到的速度下工作，难以获得高速度的运动。
4）难以与传感器的信息相配合，也不易与其他操作同步。
5）不能用于某些危险的情况。
6）在操作大型机器人时，这种方法不实用。

3. 离线编程方式

部分或完全脱离机器人，借助计算机来编制机器人运动程序的方式称为离线编程。

6.4　弧焊机器人离线编程技术

6.4.1　弧焊机器人离线编程系统的意义及定义

弧焊机器人是一个可编程的机械装置，其功能的灵活性和智能性很大程度上取决于机器人的编程能力。由于弧焊机器人所完成任务复杂程度不断增加，其工作任务的编制已经成为一个重要问题。在弧焊机器人应用系统中,机器人编程是一个关键环节。为适应市场发展的要求,制造业正在向多品种、小批量的柔性化方向发展。但是,在中小批量生产中,弧焊机器人的示教编程耗费的时间和人力相对较大。因此,随着制造业企业对柔性要求的进一步提高,需要更高效和更简单的编程方法。

机器人离线编程系统首先利用计算机图形学等相关理论与技术,建立起机器人及其工作环境的几何模型,再利用一些算法通过对图形的控制和操作,在离线的情况下进行轨迹规划,完成编程;然后对编程结果进行三维图形动画仿真,以检验编程的正确性;最后将生成的控制代码传给机器人控制器,以控制机器人运动,完成给定任务。弧焊机器人离线编程系统已被证明是一个有力的工具,可以增加安全性,减少机器人示教编程的工作时间,降低编程成本。

6.4.2 离线编程的优点

与示教再现编程相比,离线编程具有如下优点:

1)可减少机器人的非工作时间,当对下一个任务进行编程时,机器人仍可在生产线上工作。

2)一套编程系统可以提供多台机器人运动程序。

3)能完成示教难以完成的复杂、精确的编程任务。

4)可使用高级计算机编程语言对复杂任务进行编程。

5)便于和 CAD/CAM 系统结合,实现 CAD/CAM/ROBOTICS 一体化。

6)通过图形编程系统动画仿真可以验证和优化程序。

机器人语言系统在数据结构的支持下,可以用符号描述机器人的动作。有些机器人语言系统具有简单的环境构型功能,根据编程人员定义工具运动的控制级别,可将离线编程分为四个级别:关节级(joint level)、操作手级(manipulator level)、对象级(object level)和任务级(task level)。现在已有商品化的离线编程系统,如 ROBOGUIDE、IGRIP、Workspace 等,它们都具有较强的图形功能和很好的关节级、操作手级的编程功能,以及对象级编程功能,但一般都不具有任务级编程功能。在任务级编程方式下,不用编程人员来指定机器人的操作,而是采用各种人工智能技术来控制机器人执行某一任务。目前的机器人语言都是关节级、操作手级和对象级语言,因而编程工作相当冗长繁重。机器人任务级离线编程系统可以最大限度地降低人的劳动强度,提高编程效率,因此成为当前研究的热点。

6.4.3 弧焊机器人的特点

弧焊机器人用于电弧焊这一复杂的作业，对机器人的运动学、动力学、避免碰撞、可达性、灵活性及重复精度都有很高的要求。与其他用途机器人相比，弧焊机器人具有以下特点：

（1）弧焊焊件的几何建模　机器人要进行弧焊作业，首先要感知焊件的几何轮廓及准确的焊缝位置。获取这些信息的主要途径有离线编程、弧焊 CAD/CAM 和机器人视觉。弧焊 CAD/CAM 是通过计算机软件得到焊件的几何造型及焊接技术要求，继而自动生成焊件轮廓、焊缝位置、姿态及焊接参数信息的。机器人视觉则是通过 CCD 或激光摄像机等对焊件摄像，经图像处理及数字变换来获取焊接的位姿信息。

（2）焊枪的姿态优化　众所周知，焊枪的姿态对获取空间位置下完好的焊缝有至关重要的影响，人工操作是通过操作工人的经验来实时地变换姿态进而保证焊缝质量的；焊接专用焊机则是对固定的或单一的焊件进行试验而获取适当不变的焊枪姿态来保证焊接质量的。机器人作为一种柔性的操作手，具有与上述两者不同的特点，它要求根据不同焊件的几何信息，通过各种处理手段，获取焊缝上每一点的最佳位姿需求。目前，这些处理手段主要有专家知识库引导法、人工神经网络法等。

（3）路径规划问题　焊接过程与其他机械加工过程不同。数控机加工过程虽然也有点对点及连续路径，但它的目的是加工掉焊件上多余的材料，获得设计的焊件形状，一般没有加工姿态、次数和次序的要求，即只有加工位置及精度的要求。机器人焊接则不同，它严格要求沿焊缝位置连续、光顺地进行焊接，且有焊接速度及机器人操作手或焊件姿态的要求。

6.4.4 弧焊机器人离线编程系统的组成

一般的弧焊机器人离线编程系统应包括机器人及环境的建模、机器人运动学和动力学计算及优化、机器人末端（焊枪）轨迹规划、机器人运动图形仿真、传感器仿真、语言转换，以及机器人运动误差校正等功能模块。

1. 机器人及环境的建模

机器人及环境的建模是离线编程系统的基础，为弧焊机器人和焊件的编程、仿真提供了可视的三维图像。

目前，用于机器人及环境建模主要有三种方式：构造实体几何（constructive solid geometry，简称 CSG）建模、扫描变换（sweep）建模、边界表示（boundary representation，B-REP）建模。其中，最便于几何形体在计算机内表示、运算、修改和显示的建模方法是边界表示建模，而构造实体几何建模所覆盖的形体种类较多，扫描变换建模则便于生成轴对称的形体，机器人及环境建模大多数是采用上述三种形式的组合。

弧焊机器人离线编程系统的首要任务就是完成包含弧焊机器人的焊接工作单元的图形描述，构造焊接工作单元中的弧焊机器人、夹具、零件和工具的三维几何模型。图 6-13a 所示为汽车门框双机器人焊接工作单元模型，图 6-13b 所示为压缩机机器人焊接工作单元模型。

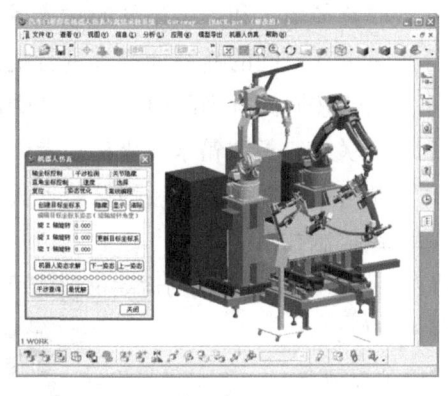
a)
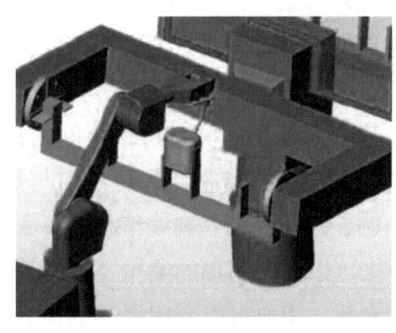
b)

图 6-13　机器人焊接建模

a) 汽车门框双机器人焊接工作单元模型　b) 压缩机机器人焊接工作单元模型

在模型构建中，最好采用零件和工具的 CAD 模型，直接从 CAD 系统获得，使 CAD 数据共享。正因为从设计到制造的这种 CAD 集成越来越急需，所以离线编程系统应包括 CAD 构型子系统，或把离线编程系统本身作为 CAD 系统的一部分。若把离线编程系统作为单独的系统，则必须具有适当的接口来实现构型与外部 CAD 系统的转换。

2. 运动学与动力学计算

机器人运动学与动力学计算是系统中控制图形运动的依据，即控制弧焊机器人运动及仿真的依据。通过运动学计算确定机器人末端执行器（焊枪）位姿、焊枪位姿与相应关节之间的关系。通过动力学计算确定机器人各关节位置、关节速度、关节加速度与各关节执行器驱动力矩之间的关系。

3. 机器人末端轨迹规划

与普通的搬运、点焊、装配等定点操作的机器人相比，弧焊机器人对末端执行器（焊枪）运动轨迹的精度要求更严格。在空间位置焊接时的焊枪姿态及焊接参数在整个轨迹上都需要连续调整。因此，需要进行轨迹规划，用来生成机器人关节空间或直角空间里的轨迹，以保证机器人完成既定的作业。

机器人运动轨迹的生成需要从描述机器人末端执行器（焊枪）的空间位姿及变换出发，通过建立机器人的运动学与动力学模型，最后形成控制焊枪走过或逼近的空间路径，包括在路径点的焊枪位置与姿态，以及从运动学角度实时控制机器人的行走路径。

机器人的运动轨迹分为两种类型：自由移动（仅由初始状态和目标状态进行定义）和依赖于轨迹的约束运动。约束运动受到路径、运动学和动力学的约束，而自由移动没有约束条件。轨迹规划器在接收路径设定和约束条件的输入后，采用轨迹规划算法，如关节空间的插补计算、笛卡儿空间的插补计算等进行机器人运动轨迹的规划计算，然后输出起点和终点之间按时间排列的中间形态（焊枪位置和姿态、速度、加速度）序列。该序列可用关节坐标或笛卡儿坐标表示。

轨迹规划器还应具备可达空间的计算、防碰撞检测等功能。焊接机器人的运动轨迹控制主要是指初始焊位导引与焊缝跟踪控制技术。

轨迹、路径规划是离线编程的一大特点，使得机器人末端的运动过程能可视地记录下来，以便于用户的编辑，也可保存相应位置点的工艺参数。用户可以利用提供的命令对单个点或整条路径进行修改，从而改变机器人末端的运动过程或焊接参数。由于路径属于离线编程中的部件，因此路径将与其他部件一起运动。这样，当焊件重新装夹或变位机运动时，用户以前的工作将随路径被一起保留下来，避免了示教再现所需的重新示教操作。

图6-14 压缩机外壳机器人焊接轨迹规划

图6-14所示为压缩机外壳机器人焊接轨迹规划。

4. 运动图形仿真

机器人运动图形仿真是用来检验所编制的机器人运动程序是否正确、可靠的，一般具有防碰撞检查功能。

离线编程系统的一个重要优势是离线调试程序。最直观有效的离线调试方法是在不接触实际机器人及其工作环境的情况下，利用图形仿真技术模拟机器人的作业过程，提供一个与机器人进行交互作用的虚拟环境。运动图形仿真是弧焊机器人离线编程系统的重要组成部分，它将机器人仿真的结果以图形的形式显示出来，可直观地显示出机器人的运动状况，从而可以得到从数据曲线或数据本身难以分析出来的许多重要信息。离线编程的效果正是通过这个离线编程模块来验证的。

第6章 机器人焊接技术

随着计算机技术的发展，在 PC 的 Windows 平台上可以方便地进行三维图形处理，并以此为基础完成 CAD、机器人任务规划和动态模拟图形仿真。在一般情况下，用户在离线编程模块中为作业单元编制任务程序，经编译链接后生成仿真文件。在仿真模块中，系统解释控制执行仿真文件的代码，对任务规划和路径规划的结果进行三维图形动画仿真，模拟整个作业的完成情况，检查焊枪发生碰撞的可能性及机器人的运动轨迹是否合理，并计算出机器人的每个工步的操作时间和整个工作过程的循环时间，为离线编程结果的可行性提供参考。图 6-15 所示为汽车门框机器人焊接中的焊枪防碰撞图形仿真。图 6-16 所示为机器人焊接运动仿真。

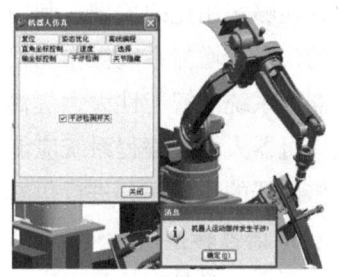

图 6-15　汽车门框机器人焊接中的焊枪防碰撞图形仿真

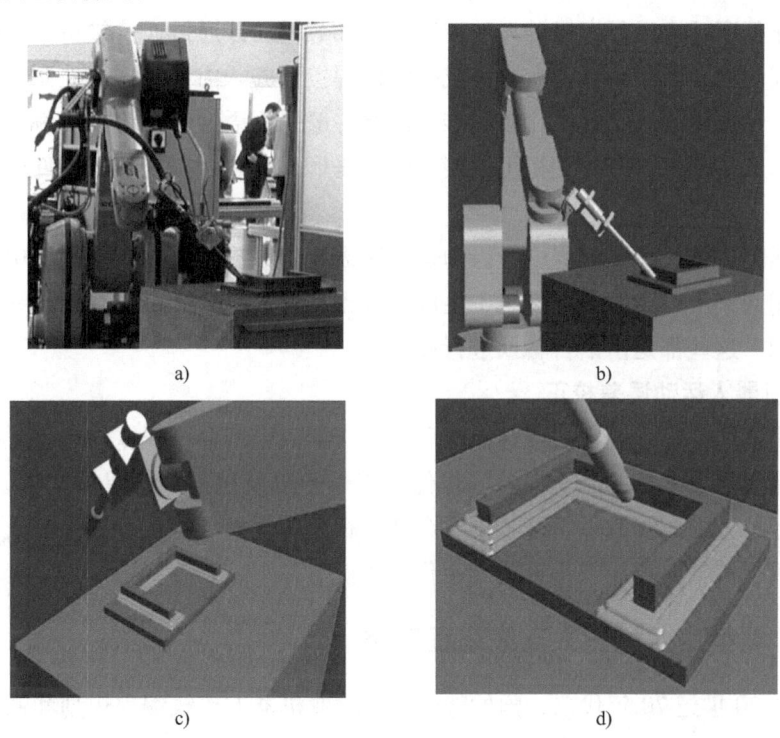

图 6-16　机器人焊接运动仿真
a) 机器人焊接实景　b) 运动仿真侧面　c) 运动仿真远景　d) 运动仿真正面

5. 传感器仿真

焊接过程的传感是实现焊接过程质量控制的关键环节。对传感器的仿真可以

增加系统操作和程序的可靠性，提高程序开发效率。

近年来，随着机器人技术的发展，传感器在机器人作业中发挥的作用越来越大。对传感器的仿真已成为机器人离线编程系统中必不可少的一部分，也是离线编程能够实用化的关键。利用传感器检测的信息能够减少仿真模型与实际模型之间的误差，增加系统操作和程序的可靠性，提高编程效率。传感器技术的应用使机器人系统的智能性大大提高，机器人作业任务已离不开传感器的引导。因此，弧焊机器人离线编程系统应能对传感器进行建模，生成传感器的控制策略，对基于传感器的作业任务进行仿真。

6. 语言转换

语言转换是把仿真程序语言变换成机器人能够接受的语言指令，以便命令弧焊机器人工作。语言转换的主要任务是把离线编程的源程序编译为弧焊机器人控制系统能够识别的目标程序，即当作业程序的仿真结果完全达到作业的要求后，将该作业程序转换成目标机器人的控制程序和数据，并通过通信接口下载到目标机器人控制柜，以驱动机器人去完成指定的焊接任务。由于机器人控制柜的多样性，要设计通用的通信模块比较困难，因此一般采用语言转换将离线编程的最终结果翻译成目标机器人控制柜可以接受的代码形式，然后实现加工文件的上传及下载。

在弧焊机器人离线编程中，因为仿真所需要的数据与机器人控制柜中的数据不完全相同，所以离线编程系统中生成的数据有两套，一套供仿真用，一套供控制柜使用。这些都是由语言转换进行操作的。

7. 机器人运动误差校正

因为离线编程系统中的理想模型和实际机器人模型存在误差，产生误差的因素主要有机器人本身的制造误差、焊件加工误差以及机器人与焊件定位误差等，所以未经校正的离线编程系统工作时会产生很大的误差。因此，如何有效地校正误差是弧焊机器人离线编程系统实用化的关键。

6.4.5 典型工业机器人离线编程系统

早在20世纪70年代末，国外就开始了工业机器人离线编程规划和系统的研究。到20世纪90年代，由于计算机技术和传感器技术的迅猛发展，促使工业机器人技术上了一个新的台阶，工业机器人离线编程进入了实用化阶段，先后出现了一系列商业化离线编程系统产品。

商业化的工业机器人离线编程系统主要可以分为通用型和专用型两大类。目前，国外的通用型工业机器人离线编程系统主要有 Tecnomatix Process Simulate

第6章 机器人焊接技术

(原 RobCAD)、Robotmaster、RobotWorks、DELMIA 3D EXPERIENCE 和 Sprut-CAMRobot 等;我国的通用型工业机器人离线编程系统有 PQArt (原 RobotArt)、iRobotCAM 和巧迹 Smartrack 等。专用型工业机器人离线编程系统主要是各工业机器人生产厂商所开发的离线编程系统,目前主要有 ABB 开发的 RobotStudio 系统,FANUC(发那科)开发的 ROBOGUIDE 系统,YASKAWA(安川)机器人公司开发的 MotoSimEG-VRC 系统,KUKA 开发的 KUKA.Sim 系统,Panasonic(松下)开发的 DTPS 系统,CLOOS(克鲁斯)开发的 RoboPlan 系统,埃斯顿自动化开发的 ESTUN Editor 系统,上海新时达机器人有限公司开发的 STEP Studio 系统和华数机器人有限公司开发的 InteRobot 系统等。

1. Tecnomatix Process Simulate 系统

Tecnomatix 公司在1986年推出了基于 UNIX 系统的 RobCAD 工业机器人计算机辅助设计及仿真系统,该系统在机器人仿真领域第一个做到了集通用化、完整化、交互式计算机图形化、智能化和商品化于一体。之后,RobCAD 逐渐成为汽车白车身生产线的标准化仿真分析工具,得到了广泛的应用。到20世纪90年代中后期,由于计算机技术的发展,高性能的 PC Windows 系统逐渐取代 UNIX 系统而成为主流应用,因此 Tecnomatix 在 Windows 平台上推出了新一代工艺规划和仿真分析系统 Process Designer 和 Process Simulate,在这个系统中,集成了工艺规划、装配仿真、机器人仿真、离线编程和人机工程等各项技术。此外,在此系统中,逐渐开发出基于事件的、结合控制系统能力的机器人及自动化生产线的虚拟调试,进一步拓展了系统的能力和应用。

在 Tecnomatix 融入 SIEMENS(西门子)工业软件大家族之后,不仅汲取了西门子硬件自动化等先进制造技术、标准、能力和开放的生态,同时与 Teamcenter Manufacturing 进行深度整合,形成了一套基于 Teamcenter 统一平台管理的数字化制造解决方案,实现了真正的制造数字孪生。同时,也将机器人及自动化设备的仿真技术全面贯通到企业制造规划和生产线建设与改造的业务过程之中。

Tecnomatix Process Simulate 允许用户在虚拟环境中构建和测试机器人工作站,包括模拟机器人的运动路径、工具的交互以及各种工作负载条件,以确保系统在实际操作中的性能和安全性。同时,该系统软件还提供路径规划功能,帮助用户设计机器人动作的最优轨迹。通过模拟和优化路径,可以减少机器人在执行任务时的能耗,并确保操作的精确性。通过仿真,用户可以分析机器人的动态性能,包括速度、加速度和动力需求,以确保机器人的机械设计能够满足实际操作要求。这有助于优化机器人的配置,提高其在特定任务中的表现。图6-17所示为原先的 RobCAD 系统界面,图6-18所示为现在的 Tecnomatix Process Simulate 系统界面。

焊接自动化技术及其应用

图 6-17　RobCAD 系统界面

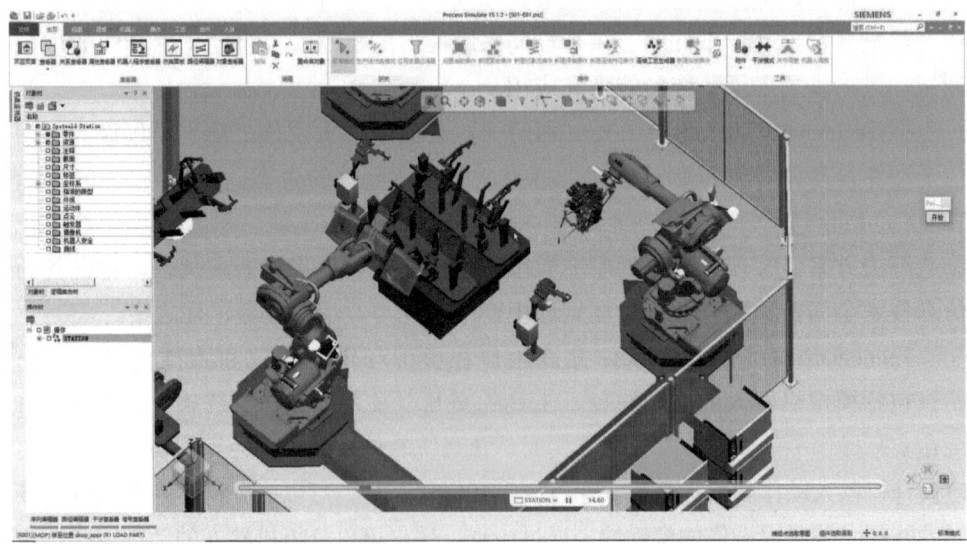

图 6-18　Tecnomatix Process Simulate 系统界面

2. PQArt 系统

PQArt 是北京华航唯实机器人科技股份有限公司开发的一款国产通用型工业

机器人离线编程系统。PQArt 的优点主要包括：支持多种三维 CAD 模型格式导入；兼容多种工业机器人品牌；能够自动识别 CAD 模型特征生成轨迹，轨迹与 CAD 模型紧密关联，实现动态调整；提供一键优化轨迹和碰撞检测功能；支持多样化的工艺包；可以将整个工作站的仿真动画发布到网页或手机端。尽管该离线编程系统在生产线仿真和对小品牌机器人的支持上还存在不足，但作为一款通用型工业机器人离线编程系统，其性能还是相当出色的。图 6-19 所示为 PQArt 系统界面。

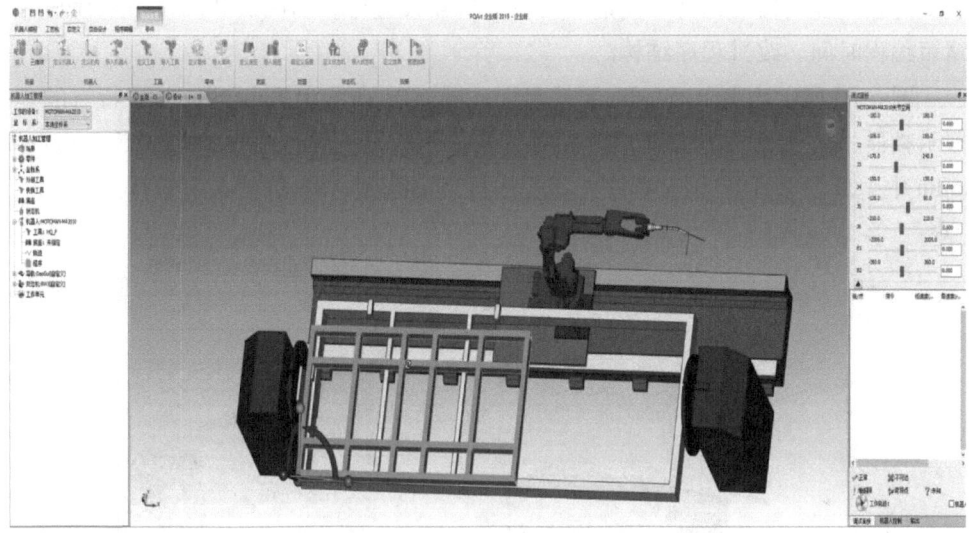

图 6-19　PQArt 系统界面

3. RobotStudio 系统

RobotStudio 是一款由 ABB 开发的工业机器人离线编程仿真系统，广泛应用于 ABB 品牌工业机器人的规划、编程、验证和培训等。RobotStudio 系统具有以下主要特点和功能：

1）支持 STEP、IGES、VRML、VDAFS、ACIS 及 CATIA 等多种直流 CAD 格式的数据导入，便于用户编制高精度的机器人程序。

2）用户可以通过简单的"拖放"操作来创建机器人模型，并在虚拟环境中模拟机器人的运动和操作，从而使得用户能够快速而准确地评估机器人的可行性和适用性。

3）用户可以设计和优化机器人工作站的布局、附件配置和工作流程，从而帮助用户直观地分析和优化机器人工作站的效率和安全性。

4）系统能够自动计算机器人的运动路径，并进行碰撞检测，以确保机器人在工作过程中不会与其他物体或机器人发生碰撞,从而有助于提高机器人工作的安全性和生产率。

5)系统提供了一系列的仿真和优化工具,使用户能够评估和优化机器人工作站的整个生产流程,如用户可以模拟和优化机器人的抓取操作、运输路径和工作时间,从而提高机器人工作站的生产率和质量。

6)支持 RAPID 语言(robot application programming interface development,ABB 机器人的编程语言)的编程和调试,以及 FlexPendant 示教器的模拟和操作;还支持虚拟控制器的运行和通信,可以与机器人进行联动调试和测试,从而显著缩短编程时间、改进程序结构。

图 6-20 所示为 RobotStudio 系统界面;图 6-21 所示为 RobotStudio 中特有的虚拟示教器,其外观与功能和 ABB 机器人实体示教器一样;图 6-22 所示为 RobotStudio 中生成的 RAPID 语言程序,该程序可以下载到 ABB 机器人中运行。

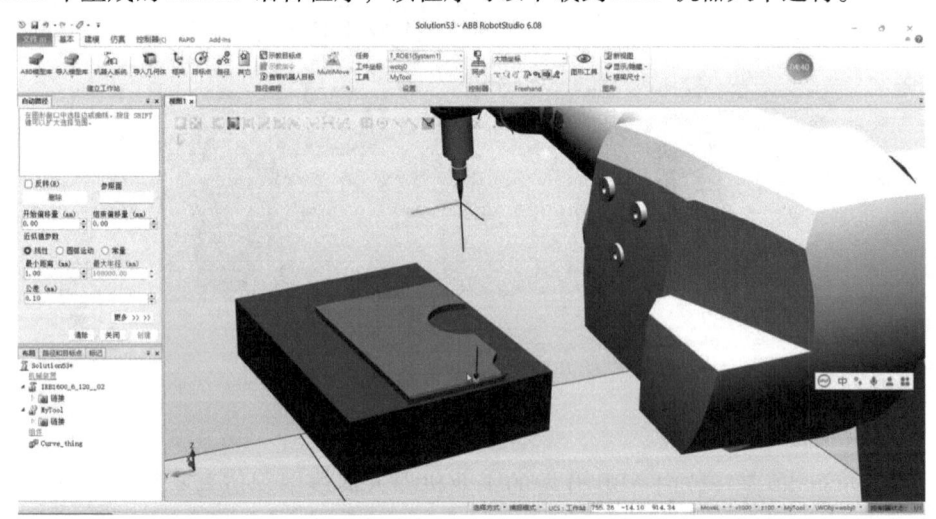

图 6-20　RobotStudio 系统界面

4. InteRobot 系统

InteRobot 是由华数机器人有限公司推出的一款国产离线编程与仿真系统。InteRobot 除支持华数品牌机器人外,还支持 ABB、KUKA、YASKAWA、KAWASAKI(川崎)等国内外多种品牌和型号的工业机器人,具备机器人库管理、工具库管理、加工方式选择、加工路径规划、运动学求解、机器人选解、控制参数设置、防碰撞和干涉检查、运动学仿真等离线编程基本功能。此外,该系统还具有以下特点:

1)能够针对打磨、焊接、喷涂等行业,提供专业的工艺参数设置和相关轨

第6章 机器人焊接技术

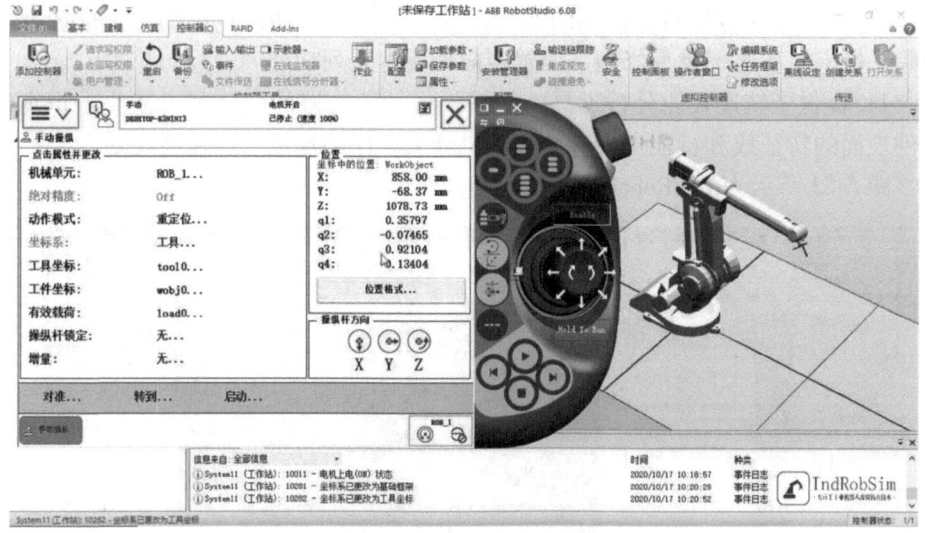

图 6-21 RobotStudio 中特有的虚拟示教器

```
1  MODULE CPSCTPPRG
2    CONST robtarget p460:=[[302,0,558],[0,0,-1,0],[0,0,0,0],[0,0,0,0,0,0]];
3    CONST robtarget p470:=[[292,-77.07,558],[0,-0.12867,-0.99169,0],[-1,0,0,0],[0,0,0,0,0,0]];
4    CONST robtarget p480:=[[344.65,-87.65,481.21],[0.11508,-0.12336,-0.98556,-0.0144],[-1,0,0,0],[0,0,0,0,0,0]];
5    CONST robtarget p490:=[[315.65,-163.79,481.21],[0.11267,-0.23544,-0.96494,-0.02749],[-1,-1,0,0],[0,0,0,0,0,0]];
6    CONST robtarget p500:=[[278.02,-117.93,558],[0,-0.19925,-0.97995,0],[-1,-1,0,0],[0,0,0,0,0,0]];
7    CONST robtarget p510:=[[338.38,-143.54,457.1],[0.14603,-0.19703,-0.96901,-0.02296],[-1,0,0,0],[0,0,0,0,0,0]];
8    CONST robtarget p520:=[[270.67,-248.68,457.1],[0.13885,-0.35899,-0.92137,-0.0541],[-1,0,0,0],[0,0,0,0,0,0]];
9    CONST robtarget p530:=[[288.02,173.09,513.86],[0.06651,0.26664,-0.96132,0.01845],[0,-1,0,0],[0,0,0,0,0,0]];
10   CONST robtarget p540:=[[230.51,138.53,591.16],[0.05588,-0.26683,0.962,0.0155],[0,-1,0,0],[0,0,0,0,0,0]];
11   CONST robtarget p550:=[[302,0,558],[0,0,-1,0],[-1,0,0,0],[0,0,0,0,0,0]];
12   CONST robtarget p560:=[[302,0,558],[0,0,-1,0],[0,0,0,0],[0,0,0,0,0,0]];
13   CONST speeddata speed1:=[0,0,0,0];
14   VAR num i:=0;
15   CONST robtarget p570:=[[300.27,-32.27,558],[0,-0.05351,-0.99857,0],[-1,0,0,0],[0,0,0,0,0,0]];
16   CONST robtarget p580:=[[250.92,-168.06,558],[0,-0.29881,-0.95678,0],[-1,-1,0,0],[0,0,0,0,0,0]];
17   CONST robtarget p590:=[[294.66,-66.18,558],[0,-0.11024,-0.99391,0],[-1,-1,-1,0],[0,0,0,0,0,0]];
18   CONST robtarget p600:=[[237.1,-187.05,558],[0,-0.3278,-0.94475,0],[-1,-1,-1,0],[0,0,0,0,0,0]];
19   CONST robtarget p610:=[[284.33,-101.79,558],[0,-0.17105,-0.98526,0],[-1,0,0,0],[0,0,0,0,0,0]];
20   CONST robtarget p620:=[[216.16,-210.9,558],[0,-0.37699,-0.92622,0],[-1,-1,0,0],[0,0,0,0,0,0]];
21   CONST robtarget p630:=[[216.16,-210.9,558],[0,-0.37699,-0.92622,0],[-1,-1,0,0],[0,0,0,0,0,0]];
22   CONST robtarget p640:=[[268.44,-261.91,439.57],[0.15959,-0.37136,-0.91236,-0.06496],[-1,0,0,0],[0,0,0,0,0,0]];
23   CONST robtarget p650:=[[235.18,-229.46,524.67],[0.04889,-0.37647,-0.92492,-0.0199],[-1,0,0,0],[0,0,0,0,0,0]];
24   CONST robtarget p660:=[[278.41,-271.63,398.33],[0.20854,-0.36732,-0.90243,-0.08488],[-1,0,0,0],[0,0,0,0,0,0]];
25   VAR num j:=0;
26   CONST robtarget p670:=[[261.98,-255.6,460.5],[0.13378,-0.37305,-0.9165,-0.05445],[-1,0,0,0],[0,0,0,0,0,0]];
27   CONST robtarget p680:=[[209.52,-204.42,568.11],[0.01574,0.37694,0.92608,-0.0064],[-1,-1,0,0],[0,0,0,0,0,0]];
28   CONST robtarget p690:=[[281.08,-110.24,558.08],[0.00013,0.18581,0.98259,-2e-5],[-1,0,0,0],[0,0,0,0,0,0]];
29   CONST robtarget p700:=[[197.02,-228.79,558.08],[0.00012,0.41682,0.90899,-5e-5],[-1,0,0,0],[0,0,0,0,0,0]];
30   CONST robtarget p710:=[[300.83,-26.6,558],[0,-0.04409,-0.99903,0],[-1,-1,0,0],[0,0,0,0,0,0]];
31   CONST robtarget p720:=[[271.75,-131.74,558],[0,-0.2238,-0.97464,0],[-1,-1,-1,0],[0,0,0,0,0,0]];
32   CONST robtarget p730:=[[373.12,-14.57,443.62],[0.16695,-0.01923,-0.98577,-0.00326],[-1,0,0,0],[0,0,0,0,0,0]];
33   CONST robtarget p740:=[[356.6,-110.77,443.62],[0.16509,-0.14792,-0.9748,-0.02505],[-1,0,0,0],[0,0,0,0,0,0]];
34   CONST robtarget p750:=[[302,36.05,567.68],[0,0,-0.96582,-0.25921],[0,0,0,0],[0,0,0,0,0,0]];
35   CONST robtarget p760:=[[286.83,-101.15,567.68],[0.05882,0.21918,0.94062,0.25245],[-1,0,0,0],[0,0,0,0,0,0]];
```

图 6-22 RAPID 语言程序

迹编程方法,可自适应生成包含工艺特性的机器人程度。

2) 轨迹规划提供手动、自动、外部等方法,离线编程规划的轨迹程序还可支持包括单轴变位机、双轴变位机以及混合控制等多外部轴联动控制。

261

3）根据程序点校验和修调的实际需求，开发了机器人点位随动、框选批量删除、笛卡儿各坐标批量修调、位置定向偏置等系列功能。

4）提供了轨迹智能分析工具，能够根据加工轨迹的变化和工艺要求识别出工件表面的特征线和特征点，进而实现机器人程序的速度、加速度规划。

图 6-23 所示为 InteRobot 的系统界面。

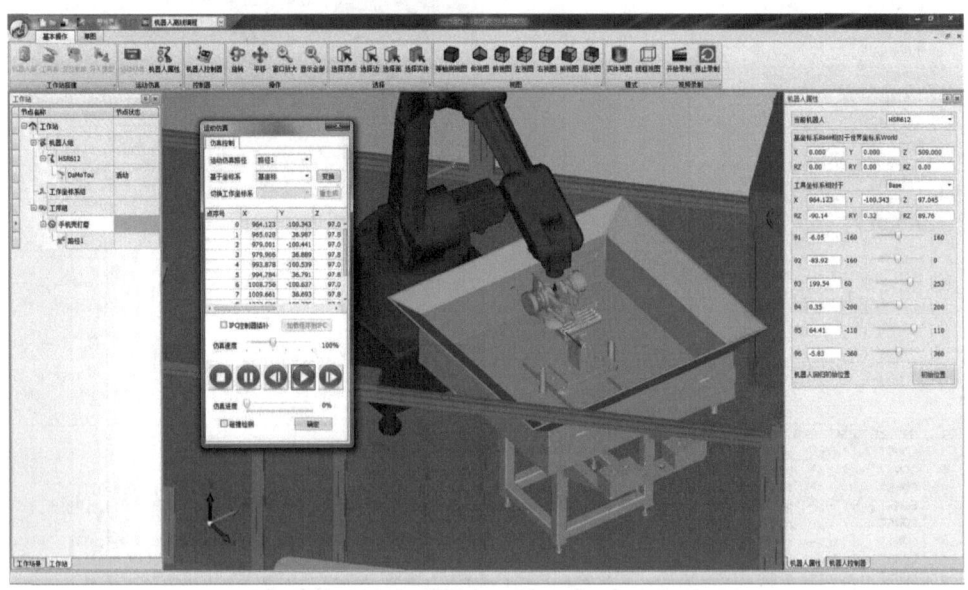

图 6-23　InteRobot 系统界面

目前，随着人工智能、大数据、物联网、云计算等新技术的高速发展与应用，机器人离线编程系统正朝着智能化、集成化、网络化方向发展，未来将实现更加高效、智能的机器人编程和生产管理。

5. 基于 KUKA.Sim 的机器人焊接系统模拟仿真与离线编程

针对盾构机盾体自动化焊接生产制造的实际需求，天津大学与中交天和机械设备制造有限公司开展了机器人焊接应用的合作，进行了机器人焊接离线编程方面的研究。图 6-24 所示为盾构机中典型的 B 环（中盾）结构仿真模型，图 6-25 所示为所设计发开的 C 形构架机器人焊接系统模型，该机器人焊接系统主要由 KUKA 机器人、Fronius 焊机、十字架悬臂机构及直线轨道机构等组成。

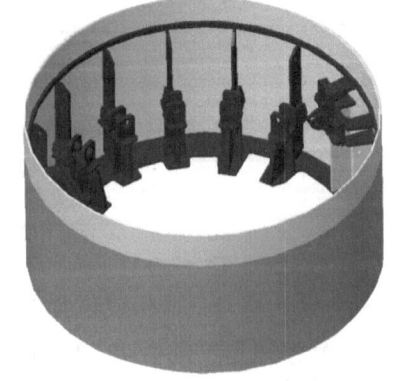

图 6-24　盾构机 B 环结构仿真模型

第 6 章 机器人焊接技术

图 6-25 C 形构架机器人焊接系统模型

基于 KUKA 公司的 KUKA.Sim 机器人模拟仿真及离线编程系统,并应用机器人焊接系统模型和盾体构件仿真模型,能够进行盾构机盾体构件的机器人焊接模拟仿真与离线编程,从而分析焊接可达性、检查碰撞和干涉情况、规划焊接路径,以及生成并修改相应的 KRL 语言(KUKA robot language,KUKA 机器人的编程语言)程序;所生成的机器人控制程序经过后置处理可以应用到实际的机器人焊接系统中。图 6-26 所示为 KUKA.Sim 系统界面。

图 6-26 KUKA.Sim 系统界面

图 6-27 所示为盾构机盾体机器人焊接系统的模拟仿真过程,主要包括以下

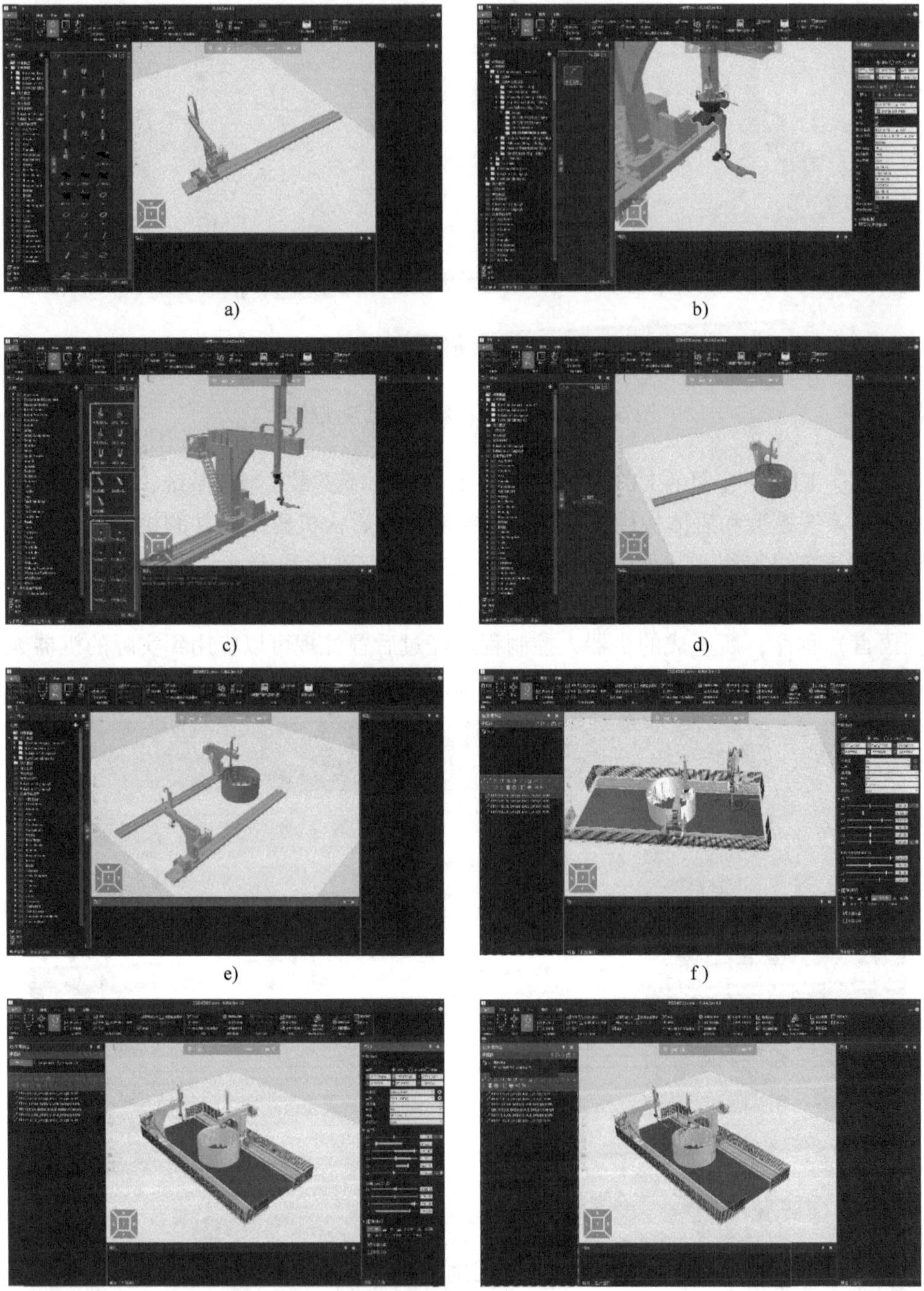

图 6-27 盾构机盾体机器人焊接系统的模拟仿真过程

a) 步骤 1 b) 步骤 2 c) 步骤 3 d) 步骤 4 e) 步骤 5 f) 步骤 6 g) 步骤 7 h) 步骤 8

第 6 章　机器人焊接技术

步骤：步骤 1，导入直线轨道及十字架机构模型（一半）；步骤 2，导入 KUKA 机器人模型；步骤 3，导入 Fronius 焊枪并进行 C 形构架结构运动模块设置；步骤 4，导入盾体构件模型；步骤 5，复制之前设置好的一半 C 形构架并进行系统布局设置；步骤 6，导入围栏等配件模型并设置颜色等参数；步骤 7，进行机器人焊接运动模拟仿真；步骤 8，进行机器人焊接轨迹规划。

图 6-28 所示为 KUKA.Sim 中生成并修改后的焊接机器人系统 KRL 语言运行程序。读者可以参考 KUKA.Sim 使用教程并根据实际的基于 KUKA 机器人所搭建的机器人系统，进行相应的机器人系统模拟仿真与离线编程。

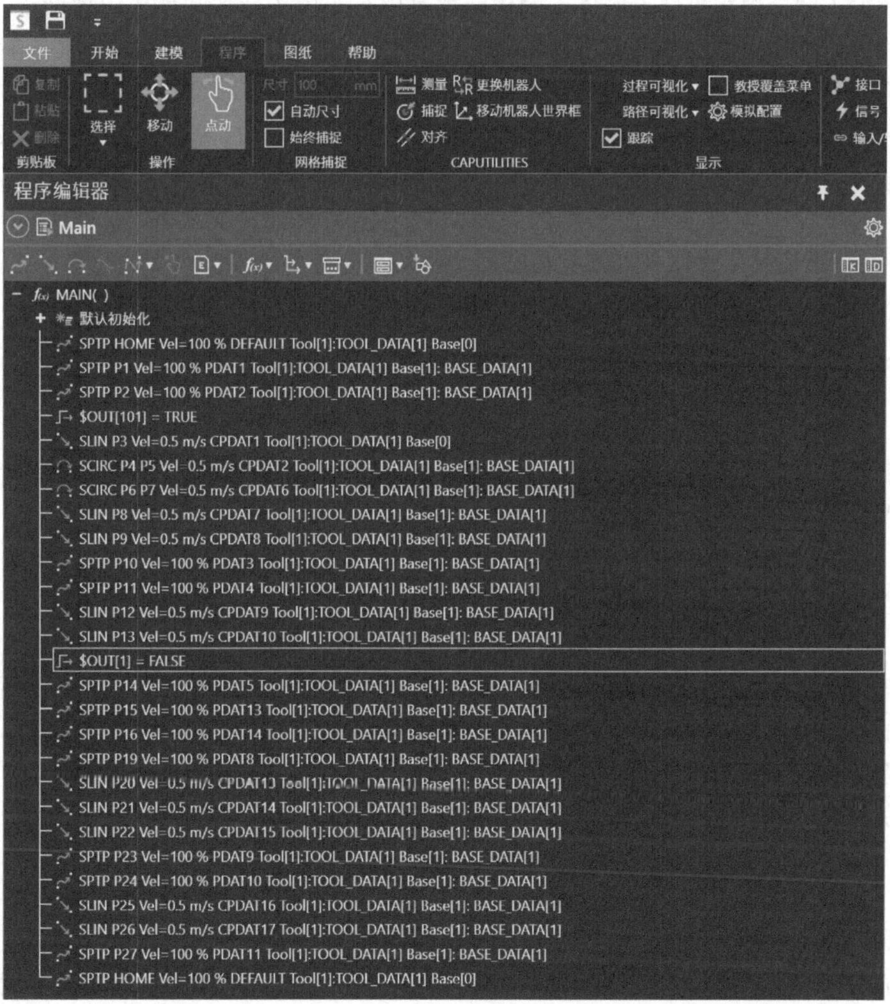

图 6-28　KUKA.Sim 中生成并修改后的焊接机器人系统 KRL 语言运行程序

6.5 焊接机器人传感技术

传感技术是关于从自然信源获取信息,并对之进行处理和识别的一门多学科交叉的现代科学与工程技术,它涉及传感器、信息处理和识别的规划设计、开发、制造/建造、测试、应用及评价改进等活动。

在机器人焊接过程中,要保证焊接过程的稳定以及焊接的质量,必须对其进行过程控制。机器人焊接的过程控制涉及几何量、物理量等多类型参数的测量和控制,为了测量这些参数,所需要的传感器不仅数量大,而且种类多。根据检测对象的不同,焊接机器人所使用的传感器可以分为内传感器和外传感器两大类,其中内传感器主要用来检测机器人的自身状态,而外传感器则是主要用来检测机器人所处环境、状况并进行某种操作(如焊缝跟踪等)。

内传感器主要包括位置、角度传感器,速度、角速度传感器,加速度传感器等,外传感器主要包括视觉传感器、力觉传感器、触觉传感器、接近觉传感器等。为了保证焊接质量而采用的焊缝跟踪传感器(如视觉传感器、电弧传感器)、熔透控制传感器(如视觉传感器)等均属于外传感器。

本节主要介绍弧焊机器人焊缝自动跟踪、焊缝自动寻位所用的传感技术。

6.5.1 概述

1. 机器人焊缝自动跟踪技术

在机器人焊接过程中,可能出现许多无法预知的随机干扰因素,使焊接过程与焊接质量受到影响。这些干扰因素主要有以下两类:

(1)实际焊件产生的干扰因素　该类干扰包括焊件形状精度、焊件组装精度以及对缝或坡口加工精度等而引起的干扰。

(2)焊接过程出现的干扰因素　该类干扰包括焊接电弧形状、电弧斑点运动等的无规律变化;网络电压波动、导电嘴接触状况等原因使焊接电流变化而引起的热输入变化;因焊件结构或夹具固定而引起的焊件局部导热状态的变化;送丝系统可能出现的焊丝矫直情况变化引起的送丝偏离,或送丝机构、导管阻力变化引起的送丝速度变化;焊接变形引起的对缝间隙变化、对缝错边变化、电极与焊件距离的变化等。

在上述诸多随机干扰因素可能产生的条件下,在焊接过程中很容易出现焊枪与焊缝位置的相对偏差,如果不进行及时的调整,就会影响焊接质量。为了获得高质量的焊缝,必须采用焊缝自动跟踪控制技术。焊缝自动跟踪技术是指应用传感器获得焊枪相对焊缝高度和水平对中信息并将其传递到机器人控制器中,控制器按照一定的控制策略与规则进行计算,将计算结果变为控制指令,对焊枪高低或水平位置进行调整的控制技术。

图 6-29a 所示为应用在直角坐标机器人中的接触式传感器焊缝自动跟踪控制，图 6-29b 所示为应用在直角坐标机器人中的非接触式（激光视觉）传感器焊缝自动跟踪控制。

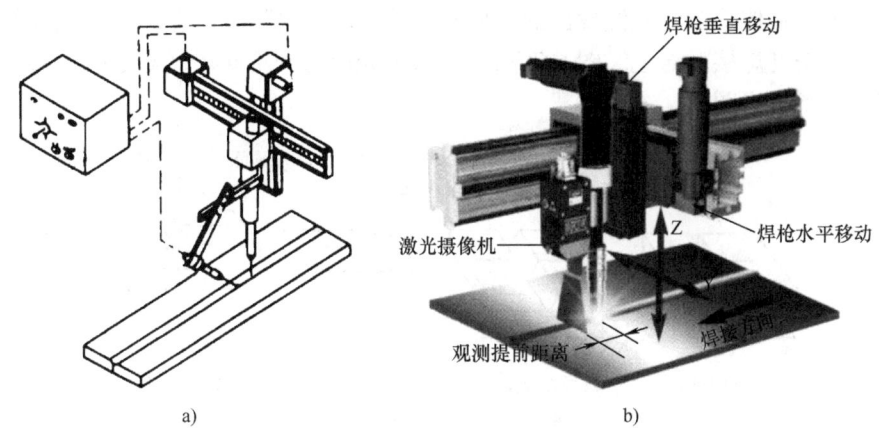

图 6-29 直角坐标机器人焊缝跟踪自动控制
a）接触式传感器焊缝自动跟踪控制　b）激光视觉传感器焊缝自动跟踪控制

机器人焊接传感器除应具备一般传感器的性能，还需要满足一些特殊要求：对于特殊的焊接过程，保持一定的精度；不受弧光、热、烟、飞溅及电磁场等焊接干扰的影响。此外，还要求传感器尺寸小、质量小、经久耐用、价格低、易维修，应用范围广等。

2. 机器人焊接自动寻位技术

对一些大型结构件，采用机器人焊接时，由于工件下料和组对误差的存在，机器人焊接的初始位置定位通常依靠人工示教的方式进行，特别是对于结构复杂、焊缝多或批量生产的工件，当工件摆放位置、加工组对不能保证一致时，每条焊缝都要对机器人进行人工示教，从而影响了机器人焊接的生产率。为此，开发了机器人焊缝自动寻位技术。

焊缝寻位是在工程结构的焊接过程中，每道焊缝焊接开始之前，需要确定焊接工件上的目标焊缝位置和方向的过程。机器人焊接自动寻位通常是使用传感器和软件程序来引导焊枪自动到达指定焊缝的精确位置，而不需要对每条焊缝的机器人焊接进行焊接起始位置的人工示教，从而极大地提高了机器人焊接生产率。目前的机器人焊接自动寻位技术主要包括焊丝接触寻位技术、激光视觉寻位及 3D 相机寻位技术等。

6.5.2　焊缝跟踪视觉传感技术

视觉传感机器人焊接焊缝跟踪控制系统是采用光学器件组成的焊缝图像信息

传感系统,它可将获取的焊缝图像信息进行识别处理,获得电弧与焊缝是否偏离、偏离方向和偏离量大小等信息,并根据这些信息去调节焊枪与焊缝中心的相对位置,达到电弧准确跟踪焊缝的目的。

机器人焊接视觉传感器有多种,本节以条形光视觉传感器为例,介绍其工作原理。该视觉传感器将光源发出的柱形光束转换成入射到焊件上的条形光并使此条形光横跨到焊接对缝上。图6-30给出了条形光照射到不同焊缝对缝时,得到的不同变形条形光图像。

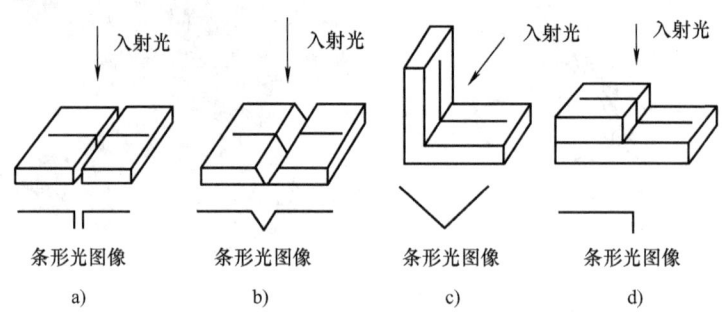

图6-30　不同焊缝对缝的变形条形光图像
a) I形坡口对接焊缝　b) V形坡口对接焊缝　c) 角接焊缝　d) 搭接焊缝

如图6-30所示,当对缝有一定间隙或为其他形状(V形坡口、角接焊缝或搭接焊缝)时,条形光将发生变形,并向焊件上方漫反射。如果在焊件上方一定位置上放置一个反射光的接收装置〔如二维位置敏感器件(PSD)或电荷耦合器件(CCD)等〕接收其信息,并经信号采集与处理,则可以得到不同焊缝对缝的变形条形光图像。

图6-31所示为采用条形光视觉传感器进行对接焊缝跟踪控制的原理。将光源与焊枪一起安装到机器人的手腕上,使条形光的中点对应焊接电弧的位置,同

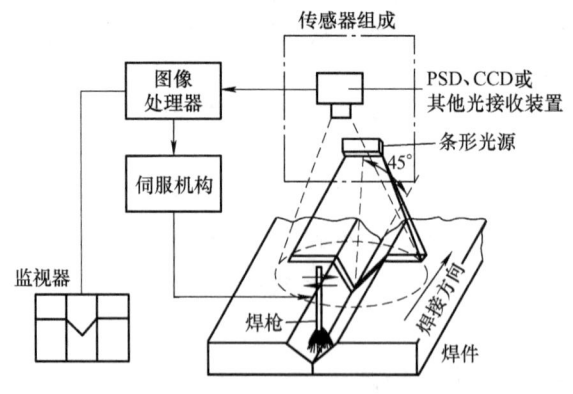

图6-31　采用条形光视觉传感器进行对接焊缝跟踪控制的原理

时也对应焊接对缝中心位置。若焊接电弧与焊缝中心产生偏离,表示焊接对缝位置的变形条形光图形将偏离条形光中点,并根据图形可以得到电弧与焊缝中心线的偏离方向及偏离量大小等信息。利用这些信息,通过机器人控制器及执行机构可以实时调节焊枪与焊缝的相对位置。

图 6-32 所示为采用视觉跟踪传感器检测实际焊接工件获得的条形光图像。其中,图 6-32a 所示为平板对接条形光图像,图 6-32b 所示为平板搭接条形光图像,图 6-32c 所示为带有 U 形坡口的圆管对接条形光图像。

a)

b)

c)

图 6-32 实际焊缝的检测图像
a) 平板对接 b) 平板搭接 c) 圆管对接

相比于电弧传感器、接触式传感器、超声传感器等常用的焊缝自动跟踪传感器,视觉传感器获取的信息更丰富,检测能力更全面,并且测量精度更高,因此在机器人焊缝跟踪中得到了广泛的应用。根据是否添加辅助光源,视觉传感器可分为被动视觉式和主动视觉式两种。

1. 工业相机

通过工业相机采集焊缝或熔池的图像是实现视觉焊缝跟踪的基础。因此,需要根据实际应用的环境和需求合理选取工业相机,以提高采集焊缝图像的质量,从而降低后续图像处理的难度。目前,工业相机主要分为电荷耦合器件式和互补金属氧化物半导体(complementary metal oxide semiconductor,CMOS)式两种。其中,CCD 由各种光敏单元组成,通常以百万像素为单位,当光线射入 CCD 表面后,每个光敏单元都会发射电荷,将所有光敏单元产生的信号相加,形成完整的图像;CMOS 主要通过带负电和带正电的晶体管实现基本功能,并由数字信号处理器(digital signal processing,DSP)将互补效应产生的电流记录并解释为图像。与 CCD 式相比,CMOS 式具有集成度高、速度快、价格低、节能等优点,但其成像质量较差。

2. 被动视觉传感器

被动视觉传感器使用弧光或自然光作为光源,并通过工业相机采集焊接区域的图像。其最大的特点是所采集的图像包含丰富的特征信息,并且更接近焊接工人的视觉效果。被动视觉传感器主要用于采集熔池及其周边区域的图像。按照工业相机的数量,被动视觉传感器可分为单目视觉传感器和双目视觉传感器。

(1) 单目视觉传感器 单目视觉传感器采用单个相机采集焊接区域的图像,然后再对图像进行分析,以获得焊缝的偏差信息。图 6-33 所示为基于单目视觉传感器从熔池图像中获取焊缝偏差信息的过程。由于相机直接采集熔池图像,因此在进行焊缝跟踪时能够避免传感器和焊枪之间的超前量,从而提高焊缝跟踪的精度。然而,单目视觉传感器采集熔池图像时,极易受到弧光、飞溅和烟雾等的干扰,因此需要使用复杂的滤光系统以减少干扰。另外,单目成像具有深度不确定性,所以单目视觉传感器很难直接获得焊缝的深度信息。

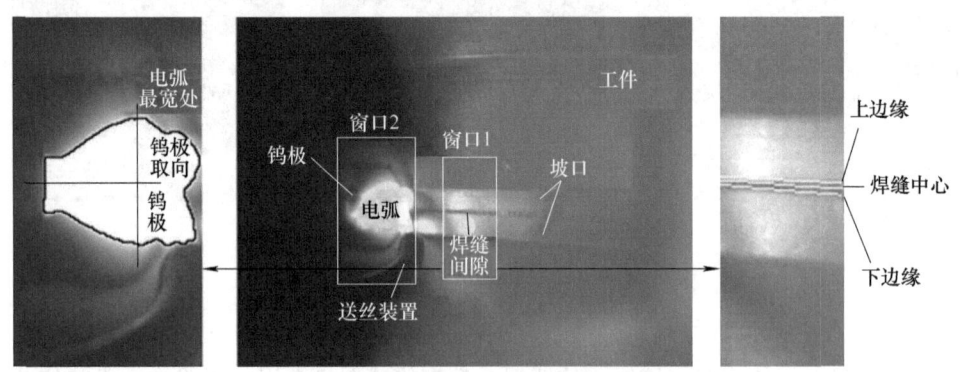

图 6-33 基于单目视觉传感器的焊缝跟踪过程

(2) 双目视觉传感器 双目视觉传感器使用两个相机从不同方向采集焊接区域的图像,然后再利用两幅图像的视觉差以还原焊缝的三维信息,其装置及检测原理如图 6-34 所示,图中 O_L、O_R 为双目视觉传感器的相机。双目视觉传感器

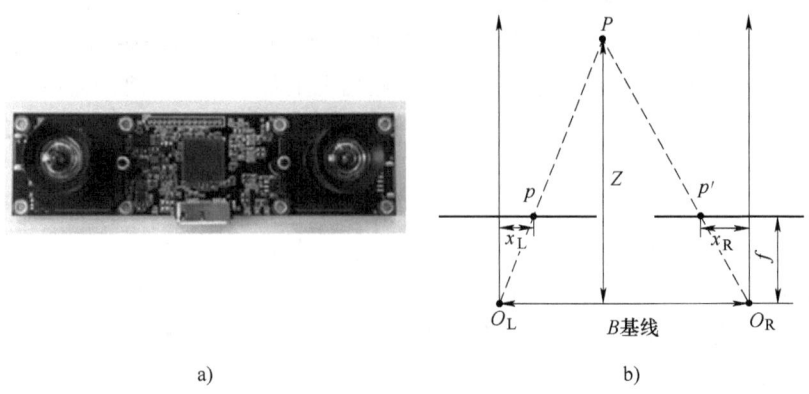

a)   b)

图 6-34 焊缝跟踪用双目视觉传感器
a) 双目视觉传感器装置 b) 双目视觉传感器检测原理

能克服单目视觉传感器测量时深度不确定性的缺点。目前,双目视觉传感器一般用于焊前的焊缝识别和定位,其可以在较大范围内重建焊缝的三维信息,并实现对焊接路径的离线规划。然而,由于双目视觉传感器的体积较大,并且需要匹配两幅图像中的特征点,因此增加了焊缝跟踪系统的复杂度。

3. 主动视觉传感器

主动视觉传感器一般使用单色性好、方向性好且相干性高的激光作为辅助光源,并通过工业相机采集包含激光在内的焊接区域图像。由于采用了激光等外加辅助光源,因此使用主动视觉传感器采集焊缝图像时,可以有效抑制弧光、飞溅等干扰,从而获得更高质量的焊接图像。主动视觉传感器具有测量精度高、使用范围广、抗干扰能力强等优点,因此适用于多种形式的焊缝跟踪过程。目前,主动视觉传感器主要可以分为激光扫描式和线结构光式两类。

(1)激光扫描式视觉传感器 激光扫描式视觉传感器工作时,通过旋转轴带动扫描振镜进行高速旋转的同时,扫描振镜可以将激光器发出的点状激光投射到工件表面,从而形成一条高亮的激光条纹;然后通过工业相机和计算机对激光条纹进行采集和分析,从而获取焊缝的位置信息。与线结构光视觉传感器相比,激光扫描式视觉传感器采集的焊缝图像中包含的干扰更少。然而,如图 6-35 所示,激光扫描式视觉传感器的结构复杂、体积较大并且使用寿命较短,所以在工业上的应用并不广泛。

(2)线结构光视觉传感器 线结构光视觉传感器如图 6-36 所示。从图 6-36 中可以看出,激光器发出的线激光可以在焊缝表面形成激光条纹;通过工业相机和计算机对激光条纹进行采集和分析后,可以得到焊缝位置、坡口宽度和高度等信息。线结构光视觉传感器内部的元件主要包含工业相机、线激光器和滤光片。其中,在工业相机的镜头前加装滤光片主要是为了抑制焊接过程中弧光、飞溅等强噪声对焊缝图像的影响。线结构光视觉传感器具有结构简单、体积较小和测量

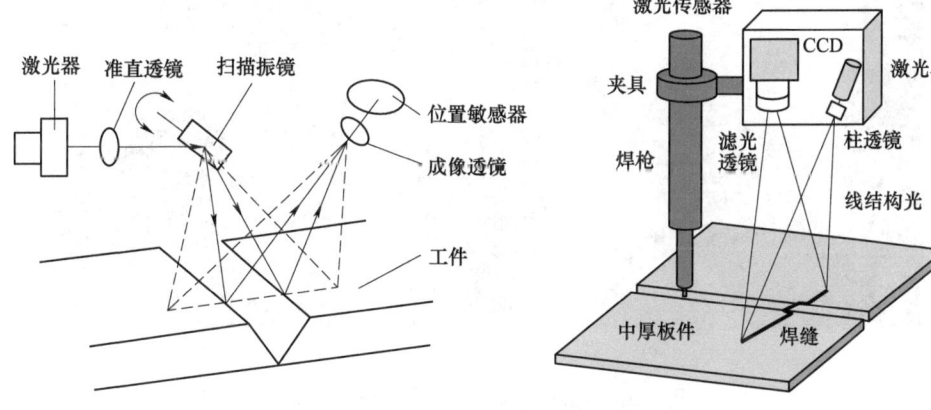

图 6-35　激光扫描式视觉传感器　　　　图 6-36　线结构光视觉传感器

方便等优点。然而,由于激光条纹的位置和焊接的位置不在同一处,从而使测量点和焊接点之间存在着一定的距离,因此不可避免地会引入测量误差。

综上所述,线结构光视觉传感器因其所具有的特点和优势,成为目前焊缝跟踪系统中使用最为广泛的传感器之一。

4. 商品化结构光视觉焊缝跟踪系统

Bajcsy 在 1982 年首次提出了主动光视觉理论,从而为开发基于结构光视觉的焊缝跟踪系统奠定了基础。近年来,随着相关技术的不断发展,国内外很多企业已经推出了商品化的结构光视觉焊缝跟踪系统;同时,许多研究学者也针对结构光视觉焊缝跟踪系统的开发进行了大量的研究。

国外对视觉焊缝跟踪系统的研发起步较早,许多公司现已开发出了商品化的结构光视觉焊缝跟踪系统。

加拿大 Servo-Robot 公司基于 3D 激光视觉开发了用于机器人实时焊缝跟踪、离线焊缝寻位和自适应控制的 Power-Trac 焊缝跟踪系统,如图 6-37a 所示。该系统可用于焊缝自动跟踪,也可用于焊缝寻位。在焊缝跟踪模式下,连续修正工具

图 6-37 国外结构光视觉焊缝跟踪系统
a) Servo-Robot b) Meta c) Scansonic d) KEYENCE

第6章 机器人焊接技术

轨迹补偿工件焊缝位置变化。在焊缝寻位模式下,先测量工件和/或特征的位置,然后相应地偏移并修正机器人路径。

英国 Meta 公司开发了基于激光视觉传感的 Laser Pilot 激光视觉焊缝跟踪系统,如图 6-37b 所示。该系统具有较强的抗反射干扰能力,可用于铝合金、不锈钢等高反射性材料的机器人或自动焊接中。

德国 Scansonic 公司研发了基于多束激光视觉传感的 TH6D 系列激光视觉焊缝跟踪系统,如图 6-37c 所示。该系统通过对三条激光线的多次计算,从而消除由于激光发射器与被测物体间角度改变而引起的测量误差。

日本 KEYENCE 公司基于 LJ-X8020 线激光测量仪,开发了如图 6-37d 所示的激光视觉焊缝跟踪系统。由于该系统采用蓝色半导体激光,因此避免了红热钢板辐射光的影响,能够在实现高速取样的同时,保持较好的稳定性。在焊缝跟踪过程中,该系统能够快速且高精度地检测出母材的位置、坡口的距离和形状,并实时对焊枪的位置进行调整。

国内对结构光视觉焊缝跟踪系统的研发起步较晚,但经过努力,一些公司也相继推出了商业化的结构光视觉焊缝跟踪系统,并且在实际工程中得到了应用。

图 6-38a 所示为北京同舟兴业科技有限公司(简称同舟科技)基于结构光视觉研发的 GF3 系列焊缝跟踪系统。该系统具有抗强光、抗电磁干扰和耐高温等诸多优点,能够适用于多种焊缝类型及焊接工艺。

图 6-38 国产结构光视觉焊缝跟踪系统
a) 同舟科技　b) 英莱科技　c) 创想智控　d) 博智慧达

图 6-38b 所示为唐山英莱科技有限公司（简称英莱科技）开发的基于激光视觉的 IL-HSP 系列焊缝跟踪系统。该系统具有抗干扰能力强、跟踪实时性较好等特点。

图 6-38c 所示为北京创想智控科技有限公司（简称创想智控）开发的基于激光视觉的 YT 型机器人实时焊缝跟踪系统。该系统在检测细小焊缝的同时，可以输出高度信息，从而能够实现薄板对接时的焊缝跟踪。

图 6-38d 所示为苏州博智慧达激光科技有限公司（简称博智慧达）研发的基于激光视觉的 HD 系列焊缝跟踪系统。该系统能实时检测多种焊缝类型。

在实际焊接工程中，虽然视觉焊缝跟踪系统已经得到了应用，但在跟踪精度、稳定性、适用范围及价格等方面，不同产品差异还是比较大的，在工程中要根据实际情况进行选用。

5. 焊缝图像处理技术

随着信息化、智能化技术的发展，焊接机器人焊缝跟踪图像处理技术也相应得到发展。目前，结构光视觉传感器、焊缝特征提取算法、焊缝跟踪控制等都是结构光视觉焊缝跟踪技术的主要研究内容。其中，焊缝特征信息提取是实现结构光视觉焊缝跟踪系统的核心。随着数字图像处理技术的发展，许多研究学者基于不同的焊缝图像处理算法，对结构光视觉焊缝跟踪系统进行了相关的开发和研究工作。

清华大学针对弧焊中的电弧、飞溅等强光对焊缝跟踪过程的干扰，开发了基于焊缝特征模板图像和粒子滤波跟踪算法的结构光传感焊缝跟踪系统，焊缝特征模板获取过程如图 6-39 所示。试验结果表明，该系统的跟踪效果良好，处理焊缝图像的速度达 10ms/帧，焊缝跟踪精度为 0.5mm。

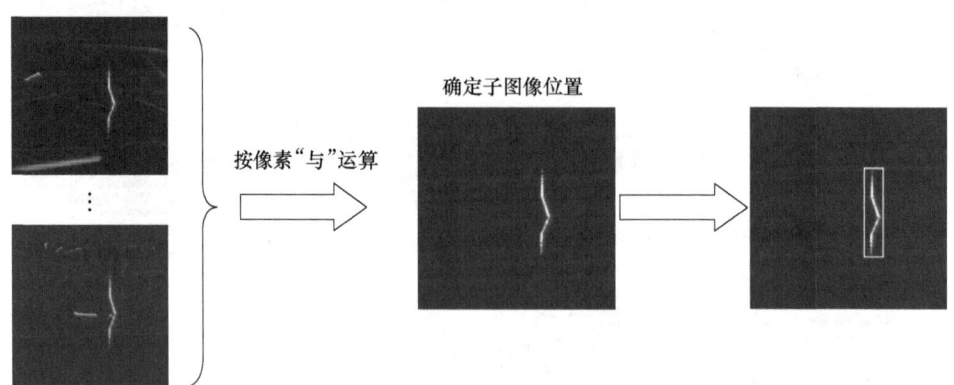

图 6-39 焊缝特征模板获取过程

天津大学等单位针对大型工件现场焊接空间受限和焊缝跟踪精度易受干扰等

问题,提出了自主移动焊接机器人嵌入式视觉跟踪控制系统,该系统的组成如图 6-40 所示。在实际焊接过程中,利用基于核相关滤波的焊缝跟踪算法检测每帧图像中焊缝的位置,从而实现了焊缝跟踪。大型管道 V 形坡口焊缝跟踪试验结果表明,所提出的焊缝图像处理算法可以有效抵抗焊接时的弧光干扰;焊缝纠偏误差能够控制在 0.5mm 以内,处理图像的帧率达到 10fps。

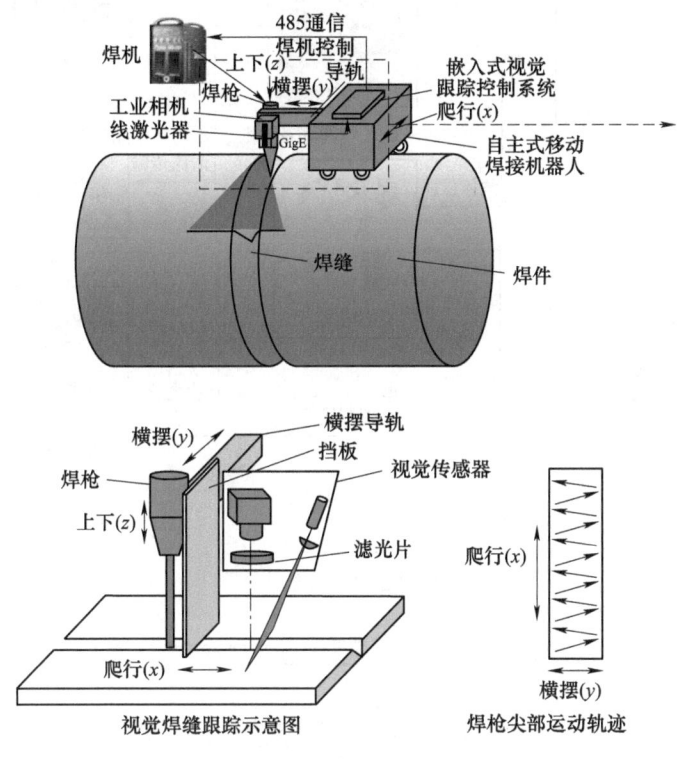

图 6-40 自主移动焊接机器人嵌入式视觉跟踪控制系统的组成

上海交通大学针对有弧光、飞溅等干扰的复杂焊接条件下,基于视觉的焊缝跟踪过程中存在较高跟踪误差的问题,提出了一种基于 DCFnet 的自主焊缝跟踪方法,并以其为基础开发了如图 6-41 所示的结构光视觉焊缝跟踪系统。在进行焊缝跟踪时,FT-GAN 网络从图像中恢复被弧光、飞溅等干扰的焊缝特征信息,DCFnet 用于检测焊缝的特征点,并使用 PSLR 阈值以减少 FT-GAN 网络处理焊缝图像的数量,从而提高焊缝跟踪系统的实时性。焊缝跟踪试验结果表明,焊缝的平均三维误差为 0.236mm,帧率高达 15fps。

随着计算机技术、机器学习技术、云计算技术和人工智能技术等的不断发展,视觉焊缝跟踪中的图像处理技术也会进一步发展,基于人工智能和深度学习的图像处理算法,将可以通过图像中的焊缝特征总结,自动选择提取,自适应能力得到很大提高,从而实现复杂工况、强干扰、多种焊缝类型自主检测识别,且达到较好的处理精度和处理速度,从而进一步满足工业生产的实际需求。

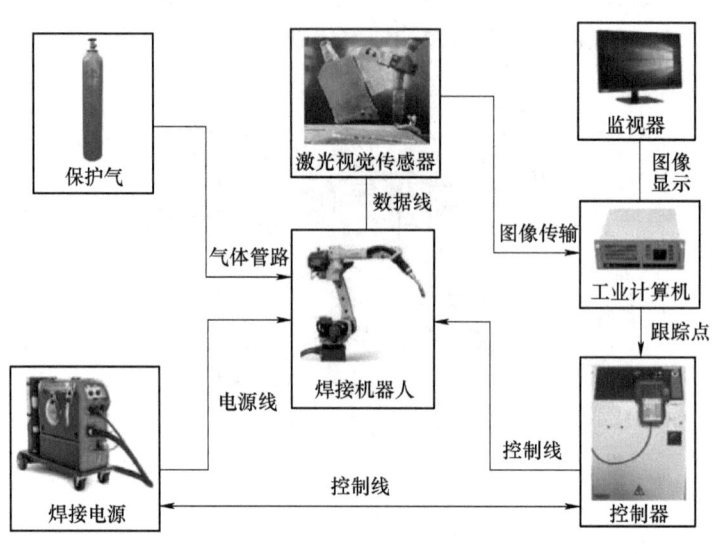

a)

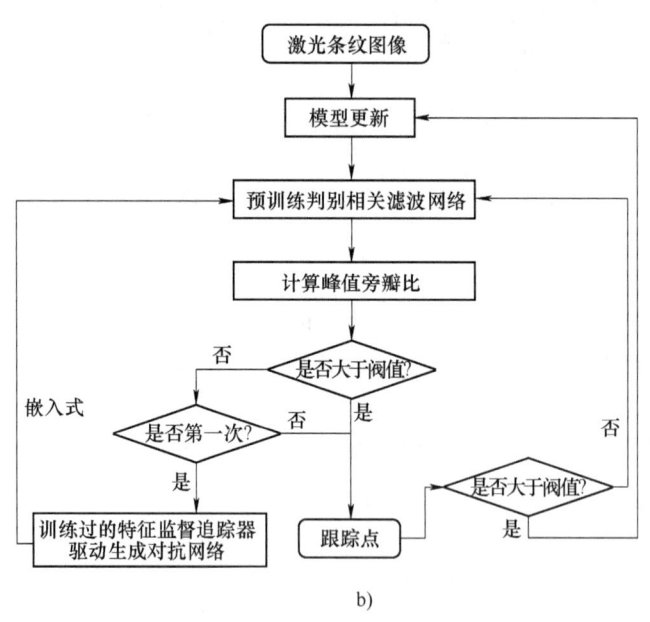

b)

图 6-41 结构光视觉焊缝跟踪系统
a)焊缝跟踪系统的结构 b)焊缝跟踪控制流程

6.5.3 焊缝跟踪电弧传感技术

电弧传感焊缝跟踪控制是利用焊接电弧本身（电弧电压、电弧电流、弧光辐射等）提供有关电弧轴线是否偏离焊缝的信息，进行焊缝自动跟踪控制的。为了能从与电弧有关的参数变化中得到电弧轴线与焊缝相对位置的信息，必须使电弧相对焊缝中心线产生一定频率的横向摆动，使电弧的有关参数产生足够大的变化，从而判断电弧轴线与焊缝相对位置的偏差，得到电弧轴线与焊缝中心线偏离的信息，然后进行焊枪位置的调整。

根据电弧的特性，电弧传感器主要用于熔化极气体保护电弧焊。根据电弧相对焊缝运动的方式，焊缝跟踪电弧传感与控制的方法主要有两类：一类是电弧相对焊缝中心线横向摆动的方法；另一类是电弧沿焊缝中心线进行旋转（圆周）运动的方法。

1. 摆动扫描电弧传感器

电弧传感焊缝跟踪控制的前提是如何从电弧参数的变化中获知电弧相对焊缝位置是否偏离的信息。通过电弧在焊接坡口中相对焊缝中心线的摆动所引起的电弧电流的变化，可以得到摆动电弧的中心是否偏离焊缝中心线的信息。图 6-42 所示为焊枪与焊件之间距离变化时的电流变化。

如图 6-42 所示，在等速送丝、水平外特性弧焊电源的熔化极气体保护焊系统中，当焊枪与焊件之间的距离 l 发生变化时（见图 6-42a），弧长将发生变化。例如，焊枪与焊件之间的距离由 l_0 变成 l_1，则焊

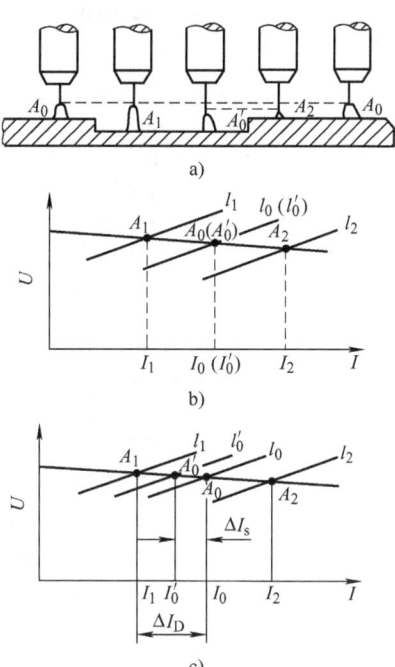

图 6-42 焊枪与焊件之间距离变化时的电流变化
a) 距离变化
b) 不考虑焊丝伸出长度变化时 I 的变化
c) 考虑焊丝伸出长度变化时 I 的变化

接电流 I 也要变化，其调节过程：当电弧突然拉长时，电弧工作点从 A_0 移到 A_1（见图 6-42b），由于焊接电弧存在自身调节作用（使焊丝熔化速度减慢），将力图使电弧工作点复原（使弧长恢复），但由于此时焊丝伸出长度增加，主回路的电阻加大，故焊接电流 I_0' 比原始电流 I_0 要小（见图 6-42c），此时新的静态工作点 A_0' 的电弧的长度 l_0' 也比原始弧长 l_0 有所增加，即当焊枪与焊件的距离增大时，焊接电流减小，弧长增加；反之，若距离减小，则电流加大，弧长减小。

根据上述原理可知,在 V 形坡口对接焊时,利用焊枪做横向摆动,由左右两边焊丝的伸出长度的变化情况,可求出焊缝左右和高低的跟踪信号。如图 6-43 所示,在焊枪与坡口中心对中时(见图 6-43b),焊枪摆到左右两侧焊丝的伸出长度相等,故 $I_L = I_R$;当焊枪偏左时,则 $I_L > I_R$(见图 6-43a);当焊枪偏右时,则 $I_L < I_R$(见图 6-43c)。利用 I_L 与 I_R 之和可以判断焊枪的高低位置,若 $I_L + I_R = I_G$(I_G 为给定值),则焊枪位置适中;若 $I_L + I_R > I_G$,则焊枪位置偏低;若 $I_L + I_R < I_G$,则焊枪位置偏高。

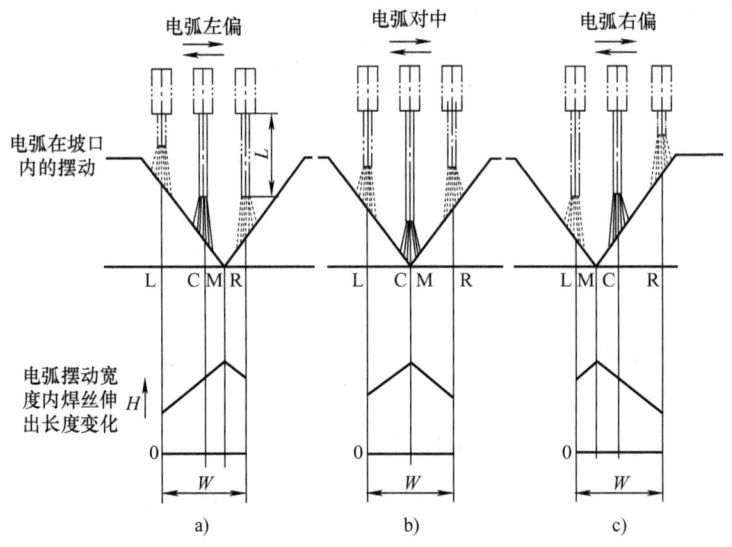

图 6-43　焊枪对中情况
a) 偏左　b) 对中　c) 偏右
H—焊丝伸出长度　W—电弧摆动宽度

这种电弧传感器必须通过电弧的横向摆动才能获得电弧是否偏离焊缝中心的信息(实际上是电弧摆动中心是否偏离焊接对缝的信息)。一般情况下,电弧的横向摆动都是靠机器人的机械机构来实现的,摆动频率一般在 10Hz 以下,摆动幅度为 2~10mm。这种电弧传感焊缝自动跟踪控制方法的特点如下:

1) 电弧自身就是传感器,不需要另加传感器,可焊到性好。
2) 便于进行实时跟踪控制。
3) 不受弧光、弧热、磁场、飞溅、变形等因素干扰,可适用 V 形坡口焊缝、角焊缝、船形焊缝、搭接焊缝等,跟踪精度为 0.2~1mm。

这种电弧传感器摆动频率一般不超过 10Hz,所以这种传感器不适合用于高速焊。如果焊接速度过大,将造成焊缝表面鳞纹粗大,甚至使焊缝不能连续。为了改变这一局限,人们又发展了旋转电弧传感焊缝跟踪方法。

2. 旋转电弧传感器

这种电弧传感器的工作原理与摆动扫描电弧传感器的工作原理基本相同,只是电弧运动的方式不同。因为旋转机构容易实现较高速度的旋转运动,所以旋转电弧传感机构可以使电弧旋转运动的频率达到10~100Hz。

实现电弧旋转的方式主要有两种:一种是导电杆转动方式(见图6-44a);另一种是导电杆圆锥运动方式(见图6-44b)。

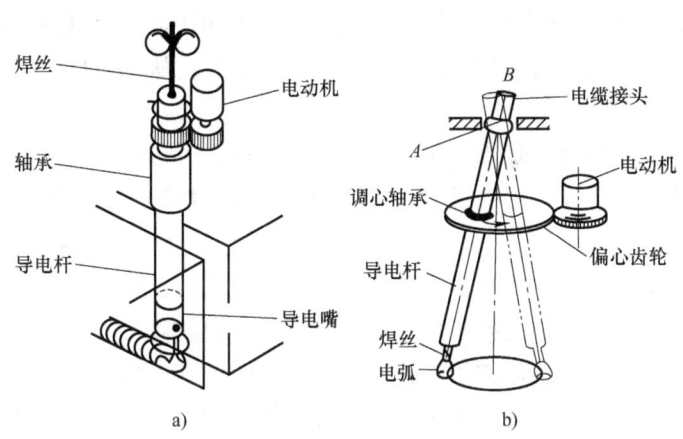

图6-44 旋转电弧传感器
a)导电杆转动方式 b)导电杆圆锥运动方式

导电杆转动是靠导电嘴上的孔的偏心度来实现电弧旋转运动的,导电嘴的孔的偏心度就是电弧旋转半径。这种方式的优点是转动机构比较简单、紧凑。缺点是由于导电杆高速旋转,焊接电缆与导电杆的导电必须通过动接触来实现,一般要采用类似石墨电刷的装置,将几百安的电流从焊接电缆导向导电杆,而且当导电杆高速旋转时,导电嘴与焊丝之间将产生较剧烈的摩擦和磨损,导电嘴的损耗增大,使用寿命缩短。此外,由于电弧的旋转半径是由导电杆端面焊丝导出孔的偏心度决定的,因此电弧旋转半径无法灵活调节。

在导电杆圆锥运动方式的电弧传感器中,其导电杆的一端固定在一个球形铰链上(见图6-44b中的A点),以该铰链为导电杆圆锥运动的锥顶。导电杆通过一个调心轴承装在一个齿轮的偏心孔内,电动机通过一个主动齿轮驱动装有导电杆的齿轮,于是导电杆以铰链为锥顶做圆锥运动,带动电弧旋转。电弧旋转半径可以通过上下移动调心轴承位置进行调节。此种情况下,由于导电杆本身没有"自转",只有围绕圆锥轴的"公转",因此焊接电缆可以固定在靠铰链一端的导电杆上(见图6-44b中的B点),消除了动接触导电的问题。此外,焊丝与导电嘴之间也不再产生相对的旋转摩擦和磨损。

6.5.4 焊缝寻位传感技术

随着焊接机器人在工程结构制造中的应用发展，如何提高机器人焊接生产率成为人们普遍关心的问题。通常的焊接结构都包含多条焊缝，在焊接加工中，由于工件夹装、组对偏差或焊接引起的工件变形等，使机器人示教时的焊缝位置与实际焊缝位置出现偏差。因此，往往需要在每条焊缝焊接前使用焊接机器人自动寻位技术确定实际焊缝位置，保证机器人所持焊枪到达指定焊缝的起始位置实施焊接，而无须对每道焊缝在焊接前再进行机器人示教，从而可以提高机器人焊接精度和效率。

焊接机器人自动寻位是指在每条焊缝焊接之前，通过机器人移动，利用机器人手臂上安装的传感器，一次或多次检测并通过软件算法进行计算来定位焊缝实际位置的过程。

焊接机器人自动寻位涉及多项技术，包括焊缝识别、传感器反馈、数据处理等。焊接机器人自动寻位主要依赖于寻位传感器和智能算法的结合，首先，接触式、激光或视觉寻位传感器被用来获取工件表面的详细信息；随后将传感器检测信息传递给机器人控制系统，通过数据处理与算法计算得出结果，并转化为机器人焊接的行动指令。在寻位过程中，信息数据处理能力和优化的算法起到了核心作用。传感器检测信息通过算法进行处理，使机器人能够识别工件与焊缝的位置、形状和大小，能够在复杂的工件表面准确地定位实际焊缝位置，以及最佳的机器人焊接轨迹，从而提高机器人焊接的精度和效率。

在寻位技术中，机器学习对于提高焊接机器人自动寻位的精准性具有重要作用。通过对大量焊接任务的数据进行训练，机器学习算法能够逐渐优化焊接机器人的自动寻位性能，这意味着焊接机器人能够不断学习并适应不同工件的特征，提高其在复杂环境下的寻位准确性。机器学习的应用使焊接机器人更具智能化和适应性。

本节主要介绍焊接机器人自动寻位技术涉及的传感技术，包括目前应用较多的焊丝接触寻位、激光视觉寻位及3D相机寻位。

1. 焊丝接触寻位传感技术

焊接机器人的接触寻位传感技术是一种比较简单且直观的寻位技术，通常用于采用熔化极气体保护电弧焊的机器人焊接。接触寻位传感技术是利用熔化极气体保护电弧焊焊枪的喷嘴或焊丝作为自动寻位接触传感器。图 6-45 所示是采用焊丝作为传感器的接触寻位。该寻位方法是通过焊丝与工件表面的接触，检测焊丝电信号来确定焊接位置。首先在焊丝上施加一个低压电，工件接地。在机器人沿事先确定的寻位区域移动时，一旦焊丝触碰到工件，就会产生相应的电信号，

第6章 机器人焊接技术

即接触信号。该电信号反馈给机器人，机器人则会利用信号确定当前位置，并根据与程序设定位置的偏差值对焊缝位置、机器人焊接轨迹进行修正，从而确定目标焊缝的实际位置以及机器人焊接轨迹。

目前，KUKA、ABB、YASKAWA、FANUC、松下等机器人公司

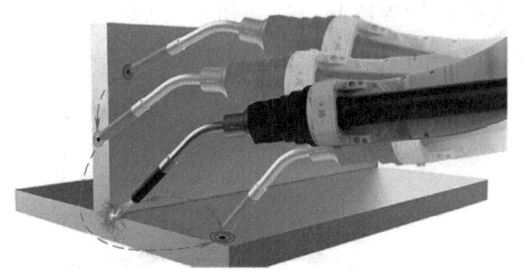

图 6-45 焊丝接触寻位

均开发了基于焊丝接触寻位方式的专用机器人软件程序。例如，KUKA.TouchSense 是 KUKA 开发的用于进行焊缝搜索、识别工件外形和位置偏差的机器人接触寻位软件。图 6-46 所示为该软件接触寻位的工作原理。在进行焊丝接触寻位时，首先在机器人联机表单中编制搜索指令，当运行到寻位语句时，焊丝接触寻位功能打开；机器人按照设定的寻位轨迹移动，当焊丝碰到工件时，机器人内部继电器线圈通电，其对应的常开触点闭合，"快速测量"通道导通，使机器人记录焊丝与工件接触点的空间坐标；当焊丝用同样的运动参数基于机器人焊接示教点去接触第二、第三次工件时，机器人会记录第二、第三次工件的空间坐标，并且计算出实际位置相对于示教位置的偏移量，通过自动修正机器人焊接轨迹以补偿偏移量，从而实现准确寻位。

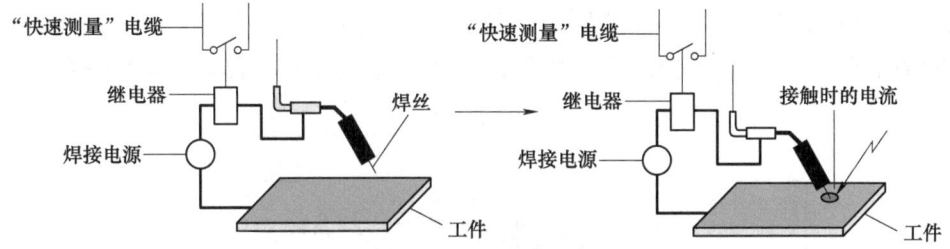

图 6-46 KUKA.TouchSense 接触寻位的工作原理

KUKA.TouchSense 有两种工件搜索模式，即接触模式"单触"和接触模式"双触"。其中"单触"模式可以用来确定工件的位置移动，"双触"模式可以用来确定焊缝坡口（或间隙）的中心位置。图 6-47 所示为"单触"模式的接触寻位过程。如图 6-47 所示，机器人从搜索起始点移动一个定义的搜索行程段（其搜索方向是通过事先设定的经过点来确定的），当焊丝接触到工件时，机器人停止运动，并记录该接触点的空间位置；如图 6-47 所示的工件位置发生变化后，同样的搜索方向、同样的搜索行程段，机器人所持焊枪的焊丝与工件接触点位置发生了变化，机器人通过接触点位置的偏移量可以确定实际焊缝位置，从而对机

器人焊接的焊缝起点以及机器人焊接轨迹进行相应的调整,保证机器人焊接的焊缝精度与质量。

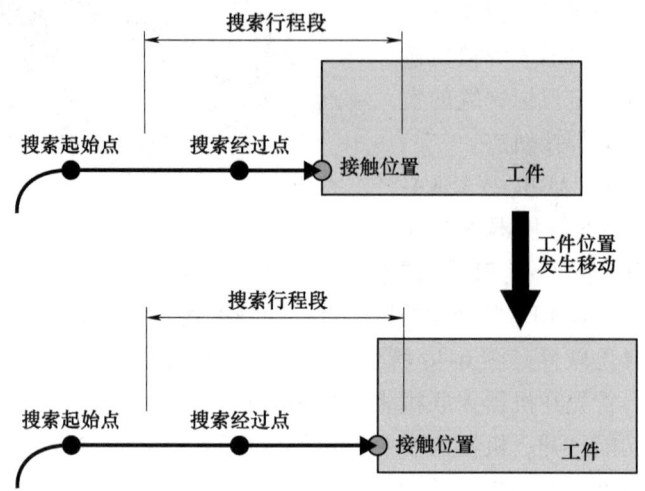

图 6-47 KUKA.TouchSense "单触"模式的接触寻位过程

图 6-48 所示为"双触"模式的接触寻位原理。机器人寻位搜索的起始点位于焊缝坡口内,搜索方向通过经过点确定,当焊丝接触到坡口侧面时,机器人停止运动,并记录接触点位置信息;然后机器人沿相反方向开始搜索,当焊丝接触到坡口另一侧面时,同样机器人停止运动,再次记录接触点位置信息。机器人根据检测到的位置信息数据计算出焊缝坡口的中心,将其作为修正数据组保存;然

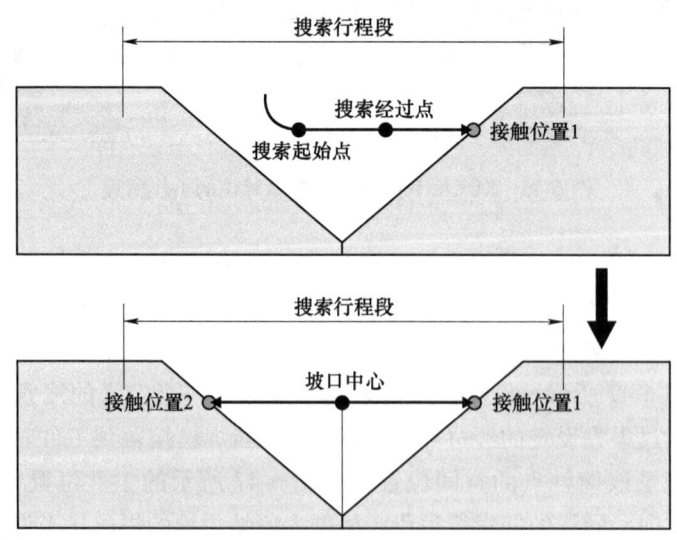

图 6-48 KUKA.TouchSense "双触"模式的接触寻位原理

后机器人返回起始点,根据实际坡口信息实施焊接。

需要注意的是,无论是"单触"模式还是"双触"模式,都需要对待行驶的搜索行程段进行合理设置,从而保证焊缝原有位置和新位置(或坡口位置)位于搜索行程段内。

不仅机器人企业开发了焊丝接触寻位功能,有些用于机器人焊接的焊接设备生产厂家也开发了此功能,如采用奥地利福尼斯公司开发的 Wire Sense(焊丝传感器)技术进行管件焊缝位置的寻位(见图 6-49)。其寻位过程是,首先使用机器人控制器编程想要扫描的工作区间;然后由机器人执行 Wire Sense 功能指定区域内的扫描;当扫描到工件边缘时,也就是图 6-49a 中的两个管件相交部位时,焊丝触碰到大直径管件边缘,得到了管件边缘信息,该信息通过福尼斯电源传递给机器人;机器人对检测到的管件边缘信息进行处理,确定焊缝位置,并按照事先设定的焊接参数与机器人焊接轨迹实施焊接(见图 6-49b)。

图 6-49 管件的焊丝接触寻位
a) 焊丝接触寻位 b) 机器人焊接

采用福尼斯公司开发的 Wire Sense(焊丝传感器)技术进行平板搭接焊缝位置的寻位。由图 6-50 可见,当机器人执行 Wire Sense 功能在指定区域内进行扫描时,首先在工件前部扫描,当接触到搭接板边缘时,福尼斯焊机将该点信息传递给机器人,机器人对信息进行处理,记录下该点的空间坐标;然后机器人到工件后部扫描,当接触到搭接板边缘时,福尼斯焊机将该点信息传递给机器人,机器人对信息进行处理,记录下该点的空间坐标;有了两点的空间坐标值,机器人通过算法计算确定平板搭接焊缝的实际位置和机器人焊接轨迹,并形成指令;机器人按照通过传感器检测信息得出的实际机器人焊接轨迹实施焊接。由图 6-50 可见,该平板搭接的搭接板与底板位置具有一定角度。

焊丝接触寻位的优点是成本低,无须考虑工件干涉问题,不需要增加附件;其缺点则是寻位时间较长,会导致整个焊接时间延长。焊丝接触寻位是一个相对缓慢的过程,工件上每个边的搜索时间会达到 3~5s,因为焊枪会慢慢靠向工件,越接近越慢,直到触碰到工件,如果工件只有左右前后的平面偏移,一般每道焊缝寻位时间为 6~10s;如果工件还有高低偏差,则三维触点寻位会耗时 15s 左右。焊丝接触寻位还会受到焊缝类型、焊丝干伸长度、焊枪清洁度及待焊工件的限制。例如,当搭接焊缝板材较小时,会因焊丝误触工件夹具或底板而导致检测错位;焊丝干伸长度不一致和焊嘴的焊渣程度也会影响电流、电压信号,从而影响测量定位结果。此外,当待焊工件表面有毛刺、杂物或其表面平整度较差时,也会导致检测出现偏差。因此,该方法主要用于结构简单的焊缝。

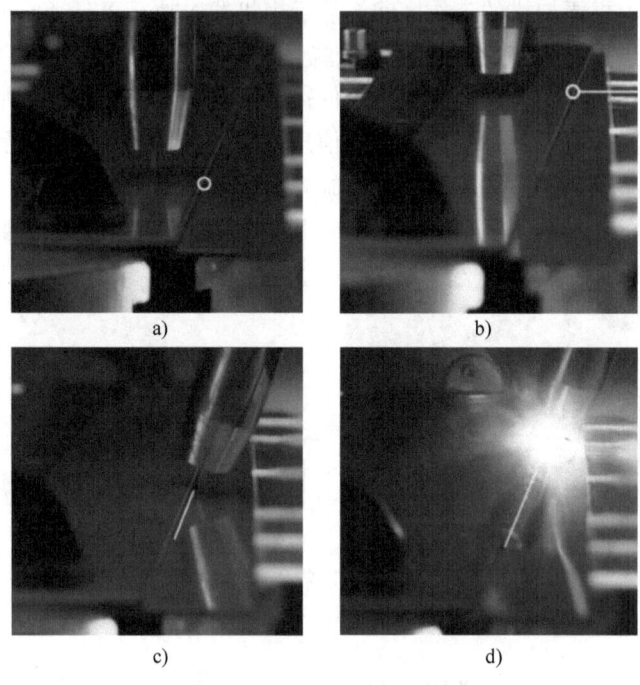

图 6-50　平板搭接的焊丝接触寻位

a)工件前点寻位　b)工件后点寻位　c)确定直线焊缝位置　d)机器人焊接

2. 激光视觉寻位传感技术

激光视觉寻位就是利用激光视觉传感器在焊前对工件待焊区域进行单次检测,并计算指定焊缝目标点位置的过程。激光寻位视觉传感器的基本工作原理与焊缝跟踪用激光视觉传感器的工作原理基本相同,就是采用激光照射到工件焊缝表面,形成激光点或激光线,并将信息传递给机器人,机器人控制器对信息数据进行处理,应用算法进行计算,提取焊缝的特征数据点,生成机器人焊接空间轨迹,并转化为机器人焊接的行动指令。

图 6-51 所示为栅格结构焊接的激光视觉寻位过程。在每个栅格焊缝焊接前,机器人根据设定的运动轨迹移动,同时利用激光视觉传感器分别对待焊栅格的四

条边进行扫描,每条边前后扫描两次,记录每条边的两个点的空间坐标,从而确定了每条边的空间位置。通过对四条边空间位置的计算,就可以得到待焊栅格的空间位置,确定了每个栅格内部待焊焊缝的位置。将检测到的实际焊缝位置与预先设定的机器人焊接轨迹进行对比,从而生成实际焊缝的机器人焊接轨迹,形成机器人焊接指令,完成该栅格焊缝的焊接。

图 6-51　栅格结构焊接的激光视觉寻位过程

激光视觉寻位无须接触工件表面就可以完成焊缝寻位,因此可以避免由于焊丝与工件接触引起的污染和损伤,并减少工件的变形风险;同时,激光视觉寻位具有较高的精度和灵活性,可以适应不同形状和尺寸的工件与焊缝自动寻位。但是,激光视觉寻位对于光照条件和工件表面质量有一定的要求,容易受到工件表面杂质的干扰;同时,因为需要专用的激光视觉传感器,激光视觉寻位会增加机器人末端的体积,在狭小空间焊接时会受到限制。

3. 3D 相机寻位传感技术

随着 3D 视觉技术的快速崛起,更加简便的 3D 相机寻位逐渐成为机器人自动化焊接的一个热点。3D 相机寻位是利用三维相机系统获取焊接工件的三维形状和纹理信息,通过图像处理和模式识别算法来确定焊接位置。3D 相机寻位时,首先利用 3D 相机拍摄待焊工件,获取工件拍摄区域的全部图像;然后利用计算机对图像进行处理,应用算法对工件图像三维点云数据进行计算,识别出焊缝的位置,并直接计算生成机器人的焊接运行轨迹。图 6-52 所示为车厢板机器人焊接的 3D 相机寻位。焊前,机器人使用 3D 相机对车厢板待焊区域进行拍摄成像(见图 6-52a),根据图像处理与算法计算生成焊接机器人轨迹(见图 6-52b),之后机器人按照生成的运行轨迹完成焊接。图 6-53 所示是采用 3D 相机寻位技术进行煤机部件机器人焊接的情况,图 6-53a 所示是采用

3D相机对待焊工件进行拍照,获取整个部件上表面的图像;图6-53b所示是采用计算机对图像进行处理,通过图像的点云计算识别出待焊焊缝,并自动生成机器人焊接轨迹,然后就可以进行该部件的实际机器人焊接;图6-53c所示为随后的机器人焊接情况。

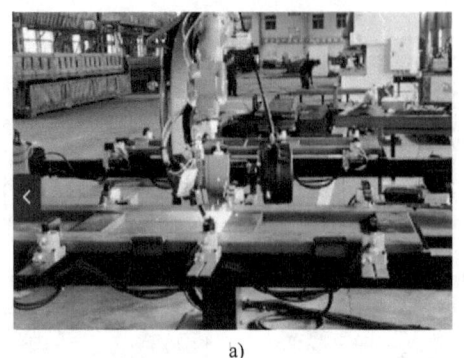

图6-52 车厢板机器人焊接的3D相机寻位
a)3D相机寻位现场 b)生成机器人焊接轨迹

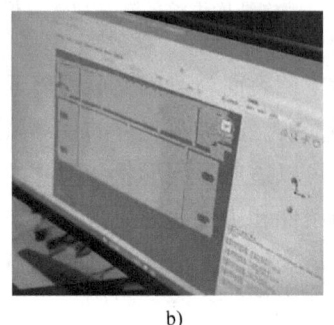

图6-53 采用3D相机寻位技术进行煤机部件机器人焊接的情况
a)拍摄图像 b)数据处理 c)机器人焊接

与激光视觉寻位相同,3D相机寻位的传感器也无须直接接触工件表面,可以避免由于接触引起的工件表面污染和损伤。此外,3D相机寻位无须提前示教编程,一次拍照可以识别多条焊缝,且能够适应较大的平移和旋转误差,容差率较高。与激光视觉寻位类似,使用3D相机寻位时也会增加机器人末端的体积,不适用于狭小空间焊接时的焊缝寻位。此外,目前3D相机的成本也相对较高。

焊接机器人自动寻位技术在众多工业领域中都得到了广泛的应用。在汽车制造、航空航天、电子制造等行业,焊接是常见的生产工艺之一,由于对焊接质量和安全性要求极高，焊接机器人自动寻位技术的引入使焊接过程更加灵活，适应性更强，大大提高了机器人焊接生产率和焊接质量。

此外，焊接机器人的自动寻位技术还可以降低人工操作的风险，提高工作安全性。机器人在高温、高压、有毒环境下能够胜任任务，避免了人员直接进入这些危险工作场所的风险。

6.5.5 机器人焊接过程多传感信息融合技术

多传感器信息融合技术是近二十几年发展起来的一门技术，它是集微电子技术、信号处理、统计、人工智能、模式识别、认知科学、计算机科学及信息论等技术于一体的一门学科。

多传感器信息融合技术能将众多的传感器信息自动地进行综合处理，以获得所需要的信息。多传感器信息融合一词最早出现在美国，1989 年，HILABE 首次将多传感器信息应用于可移动机器人。卡内基·梅隆大学机器人研究所在 20 世纪 90 年代中期研制出一种可移动机器人。美国德莱克西尔大学研制出具有多个传感器模块的移动机器人。瑞典于默奥大学于近期开发出野外自治导航车。近几年，我国对多传感器信息融合方面的研究日益重视，越来越多的科技工作者正在从事该领域的研究。

多传感器信息是信息融合的前提。多传感器信息融合主要包括系统构成模型、结构模型和数学模型等。

系统构成模型从数据融合的过程出发，描述数据融合包括的主要功能和数据库，以及进行数据融合时融合系统各组成部分之间的相互作用过程；结构模型从数据融合的组成出发，描述融合系统的硬件和软件组成、相关数据流、系统与外部环境的人机界面；数学模型就是数据融合的算法和组成逻辑。

多传感器系统是信息融合的物质基础，传感信息是信息融合的加工对象，协调优化处理是信息融合的思想核心。多传感器信息融合通常在信息融合中心综合处理器中完成。一个信息融合中心可能包含另一个信息融合中心。多个信息融合中心可以是多层次、多方式的，所以需要研究信息融合的结构模块，主要分为集中式、分布式、混合式、反馈式。

由不同的应用要求形成的各种信息融合的方法都是融合方法的一个子集，可从解决信息融合问题的指导思想或以哲学观点加以划分。

多传感器信息融合在焊接上的应用是一个较新的课题和研究方向。多传感器的信息融合不可能置于一个简单的逻辑框架中，也不可能以一种简单的研究方式来获得普通实用的最佳算法。目前，多传感器信息融合在理论方法和实现技术上都还有待进一步的研究和探索，信息融合中的误差处理和不确定性的模型构造是寻求通用的设计方法和开发实际应用系统时需要进一步解决的关键问题。

6.6 焊接机器人的应用

随着现代制造技术的发展，焊接机器人在汽车制造、工程机械、海洋工程等制造领域的应用越来越普遍，本节将通过一些实例简要地介绍焊接机器人的应用。

6.6.1 汽车制造中焊接机器人的应用

汽车制造是应用焊接机器人最早，也是最普遍的领域，目前在汽车整车制造以及汽车零部件制造中焊接机器人得到了广泛的应用。

1. 汽车整车制造中的机器人焊接

目前，所有的汽车制造中均采用焊接机器人。我国一汽大众长春工厂生产的速腾轿车，其焊装车间拥有240台焊接机器人。焊装车间拥有激光焊接机器人系统，车身的顶盖和侧围的连接，底板不等厚板的拼接，以及底板与侧围、后围板等多处连接都采用了激光焊接机器人，激光焊接焊缝长达33.2m，其中最长的激光焊缝长为1.6m，位于顶盖处。激光焊不仅让车身的坚固可靠有了根本保证，而且焊缝外观均匀平整，更加美观。

全新速腾轿车有4000多个焊点由点焊机器人完成，其电阻点焊采用一体化焊钳。与普通分体焊钳相比，一体化焊钳减少了电磁污染，降低了能耗，更加环保。

焊接机器人构成了一条全自动焊装轿车生产线，零部件抓取机器人自动抓取轿车的前梁，平稳地放置在轿车底盘上，与底盘夹紧；然后焊接机器人工作，准确而迅速地完成焊接，同时零部件抓取机器人已经抓取了新的前梁，另一台零部件抓取机器人则把焊装好的底盘总成放上传送车，焊装一个速腾的底盘不到1min即可完成。轿车的焊装生产线具有超高的自动化率，其设计生产能力为50台/h，预留扩展到60台/h。图6-54所示为一汽大众长春工厂速腾轿车机器

图6-54 速腾轿车机器人焊装生产线

人焊装生产线；图6-55所示为焊接机器人工作场景；图6-56所示为在专用车间中进行机器人激光焊的场景。

第6章 机器人焊接技术

图 6-55 轿车装焊生产线焊接机器人工作场景

图 6-56 一汽大众轿车机器人激光焊

北京现代汽车第二工厂的车身焊接车间建筑面积为 5.3 万 m^2,采用了 266 台焊接机器人,焊接自动化率达到 100%。使用了七轴机器人和八轴机器人,可以完成焊接和搬运等工作。其轿车焊装生产线上大量采用伺服电阻点焊和激光焊接技术,使用恒定的直流电稳定地控制电阻点焊焊钳的位移,保证了焊点的质量。车身组装线的滚动胎上可以布置四种不同车型的夹具,实现四种车型同线柔性化生产。车身补焊等生产线配有多台数字控制的奥地利福尼斯气体保护焊机,同样采用机器人焊接,大大减少了焊接飞溅。图 6-57 所示为北京现代汽车第二工厂车身机器人焊接生产线。

图 6-57 北京现代汽车机器人焊接生产线

2. 汽车底盘件的机器人焊接

机器人焊接除了在汽车整装厂大量使用外,在汽车零部件行业也有普遍的应用,如汽车的底盘系统、排气系统、座椅骨架以及液力变矩器等。

汽车底盘系统通常指汽车底部的一个整体,包括传动系统、行驶系统、转向系统和制动系统四个部分,其功能为支承、安装汽车发动机及其各部件、总成。传动系统包括离合器、变速器、万向传动装置、主减速器、差速器、半轴等,行驶系统包括车架、车桥、悬架和车轮等,转向系统包括转向操纵机构、转向器、转向传动机构等,制动系统包括制动操纵机构、制动器等。图 6-58 所示为汽车底盘扭力梁、多连杆后副车架、蝶式副车架、框式副车架、控制臂、摆臂、拖曳臂及连杆的示意图。

国内外汽车厂家在生产后桥、副车架、控制臂、悬架、减振器等轿车底盘零件时主要以熔化极气体保护(MIG/MAG)焊接工艺为主,辅以少量电阻点焊/凸焊工艺。材料方面主要以 420~550MPa 级别高强度钢为主,少量采用 800MPa 级别高强度钢;中高端车型和大部分新能源车型选择铝合金材料,材料厚度规格主

289

要分布在 1.5~4.0mm 之间。考虑底盘零件主要以钢板冲压成形为主，为保证装配匹配间隙和接头性能，接头形式主要以搭接接头、T 形角接接头为主，极少量采用对接接头。

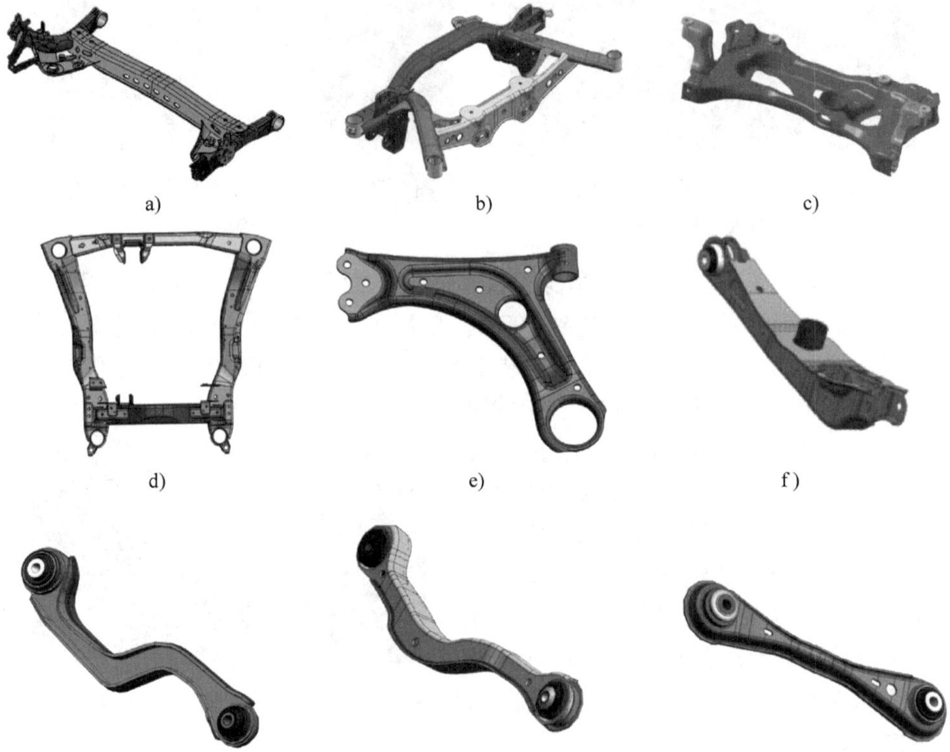

图 6-58 汽车底盘零件示意图

a）扭力梁　b）多连杆后副车架　c）蝶式前副车架　d）框式前副车架
e）前下控制臂　f）后下摆臂　g）后上摆臂　h）后上拖曳臂　i）连杆

底盘件是汽车的重要结构安全件，其焊接质量对汽车的安全性起决定作用，因此目前普遍采用机器人自动化焊接。图 6-59 所示为副车架机器人焊接工作站。焊接工作站主要由机器人系统、气体保护焊机及送丝系统、变位机、工装夹具、PLC 电气控制系统等组成。对于副车架总成的焊接，根据其焊缝的分布特点，通常采用双机器人同时对称施焊，既能提升焊接效率，又能有效控制焊接变形。

为了保证机器人焊接的焊缝可达性，除焊接机器人外，通常配套采用焊接变位机，通过变位机与机器人之间协调运动，保证每条焊缝在焊接过程中具有最佳的工件姿态、焊枪工作角和行进角，从而保证焊缝内在质量和外观质量。机器人焊接工作站采用 PLC 控制，实现机器人、变位机、工装夹具等所有硬件系统的电、气、液等维度的连接和控制，可实现机器人及其周边装置的协调与控制，可实现焊接过程的参数设定、系统编程、工作状态显示及故障报警显示等。通过对机器人周边装置及控制系统的柔性设计，焊接机器人的柔性特点得到了充分的发挥，从而可以满足多品种、批量化的焊接生产要求。

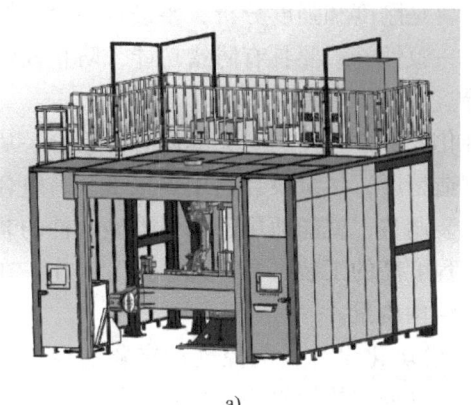
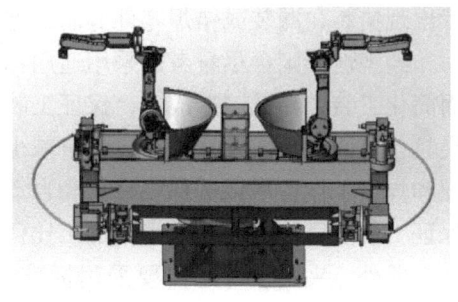

a)   b)

图 6-59　副车架机器人焊接工作站
a）焊接工作站外形　b）焊接变位机及机器人

机器人自动化焊接中对焊缝轨迹的一致性要求极高，因此自动化工装夹具被普遍采用。焊接工装夹具的核心功能是实现散件的定位和夹紧，控制 X、Y、Z 和绕 X、Y、Z 轴转动的自由度，合称控制工件的六个自由度。通过夹具上的定位销（基准销）、S 面型块（基准面）、夹紧臂等组件的协调作用，将工件（冲压件或总成件）安装到工艺设定的位置上并夹紧，不让工件活动而产生位移，保证产品焊接精度的一致性和稳定性。

焊接工装夹具设计遵循工艺性、可靠性、经济性原则。

工艺性原则：焊接工装既要有较好的使用性能，又要保证散件装配工艺要求和焊接工艺要求。焊接产品总是由两个以上的零部件组成，基于施焊方便或控制焊接变形等要求，需要满足装配和焊接工序的先后顺序、焊接方向、节拍平衡等要素。因为焊接是局部加热，产生焊接应力与变形是不可避免的，所以在工装上设置定位和夹紧元件时要充分考虑焊接应力和变形方向。在弧焊和电阻焊时，都要求焊件本身作为焊接电回路中的一极，故要求焊接工装夹具具有导电或绝缘的功能。当焊接电流很大时，工装夹具的导电部分还需要有散热功能。由于焊接烟尘、弧光和飞溅等都会损坏工装上外漏的光滑工作面、电子元器件等，因此工装夹具需具备自身防护设计，特别是在零件装配面、安装孔等关键部位都需具有焊接飞溅防护装置。焊接过程中，零件位置及焊枪姿态需满足调试标准化中规定的量化指标要求,不能与工装发生干涉,焊枪可达性要好。整个工装上、下料操作要方便、安全并省力,符合人体工程学。焊接工装既要有较好的使用性能,又要满足散件装配工艺要求和焊接工艺要求。

可靠性原则:焊接工装必须具有安全可靠性,保证工装在使用期内,凡受力构件都应具有足够的强度和刚度,足以承受焊件重力和因限制焊接变形而引起的各个方向的约束力。进行可靠性分析,主要是刚度和强度分析,要进行夹紧力校核。夹具要求工件安装、焊接的重复性、一致性好;要具有防错功能,防止操作者出现错装、漏装或错焊零件等制造差错。

经济性原则:尽量考虑采用通用标准化元部件,使之与夹具体有机组合,从而简化工装,降低制造成本,保证工装制造精度;尽量设计通用焊接工装、组合夹具、可调夹具或柔性工装,尽量减少工装调整,就能适用于相似类型构件的装配和焊接工作;尽量选择机械化和自动化程度高的工装夹具,减少人工操作,在保证工装可靠性的同时减少精加工比例和结构质量。

此外,夹具设计还需要采用标准化、模块化设计,电控气动夹紧的定位方式。采用标准接口,工装夹具中的水、电、气采用快换接头,满足柔性生产的要求。图 6-60 所示为某个汽车制造厂家的汽车底盘焊接生产线及工装夹具。

a)

b)

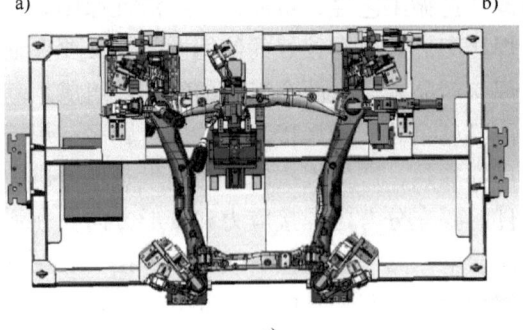
c)

图 6-60　汽车底盘焊接生产线及工装夹具
a) 机器人焊接生产线　b) 焊接变位机及工装夹具　c) 工装夹具示意图

第6章 机器人焊接技术

3. 专用汽车制造中的焊接机器人应用

专用汽车是用于承担专门运输任务、专项作业或其他专项用途的汽车,因作用和需求的不同而结构大小各异,具有多品种、小批量、定制化的产品特点。图6-61所示为不同应用类型的专用汽车。

图 6-61 不同应用类型的专用汽车

专用汽车结构机器人焊接特点:

1) 产品小批量、多品种导致机器人编程和焊接工艺编制等工序占用过多生产时间,甚至比焊接时间还长,无法发挥机器人批量制造的优势,造成生产率低。

2) 焊缝类型混杂、焊接结构定制化导致焊缝跟踪适应性差,跟踪难度大、精度低。

3) 基于人工焊接生产的焊接装备及工艺制约了生产率及质量的提升。

专用汽车底板、侧板的机器人焊接工作站如图6-62所示。机器人焊接系统由机器人本体、移动装置、焊接平台、焊接电源及工装夹具等组成。

a)   b)

图 6-62 专用汽车机器人焊接工作站
a) 底板机器人焊接工作站 b) 侧板机器人焊接工作站

293

（1）机器人本体 机器人是焊接工作站的核心组成部分，选用发那科六自由度机器人 M10iA/12，最大负载 12kg，重复定位精度为 ±0.08mm。工作站配置四台机器人。

（2）移动装置 为了扩大机器人的焊接空间，满足大型结构件的焊接，设计了机器人移动装置。该装置主要由立柱、横梁和悬臂梁等部件组成，机器人吊装在悬臂梁上，悬臂梁可以沿着横梁上的轨道来回运动。

（3）焊接平台 设置了焊接平台，被焊工件放置在焊接平台上，并采用简单的工装夹具将工件固定，以便进行机器人自动焊。

（4）焊接电源 专用汽车底板、侧板的焊接中，采用的是熔化极气体保护电弧焊工艺。选用了山东奥太电气有限公司的 MIG 500RP 焊接电源，该电源具有恒压、脉冲功能，持续负载率为 100%，可以实现长距离、大熔深焊接；同时，焊接电源与机器人之间通信完全兼容，无障碍通信。

针对专用车机器人焊接问题，山东奥太电气有限公司还开发应用了下列新技术。

（1）参数化快速编程 采用参数化快速编程技术取代传统的示教编程和离线编程技术，应用多循环交叉嵌套程序结构，多维搜索算法及坐标系网点分布策略，网点补偿优化算法，实现高效快捷焊接。在工件更换后，系统能够自动读取 CAD 图样数据，进行最小模块单元组合，并结合焊接工人的工艺经验，自动生成机器人的焊接工艺和程序，缩短设备停机时间，快速导入焊接工艺，解决生产率问题。图 6-63 所示为参数化快速编程软件系统。

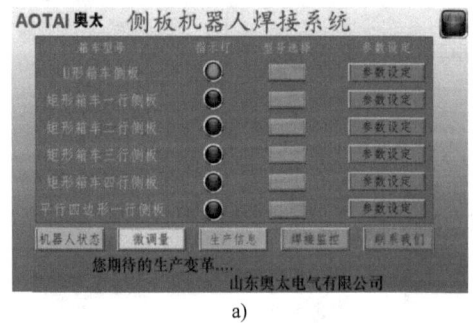
a)

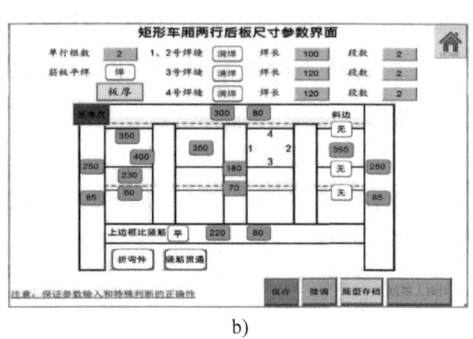
b)

图 6-63 参数化快速编程软件系统
a）编程软件界面 b）车厢结构尺寸参数界面

（2）激光传感自动寻位 采用激光传感自动寻位，开发了机器人智能视觉算法，可以实时识别复杂焊缝形式。通过对被检测工件的拍照和图像处理，应用智能算法实现了焊缝位置的快速精准定位，提高了机器人对复杂焊缝情况的适应能力。图 6-64 所示为激光自动寻位系统。

第6章 机器人焊接技术

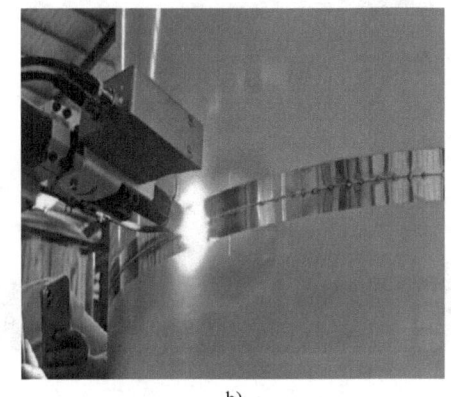

a)　　　　　　　　　　　b)

图 6-64　激光自动寻位系统
a）激光传感器　b）激光自动寻位

（3）专用高效电源　专用汽车底板、车厢板等结构件厚度范围为 2~30mm，应用到的焊接工艺主要有超低飞溅 MAG 焊工艺、无飞溅脉冲 MIG 焊工艺及大熔深脉冲 MIG 焊工艺。可以根据需要选用不同的焊接电源。

1）针对厚度为 1~3mm 的板件，可选用具有超低飞溅 MAG 焊功能的机器人专用焊接电源 MAG 350RPL。该焊接电源采用数字化波形控制方法对熔滴过渡及电弧状态进行精细控制，可将控制周期缩短至 $1\mu s$，能够在短时间内采集到焊接电流、电压的变化，实现高速动态调节，可大量降低焊接飞溅，保证电弧的稳定性，有效改善焊缝成形和焊接质量。

2）针对厚度为 3~6mm 的板件，采用无飞溅脉冲 MIG 焊工艺，可选用 MIG 500RP 焊接电源。该电源通过检测电弧电压、电流信号来进行电弧状态的判定；通过弧长的闭环控制算法进行熔滴过渡的控制，可以实现一脉一滴的熔滴过渡形式。

3）针对厚度>6mm 的板件，采用大熔深脉冲 MIG 焊工艺，可选用 MIG 500RP 焊接电源。该电源在脉冲气体保护焊工艺的基础上，采用精准波形和精细熔滴过渡控制技术，可以增加电弧挺度，形成具有脉冲特征的射流过渡形式，呈现出一种"射滴流"的过渡模式，焊接熔深增大，可实现高速焊接。图 6-65 所示为焊接熔滴过渡形态。

（4）数字化焊接云系统　针对焊接现场焊机管理推出了可以实现焊机状态实时监控、焊接参数在线控制、产品管理、焊接数据海量存储，以及焊接数据统计、分析的综合型焊机管理系统。系统采用工业以太网（无线 Wi-Fi、4G、有线方式均可）连接，可方便地实现焊接机器人自动化生产线的通信集成，数字化焊接云系统如图 6-66 所示。该系统可与企业网络连接实现数据远程共享，为企业

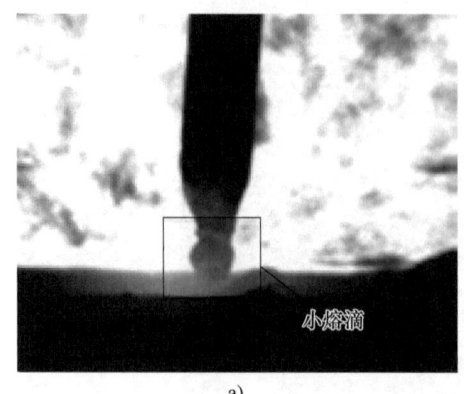
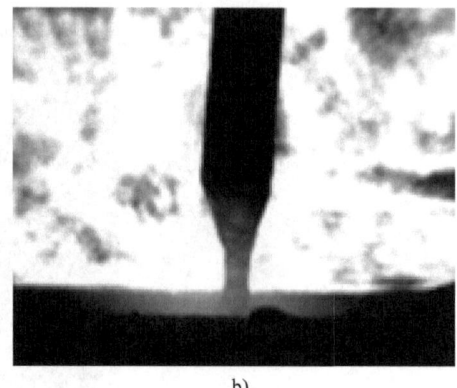

图 6-65　焊接熔滴过渡形态

a）小熔滴过渡　b）射流过渡

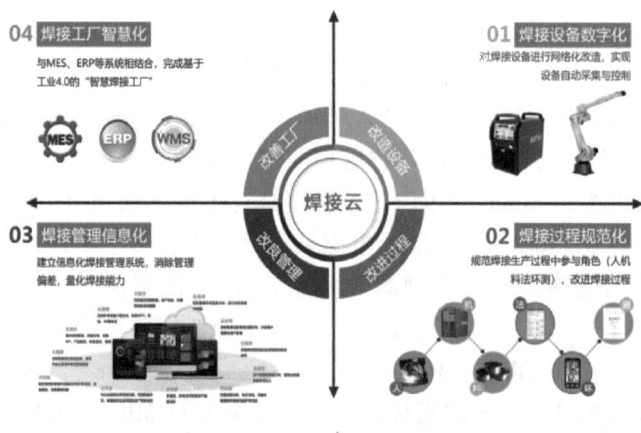

a)

b)

图 6-66　数字化焊接云系统

a）云通信关系　b）系统界面

管理提供大数据支持;可以将生产管理经验和工艺流程、大数据云技术与焊接装备进行有机地融合集成,对人机协作焊接生产线进行生产流程优化,提高焊接生产率和质量。

6.6.2 工程机械制造中焊接机器人的应用

工程机械是应用焊接机器人另外一个最普遍的领域。工程机械是工程建设施工机械的总称,种类繁多,广泛用于建筑、水利、电力、道路、矿山、港口和国防等工程领域。本节主要以工程机械中的挖掘机为例来介绍焊接机器人在该领域的应用。

挖掘机有单斗挖掘机(又可分为履带式挖掘机和轮胎式挖掘机)、多斗挖掘机(又可分为轮斗式挖掘机和链斗式挖掘机)、多斗挖沟机(又可分轮斗式挖沟机和链斗式挖沟机)、滚动挖掘机、隧洞掘进机(包括盾构机械)等,图6-67所示为履带式挖掘机实物与结构示意图。挖掘机的结构件主要有铲斗、动臂、斗杆、上架、下架、履带等。

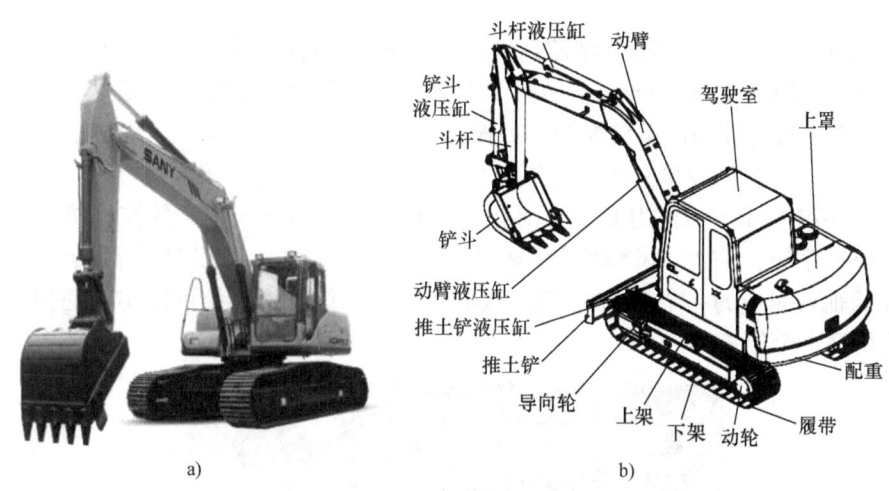

图 6-67 履带式挖掘机
a) 实物 b) 结构示意图

1. 挖掘机动臂机器人焊接系统

挖掘机的机臂是挖掘机的重要结构件,主要用来支配铲斗的挖掘、装车等动作。与挖掘机的机架相连的臂较大,俗称大臂,其术语称作动臂。与铲斗相连的臂较小,俗称小臂,术语称作斗杆。

反铲挖掘机的动臂,一般都是有一定的弯曲,这样能较好地对停机面以下的土壤进行挖掘;正铲挖掘机的动臂一般都是直的,能更好地对停机面以上的土壤进行挖掘。机臂结构一般是箱体式的,由上下盖板、两侧的墙板(侧板)等构成。图6-68所示为某型号挖掘机动臂。图6-69所示为EX230型挖掘机动臂结构。

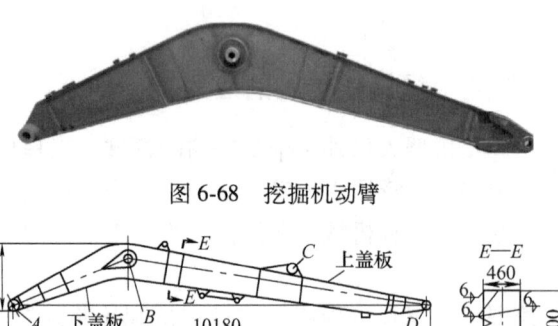

图6-68 挖掘机动臂

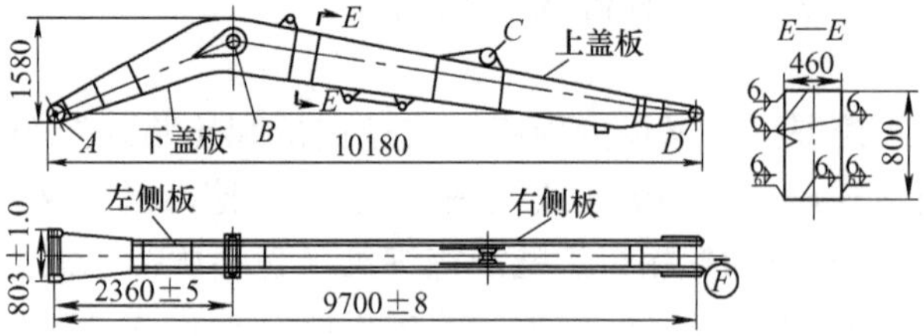

图6-69 EX230型挖掘机动臂结构

如图6-69所示，EX230型挖掘机动臂由46个零件焊接而成，其外形尺寸为10180mm×1580mm×803mm，整体质量为2080kg。动臂的主体焊缝是上、下盖板和左、右侧板之间的四条角焊缝。盖板和侧板的厚度为10mm，角焊缝的焊脚高度为6mm。选择的焊接方法与工艺为CO_2气体保护焊，多道多层焊。

图6-70所示为海克力斯（上海）自动化设备有限公司生产的挖掘机动臂机器人焊接系统。它是由移动式机器人（八轴）及一台可以升降翻转的变位机（四轴）组成的一个12轴联动的机器人焊接系统。该系统可以实现挖掘机动臂的机器人全位置焊接。

图6-70 挖掘机动臂机器人焊接系统

第 6 章　机器人焊接技术

图 6-71 所示为挖掘机动臂机器人焊接系统的基本构成，该系统主要由机器人、移动装置、变位机、弧焊电源及送丝装置、冷却水箱、清枪剪丝装置、工件夹具、除尘系统等组成。

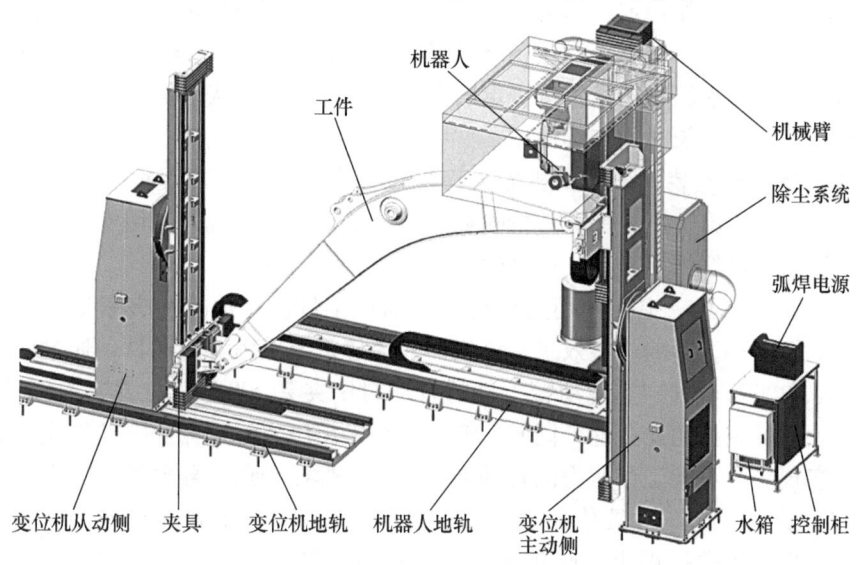

图 6-71　挖掘机动臂机器人焊接系统的基本构成

（1）机器人　采用具有六自由度的关节型工业机器人（Fanuc M-10iD/10L）。它的任务是精确地保证机械手末端（焊枪）所要求的位置、姿态和运动轨迹，具有动作灵活，操作方便的特点。该机器人吊装在可以移动的机械臂上。

（2）移动装置　在机器人焊接中，为了扩大机器人工作半径而设计的一种可移动的装置。本系统移动装置是一个吊装机器人的两轴机械臂，机械臂带着机器人可以沿着地面轨道平行于挖掘机动臂工件左右移动，从而扩大了机器人的工作半径，满足了长焊缝的焊接需求；而且，机器人可以在机械臂上沿着垂直于地面的轨道上下移动，以满足挖掘机动臂上下位置横向短焊缝的焊接需求。

（3）变位机　适用于焊接工件的变位，使挖掘机动臂处于理想的空间焊接位置。该机器人焊接系统中采用四轴头尾升降翻转变位机。变位机头尾架两侧伺服电动机采用同步双驱动，并与精密减速器、回转支承等配合，最大可以实现 10t 工件平稳翻转变位，而且头尾架两侧均安装有升降装置，利用伺服电动机、精密减速器、滚珠丝杆等，可以实现工件的同步提升，改变工件的上下件位置，降低操作高度以方便操作；可以改变工件的空间位置以便于焊接。两侧的升降装置也可以进行工件的异步提升，以此合理设置前叉与上下盖板、轴座与上下盖板焊缝的焊接位置，实现船形焊或平角焊。变位机的从动侧通过电动机、减速器驱动齿轮齿条可以沿地面轨道前后移动，从而满足不同长度挖掘机动臂的焊接需求。

（4）弧焊电源及送丝装置　弧焊电源采用奥地利福尼斯公司生产的弧焊电源 Fronius Tps600i，其额定负载持续率为100%；送丝装置采用 Fronius WF 30iR 四轮送丝机，其工作稳定，速度快，最高速度能达到25m/min。

（5）冷却水箱　通过水泵把水箱中的水送给焊枪，回水经过冷却器降温回到水箱，这样使水箱中的水保持一定的温度并循环使用，从而保证焊枪焊接时处于正常温度，可以长时间连续使用。

（6）清枪剪丝装置　用于机器人焊接过程中的自动清理焊枪焊渣及自动剪丝，设定焊丝伸出长度，保护焊枪喷嘴、导电嘴，延长焊枪的使用寿命，节约耗材成本，保持良好焊接质量，提高焊接效率。

（7）工件夹具　主要作用是夹持固定动臂工件。在焊接前夹紧工件，防止焊接中工件窜动，影响焊接效果。该机器人焊接系统采用液压夹具，通过液压马达驱动双向T形丝杠，实现动臂工件的自动对中夹紧。T形丝杠具有自锁功能，可以保证动臂装夹的安全性。同时，液压系统采用压力传感器配合节流阀、溢流阀等，实现装卸不同工作压力的自动调整，避免焊接变形后导致松开困难。

（8）除尘系统　主要作用是收集焊接产生的烟尘。通过在设备端安装除尘罩，由除尘主机进行烟尘的收集和过滤，达到焊接条件下的室内空气直排环保标准。

根据挖掘机动臂的结构，可以得到其焊接要求与特点：

1）挖掘机的动臂结构件由中厚板拼接而成，坡口较大，焊缝深。

2）动臂上有四条长焊缝，焊接工作量大。

3）动臂上有八条横向短焊缝，分别采用搭接和对接形式。

4）由于多因素的影响，致使动臂拼装完成后焊道位置与焊道轨迹会发生变化，而且随着焊接过程的进行，焊道轨迹也可能发生变化，给自动焊接带来一定的困难。

海克力斯（上海）自动化设备有限公司的挖掘机动臂机器人焊接系统针对上述焊接要求和特点提供了针对性的解决方案：

1）采用多层多道机器人自动焊，并配有焊接数据库。操作者可以根据挖掘机动臂各条焊道的工况条件，包括焊道位置、工件厚度、焊道坡口形状等，按照焊接工艺设计，提前将各条焊道的焊接参数设定好，做成数据库，焊接时直接调用。

2）采用机器人熔化极气体保护电弧焊，可以实施挖掘机动臂长焊缝的自动焊接。

3）采用自动翻转变位机及机器人移动装置，可以方便地到达焊接位置，并结合调整机器人夹持的焊枪角度，满足挖掘机动臂各个短焊缝的焊接要求。

第 6 章 机器人焊接技术

4) 采用触碰自动寻位和电弧传感焊缝跟踪等技术, 以应对焊道位置、焊道轨迹出现偏差等问题。

机器人的自动寻位技术主要依赖于高精度的传感器和智能算法的结合, 传感器可以采用高精度激光或视觉传感器, 也可以采用接触式传感器。采用接触式传感器进行自动寻位就是触碰自动寻位技术, 是通过机器人与工件之间的触碰来获取工件表面信息, 进而通过算法处理这些信息来确定机器人与工件的相对位置。算法在自动寻位中起到了核心作用, 它负责解析传感器的数据, 并根据这些数据计算出工件焊道位置。在机器人熔化极气体保护焊接中采用触碰寻位技术, 往往是采用焊丝对被焊工件 X、Y、Z 的三个方向进行焊道位置检测, 将机器人示教的工件基准点和根据焊丝触碰检测点之间的偏差, 通过算法计算进行位置纠偏。图 6-72 所示为应用触碰自动寻位技术的情景。由图 6-72c 可以看到, 将试焊件垫高并平移以后, 采用触碰自动寻位技术, 机器人仍能够找到焊道的位置实施焊接, 其焊缝平滑整齐, 满足焊接质量的要求。

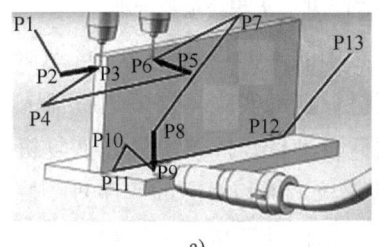
a)

b)

c)

图 6-72 应用触碰自动寻位技术的情景
a) 触碰式检测　b) 被焊工件　c) 焊后工件

电弧传感焊缝跟踪技术是机器人焊接中经常采用的焊缝自动跟踪技术。在机器人焊接过程中, 采用电弧传感器自动检测机器人所持焊枪与焊道的相对位置, 根据偏差自动调节机器人位置, 确保焊枪始终对准焊道, 保证焊接质量。图 6-73 所示为采用电弧传感焊缝自动跟踪的工作原理, 其电弧传感焊缝自动跟踪原理见 6.5.2 节。

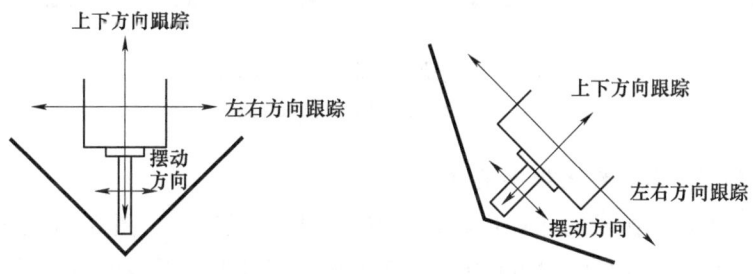

图 6-73 电弧传感焊缝自动跟踪的工作原理

采用机器人自动焊接，可以提高焊接效率，保证焊接质量。以中型挖掘机的动臂（LG6225E）焊接为例，人工焊接需要 7h，采用挖掘机动臂机器人焊接系统进行焊接，只需要 5h 左右，不仅提高了生产率和产品质量，还大大降低了工人的劳动强度，改善了工人劳动环境，保证了焊工的身体健康。

机器人焊接采用的是示教再现模式。机器人焊接示教过程如图 6-74 所示。示教编程前焊接工艺顺序已定，考虑焊接变形问题，多层多道焊接时应合理安排整体顺序。示教过程中根据工件焊缝的需要对变位机进行角度变换，通过与机器人协调运动实现焊接工艺要求。

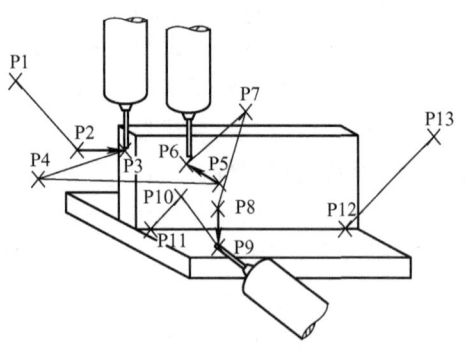

图 6-74　机器人焊接示教过程

机器人再现焊接是把通过示教而编写的机器人焊接程序自动运行，即实现机器人焊接中的工件自动变位、自动清枪剪丝、自动定位焊缝、自动计算偏差并计算纠正量、自动实施多层多道机器人焊接以及焊接电源的自动控制等。机器人焊接完成后自动切断焊接电源，恢复机器人焊接系统的原始位置。在批量生产时，只需输入与工件相对应的程序号，按下机器人焊接的开始按钮即可。图 6-75 所示为应用挖掘机动臂机器人焊接系统进行挖掘机动臂机器人焊接的现场照片。

a)　　　　　　　　　　　　　　　　b)

图 6-75　挖掘机动臂机器人焊接的现场照片
a）上盖板焊接　b）下盖板焊接

2. 挖掘机斗杆机器人焊接系统

反铲或正铲挖掘机的斗杆也就是小臂，一般都是直的，图 6-76 所示为挖掘机斗杆的实物图。斗杆一般由耳板侧、轴座侧，以及上、下盖板和左、右侧板组成。与挖掘机动臂焊接类似，如果采用一次装夹焊接，则需要对斗杆进行翻转变位。图6-77所示为海克力斯（上海）自动化设备有限公司生产的挖掘机斗杆机器人焊接系统，它是由移动式机器人（八轴）及一台可以升降翻转的变位机（三轴）组成的一个11轴联动的机器人焊接系统，该系统可以实现挖掘机斗杆的机器人全位置焊接。

图6-76 挖掘机斗杆的实物图　　　　图6-77 挖掘机斗杆机器人焊接系统

图6-78所示为挖掘机斗杆机器人焊接系统的基本构成。该系统主要由机器人、变位机、移动装置、弧焊电源及送丝装置、冷却水箱、清枪剪丝装置、工件夹具、除尘系统等组成。该系统的主要组成单元与挖掘机动臂机器人焊接系统是类似的，读者可以自行对其组成与功能进行分析。

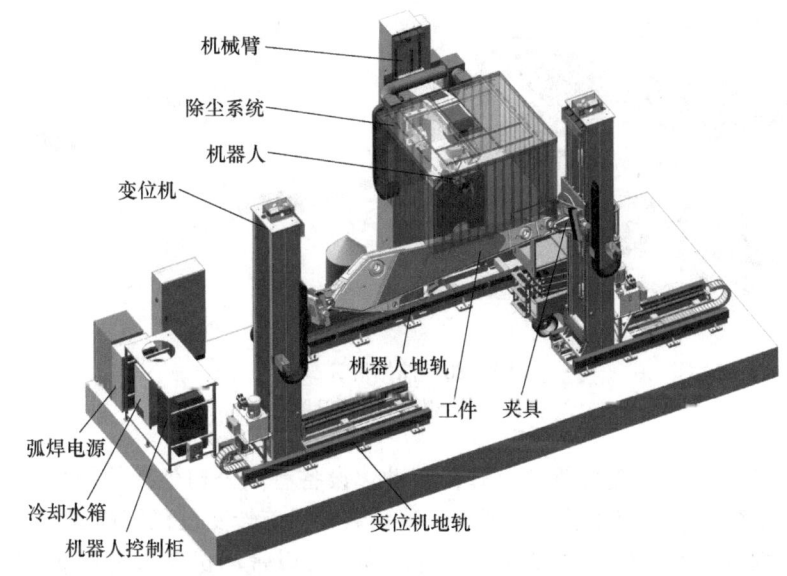

图6-78 挖掘机斗杆机器人焊接系统的基本构成

挖掘机斗杆的机器人焊接同样采用示教再现模式，采用的焊接工艺方法也是熔化极气体保护电弧焊。图 6-79 所示为应用海克力斯（上海）自动化设备有限公司生产的挖掘机斗杆机器人焊接系统进行斗杆机器人焊接的现场照片。

a)

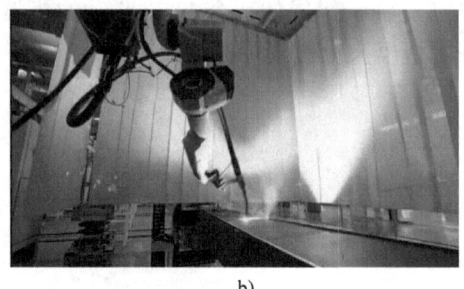
b)

图 6-79 挖掘机斗杆机器人焊接的现场照片
a) 斗杆装夹　b) 机器人焊接

3. 挖掘机下车架主体机器人焊接系统

挖掘机下车架也称行走支架，它是挖掘机最重要的结构件之一，它支承着上车体和转台，确保挖掘机作业过程中的稳定性。在下车架上还安装了旋转和行走机构的零部件，如行走电动机、旋转电动机、驱动轮、引导轮和履带总成等。挖掘机下车架结构如图 6-80 所示，主要由上下盖板、立筋板等构成，其材料为低碳钢。由于大多数下车架主体结构形状类似于 X，因此习惯称其为 X 架。

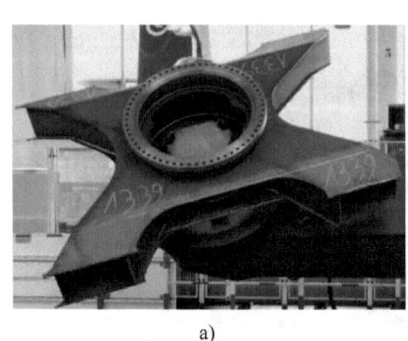
a)

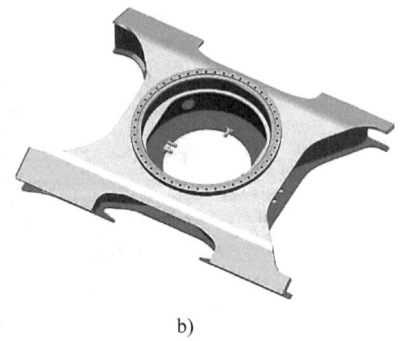
b)

图 6-80 挖掘机 X 架
a) X 架实体　b) 设计图

图 6-81 所示为海克力斯（上海）自动化设备有限公司生产的挖掘机 X 架机器人焊接系统，该系统主要由机器人、移动装置、旋转变位机等构成。其中，机器人具有六自由度；移动装置为三个自由度，可以带动机器人进行 X、Y、Z 三个方向平移；变位机为 U 形结构，具有两个自由度，可以带动工件在两个方向进行转动。通过对机器人、机器人移动装置、变位机的联动控制，可以实现下车架主体各条焊缝船型或水平位置的连续焊接，从而保证焊接质量。

第6章 机器人焊接技术

图 6-81 挖掘机 X 架机器人焊接系统

图 6-82 所示为挖掘机 X 架机器人焊接系统的基本构成,主要由机器人、机器人控制柜、周边控制箱、双丝焊接电源及送丝装置、冷却水箱、双丝焊枪、两轴 U 形变位机、机器人三轴龙门移动装置、工件液压夹具等组成。

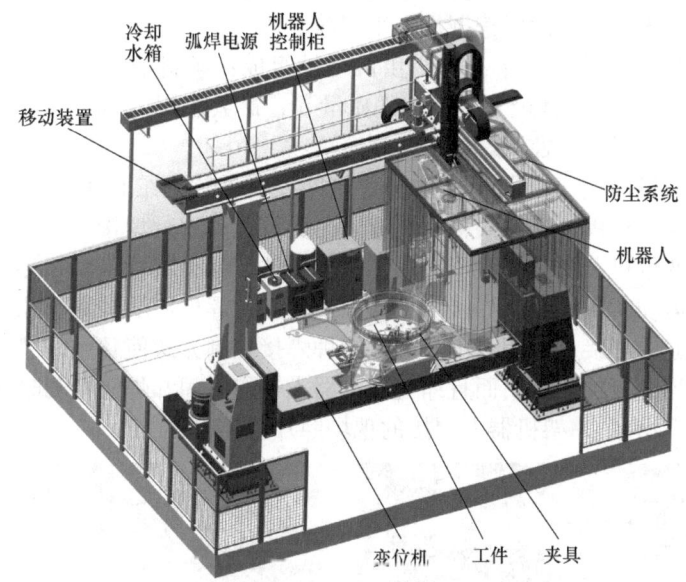

图 6-82 挖掘机 X 架机器人焊接系统的基本构成

(1) 机器人 采用六自由度的工业机器人(Fanuc M-20iD/25 或 ABB IRB2600-1.85)。

(2) 弧焊电源 挖掘机 X 架采用双丝活性气体保护电弧焊,可以达到传统焊接速度的四倍,最大熔敷效率为 20kg/h。因此,本系统选用了两台奥地利福尼斯公司生产的 TPS 500i 脉冲型弧焊电源,进行协同控制,实现了双丝活性气体保

305

护电弧焊，其焊接效率高，熔透性好，电弧稳定，飞溅小。双丝活性气体保护电弧焊焊枪分为分体式焊枪和一体式焊枪两种，其结构如图 6-83 所示。

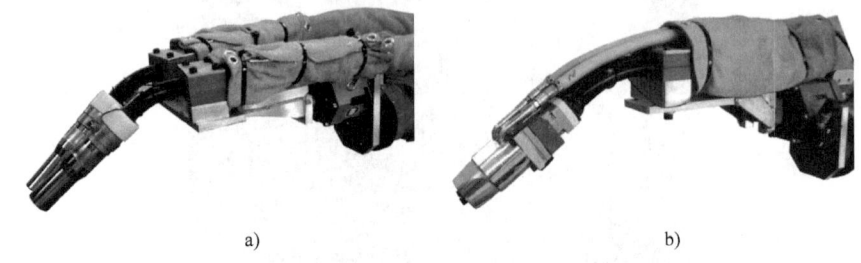

图 6-83　双丝活性气体保护电弧焊焊枪的结构
a）分体式焊枪　b）一体式焊枪

（3）机器人移动装置　由于挖掘机下车架尺寸较大，一般的机器人很难满足其焊接要求，因此需要增加一个机器人移动装置。本移动装置是一个三轴三维空间的机电装置，通过两个立柱固定在高处，通过控制可以实现机器人本体在 X、Y、Z 三个方向的平移，即可以带动机器人沿轨道平行挖掘机下车架移动，也可以实现机器人上下及面对挖掘机下车架前后移动。

（4）变位机　采用 U 形结构，由两个轴组成：倾斜轴（$-180°\sim+180°$）和回转轴（无限回转）。其最大搭载工件质量 6t，最大扭矩 10000N·m。该变位机可以与机器人进行协同控制。

变位机与机器人、机器人移动装置协同控制，就是结合工件形状和焊缝情况，机器人与变位机、机器人移动装置同时受控运动进行焊接。机器人末端焊枪实施焊接，变位机上安装了专用夹具来夹持工件，移动装置带动机器人本体，与变位机协调运动实现机器人焊接。机器人末端加持焊枪前端的焊丝相对于变位机夹持工件焊缝的焊接点是相对不变的。这种焊接控制方式使整条焊缝的焊接可以一次完成，焊缝更加美观，而且缩短了机器人等待时间和焊缝检测时间。

图 6-84 所示为 X 架机器人焊接的现场照片。

图 6-84　X 架机器人焊接的现场照片
a）X 架装夹　b）机器人焊接

6.6.3 盾构机零部件制造中焊接机器人的应用

盾构机是一种专门用于地下工程的施工机械,它具有开挖快、安全经济环保、降低劳动强度等优点。图 6-85 所示为盾构机及其使用施工场景。

a)　　　　　　　　　　　　　　　b)

图 6-85　盾构机及其使用施工场景

a)生产车间中的盾构机　b)地铁工程中使用的盾构机

盾构机盾体外形是圆筒形金属结构,盾体结构采用 Q355B 低合金高强度钢。盾体结构的板厚往往超过 40mm,通常需要多层多道焊。目前,国内盾构机盾体及其零部件的焊接工艺方法主要是药芯焊丝熔化极气体保护电弧焊,而且大多采用人工半自动焊。人工半自动焊的生产率低,焊接质量一致性差,而且工人劳动强度大,工作环境烟尘也比较大。图 6-86 所示为盾构机盾体人工半自动焊。

a)　　　　　　　　　　　　　　　b)

图 6-86　盾构机盾体人工半自动焊

a)盾构机盾体局部结构　b)盾构机盾体人工半自动焊

随着机器人焊接技术的发展,将机器人焊接技术应用于盾构机盾体及其零部件制造中,可以显著提高焊接生产率和焊接质量、降低工人的劳动强度、改善焊接环境。为此,天津大学与中交天和机械设备制造有限公司开展合作,将机器人焊接技术用于零部件、盾构机盾体的焊接。

1. 盾构机零部件的机器人焊接

盾构机制造过程中,除了盾体需要焊接外,还有很多的零部件,包括刀箱、斜轴、吊耳等也需要进行焊接,如图 6-87 所示为盾构机部分典型零部件。

图 6-87 盾构机部分典型零部件
a) 斜轴 b) 刀箱

盾构机零部件机器人焊接系统如图 6-88 所示。机器人焊接系统主要由 KUKA 生产的 KR5 arc 型六轴机器人、自行设计制造的双轴变位机、机器人移动装置,以及奥地利 Fronius 公司生产的弧焊电源、送丝机构等组成。

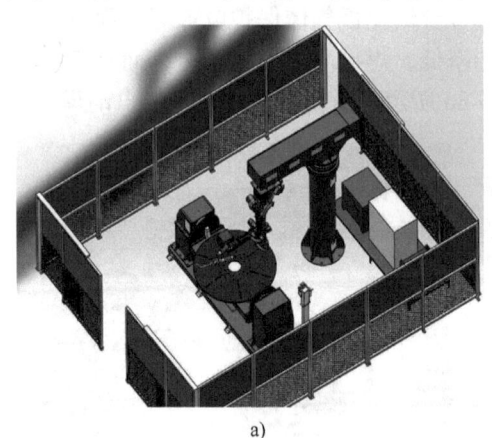

图 6-88 盾构机零部件机器人焊接系统
a) 系统模拟图 b) 实际系统

机器人移动装置采用了悬臂机构,悬臂机构安装在固定于地面的立柱顶端,六轴机器人吊装在悬臂机构末端。悬臂机构在电动机驱动下,可以围绕立柱旋转,从而扩大了焊接机器人的工作空间,可以适应不同尺寸与结构的零部件机器人焊接。

盾构机零部件焊接采用了实芯焊丝的熔化极气体保护脉冲电弧焊。选用 Fronius TPS 500i 弧焊电源及 WF25i 送丝机。焊丝直径为 1.0mm,采用混合保护气（80%Ar 和 20%CO_2）。

TPS 500i 弧焊电源是数字化弧焊电源，采用了电流波形控制技术，具有多种组合型脉冲电流波形模式，可以进行精准的电流波形控制，实现熔滴短路过渡、一脉一滴过渡等多种熔滴过渡形式，可以有效控制焊接飞溅、熔深；在大电流、小电流不同焊接参数下都能保证稳定的焊接。因此，针对不同结构的零部件、不同位置的焊接，选用合理的脉冲电流波形模式及焊接参数，可以满足盾构机各种零部件的焊接质量要求。

由于盾构机的零部件大多是箱型结构，且空间尺寸比较小，焊缝比较多，为了避免机器人焊接过程中，焊枪与工件或周围物体发生干涉，需要在机器人焊接前，采用模拟仿真系统对于零部件的机器人焊接过程进行模拟仿真。模拟仿真还能够解决机器人焊接时，针对各种工件的焊缝及焊接位置，焊枪的可达性问题，也就是在尽量采用平焊或平角焊位置焊接的要求下，焊枪是否可以准确到达各条焊缝的焊接位置实施焊接。

根据焊接工艺设计，通过模拟仿真，确定焊接顺序、焊枪与变位机的协同运动规律，再通过示教再现进行焊接。图 6-89 所示为刀箱机器人焊接模拟仿真，图 6-90 所示为实际刀箱的机器人焊接。

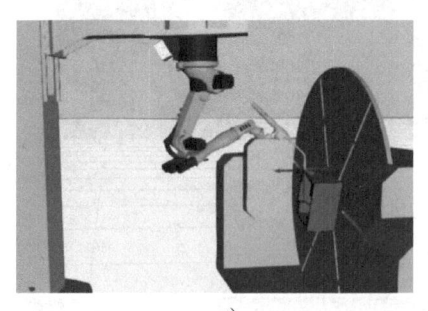
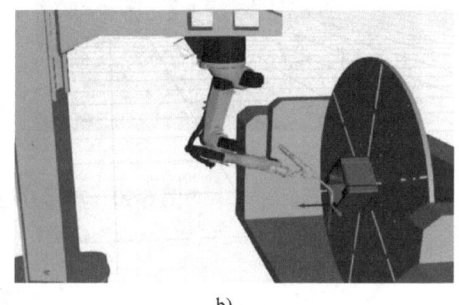

a) b)

图 6-89 刀箱机器人焊接模拟仿真

a）位置 1　b）位置 2

2. 盾构机盾体的机器人焊接

盾构机的盾体是圆筒形结构，盾体直径一般大于 6m，高度大于 4m，厚度大于 40mm。为了防止变形，盾体往往采用立式组对焊接。盾体最主要的焊缝是盾体的环焊缝和高度方向的立焊焊缝，再有就是筒体内部的一些部件、筋板等结构件短焊缝。为了控制盾体焊接变形问题以及焊接效率问题，采用了双机器人焊接方案，实施对称焊接，并且选用了实芯焊丝熔化极气体保护脉冲电弧焊的工艺方法。

图 6-91 所示为盾体机器人焊接系统。该系统主要包括机器人、移动装置、弧焊电源及送丝装置等。由于盾体圆筒直径较大、高度较高，而且要考虑生产车间里桥式起重机行走及吊装，移动装置采用了地轨加悬臂机构。地轨安置在盾体焊接位

置的两侧,移动装置的立柱可以沿着轨道前进,相当于空间的 X 坐标轴;悬臂机构采用十字架结构,机器人吊装在十字架机构上,机器人可以在十字架带动下实现前后(Y 轴)、上下(Z 轴)的运动,从而扩大了机器人的移动范围,可以满足大直径和一定高度的盾体环缝与立缝焊接,而且立柱在电动机驱动下可以旋转,使悬臂机构旋转到与地轨平行,从而保证桥式起重机的运动与吊装,但该旋转运动在盾体焊接过程中不参与协同控制。由此可见,该机器人焊接系统是一个具有 18 个轴协同控制的系统,包括两套 KUKA 生产的 KR 16 L8arcHW 型六轴机器人和两套三轴移动装置的协同控制。当然,每套机器人也可以单独进行控制,完成各自的焊接任务。

图 6-90 实际刀箱的机器人焊接
a)位置 1　b)位置 2

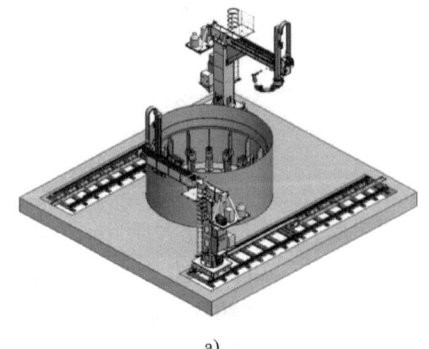

图 6-91 盾体机器人焊接系统
a)系统模拟图　b)实际系统

盾体的机器人焊接包括盾体的环缝横焊位置焊接、盾体中纵缝的立向上焊

第 6 章 机器人焊接技术

接，还包括筋板等零部件各种位置的焊接。采用实芯焊丝的熔化极气体保护脉冲电弧焊接工艺方法，选用 Fronius TPS 500i 弧焊电源以及 WF25i 送丝机。焊丝直径为 1.0mm，采用混合保护气（80%Ar 和 20%CO_2）。Fronius TPS 500i 弧焊电源是数字化弧焊电源，采用数字控制技术，实现了脉冲电流波形控制，可以输出多种脉冲电流波形及组合式脉冲波形，选用合理的脉冲电流波形与焊接参数可以满足盾体各种焊缝的焊接质量要求。

盾体内部结构复杂，在机器人焊接时也要先进行模拟仿真，图 6-92 所示为盾体机器人焊接模拟仿真。

通过模拟仿真与焊接工艺试验，确定了机器人焊接的路径和各条焊缝的焊接脉冲波形与焊接参数，采用示教再现模式进行机器人焊接。图 6-93 所示为盾体机器人焊接场景，图 6-94 所示为盾体各个位置的机器人焊接场景。

图 6-92 盾体机器人焊接模拟仿真

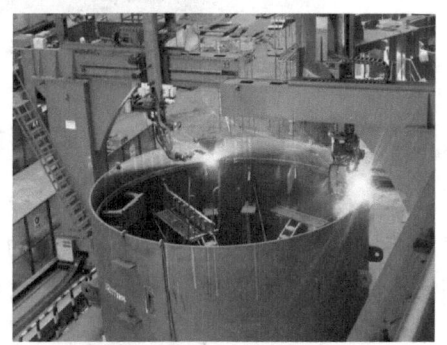

图 6-93 盾体机器人焊接场景

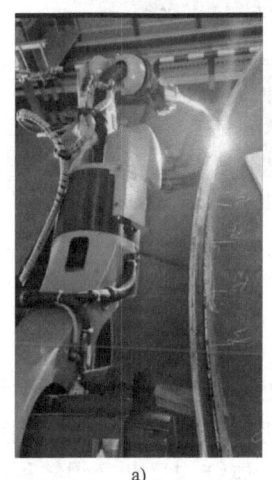
a)

b)

c)

图 6-94 盾体各个位置的机器人焊接场景
a) 盾体环缝平角焊　b) 盾体环缝横焊　c) 盾体立焊

该机器人焊接系统不仅可以进行盾体的焊接，也可以进行箱型梁等大型工程结构件的焊接，图 6-95 所示为盾构机纵梁的双机器人焊接。

图 6-95　盾构机纵梁的双机器人焊接

6.6.4　海洋工程钢结构制造中焊接机器人的应用

海上石油平台的上部模块甲板片（简称甲板片）是平台结构中非常重要的组成部分，它不仅为平台提供了稳定的基础，还集成了多种功能区域，如采油、储油、员工生活和简单油气处理等。图 6-96 所示为建造中的海上石油平台。

a)　　　　　　　　　　　　　　　　b)

图 6-96　海上石油平台
a)平台 1　b)平台 2

甲板片是由工字钢（用作梁）、钢板（用作甲板板和加强筋），辅以少量角钢和管等焊接而成，材料主要为低合金钢和碳素钢。组成甲板片梁的工字钢型号多样，且尺寸较大，高度范围为 150~1800mm。甲板片体结构复杂，焊缝种类繁多，梁与梁相交结构包括等高工字钢相交、不等高工字钢相交、工字钢与立柱相交、工字钢与管相交等多种形式。焊缝形式包括角接无坡口焊缝、角接单 V 形坡

第6章 机器人焊接技术

口焊缝、搭接焊缝、对接 K 形坡口焊缝、对接单 V 形坡口焊缝等。

甲板片的建造工艺主要分为正造法和反造法。正造法保持甲板片工作面朝上进行组对和焊接等。使用该方法进行甲板片的建造，需要焊工在平焊、横焊、立焊和仰焊等位置进行施焊。反造法保持甲板片工作面朝下进行组对和焊接等。该方法须借助大型的搬运和吊装设备对甲板片进行翻转，但能大量减少仰焊位置的施焊，便于机器人焊接或其他高效焊接工艺的推广应用。图 6-97 所示为甲板片制造现场。

图 6-97 甲板片制造现场
a) 制造场地 b) 制造场景

近年来，海上石油平台的生产制造不断高效智能化，机器人焊接在海洋工程上的应用逐渐深化，其中海上石油平台上部模块甲板片机器人焊接大大提升了甲板片的生产率。海上石油平台上部模块甲板片机器人焊接系统是甲板片智能化生产线的关键工位，主要用于甲板片梁之间和梁与甲板板之间焊接，其功能和工作的稳定性直接影响整条生产线的性能。针对甲板片结构特点和智能化装焊工艺要求，综合运用机器人智能焊接控制、离线编程、焊接工艺数据库、目标识别等技术，实现甲板片的智能化焊接，提高海洋油气平台典型工件生产率和质量稳定性。图 6-98 所示为甲板片的机器人焊接现场。

1. 甲板片的机器人焊接系统组成

海上石油平台上部模块甲板片机器人焊接系统适用于甲板片预制过程中大梁、小梁和甲板板之间焊缝的焊接。图 6-99 所示为甲板片的机器人焊接系统。由图 6-99 可见，该系统具有一个大型龙门式机械机构和两台焊接机器人。该系统主要由机器人本体和控制柜、焊接电源和送丝系统、清枪机构、龙门式行走机构、激光视觉传感器等组成。

（1）机器人本体和控制柜　工业机器人选用 ABB 工业机器人，负载质量为 5kg，可重复定位精度可达±0.05mm，满足机器人本体负载及重复定位精度要求。同时 ABB 工业机器人具备智能弧焊包，可满足甲板片智能焊接所需要的对接

图 6-98　甲板片的机器人焊接现场

焊(平对接、仰对接、立对接)、角焊(平角焊、仰角焊、立角焊)、多层多道焊等全部焊接动作。

图 6-99　甲板片的机器人焊接系统

(2) 焊接电源和送丝系统　甲板片的焊接工艺方法采用的是熔化极气体保护电弧焊,选用美国林肯公司生产的焊接电源,具有精准脉冲模式,相较于普通脉冲模式,在相同电流下,精准脉冲模式的电弧能量更加集中,电弧更加稳定,易于产生更大的熔深,利于焊接中厚板;焊枪选用宾采尔水冷焊枪,同时配备宾采尔机器人防碰撞传感器,此传感器在发生碰撞时会自动关闭机器人行走机构,保证机器人及焊炬的安全。

(3) 清枪机构　采用德国 TBi 清枪机构,新型清枪站配有封闭式喷油仓,防飞溅剂可以直接喷射至熔化极气体保护电弧焊枪枪头,机器人工作区不会受到污染,防飞溅剂用量也会减少。

(4) 龙门式行走机构　龙门架架设于车间铺设的地面轨道上,主要承担 X 轴方向焊接区域间的移动任务。门架上配备同步伺服驱动系统,可实现焊接龙门在 X 轴方向进行高精度运动。龙门横梁上架设可升降移动机构,用于装载机器人及焊接设备，设置了齿轮齿条机械传动系统，用于移动机构在横梁间沿 Y 轴方向移动，同时移动机构上设计有齿轮齿条与升降系统，并与焊接机器人联动，可实现焊接机器人在 X 轴与 Z 轴方向移动。

（5）激光视觉传感器　为了快速准确地寻找焊缝位置，定位焊缝起点，每台机器人配备点激光视觉传感器，可完成平角焊、立角焊、仰角焊之前的激光自动寻位工作，对焊缝起点进行精准定位。现场操作表明，采用激光视觉自动寻位，焊缝起点定位误差在±2mm 以内，能够满足甲板片焊接要求。

2. 甲板片机器人焊接系统功能与应用

海上石油平台上部模块甲板片机器人焊接系统能够实现甲板片预制过程中大梁、小梁和甲板板之间焊缝的智能焊接。该系统具备智能寻位、离线编程、电弧跟踪、清枪剪丝等焊接功能。

（1）智能寻位　机器人焊接系统的移动装置采用门架式设计，将线性激光视觉传感器安装在移动机构上，配合编码器或利用多传感器标定与融合技术，完成大范围内的甲板片体三维扫描，并自动定位基准点，同时安装多传感器进行多道焊缝的精准定位；利用激光视觉传感器可以实现甲板片平角焊、立角焊、仰角焊焊缝的自动寻位，还可以实现对接焊缝自动寻位。图 6-100 所示为采用智能寻位功能进行机器人焊接的情景。

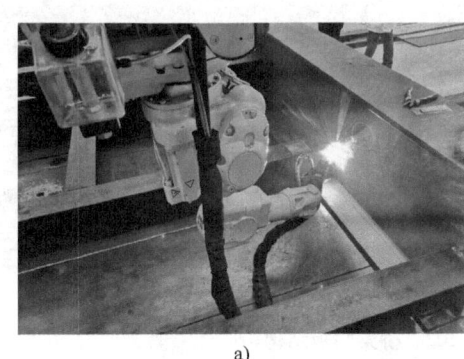

a)　　　　　　　　　　　　　　b)

图 6-100　采用智能寻位功能进行机器人焊接
a）机器人焊接　b）焊缝

（2）离线编程　通过离线编程软件，导入工件三维数模信息，编制机器人焊接程序，并在系统自带的虚拟系统中进行仿真，验证机器人动作流程，确保程序无干涉。仿真结束后，程序根据生产要求统一编号存储到计算机中。当现场工作准备妥当后，相关的程序可通过网络传输到现场设备中。图 6-101 所示为机器人焊接离线编程。

（3）电弧跟踪　焊接过程中使用电弧跟踪功能实现焊接坡口的上下和左右跟踪，从而保证焊接质量。

 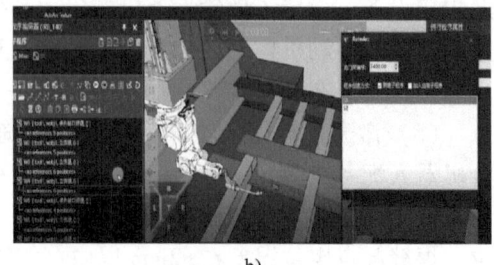

a)   b)

图 6-101 机器人焊接离线编程
a）离线编程界面 b）仿真

（4）清枪剪丝 每执行完一个接头的焊缝焊接作业，进行一次清枪剪丝喷油，机器人重复上述过程，直至全部接头焊接完成。

6.6.5 桥梁钢结构制造中焊接机器人的应用

桥梁钢结构主要包括 U 形肋板、T 形肋板，其结构如图 6-102 所示。T 形肋板机器人焊接多采用角焊，U 形肋板机器人焊接多采用船形焊接。

 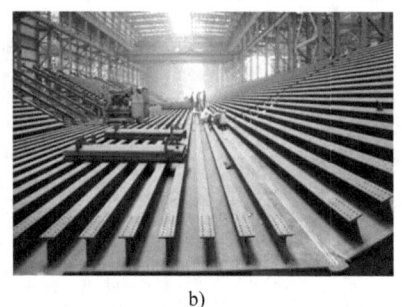

a)   b)

图 6-102 桥梁肋板结构
a）U 形肋板 b）T 形肋板

目前，U 形肋板机器人焊接系统、横隔板机器人焊接系统、U 形肋板自动组装定位焊系统已经成功应用到港珠澳大桥项目中。本节以唐山开元机器人系统有限公司研制的 U 形肋板与横隔板机器人焊接系统为例进行介绍，其应用情况如图 6-103 所示。

1. 系统的构成

该 U 形肋板机器人焊接系统主要由四台焊接机器人（1、2、3、4）、系统控制箱、四台焊接电源及送丝机、四台冷却水循环装置、两台变位机、两台移动台车、四台清枪剪丝装置等组成。

第6章 机器人焊接技术

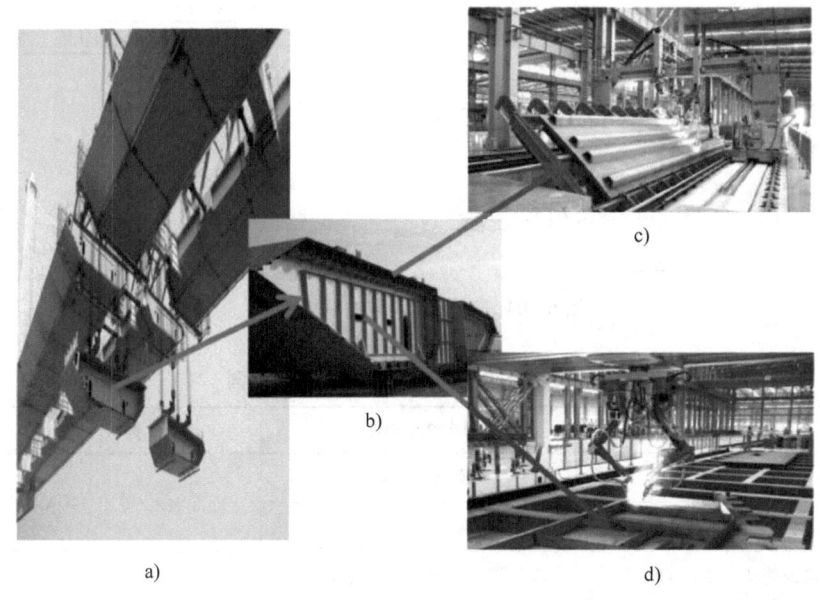

图6-103 唐山开元机器人系统有限公司研制的U形肋板与横隔板机器人焊接系统应用情况
a) 钢结构大桥 b) 钢箱单元 c) U形肋板单元机器人焊接工作站 d) 横隔板单元机器人焊接工作站

由于该系统中有四台机器人和两台移动台车,因此在工作中各机器人、移动台车可能会处于相互干涉的状态,或者因为作业需要在示教再现焊接中需要相互沟通与等待,因此系统需要利用通信功能协调各个装置之间的工作。

系统控制柜内的PLC以及移动装置控制箱内的远程通信I/O单元通过C-Clink通信协议把四台机器人、两台移动台车连接在一起,使四台机器人和两台移动台车之间相互配合,动作一致,安全、协调、可控。

2. 示教与编程

为实现两台移动台车之间的通信,机器人通过外部输出/输入信号向系统PLC发送指令,并进行运算比较。移动台车1和2运用示教数据进行沟通,分别使用各台车上面的主机器人之间的通用外部输出/输入信号在PLC中进行同期确认。在系统开始运行后,两台主机器人也要在干涉区域进行同期确认,以保证程序安全、顺畅地执行。通常使用的输入/输出信号为33~38。同一台车上面的主机器人和子机器人同时工作时,也要在干涉区域进行同期联锁确认。主机器人和子机器人分别在示教程序中发出输入/输出信号进行同期联锁确认。通常使用的输入/输出信号为23~32。在示教时,为了方便快捷,把通信信号编辑成子程序,在焊接主程序中直接调用子程序。对干扰区域的联锁示教如图6-104所示。台车间同期示教程序示例见表6-3。

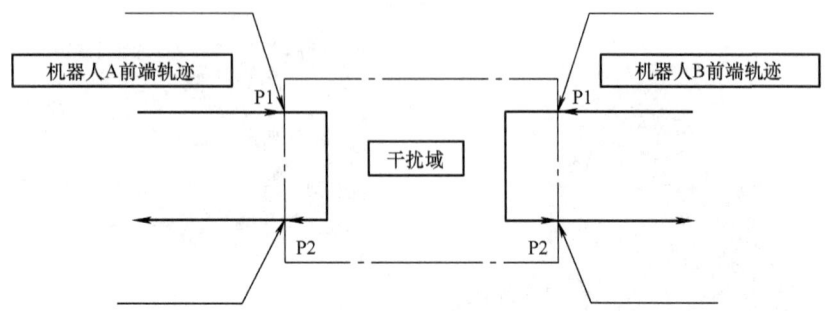

图 6-104 对干扰区域的联锁示教

表 6-3 台车间同期控制示教程序示例

台车 1（RB1）	台车 2（RB3）	备 注
外部输出　34　ON	外部输出　34　ON	外部输入/输出 34ON 状态等待
由 PLC 进行的同期信号控制		
输入等待　34　ON	输入等待　34　ON	
等待时间　1.0s	等待时间　1.0s	外部输入/输出 34OFF 状态等待
外部输出　34　OFF	外部输出　34　OFF	
输入等待　34　OFF	输入等待　34　OFF	

干扰区域的联锁示教程序示例见表 6-4。

表 6-4 干扰区域的联锁示教程序示例

机器人 A	机器人 B
P1：干扰区域前定位	P1：干扰区域前定位
外部输出 23　ON	外部输出 23　ON
外部输入 23　ON　等待	外部输入 23　ON　等待
等待　0.5s	等待　0.5s
外部输出 23　OFF	外部输出 23　OFF
P2：脱离干扰区域之后位置	P2：脱离干扰区域之后位置
外部输出 24　ON	外部输出 24　ON
外部输入 24　ON　等待	外部输入 24　ON　等待
等待　0.5s	等待　0.5s
外部输出 24　OFF	外部输出 24　OFF

为保证系统的安全，程序开始时，要进行机器人设定变位机的角度信息和实际变位机的角度信息的整合检查。该检查在 PLC 内部执行，PLC 把示教设定的

角度信息和采集的实际角度信息进行检查确认。确认无误后，程序继续执行。否则，PLC 发出指令，强制退出再现程序，以保证系统的安全。

下面以两台台车（四台机器人）同时在一台变位机上焊接一层焊缝为例介绍该系统的程序运行步骤，程序流程图如图 6-105 所示。

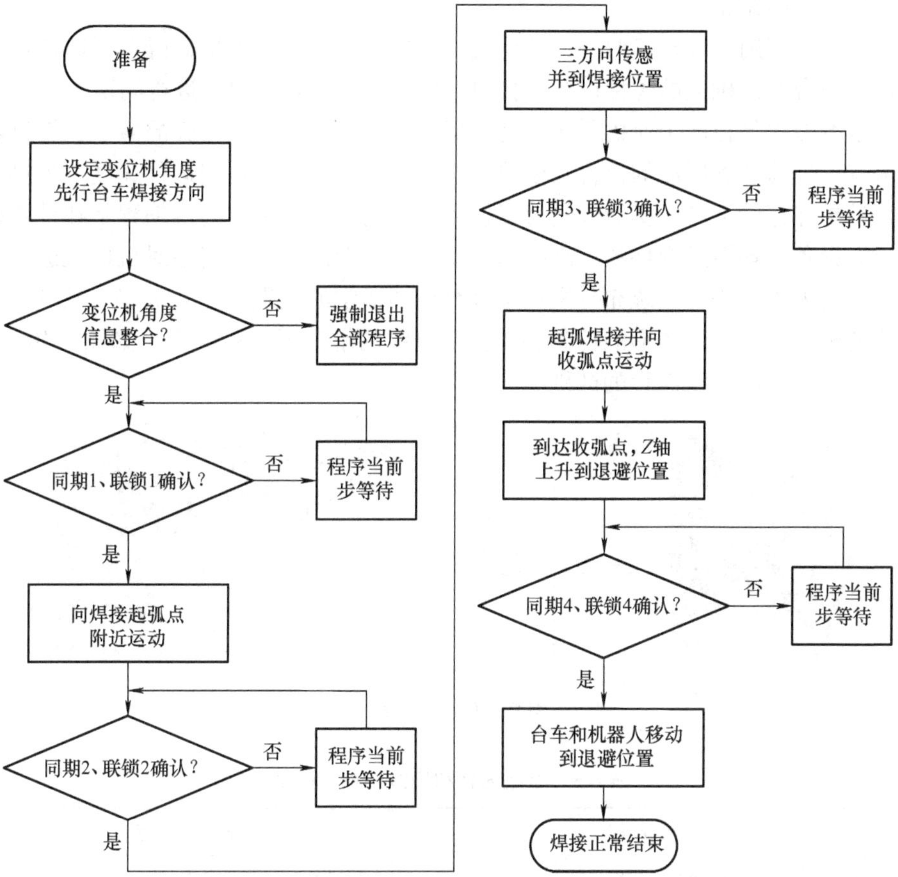

图 6-105　程序流程图

1）机器人 1 和 3 进行变位机角度信息和先行台车焊接方向设定（在再生程序时，进行整合性检查）。

2）两台台车进行同期 1 确认，主、子机器人进行联锁 1 确认。

3）通过移动装置及机器人配合，四台机器人从开始位置运动至焊接开始点。

4）两台台车进行同期 2 确认，主、子机器人进行联锁 2 确认。

5）四台机器人分别进行三方向传感，并且焊枪移动至焊接起弧点。

6）两台台车进行同期 3 确认，主、子机器人进行联锁 3 确认。

7）四台机器人起弧焊接，向收弧点移动（此时，必须设定相同的焊机速度）。

8）到达收弧点后，四台机器人的移动装置 Z 轴分别上升，Z 轴到达退避位置。

9）两台台车和四台机器人分别向退避位置移动，并到达退避位置。

10）两台台车进行同期4确认，主、子机器人进行联锁4确认。

11）焊接结束。

另外，当用一台台车对一台变位机上夹紧的焊件进行焊接，或者用两台台车分别对两台变位机上的焊件进行焊接时，在相应的位置处也要进行同期确认。

示教编程是目前工业机器人广泛使用的编程方法，根据任务的需要，将机器人末端工具移动到所需的位置及姿势，然后把每一个姿势连同运行速度、焊接参数等记录并存储下来，机器人便可以按照示教的姿势再现。离线编程是在计算机中建立设备、环境及焊件的三维模型，在这样一个虚拟的环境中对机器人进行编程。机器人离线编程系统充分利用了计算机图形学的成果，建立机器人及其工作环境的模型，通过对图形的控制和操作在离线的情况下进行编程，如图 6-106 所示。示教编程和离线编程的区别见表 6-5。

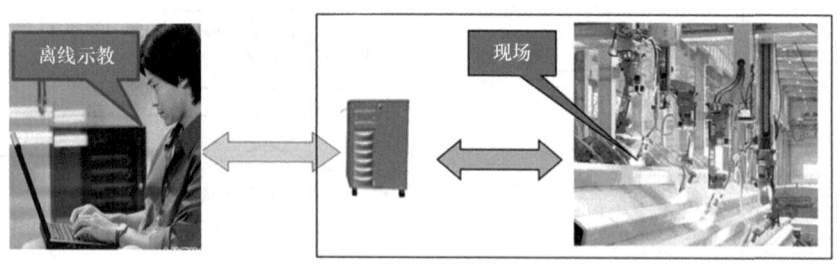

图 6-106　离线编程

表 6-5　示教编程和离线编程的区别

示 教 编 程	离 线 编 程
需要实际机器人系统和工作环境	需要机器人系统和工作环境的模型
编程机器人停止工作	编程时不影响机器人的工作
在实际系统上验证程序	通过仿真验证程序
编程质量取决于编程者的经验	用规划技术可进行最佳参数和路径规划
很难实现复杂的机器人轨迹路径	可实现复杂运动轨迹的编程

该系统在四台机器人和系统控制箱之间通过路由器建立局域网。采用 SolidWorks 对系统和焊件进行三维几何建模，然后将模型导入离线编程软件 K-OTS32 并进行编程、校正，确认无误后通过局域网将焊接程序和数据库等相关数据导入系统，进行验证后可进行实际生产。图 6-107 所示为 K-OTS32 编程界面。

第 6 章 机器人焊接技术

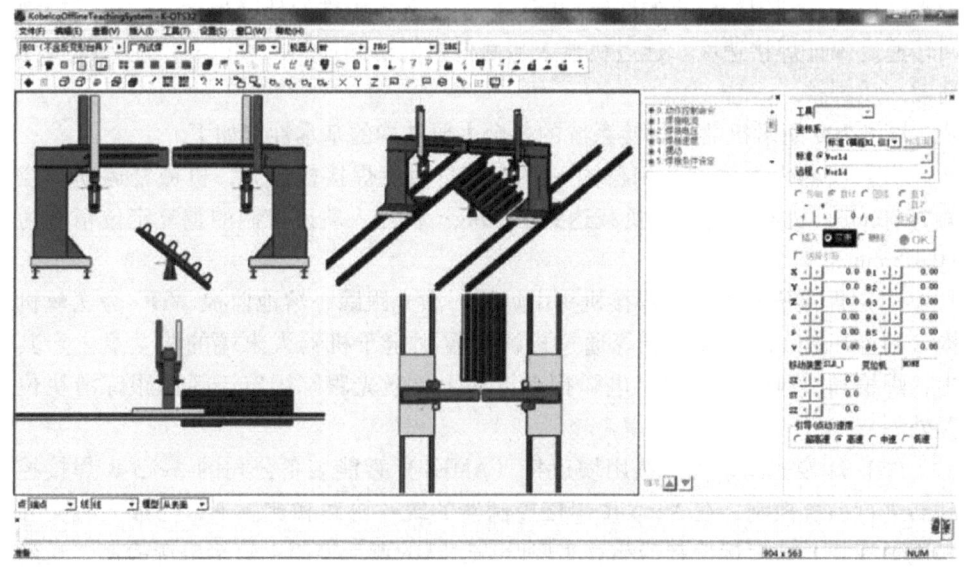

图 6-107　K-OTS32 编程界面

6.6.6　机器人焊接在航天领域的应用

某结构件是我国航天产品的重要部件，其精度、强度决定了系统运行的稳定性和精确度，是任务安全性、可靠性的重要保证。

1. 结构件特点及焊接要求

该结构件为环体组件，材料为铝镁合金，它由上环体和下环体两部分组焊而成，其焊缝的典型结构如图 6-108 所示。焊接位置的内圈直径为 1.2m、外圈直径为 1.3m、结构件板厚为 7mm。

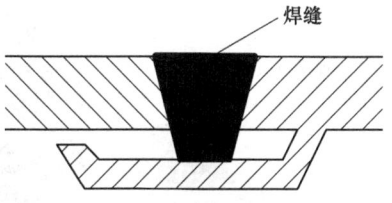

图 6-108　某结构件焊缝的典型结构

为了保证焊接质量，选用旁轴送丝 TIG 自动焊接工艺方法，要求所有焊缝的施焊位置处于水平位置。

2. 机器人焊接系统

根据焊接要求，设计了机器人焊接系统。该系统主要由机器人本体、焊接机头组件、焊接控制系统、变位机、工装夹具、TIG 焊接电源等组成。图 6-109 所示为机器人焊接系统布局图。

如图 6-109 所示，机器人本体安装在固定底座上，机械臂平面运动半径可达 2100mm，满足环体组件不同位置的焊接。两轴变位机可以实现工件的回转和翻转，从而改变工件的位置和姿态。利用变位机的翻转功能可实现工件装配位置和焊接位置的变换，并通过变位机翻转角度的合理设置使工件的焊接位置始终保持为平焊位置；利用变位机的回转功能可以实现环体组件的环缝焊接，并通过控制回转速度保证焊接速度。通过机器人与变位机的协同控制，可以实现航天结构件高效高质焊接。

图 6-109 所示机器人焊接系统的各个主要结构的基本性能如下。

（1）机器人本体　选用德国 KUKA 六自由度焊接机器人，机械臂运动半径为 2100mm；机器人的最大负载达到了 70kg；机器人轨迹控制的重复定位精度为 ±0.05mm。

（2）焊接机头组件　焊接机头由焊枪、激光跟踪、熔池监控、TIG 旁送丝机构（拉丝机构）、防碰撞器等通过机械装置固定于机器人末端的法兰盘上。其中，焊枪和熔池监控固定于电弧摆动滑块上，激光跟踪固定于弧压跟踪滑块位置处。

（3）焊接控制系统　选用埃迈特（AMET）智能装备公司的 Xexp-R 焊接控制器进行系统控制，在 Xexp-R 焊接控制器的统一协调和控制下，完成人机交互和逻辑控制。该焊接控制器能够实现设备运行的点动控制、焊接电源控制、送丝控制、工装夹持控制、焊接参数实时调整、焊接程序存储、数据采集、熔池图像显示等，并将其控制功能集成至操作界面，对焊接过程可以进行实时监控和微调。

该控制器允许对焊接工艺进行预编程和存储，具备 9999 条焊接工艺程序存储功能。焊接程序编制时，控制系统同时显示参数编制曲线，具有操作直观性。

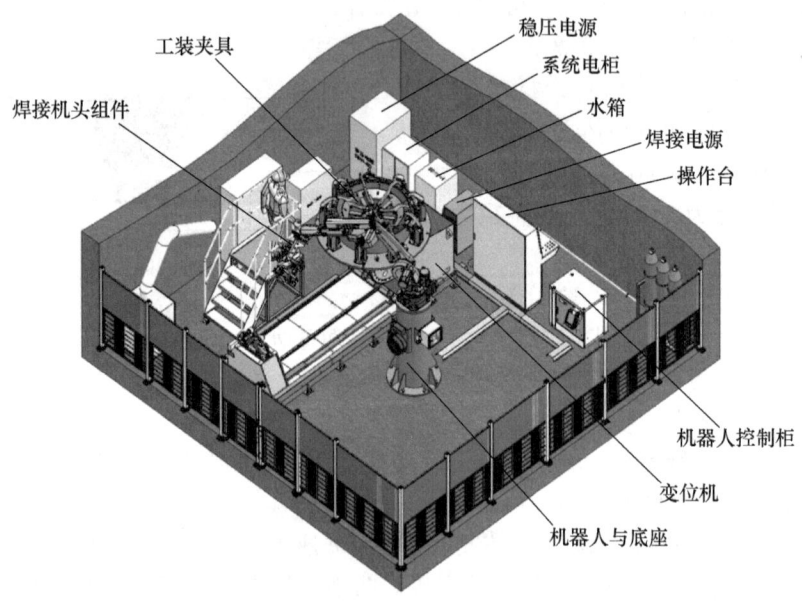

图 6-109　机器人焊接系统布局图

(4) 变位机　选用两轴变位机,可以实现工件的回转和翻转。其中,翻转轴采用交流伺服电动机驱动,翻转角度为-10°~95°;旋转轴采用交流伺服电动机驱动,旋转圈数无限制,旋转定位精度不超过10arcmin,速度控制精度达到±1%;变位机工件台面采用中空花盘设计,允许背面保护气管通过花盘的通孔通入工件内部,实现焊缝背面保护。

该变位机还具有附属滚轮架部件,安装在刚性底座的轨道上,变位机的尾座可以沿轨道移动,可在全行程2000mm范围内任意设置锁定。

(5) TIG焊接电源　采用美国米勒公司的Dynasty-800数字化逆变交直流TIG电源。其输出的交流焊接电流调节范围为5~400A,具备高频起弧能力;电流控制精度为±1%;可以进行普通交直流焊接或脉冲焊接。

图6-110所示是实际的机器人焊接系统。

图6-110　实际的机器人焊接系统
a) 机器人焊接系统实景　b) 焊接机头组件

3. 机器人示教与焊接

该结构件的机器人焊接采用了机器人示教再现模式。机器人示教就是通过便携式控制器,控制机器人和变位机模拟实际焊接轨迹,将连续的焊缝分成多点存储于机器人控制器中,每点记录着机器人末端夹持焊枪的位置、姿态、焊接电流及焊接速度等,实现在不引弧状态下的模拟焊接过程。

为了保证焊接过程中焊接位置始终处于平焊位置,在该结构件焊接环缝示教时,通过变位机翻转带动工装翻转,保证焊缝处于平焊位置,焊枪垂直于焊缝不动,通过变位机旋转完成示教过程。当焊接不同直径的结构件时,变位机旋转速度随之改变,通过示教记录其变化。

机器人示教再现模式中的再现是指机器人按预先示教的轨迹及设定的参数进行实际焊接操作。

该结构件内圈焊缝和外圈环缝的焊接参数见表6-6。

表6-6 焊接参数

焊缝	焊丝牌号	焊丝直径 ϕ/mm	钨极直径 ϕ/mm	变位机回转速度 $\omega/(°)\cdot s^{-1}$	焊接电流 I/A
环缝	ER5356	1.2	3	0.30	250~350

由于焊接工件厚度为7mm，需要进行多层焊。焊接过程中，为了防止起弧点未焊透、保证焊接质量，需打磨起弧点不少于50mm区域内焊缝金属，使其与未焊焊道平缓过渡，第二圈焊接起弧区域时确保焊透。

实际焊接中，考虑装配和压紧状态有偏差，需根据操作界面中的熔池监控面板，通过便携控制器对控制系统的焊接电流和焊枪位置进行必要的微调，实现焊缝对中和熔池控制，从而保证焊接质量。

6.6.7 机器人焊接生产线的应用

目前，机器人焊接生产线应用越来越广泛，本节以挖掘机动臂机器人焊接生产线为例，介绍有关机器人焊接生产线的应用。

图6-111所示为唐山开元机器人系统有限公司设计开发的挖掘机动臂机器人焊接生产线。该生产线为柔性制造系统（FMS），由台车运输系统将机器人焊接工作站、上料架、待料架、下料架等有机连接，形成完整的柔性生产线，可以生产13~45t共五种规格的挖掘机动臂。

图6-111 唐山开元机器人系统有限公司设计开发的挖掘机动臂机器人焊接生产线

1. 生产线的构成

该生产线共由八个焊接机器人工作站、一套上料架、八套待料架及下料（成品）架、一套台车及轨道系统组成，另外辅助有监控系统和安全防护系统。图6-112所示为生产线的组成框图。

第 6 章 机器人焊接技术

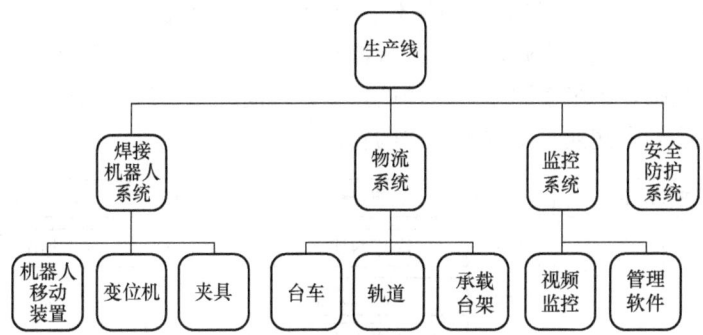

图 6-112 生产线的组成框图

2. 生产线网络组成

生产线控制系统使用 PLC 组建网络,将各机器人工作站和物流系统进行连接。依靠 PLC 之间的通信,搬送台车和机器人配合动作,进行焊件的上料、焊接、下料,从而实现了机器人焊接生产自动化。

PLC 采用并行连接,便于进行扩展,可以随意增加和剔除工作单元。生产线同时配备了视频监控系统,对整个生产线的生产状况和内部人员进出情况进行实时监控,还可以调取硬盘录像机内的录像进行查看。图 6-113 所示为生产线网络结构。

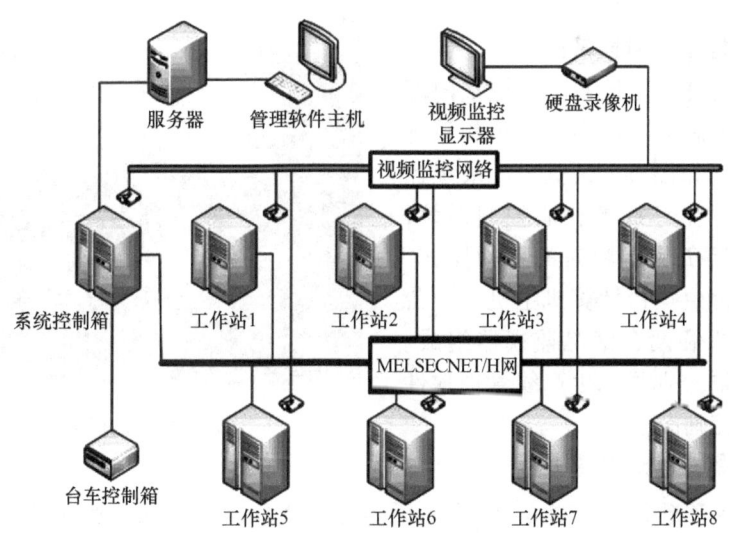

图 6-113 生产线网络结构

3. 控制系统组成

如图 6-114 所示,物流系统的搬送台车、上料架、待料架、下料架、机

325

种（焊件种类）设定箱和下料架操作盒等通过系统控制箱进行控制；变位机、液压站和夹具等通过工作站控制箱进行控制；焊接机器人和移动装置通过机器人控制箱进行控制。系统控制箱与工作站控制箱之间、工作站控制箱与机器人控制箱之间进行信号的交换，实现生产线的整体控制。

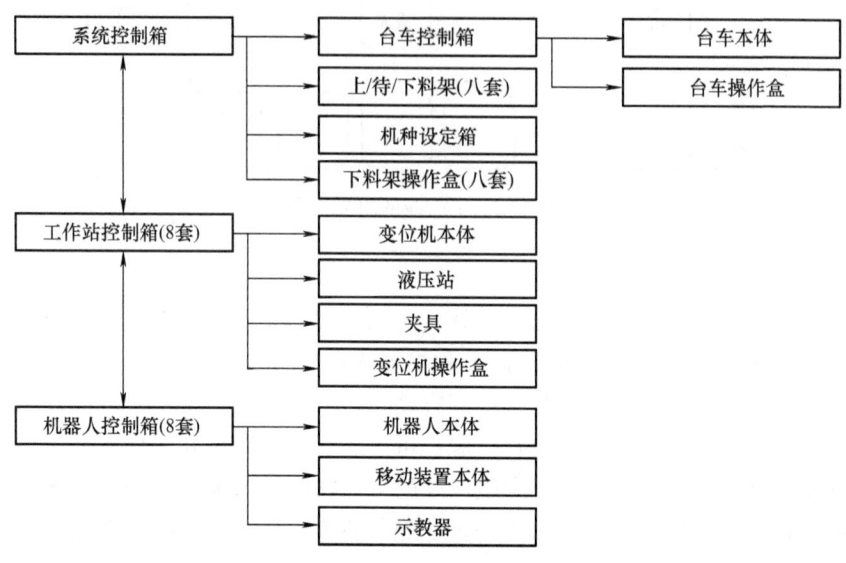

图 6-114　物流系统

4. 监控室及监控系统

生产线设有监控室。监控室内部放置系统控制箱、机种设定箱和系统监控台等，如图 6-115 所示。系统控制箱是整个生产线的核心控制系统，机种设定箱负责上料时的各种操作，系统监控台由一台计算机主机、一台硬盘录像机和两台液晶监视器组成。两台监视器分别显示生产线管理软件和视频监控画面。

图 6-115　监控室

5. 机器人移动装置

机器人移动装置如图 6-116 所示，主要由立柱、横梁和悬臂梁等部件构成。横梁和悬臂梁之间采用了直线导轨组件。直线导轨铺设在横梁上方，其铺设方向沿着横梁方向左右展开，整个直线导轨（悬臂梁）的行程为 7m。横梁靠两个立柱作为支撑固定在地面上。悬臂梁靠与直线导轨的滑座固定安装在横梁之上。悬臂梁的方向与横梁的方向垂直。悬臂梁的最外端悬挂着焊接机器人。悬臂梁通过

第6章 机器人焊接技术

齿轮齿条传动和伺服电动机、减速器来实现前后移动。悬臂梁根据需要可以前后移动,并且可以停止在任意位置,从而使机器人在焊接时保持最佳位置。

6. 变位机

变位机的结构如图6-117所示。变位机的主动端、从动端可以通过电动机驱动,在固定底座沿着轨道前后移动,以适应焊件尺寸的变化。变位机主动端由伺服电动机带动减速器,实现对焊件的回转,保证焊件的焊缝均处于船形焊接位置。

图6-116 机器人移动装置

图6-117 变位机

7. 夹具

夹具安装在变位机连接盘上,随着连接盘一起转动。当焊件由台车系统运输到位时,托架平台起升,将焊件托起,台车退出变位机的工作范围。这时夹具随着变位机的主、从动端前后移动,用横向夹紧的组件夹住动臂两端的安装孔。当夹具夹紧后,变位机搭载焊件翻转到最佳的焊接位置,从而得到最好的焊接效果。以上动作全部由电动机、液压马达和液压缸等驱动,实现了全自动化。图6-118所示为变位机上的夹具。

图6-118 变位机上的夹具

8. 台车系统

图6-119所示的台车系统是生产线的重要组成部分,能够实现焊件的自动装卸,也可以手动进行各种操作。台车系统由母车、子车、液压升降平台、电控系统、轨道及定位机构等组成。母车沿着焊接生产线移动,而子车垂直于生产线移动。液压升降平台安置在子车上。

9. 料架

生产线设置了一套上料架，每台机器人焊接工作站均设置一套待料架和一套下料架。

1）由上一工序制作的焊件经人工吊运放置到上料架上。上料架可以放置五种类型的焊件，每种焊件都有相应的放置位置，这个位置是由控制系统来决定的。

2）待料架是在所有工作站机器人满负荷工作的情况下，由台车系

图 6-119　台车系统

统提前给机器人备料的平台，以防止机器人在工作中出现间歇。

3）下料架是机器人在焊接完毕后，台车系统将焊件运输到下料架之上，以便于操作人员将焊件转入下一程序单元。

10. 生产线布局及安全栏

挖掘机动臂机器人焊接生产线的外围设置了安全栏，用于遮挡弧光并防止非工作人员随意进入。采用了安全门限位开关及光电开关，对人员进出情况进行检测。

安全栏整体设计的宗旨是设备运转时严禁无关人员随意进入，一旦打开安全栏，对应部分设备立即停止运转。例如，当机器人焊接时，若有人打开机器人工位安全栏，在限位开关的作用下机器人将停止运动，同时在工位光电开关作用下台车运行停止。

11. 生产线物料输送流程

（1）台车系统自动取料与运料　台车系统回到生产线的原点（上料架处），母车定位插销插进插销座，子车驶出母车，进入上料架的子车轨道。这个工作的前提是上料架上有焊件，通过光电信号传递给台车系统。

当子车运行到焊件的正下方时，子车停止运行，并开始起动升降平台，托起焊件。在托起焊件后，升降平台的接近开关会给升降平台一个停止指令，然后子车会逐渐行驶回到母车上，母车会根据机器人系统的指令将焊件运送到指定的机器人工作站上。

当台车系统达到指定工作站时，母车定位，升降平台升起，子车运行到变位机的中心线位置处，将焊件放置到焊件托架平台上，这时夹具夹紧焊件，托架平台下降，升降平台也下降至下限位，然后子车驶出变位机工作范围，回到母车上。上料工作完成后，起动机器人程序，开始焊接。

（2）台车系统自动卸下与运走成品件　当某个工作站机器人将一个焊件焊

接完毕后，系统会给台车系统发送取件指令取走成品件，这时台车系统会根据指令到达需要取件的工作站，子车会自动走下母车到变位机下，这时焊件会被夹具卸下，放置在焊件托架平台上；子车升起升降平台，将焊件托起并回到母车上，随同母车将焊件送到下料架的相应子车轨道口，子车再次走下母车，将焊件放置于下料架上，等待运走。

（3）备料过程　当每台机器人都在焊接中且台车系统空闲时，台车系统可以去上料架取料放置于待料架上（工作内容与上料的程序大致一致）。

动臂生产线可以实现自动上料、自动装夹、自动卸件、自动备料，大大降低了工人劳动强度，提高了生产率，适合工厂大规模集约化生产。

挖掘机动臂机器人焊接生产线输送循环框图如图 6-120 所示。

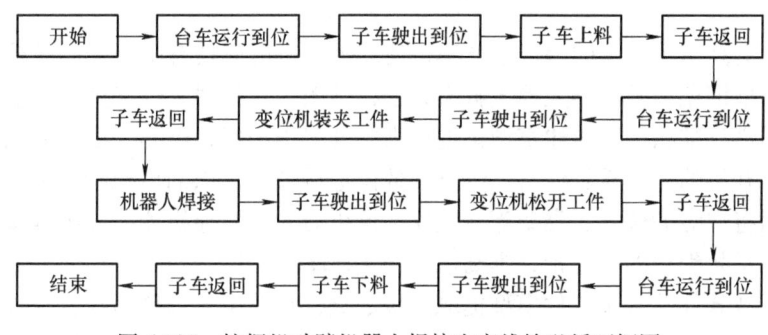

图 6-120　挖掘机动臂机器人焊接生产线输送循环框图

6.6.8　其他制造领域中焊接机器人的应用

1. 建筑型钢制造中焊接机器人的免示教应用

随着国内钢结构行业的不断发展，建筑型钢在钢结构厂房、高层建筑中得到普遍应用。建筑型钢可以由钢厂直接轧制而成，但因轧制型钢的规格有限，不能满足工程需求，因此各种规格的焊接型钢逐渐成为建筑钢结构设计和生产中首选的钢结构建筑型材，其需求量在逐年增加。传统的焊接型钢大多采用人工半自动焊，图 6-121 所示是带隔板的建筑型钢人工焊接的现场。由图可见，建筑型钢生产的工人劳动强度大、劳动环境恶劣。因此，现在越来越多的建筑型钢生产厂家采用自动焊或机器人焊接。但是，目前钢结构工件的钢板下料主要采用氧乙炔火焰或等离子切割，切割误差比较大。除了切割误差，在型钢焊接加工中还存在组对误差等。由于工件制备过程中产生的误差较大，因此采用机器人焊接时，每次都需要进行机器人示教，耗费大量的时间，从而大大降低了焊接型钢的生产率，而且由于该行业大部分生产属于种类规格多、批量小的状态，很多产品属于客户定制，而每次切换工件种类都需要重新进行机器人示教，示教时间长，降低了焊接型钢的生产率。

图 6-121　建筑型钢人工焊接的现场
a）隔板焊接　b）箱型梁焊接

为了提高建筑型钢的焊接生产率，河北创力机电科技有限公司与高校合作推出了建筑型钢免示教机器人焊接解决方案，试图提高机器人焊接生产率。该方案使用面扫描三维相机，对建筑型钢进行高精度三维拍照，得到三维点云图像，再利用自行开发的免示教软件对三维点云数据进行分析，识别出实际工件的焊缝位置，进而将焊缝的位置、类型等参数反馈给机器人，引导机器人实施焊接，减少了机器人示教编程的工作量，提高了焊接生产率。

免示教软件是基于工件模型提取图像数据，自动生成焊缝信息，并计算焊枪姿态、自动计算寻位动作、自动规划机器人行走路径、自动规避碰撞，并根据板厚自动匹配焊接参数，生成控制指令，传输给机器人与数字焊接设备，实施机器人焊接。该系统可用于建筑型钢的间隔板、檩托板、牛腿、箱型梁柱等机器人焊接，而且还可以应用到类似结构产品的机器人焊接中，实现不同类型钢结构的机器人免示教焊接生产。图 6-122 所示是免示教软件应用界面。

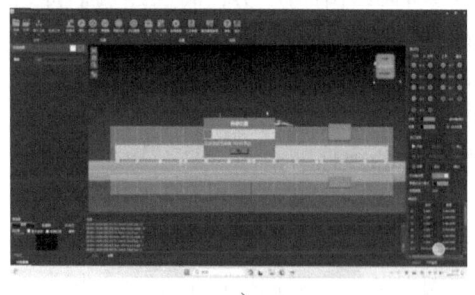
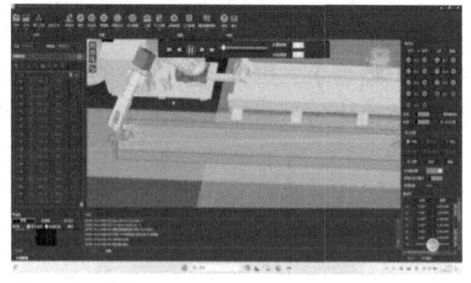

图 6-122　免示教软件应用界面
a）自动出图界面　b）出图完成自动焊接界面

图 6-123 所示是采用免示教机器人焊接系统进行金属钢结构焊接的情景。该机器人系统采用的焊接机器人本体与移动装置都是自主设计和研发的；采用 80%

Ar+20%CO_2混合气体保护脉冲电弧焊接工艺,焊接设备采用麦格米特脉冲弧焊电源。

a) b)

图 6-123 钢结构免示教机器人焊接

a)系统模拟图 b)焊接现场

倍可机器人(无锡)有限公司开发了用于建筑型钢的机器人焊接系统,包括地轨式、龙门式两大类机器人焊接系统。地轨式钢结构机器人焊接系统可以选择一台机器人,也可以选择两台机器人,地轨长度可以根据构件长度进行设置。图 6-124 所示为地轨式钢结构机器人焊接系统,其中图 6-124a 所示是单台机器人地轨式钢结构机器人焊接系统模拟图,而图 6-124b 所示则是两台机器人的地轨式钢结构机器人焊接系统的焊接现场。当构件长度小于 12m 时,两台机器人可以分别焊接构件;当构件长度大于 12m 时,可以采用两台机器人协同控制完成同一构件的焊接。龙门式钢结构机器人焊接系统采用吊装机器人,一般选择吊装两台机器人。由于龙门式比悬臂式机构稳定性更好,因此龙门式机器人焊接系统适用于宽度较大的构件焊接,该公司设计的龙门式机器人焊接系统焊接的构件宽度可以达到 4m 以上。图 6-125 所示为龙门式钢结构机器人焊接系统。

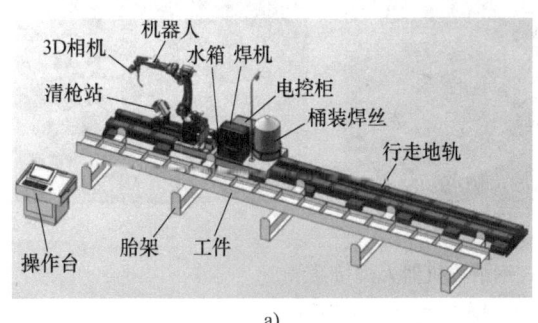 

a) b)

图 6-124 地轨式钢结构机器人焊接系统

a)系统模拟图 b)焊接现场

倍可机器人(无锡)有限公司的机器人焊接中采用了复合视觉技术,通过

焊接自动化技术及其应用

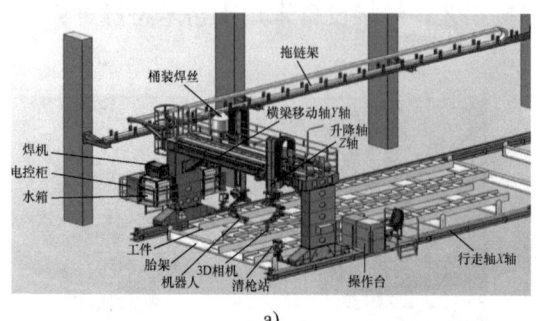

图 6-125 龙门式钢结构机器人焊接系统
a) 系统模拟图　b) 焊接现场

复合相机具有的大视距寻找工件位置，实施粗定位，在利用复合相机的小视距实现焊缝的精准定位，结合离线编程技术的应用，可以实现免示教的机器人焊接。

图 6-126 所示是东莞朝洪机器人自动化有限公司开发的龙门式钢结构机器人焊接系统，龙门架长 10m、宽 3.5m，龙门上吊装一台六轴通用机器人，具有激光自动寻位功能。图 6-126a 展现的是栅格金属结构机器人焊接的激光寻位操作，图 6-126b 展现的是机器人焊接，图 6-126c 展现的是完成一个栅格机器人焊接后的构件情况，可以看到该栅格金属结构采用的是间断焊。

图 6-126 龙门式钢结构机器人焊接系统
a) 激光寻位　b) 机器人焊接　c) 焊接停止

2. 市政管道的机器人焊接应用

球墨铸铁顶管技术是一种用于市政施工的非开挖掘进式管道铺设施工技术，与开挖埋管施工相比，施工场地小、噪声小，而且能够深入地下作业，从而减少了对周围环境的影响,因此得到越来越多的应用。

球墨铸铁顶管筋板焊接结构如图6-127所示,由管体与筋板、法兰等构成。在管体焊接时,要求筋板与管体满焊,筋板与法兰之间也要满焊,且焊缝高度要求在10mm以上。管体材质为离心铸管,管体直径为600~2000mm,长度为3~6m,壁厚为45~120mm;筋板材料为碳素钢,筋板形状为梯形,筋板宽度为25~32mm。采用混合气体(80%Ar+20%CO_2)保护焊,由于管体与筋板的材质不同,焊接时需采用镍基焊丝打底,采用碳钢焊丝进行填充焊与盖面焊。其焊接工作量大,人工焊接效率低。

图6-127 顶管筋板焊接结构
a)顶管 b)筋板

图6-128所示是河北创力机电科技有限公司集成的球墨铸铁顶管机器人焊接系统。图6-128a所示是机器人焊接系统模拟图,图6-128b所示是机器人焊接现场。该系统主要由六轴焊接机器人本体、焊接滚轮架、机器人升降机构,以及双丝弧焊设备等组成。采用了日本松下的焊接机器人及双丝弧焊设备;采用的滚轮架具有防窜功能,可以根据管子长度前后调整两个滚轮架的间距,也可以根据管径调整滚轮的间距,从而满足不同管件的机器人焊接需要。

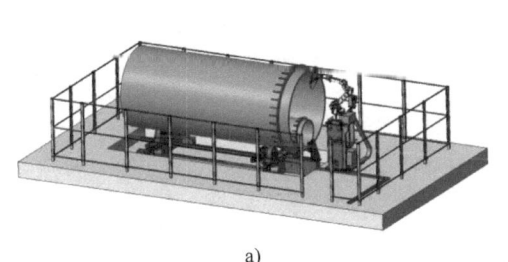

图6-128 球墨铸铁顶管机器人焊接系统
a)系统模拟图 b)焊接现场

机器人焊接系统采用PLC控制，实现了机器人与滚轮架旋转的协调控制。球墨铸铁顶管的筋板在专用工装设备上点焊完成后，由生产车间里的桥式起重机（俗称天车）将管体吊装在滚轮架上，然后采用机器人与滚轮架相配合完成机器人焊接。在机器人焊接时，首先利用镍基焊丝及混合气体保护电弧焊进行筋板打底焊；打底焊完成后，机器人自动切换普通碳钢焊丝，实现填充焊、盖面焊。为了提高机器人焊接效率，采用了双丝弧焊设备，双丝分别是镍基焊丝与碳钢焊丝。在实际应用时采用的是单丝焊，打底是采用镍基焊丝的单丝焊，填充和盖面采用普通碳钢焊丝的单丝焊，利用双丝焊设备实现焊接过程中焊丝的自动切换。采用机器人焊接提高了焊接效率和焊接质量，改善了工人的劳动强度与工作环境。

复习思考题

1. 什么是工业机器人？
2. 机器人的基本构成是什么？各个主要部分的作用是什么？
3. 不同结构坐标系机器人的特点是什么？
4. 机器人的主要技术参数有哪些？
5. 机器人作业的基本原理与过程是什么？
6. 机器人焊接的特点是什么？
7. 焊接工艺对机器人的要求有哪些？
8. 弧焊机器人与点焊机器人在实际应用中有什么区别？
9. 什么是示教再现编程？简要描述示教再现编程的过程。
10. 什么是离线编程？离线编程系统的基本模块与功能是什么？
11. 有哪些常用的焊缝自动跟踪传感器？有哪些常用的自动寻位传感器？其工作原理是什么？
12. 焊接机器人应用系统的基本构成是什么？
13. 举例说明焊接机器人应用中需要注意哪些问题。

参 考 文 献

[1] 陈裕川. 大型自动化焊接设备的国内外现状及发展趋势 [J]. 电焊机, 2002 (10).
[2] 雨宫好文, 等. 机器人控制入门 [M]. 王益全, 译. 北京: 科学出版社, 2000.
[3] 朱骥北, 等. 机械控制工程基础 [M]. 北京: 机械工业出版社, 2000.
[4] 刘杰, 赵春雨, 宋伟刚, 等. 机电一体化技术基础与产品设计 [M]. 北京: 冶金工业出版社, 2003.
[5] 胡泓, 姚伯威, 等. 机电一体化原理及应用 [M]. 北京: 国防工业出版社, 1999.
[6] 童诗白, 等. 模拟电子技术基础 [M]. 2 版. 北京: 高等教育出版社, 1988.
[7] 张国雄, 金篆芷. 测控电路 [M]. 北京: 机械工业出版社, 2001.
[8] 孙传友, 孙晓斌, 李胜玉, 等. 测控电路及装置 [M]. 北京: 北京航空航天大学出版社, 2002.
[9] 雨宫好文, 等. 传感器入门 [M]. 洪淳赫, 译. 北京: 科学出版社, 2000.
[10] 郑国钦, 夏哲雷, 黄瑞祥, 等. 集成传感器应用入门 [M]. 杭州: 浙江科学技术出版社, 2002.
[11] 张洪润, 张亚凡. 传感器技术与应用教程 [M]. 北京: 清华大学出版社, 2005.
[12] 三浦宏文, 等. 机电一体化实用手册 [M]. 赵文珍, 等译. 北京: 科学出版社, 2001.
[13] 姜焕中, 等. 电弧焊及电渣焊 [M]. 2 版. 北京: 机械工业出版社, 1988.
[14] 姚永刚, 等. 机电传动与控制技术 [M]. 北京: 中国轻工业出版社, 2005.
[15] 廖晓钟. 电气传动与调速系统 [M]. 北京: 中国电力出版社, 1998.
[16] 中国机械工业教育协会. 电力拖动与控制 [M]. 北京: 机械工业出版社, 2001.
[17] 李新平, 吴家礼, 李谷. 控制技术与应用 [M]. 北京: 电子工业出版社, 2000.
[18] 中国机械工业教育协会. 机电控制技术 [M]. 北京: 机械工业出版社, 2001.
[19] 周祖德, 唐泳洪, 等. 机电一体化控制技术与系统 [M]. 武汉: 华中理工大学出版社, 1993.
[20] 李铁才, 杜坤梅. 电机控制技术 [M]. 哈尔滨: 哈尔滨工业大学出版社, 2000.
[21] 华学明, 吴毅雄, 焦馥杰, 等. 印刷电机调速电路的研究 [J]. 电焊机, 2002 (3).
[22] 洪波, 袁建国, 吴宪平. 松下 KR 系列 CO_2 气体保护焊机电路分析 [J]. 电焊机, 2000 (8).
[23] 石秋洁, 等. 变频器应用基础 [M]. 北京: 机械工业出版社, 2002.
[24] 王也仿, 等. 可编程控制器应用技术 [M]. 北京: 机械工业出版社, 2003.
[25] 李建兴, 等. 可编程控制器及其应用 [M]. 北京: 机械工业出版社, 1999.
[26] 杨长能, 林小峰. 可编程控制器 (PLC) 例题习题及实验指导 [M]. 重庆: 重庆大学出版社, 1994.
[27] 杨兆选, 丁润涛. 555 定时器原理及实用电路集锦 [M]. 天津: 天津大学出版社, 1989.
[28] 林尚扬, 陈善本, 李成桐. 焊接机器人及其应用 [M]. 北京: 机械工业出版社, 2000.
[29] 熊有伦. 机器人技术基础 [M]. 武汉: 华中理工大学出版社, 1996.
[30] 蔡自兴. 机器人学 [M]. 北京: 清华大学出版社, 2000.

[31] 唐新华.机器人三维可视化离线编程和仿真系统［J］.焊接学报，2005（2）.

[32] 王克鸿.弧焊机器人典型焊件建模与姿态规划研究［J］.电焊机，2003（6）.

[33] 吴瑞祥.利用离线编程方法进行机器人作业规划［J］.机械设计，1995（7）.

[34] 吴振彪.工业机器人［M］.武汉：华中理工大学出版社，1996.

[35] KIM D W, CHOI J S, Nnaji B O. Robert arc welding operations planning with a rotating/titling positioner［J］. Int. J. Prod. Res.，1998（4）.

[36] JOHN L. RobotScript-the Introduction of a universal robot programming language［J］. 1ndustrial Robot，1999（26）.

[37] 王天然，等.机器人［M］.北京：化学工业出版社，2002.

[38] 王其隆.弧焊过程质量实时传感与控制［M］.北京：机械工业出版社，2000.

[39] 中国机械工程学会焊接分会编.汽车焊接国际论坛论文集［M］.北京：机械工业出版社，2003.

[40] 李延民，高金荣，郝路平.TIG弧焊机器人系统在宇航大型铝合金储箱箱底拼焊中的应用［J］.焊接，2002（4）.

[41] 陈先锋.伺服控制技术自学手册［M］.北京：人民邮电出版社，2010.

[42] 周丽芳，罗志勇，罗萍，等.PLC快速入门与实践［M］.北京：人民邮电出版社，2010.

[43] 陈善本，林涛，等.智能化焊接机器人技术［M］.北京：机械工业出版社，2006.

[44] 孙树栋.工业机器人基础［M］.西安：西北工业大学出版社，2006.

[45] 谢存禧，张铁.机器人技术及其应用［M］.北京：机械工业出版社，2005.

[46] 卢本，卢立楷.汽车机器人焊接工程［M］.北京：机械工业出版社，2006.

[47] 芮延年.机器人技术及其应用［M］.北京：机械工业出版社，2008.

[48] 张晓江，顾绳谷.电机及拖动基础：上册［M］.5版.北京：机械工业出版社，2016.

[49] 张晓江，顾绳谷.电机及拖动基础：下册［M］.5版.北京：机械工业出版社，2016.

[50] 曹振华.精通伺服控制及时及应用［M］.北京：化学工业出版社，2022.

[51] 任志斌，林元璋，钟灼仔.交流伺服控制系统［M］.北京：机械工业出版社，2018.